This Is Technology Ethics: An Introduction

KB192381

지은이 **스벤 뉘홀름** Sven Nyholm

뮌헨 루트비히 막시밀리안 대학교(LMU) 철학·과학 철학·종교학 학부의 인공지능 윤리학 전공 교수다. 인간 두뇌 프로젝트의 윤리 자문위원을 역임했으며, 현재 저널 *Science and Engineering Ethics*의 부편집장이다. 저서로는 *Revisiting Kant's Universal Law and Humanity Formulas*(2015), *Humans and Robots: Ethics, Agency, and Anthropomorphism*(2020) 등이 있다. 주요 연구/교육 분야는 응용윤리, 실천철학, 기술철학 등이며 자율주행차, 로봇, 인공지능 등 신기술의 개발과 활용에 따르는 다양한 윤리적 문제들을 연구해 왔다.

옮긴이 **윤준식**

서울대학교 윤리교육과 강사로서 윤리학을 가르치고 있다. 한국교원대학교에서 일반사회교육과 윤리교육을 전공한 후 서울대학교 대학원 윤리교육과에서 칸트의 도덕적 진보 사상에 대한 연구로 석사학위 논문을, 기술적 도덕 향상에 대한 연구로 박사학위 논문을 썼다. 연구 분야는 생명/기술윤리, 규범윤리 및 윤리교육이며, 주요 논문으로는 "냄새의 윤리학: 〈기생충〉 속 냄새 혐오 문제에 대한 윤리학적 고찰"(2025), "인공지능을 활용한 도덕 향상에 대한 비판적 검토"(2024), "Biomedical Moral Enhancement for Psychopaths"(2024) 등이 있다.

옮긴이 **박형배**

기술과 사람, 사회의 상호 관계에 관심이 많다. 런던 정경대(LSE)에서 경제학과 수학을 전공한 이후 유니버시티 칼리지 런던(UCL)에서 인간-컴퓨터 상호작용(HCI) 석사를 수료하였고, 골드스미스 대학에서 기술 철학 석사 과정을 졸업했다. 런던과 베를린 소재 IT 스타트업에서 경험을 쌓고, 영국 정부 내각실 산하 Government Digital Service에서 정부기관을 대상으로 디지털 서비스를 기획했다. 현재 도쿄 Digital Architecture Lab에서 최신 기술 동향을 리서치하고 콘텐츠를 기획하고 있으며, <AI 윤리레터>를 통해 인공지능 윤리 관련 소식을 전하고 있다.

인공지능 시대의 철학 나침반

이것이
기술윤리다

스벤 뉘홀름 Sven Nyholm **지음**

윤준식 · 박형배 **옮김**

THIS IS TECHNOLOGY ETHICS

그린비

감사의 말

이 책을 집필하는 중 특별히 다음 분들과의 대화와 교류에서 큰 도움을 받았습니다. 조엘 앤더슨(Joel Anderson), 안토니오 비키치(Antonio Bikić), 얀 브로어센과 2021년 인공지능 철학 세미나의 석사 과정 학생들(Jan Broersen and the MA students in our 2021 core seminar on the philosophy of AI), 조안나 브라이슨(Joanna Bryson), 마크 코켈버그(Mark Coeckelbergh), 존 다나허(John Danaher), 브라이언 어프(Brian Earp), 아르주 포메넥(Arzu Formenek), 릴리 프랭크(Lily Frank), 신디 프리드먼(Cindy Friedman), 존 스튜어트 고든(John-Stewart Gordon), 데이비드 건켈(David Gunkel), 캐롤라인 헬무스(Caroline Helmus), 지아굴 호세이니(Ziagul Hosseini), 나오미 제이콥스(Naomi Jacobs), 제프 킬링(Geoff Keeling), 막시밀리언 키너(Maximilian Kiener), 마르욜라인 란징(Marjolein Lanzing), 크리티카 마헤슈와리(Kritika Maheshwari), 줄리오 메카치(Giulio Mecacci), 안나 멜닉(Anna Melnyk), 켕스투티스 모사카스(Kęstutis Mosakas), 질스 스미드(Jilles Smids), 조슈아 스미스(Joshua Smith), 대니얼 티가

드(Daniel Tigard), 다르자 브쉬차즈(Darja Vrščaj), 루시 화이트(Lucie White), 제가 가르치는 기술윤리 과목과 다른 과목의 학생들, 휴먼 브레인 프로젝트에 참여한 윤리 연구자들, 네덜란드 'Ethics of Socially Disruptive Technologies' 연구 프로그램으로 함께한 동료들. 이 책 작업의 일부는 네덜란드 교육문화과학부와 네덜란드 과학 연구기구(NWO 보조금 번호 024.004.031)가 제공한 그레비테이션 (Gravitation) 프로그램의 지원을 받았습니다.

이 책의 일부는 루카스 브랜드(Lukas Brand), 닐 콘라디(Niël Conradie), 올레 해그스트롬(Olle Häggström), 토미 쿠슈너(Tomi Kushner), 줄리아 반 데 린데(Julia van der Linde), 야니나 로(Janina Loh), 울프 로(Wulf Loh), 레오 멩게스(Leo Menges), 사스키아 나겔(Saskia Nagel), 안나 푸치오(Anna Puzio), 마르쿠스 뤼터(Markus Rüther), 알린 살레스(Arleen Salles) 등이 주최한 워크숍과 행사에서 발표되었고 다음 대학의 콜로키아와 콘퍼런스에서 소개된 적이 있습니다. 암스테르담 대학교, 델프트 공과대학교, 아인트호벤 공과대학교, 카를스루에 공과대학교, 뮌헨 공과대학교, 뮌스터 대학교, 옥스퍼드 대학교, 포르투 대학교, 위트레흐트 대학교, 비엔나 대학교. 해당 행사에 참석해 유용한 피드백을 주신 청중분들께 감사를 표합니다. 원고 전체를 검토해 준 익명의 리뷰어 세 분께도 감사드립니다. 주신 피드백이 원고의 최종본을 준비하는 동안 저에게 큰 도움이 되었습니다.

이 책 시리즈의 편집자인 스티븐 헤일즈(Steven Hales)와 해당 프로젝트에 참여한 로라 애셋(Laura Adsett), 맨디 콜리슨(Mandy Collison), 찰리 햄린(Charlie Hamlyn), 비니타 칸나페란(Vinitha

Kannaperan), 마리사 쿠어스(Marissa Koors), 윌 크로프트(Will Croft), 한나 리(Hannah Lee)와 와일리–블랙웰(Wiley-Blackwell)의 다른 팀원들에게도 많은 감사를 표합니다.

무엇보다 스웨덴과 독일에 있는 아내와 가족들의 응원이 큰 도움이 되었습니다. 이 책을 저의 아내 카타리나 우데(Katharina Uhde)에게 사랑을 담아 헌정합니다.

한국어판 서문

2022년 11월, 오픈AI는 챗GPT를 출시했다. 이는 이른바 거대 언어 모델(large language model) 기반의 인공지능(AI) 기술로서 사용자의 프롬프트나 지시에 대한 응답으로 텍스트를 생성해 낼 수 있다. 챗GPT가 채팅 기능을 탑재한 첫 번째 거대 언어 모델인 것은 아니다. 하지만 챗GPT는 인터넷에 연결된 모든 사람이 사용할 수 있게 된 최초의 거대 언어 모델 기반 챗봇이다. 그리하여 챗GPT는 하룻밤 사이에 센세이션을 일으켰다.

아주 짧은 시간 안에 전 세계 수천만 명의 사람들이 챗GPT를 사용하거나 최소한 실험해 보았다. 그토록 센세이션을 일으킨 이유 중 하나는 이 인공지능 기술이 매우 다양한 방식으로 활용될 수 있었기 때문이다. 예를 들어, 셰익스피어풍의 소네트(유럽 정형시의 한 종류 — 옮긴이) 스타일로 요리 레시피를 작성하거나, 긴 글을 간단한 용어로 요약하고, 코드를 작성하며, 이메일 초안을 만드는 등, 과거 일반인들이 활용 가능한 그 어떤 인공지능 기술의 도움으로도 수행할 수 없었던 온갖 일들이 가능해졌다. 따라서 이는 중대한 뉴스였다. 또한 윤리적 문제를 비롯한 다양한 우려의 원인이 되기도 했다.

예를 들어, 대학에서는 기술이 대학 교육에 미칠 영향에 대해 곧바로 우려하기 시작했다. 이제 많은 학생이 에세이를 대신 작성해주는 챗GPT를 사용해 부정행위를 하려는 유혹을 받게 될까? 시험 진행 방식을 바꾸고 학생들이 수행하는 과제의 종류를 바꿔야 할까? 더 심각한 우려도 있었다. 이른바 '딥러닝의 대부'로 불리는 노벨상 수상자이자 컴퓨터공학 교수인 제프리 힌튼(Geoffrey Hinton)은 구글에서 비상근직으로 일하다가 은퇴한 후, 인터뷰를 통해 인공지능이 너무 빠르게 발전하고 있어 머지않아 인간보다 더 똑똑해질 것이라고 주장하기 시작했다. 그에 따르면 이러한 발전은 심각한 위험을 수반한다. 힌튼만 이런 걱정을 한 것은 아니었다. 2023년 3월, 기술업계에서 영향력 있는 인사 다수가 GPT-4보다 더 강력한 AI 모델에 대한 연구를 6개월간 중단할 것을 촉구하는 공개서한에 서명하기도 했다. 이 서한에 서명한 사람들의 경고에 따르면 "인간과 경쟁할 수 있는 지능을 갖춘 AI 시스템은 사회와 인류에 심각한 위험을 초래할 수 있다."[1] 이 서한의 작성자들은 챗GPT가 인간과 견줄 만한 지능을 가진 AI 기술로 나아가는 중대한 한 걸음이며, 이는 사회와 인류에 심각한 위험을 초래할 수 있다고 생각한 것이다.

이러한 반응 중 일부는 과장된 측면이 있다. 평론가들은 챗GPT

---

1 「대규모 인공지능 실험의 중단을 요구하는 공개서한」(Pause Giant AI Experiments: An Open Letter), *Future of Life Institute*: https://futureoflife.org/open-letter/pause-giant-ai-experiments/ (2024년 11월 2일 접속)

와 비슷한 기술들의 결점(예를 들어, 종종 '환각'hallucinate을 일으키거나 논리적 실수를 자주 저지른다는 점 등)을 지적하며, 통제 불능의 초지능 인공지능 기술에 대해 걱정하기보다는 생성형 인공지능 기술과 관련한 좀 더 즉각적인 위험과 윤리적 문제들을 고민해야 한다고 주장했다. 이 논란에 대해 어떻게 생각하든 간에, 즉 인간보다 똑똑한 인공지능 기술이 초래할 심각한 위험을 걱정하는 사람들의 의견에 동의하든 혹은 더욱 현실적인 고민에 집중해야 한다는 사람들의 의견에 동의하든, 챗GPT의 출시와 함께 즉각적으로 촉발된 비판적 논의는 급격한 기술 발전이 순전히 기술적인 관점에서뿐만 아니라 사회적이고 윤리적인 관점에서도 언제나 흥미로운 주제라는 점을 잘 보여 준다.

사람들이 이전에는 할 수 없었던 새로운 일을 할 수 있게 해 주는 신기술은 새로운 기회와 위험을 동시에 가져온다. 이는 우리 삶의 방식, 가능한 관계 맺음의 유형, 상호 소통 방식 등에 대한 변화를 가져올 수 있음을 의미한다. 생성형 인공지능 기술의 최근 발전은 이를 극적으로 보여 준다.

이 책은 챗GPT가 출시되기 몇 달 전 완성되었다. 하지만 내가 이 책을 작업할 당시에도 구글의 LaMDA(language model for dialog applications, 대화 애플리케이션용 언어 모델)와 같은 생성형 인공지능 기술은 존재했다. 그리고 이 책이 완성되기 직전에 발생한 거대 언어 모델과 관련한 윤리적 논란 또한 책 말미에 언급되어 있다. 해당 윤리적 논란은 구글의 엔지니어였던 블레이크 르모인(Blake Lemoine)이 LaMDA는 '도덕적으로 고려되어야 할 지각력 혹은 의식을 지닌 인격체'(sentient or conscious person)라는 놀라운 주장을 공개적으로 제기하며 시작됐다. 블레이크 르모인의 이러한 주장은 당시 많은 주목과 함께 강한 비판을 받았다. 이 사건에 대해 논평했던 대부분의 전문가는 르모인의 주장이 틀렸다고 생각했으며, 구글은 결국 그를 해고했다.

그러나 최근 들어 기술업계의 점점 더 많은 사람이 2022년 6월 블레이크 르모인이 이야기한 바와 유사한 우려와 주장을 제기하기 시작했다. 예를 들어, 위에서 언급한 제프리 힌튼은 저명한 트랜스휴머니스트 레이 커즈와일(Ray Kurzweil)과의 2024년 공개 토론에서 우리가 의식과 주관적 경험에 대해 올바른 방식으로(즉, 힌튼이 올바르다고 여기는 방식대로) 생각한다면 "오늘날의 챗봇은 이미 지각력을 지닌다"[2]는 결론을 내릴 수 있다고 주장했다. 이는 정말 파격적인 주장이다! 마찬가지로 2024년 10월, 거대 언어 모델 '클로드'(Claude)를 개발한 오픈AI의 경쟁사 앤트로픽(Anthropic)은 거대 언어 모델과 같은 인공지능 기술이 의식을 지니게 되는 조건은 무엇인지, 그리고 인간이 AI 기술에 대한 도덕적 책무를 지게 되는 조건은 무엇인지에 대해 연구하는 '인공지능 복지 연구원'(AI welfare researcher)을 고용했다.[3]

이상은 이 책이 쓰인 후에 벌어진 주목할 만한 현상들이다. 하

---

2 이 발언은 2024년 '어번던스 서밋'(Abundance Summit) 중 나왔다. 더 자세히 알고 싶다면 다음 웹사이트를 참조하라. https://www.abundance.video/2024-abundance-summit (2024년 11월 2일 접속)

3 다음 글을 참조하라. https://www.transformernews.ai/p/anthropic-ai-welfare-researcher (2024년 11월 2일 접속)

지만 기술윤리의 관점에서 보면 이는 새로운 현상이 아니다. 기술윤리에 관심이 있는 철학자들은 오랫동안 이러한 종류의 발전과 그로 인한 윤리적이고 철학적인 질문들에 대해 논의해 왔다. 따라서 기술윤리 입문서인 이 책은 바로 이러한 주제를 다루고 있다. 예를 들어, 인공지능 기술이 인간보다 더 똑똑해진다면 어떻게 될까? 우리와 소통이 가능하며 인간을 그럴듯하게 모방할 수 있는 컴퓨터 프로그램은 어떤 철학적, 윤리적 질문을 제기할까? 인공지능 기술을 통제하는 것이 중요한 이유는 무엇이며, 우리는 그 통제력의 상실에 대해 우려해야 할까? 기술이 의식을 갖게 될 수 있을까? 그렇다면 이는 우리가 기술을 대할 때 도덕적으로 고려해야 한다는 뜻일까, 혹은 그들이 우리의 친구나 새로운 형태의 연인이 될 수 있다는 것을 의미할까? 아니면 이 모든 물음을 철학적으로 흥미로운 공상과학의 한 유형으로 간주하는 것이 최선일까?

이 책은 바로 이러한 질문들에 대해 논의한다. 그리고 이렇게 한국어로 소개될 수 있어 기쁘고 영광스러운 마음이다. 역자 윤준식·박형배 님의 노고에 깊은 감사를 표하며, 한국 독자들이 이 책을 재미있게 읽어 주길 바란다. 나는 기술윤리에 깊은 열정을 가지고 있으며, 특히 이 책에서 다루는 내용은 개인적으로도 매우 흥미롭다고 여기는 주제들이다. 한국의 독자들이 이러한 문제들을 고민함에 있어, 부디 이 책이 유용한 도구가 되길 바란다. 더 나아가 인공지능과 같은 기술이 지속적으로 발전하고 새로운 형태의 기술들이 개발되어 사회에 도입되는 과정에서, 한국의 독자들이 이 책을 통해 새로운 질문을 던지고 윤리적 성찰을 이루어 내기 위한 통찰을 얻을 수 있길 기대한다.

마지막으로 이 책의 한국어 번역을 위해 애써 주신 이진희 편집장님과 그린비 출판사 직원 여러분께 감사의 말씀을 전하고 싶다. 두 분 번역자뿐만 아니라 그들의 노고에도 깊은 감사를 드린다.

스벤 뉘홀름

2024년 11월 뮌헨에서

어떤 자율주행차가 충돌사고를 피할 수 없으며 어떤 방법을 쓰더라도 인명 피해로 이어질 것이라 판단했다고 가정해 보자. 이런 상황에서 자율주행차는 무얼 해야 하는가? 전쟁에서 인간을 죽이도록 특별히 설계되고 스스로 표적을 선택하는 자동무기 시스템을 사용하는 것은 허용될 수 있을까? 로봇, 예를 들어, 섹스로봇이 인간처럼 보이고 행동하도록 설계된다면? 닮았다고 해서 그 로봇을 인간과 동일한 도덕적 고려의 대상으로 여겨야 할까?

우리가 개발한 인공지능이 통제 불능 상태가 된다면? 누가 책임을 져야 하며 우리는 어떻게 대처해야 할까? 기술은 항상 가치 중립적인 도구인가? 아니면 때때로 단순 도구 이상이 될 수 있을까? 인간의 가치, 심지어 편견은 때때로 기술에 스며들어 있는가? 우리가 사용하는 기술은 우리 자신의 연장선상인가? 우리는 언제나 사이보그였던 걸까? 우리는 뇌를 인터넷과 직접 연결하면서까지 기술과 융합을 이뤄야 할까? 최첨단 기술의 도움으로 우리가 꿈꾸는 미래는 어떤 모습인가?

이것이 바로 기술윤리(the ethics of technology, 줄여서 technology ethics)에서 논의되는 질문들이자 이 책이 다루고자 하는 내용이다. 이 책의 목적은 기술윤리를 둘러싼 학문적 논의에 익숙하지 않은 독자도 쉽게 접근할 수 있는 방식으로 기술윤리를 소개하는 것이다. 독자는 기술윤리 과목을 수강하는 학부생 혹은 이 주제에 관심이 있는 일반인일 수도 있을 것이다.

기술윤리를 공부하는 연구자들 또한 이 책을 흥미롭고 유용하게 여길 수 있기를 바란다. 이 책에서 논의하는 기술들과 연관된 윤리적 쟁점에 대한 전반적인 관점을 제공하기 때문이다. 때때로 특정 쟁점에 대한 심도 있는 분석이 이뤄지기에 배경지식을 가진 이들이 더 흥미를 느낄 수는 있다. 하지만 주된 목표는 기술윤리를 독자에게 소개하고, 더 깊이 탐구하는 데 관심을 갖도록 하는 것이다. 이 책의 제목이 'This Is Technology Ethics: An Introduction'인 이유다.

이 책은 『이것이 철학이다』*This Is Philosophy* 시리즈의 일부다. 컬럼비아 레코드에서 발매했던 인기 재즈 앨범 시리즈 「이것이 재즈다」(This Is Jazz)에서 영감을 받은 이름이다. 이 시리즈의 다양한 앨범들은 마일스 데이비스(Miles Davis), 사라 본(Sarah Vaughan), 빌리 홀리데이(Billie Holiday), 듀크 엘링턴(Duke Elligton) 등과 같은 재즈의 거장들을 소개했다. 재즈 음악에 익숙하지 않을 수 있는 리스너들에게 위대한 아티스트들이 펼친 최고의 재즈 공연 중 일부를 제공하는 것이 그 목표였다. 이를 통해 많은 사람이 해당 아티스트의 상대적으로 덜 알려진 노래까지 포함한 앨범 목록을 더 자세히 찾아보게 되었다.

마찬가지로 『이것이 철학이다』 시리즈는 철학에서 가장 흥미로운 분야를 독자들에게 소개해 더 깊이 탐구하고 싶도록 영감을 주는 것을 목표로 한다. 이 시리즈의 다른 저작으로 일반 철학 입문서인 『이것이 철학이다』*This Is Philosophy: An Introduction*와 『이것이 심리철학이다』*This Is Philosophy of Mind*, 『이것이 정치철학이다』 *This Is Political Philosophy*, 『이것이 형이상학이다』*This Is Metaphysics*와 같은 책이 있다. 일반 윤리 입문서인 『이것이 윤리다』*This Is Ethics*와 『이것이 생명윤리다』*This Is Bioethics*, 『이것이 기업윤리다』*This Is Business Ethics*, 『이것이 환경윤리다』*This Is Environmental Ethics* 등 좀 더 구체적인 주제를 다루는 윤리 책도 있다. 이번 책은 방금 언급한 좀 더 구체적인 윤리 책들과 비슷하다.

'This Is Technology Ethics'와 같은 제목은 두 가지 의미로 읽힐 수 있다. 일단 기술윤리의 모든 것, 즉 그에 대한 종합적 내용을 다루고 있다는 의미로 받아들일 수가 있다. 또는 기술윤리 일부에 대한 주요 논의와 주제의 예시를 제공한다는 의미로도 받아들여질 수가 있다. 이 책은 후자에 해당한다. 따라서 여기서 '이것이 기술윤리다'라는 문구는 '이것이 기술윤리 분야의 핵심적 논의와 주제 중 일부'라는 것을 의미하게 된다.

「이것이 재즈다」 시리즈의 앨범들이 등장하는 아티스트의 모든 곡을 다루지 않은 것처럼, 이 책도 기술윤리의 모든 쟁점을 다루지는 않는다. 대신 이 분야의 가장 흥미로운 주제들에 대한 탄탄한 개념을 제공하는 것을 목표로 할 것이다. 기술윤리에는 이 책에서 다룰 수 있는 것보다 더 많은 내용이 있지만, 그중 가장 호기심을 끌만한 내용들 위주로 다루려 한다.

이런 책의 저자가 직면하는 또 다른 선택은 다음과 같다. 가령 새로운 주장이나 의견을 제시하지 않고 판단을 내리지 않으며 최대한 중립적인 방식으로 글을 쓰려고 노력할 수 있다. 또는 어떤 것에 대한 '의견이 담긴 소개'(opinionated introduction)를 제공할 수도 있다. 즉 주제를 소개함과 동시에 자신의 입장과 주장을 제시함으로써 독자와의 대화에 참여하는 것이 가능하다. 이 책은 후자의 접근 방식을 취하고 있다. 기술윤리에 대한 의견이 담긴 입문서라고 볼 수 있다.

중립적이지 않고 때때로 어떤 의견과 주장을 제시하는 철학책이 늘 완전히 중립적이기만 한 책보다 더 매력적일 수 있다고 생각하기 때문이다. 독자는 이 책에 담긴 생각들에 동의하지 않을 자유가 있을 뿐만 아니라 그렇게 하라는 초대를 받았다. 이런 입문서를 포함한 모든 철학 저작의 목적 중 하나는 독자 스스로 생각하게 만드는 것이다. 그렇게 하기 위해선 독자를 약간 자극하는 게 도움이 된다. 따라서 이 책은 곳곳에서 그런 시도를 하되, 책 전체에서 다루어지는 견해와 사상 들을 시종일관 존중하는 친근한 방식을 취했다.

많은 사람이 사용하는 소셜미디어 플랫폼과 같은 일부 현대 기술은 짧고 섣부른 대화를 부추기며, 여기서 사람들은 종종 감정이 격해져 서로에게 화를 내고 모욕적인 언사를 퍼붓기도 한다. 이는 이 책이 지향하는 토론의 모습이 아니다. 철학의 놀라운 점 중 하나는 서로의 견해에 대한 깊은 의견 차이를 드러내고 반론을 제시하면서도 토론에 참여하는 모든 사람에 대해 친절하고 배려하는 태도를 취할 수 있다는 것이며, 그게 이 책이 추구하고자 하는 바다.

현대 기술이 특정 행동 양태를 불러일으키는 예시를 언급하는 또 다른 이유가 있다. 이는 이 책 전체에서 흐르는 주제 중 하나인,

우리가 사용하는 기술이 때로는 긍정적인 방향으로, 때로는 부정적인 방향으로 우리에게 영향을 미치고 우리를 형성한다는 개념을 설명하는 데 도움이 된다. 예를 들어, 소셜미디어 플랫폼에서 시작된 토론이 너무 쉽게 비생산적이고 분노에 찬 언쟁으로 확대되는 것에 대해 아쉬움을 표하는 사람들을 종종 볼 수 있다.

이는 기술윤리에서 논의되는 또 다른 문제를 제기한다. 즉 일부 사람들을 도덕적으로 문제가 있는 방향으로 유도할 수도 있는 기술을 만드는 것은 비윤리적인가? 아니면 대다수의 사용자는 이러한 기술을 무해하고 긍정적인 방식으로 사용할 것이라는 사실이 온라인 혹은 오프라인에서 사람들의 상호작용 방식에 영향을 미치는 신기술을 도입하는 데 수반되는 위험보다 더 중대하게 고려되어야 하는가?

이는 기술윤리가 무엇인지 보여 주는 추가적 예시다. 또한 기술윤리가 우리 모두에게 해당될 뿐만 아니라 대부분의 사람에겐 '기술윤리'라는 이름하에 본격적으로는 아니더라도 최소 은연중에는 이미 생각해 본 적 있는 주제라는 점을 드러내는 예시일 것이다. 현대 기술이 도처에 널려 있는 세상에서 뉴스를 볼 때나 일상생활을 하며 기술윤리 문제에 대해 생각하지 않기는 매우 어렵다.

이 책은 이러한 종류의 문제의식을 직접적으로 다루고 있다. 기술윤리에 관심이 있는 사람들이 하루 종일 고민하며 밤잠을 설치게 하는 주요 현안들을 상세히 설명한다. 로봇, 인공지능, 자율무기체계, 자율주행차, 뇌 이식, 정보와 커뮤니케이션 기술, 사랑과 성에 관련된 기술, 의학적 치료 또는 인간 향상을 목적으로 하는 기술, 우리 인간은 어떤 존재인지, 그리고 어떤 존재가 될 수 있는지를 바꿀 수 있는 기술 등이다. 이 책이 윤리적 관점에서 논의할 주제는 바로 이러한 것들이다. 이것이 바로 기술윤리다.

일러두기

1. 이 책은 Sven Nyholm, *This Is Technology Ethics: An Introduction*, John Wiley & Sons, Inc., 2023을 완역한 것이다.

2. 단행본이나 정기간행물 등은 겹낫표(『 』)로, 단편이나 논문, 프로그램명 등은 홑낫표(「 」)로, 프로그램의 에피소드 등은 큰따옴표(" ")로 표기하였다.

3. 외국어 인명, 지명 등 고유명사는 2002년 국립국어원에서 펴낸 외래어표기법에 따라 표기하되, 국내에서 통용되는 관례를 고려하여 예외를 두기도 하였다.

차례

3. 기술윤리의 방법: 사례 연구로서 자율주행차의 윤리

4. 인공지능, 가치 정렬, 그리고 통제 문제

5. 행동 변화 기술, 게임화, 개인 자율성, 그리고 통제의 가치

6. 책임과 기술: 틈을 조심하라고?

7. 기계는 도덕적 행위자가 될 수 있을까?
모든 기계는 도덕적 행위자가 되어야 할까?

이것이
기술윤리다

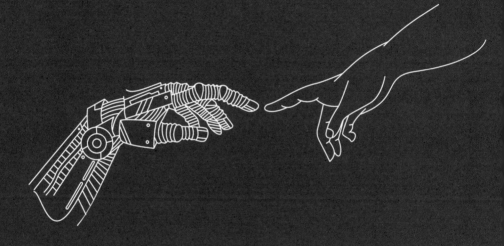

1. 윤리적 관점에서 기술이란 무엇인가?

1.1 검은 숲의 오두막

100여 년 전, 독일 남부의 검은 숲속 작고 수수한 나무집에는 현대 사회에서 벗어나 은둔하려는 한 괴짜 철학자가 있었다. 1922년부터 그는 여기서 줄곧 '존재'(being)의 본질에 관한 철학적 글들을 썼고, 주변 환경에서 깊은 영감을 받았다. 의문의 철학자는 바로 마르틴 하이데거(Martin Heidegger)였다. 하이데거는 그의 가장 유명한 작품들을 집필한 이 집을 '오두막'(die Hütte; the hut)이라고 불렀다. 오두막에서 지내며 때때로 하이데거는 전통적인 농부 복장을 갖춰 입기도 했다. 그는 성가신 현대 기술과 다른 방해로부터 저 멀리 떨어진 검은 숲을 거닐며 추상적인 철학적 질문들에 대해 사색했을 것이다.

　이상한 오두막과 함께 이 책을 시작한 내 선택이 이상해 보일 수도 있다. 하지만 기술윤리에 관한 책을 하이데거와 그의 오두막에 대한 이야기로 시작하는 것은 여러모로 의미가 있다. 한 가지 이유는 기술이 무엇인지에 대해 가장 많이 인용되는 글 중 하나가 하이데거에 의해 (아마 그 오두막에서!) 작성되었다는 사실이다. 또 하나의 이유는 다음 사항에 대해 일찍 상기해 두는 편이 좋기 때문이다. 우리가 '기술'이라는 단어를 들을 때면 대개 최신의 그리고 가장 발전된 형태의 첨단기술을 떠올리지만, 가장 단순하고 오래된 형태의 기술 또한 기술이다.

예를 들어, 오두막을 방문했을 때 하이데거는 우물에서 물을 길어 왔을 것이다(하이데거가 오두막을 드나들던 초창기에는 전기나 수돗물이 없었다). 자율주행차나 최신 스마트폰이 기술인 것과 마찬가지로, 하이데거가 물을 길어 왔던 우물은 중요한 목적을 수행할 수 있는 기술이다. 하이데거 자신에게는 과거를 낭만화하는 경향이 있었다. 그는 (회의적이었던) 현대 기술과 (기꺼이 수용했던) 좀 더 전통적인 기술을 날카롭게 구분했다. 그러나 '기술이란 무엇인가' 하는 일반적인 질문과 관련해, 우리는 오래되고 새로운 여러 다른 종류의 기술들이 존재한다는 점을 명심해야 한다. 오래된 기술도 기술이다. 새로운 기술과 마찬가지로.

자율주행차나 스마트폰처럼 전통적인 우물도 기술이라면, 기술이란 정확히 무엇일까? '기술이란 무엇인가?', 바로 이 첫 번째 장에서 초점을 맞출 질문이다. 이 책이 기술윤리에 관한 책인 만큼, 무엇보다도 '기술'을 우리가 어떻게 이해해야 하는지 생각해 보는 것이 중요하다. 고대 철학자 아리스토텔레스는 항상 핵심 용어의 정의로부터 시작해야 한다고 조언했다. 확실히 좋은 충고로 보인다.

'윤리'가 의미하는 바를 정의하거나 설명함으로써 '기술'과 '윤리'를 결합한 '기술윤리'라는 개념을 형성하는 것 또한 중요할 것이다. 하지만 **윤리**가 무엇인지에 대한 질문은 다음 장까지 아껴 두고, 여기서는 **기술**이 무엇인지에 집중할 것이다. 물론 이렇게 논의를 진행하더라도, 윤리적 문제들은 우리가 다음 장에서 윤리가 무엇인지에 대해 관심을 갖기 전에 이미 제기되기 시작할 것이다. 그 까닭은 중요한 개념을 설명하고자 할 때, 해당 개념을 어떻게 정의하느냐에 대한 우리의 선택이 논쟁적인 것으로 밝혀질 수 있고, 무엇이 중요한가 또는 가치 있는가에 대한 의문을 낳을 수 있기 때문이다.

예를 들어, '인간(human being)이란 무엇인가?'와 '인격(person)이란 무엇인가?'라는 질문을 떠올려 보자. 언뜻 보기에 이러한 질문의 성격이 내재적으로 윤리적인 것 같지는 않다. 하지만 누가 혹은 무엇이 인간이나 인격으로서의 자격을 얻을 수 있으며 그 이유가 무엇이라고 생각하는지에 대해, 다른 이들은 당신의 견해와 그 함의로부터 당신은 미처 깨닫지 못한 매우 논쟁적인 지점들을 발견할 수도 있다. 가령 임신중절을 둘러싼 윤리적 논쟁은 부분적으로는 누가 혹은 무엇이 인간이나 인격으로 헤아려지는가의 문제와 맞닿아 있다.

가령 어떤 '기술'을 받아들여야 하는가와 같은 주제와 관련해 누구의 견해에 귀 기울일지에 대한 선택조차도 논쟁적일 수 있고 따라서 윤리적 문제가 제기될 수 있다. 예를 들어, 오늘날 하이데거는 매우 논쟁적인 인물이다. 독일 나치 시대에 하이델베르크 대학교의 총장으로 지내는 동안 하이데거는 나치 당원이었다. 이러한 사실이 곧 하이데거가 나치였음을 필연적으로 의미하는 것은 아니다. 당시 지도자의 위치에 있었던 누구라도 나치의 당원이 되어야 했을 것이다. 그러나 최근에 발견된 '검은 노트'(하이데거가 남긴 노트들의 일부)로 인해 하이데거가 한동안 나치의 당원이었을 뿐만 아니라 나치즘과 관련된 몇몇 생각을 확신하고 있었다는 사실이 드러났다. 하이데거의 낭만주의와 자연 가까이의 소박한 삶에 대한 사색, 그리고 숲속 오두막이 나치의 이상과 어떤 식으로든 연결되어 있다고 생각하는 사람들도 존재한다.

하이데거 연구자들은 하이데거가 꽤 이른 시기에 나치의 사상을 거부하게 되었다고 주장한다. 게다가 여기서 주로 다룰 「기술에 대한 물음」(The Question Concerning Technology)은 한동안 그가 지녔던 나치 사상에 대한 일말의 동정심도 내던진 후에 쓰인 글이다. 그래도 나치 이력이 있는 자의 사유를 토대로 기술이 무엇인지에 대한 논의를 시작하는 것은 논쟁의 여지가 있어 보인다. 그러나 앞서 언급한 것처럼 하이데거의 이 글은 본 장의 주요 주제에 대해 가장 많이 논의되는 문헌 중 하나다. 따라서 맥락을 이해하기 위해서라도 기술이 무엇인지에 대해 그가 이야기한 몇 가지 내용들을 알아 두는 편이 좋다. 또한 아래에서 살펴보겠지만, 특정한 삶의 시기에 한 인간으로서 하이데거 자신이 지녔던 결함이 무엇이든 간에 그의 논의와 함께 시작할 철학적 이유들이 있다.[1]

---

1 위키피디아의 '마르틴 하이데거'(https://en.wikipedia.org/wiki/Martin_Heidegger) 항목에서 그의 오두막 사진을 볼 수 있다. https://en.wikipedia.org/wiki/Martin_Heidegger#/media/File:Heideggerrundweg0009.JPG

1.2 기술에 대한 물음: 마르틴 하이데거에서 조안나 브라이슨에 이르는 도구적 기술 이론

하이데거의 「기술에 대한 물음」을 깊이 읽어 갈수록, 텍스트는 점점 더 이해하기 어려워진다. 하지만 글의 시작 부분에는 꽤 이해하기 쉬운 내용들도 있다. 예를 들어, 다음 구절을 살펴보자.

> 모두가 우리의 질문에 답하는 두 가지 진술을 알고 있다. 하나는 기술이 목적을 위한 수단이라는 것이며, 다른 하나는 기술이 인간의 활동이라는 것이다. 기술에 대한 이 두 가지 정의는 서로 맞닿아 있다. 목적을 설정하고 이를 위한 수단을 조달하고 활용하는 것은 인간의 활동이기 때문이다. 장비, 도구, 기계의 제조와 활용, 제조되고 사용되는 사물 그 자체, 그리고 그것들이 제공하는 필요와 목적이 모두 기술이라는 것에 속한다. 이러한 고안된 것들의 전체가 기술이다. (Heidegger, 1977, pp. 4-5)

하이데거는 몇 줄 더 덧붙인다.

> 따라서 기술이 하니의 수단이자 인간 활동의 하나라는 기술관은 기술에 대한 도구적이고 인류학적인 정의라고 불릴 수 있을 것이다. (Heidegger, 1977, p. 5)

사실상 여기서 하이데거가 하려는 일은 기술에 대한 두 개의 다른 이론을 먼저 정립한 후, 그 둘을 하나의 하이브리드 이론으로 결합하는 것이다. **도구적 기술 이론**(instrumental theory of technology)은 기술을 인간이 자신의 목적을 위해 사용하는 수단으로서의 연장이나 도구로 정의한다. **인류학적 기술 이론**(anthropological theory of technology)은 기술을 인간에게 고유한 활동들의 일부로 정의한다. 결합된 이론('기술에 대한 도구적이고 인류학적인 정의')은 기술을 인간 활동들 속에서의 목적을 위한 수단으로 표상한다.

　이러한 논의를 통해 하이데거가 강조하는 한 가지는 우리가 기술을 다양한 관점에서 사유할 수 있다는 사실이다. 예를 들어, 도구적 기술 이론은 공학적 사고방식이라고 불리는 것과 어울린다. 공학자들은 구체적인 문제를 확인한 후 이를 해결하기 위한 최적의 도구를 찾거나 설계하는 일을 굉장히 즐긴다. 이러한 공학적 관점에서는 기술을 구체적인 문제 해결이라는 목적을 위해 사용되는 도구로 간주하는 것이 매우 자연스럽다. 대조적으로 인류학적 이론은 인류학적인 사고방식을 채택한다. 인류학자와 여타의 사회과학자들은 인간의 관행과 활동을 연구한다. 그래서 그들은 자연스럽게 기술을 인간 관행 혹은 활동의 일부로 묘사한다.

　도구적 기술 이론과 관련해 주목할 만한 다른 한 가지 사항은, 일반적인 해석에 따르면, 해당 이론이 기술을 내재적으로 가치 중립적인 것으로 표상한다는 점이다. "총은 사람을 죽이지 않는다. 사람이 사람을 죽인다"라는 말을 떠올려 보자. 전미총기협회(National Rifle Association)의 이 슬로건은 사회의 수많은 총기가 폭력 위험을 높인다는 주장에 대한 응답으로 사용되었다. "총은 사람을 죽이지 않는다. 사람이 사람을 죽인다"의 이면에는 총 그 자체는 가치 중립적인 도구라는 생각이 놓여 있는 것 같다. 나쁜 의도를 지닌 사람들이 이 도구를 나쁜 방식으로 사용한다는 것이다. 이와 관련해 도구적 기술 이론에 따르면 가치 중립적 도구를 좋은 방식으로 사용하는 것 또한 가능하다.

이러한 견해에 따르면 일반적으로 모든 도구는 좋게 또는 나쁘게 사용될 수 있다. 따라서 기술과 연관된 나쁜 일이 벌어졌을 때, 우리가 비난해야 할 대상은 기술이 아니라 도덕적으로 문제가 될 수 있는 자기 목적을 위해 기술을 사용한 사람들이다. 반대로 기술이 좋은 목적을 위해 사용되는 경우에 대한 도구적 이론의 함축은 우리가 감사하거나 칭찬해야 할 대상은 기술이 아니라 그것을 만들어 내거나 사용한 사람이라는 것이다. 이러한 사고방식에 따르면 기술은 칭찬도 비난도 받을 자격이 없다. 이는 명백한 사실처럼 보일 수 있다. 하지만 우리가 아래에서 살펴볼 것처럼, 다른 견해를 지닌 사람들도 있다.

아래에서는 다른 관점들로부터 기술이 어떻게 해석될 수 있는지 이야기하면서, 특별히 우리가 윤리적 또는 아마 더 넓게는 철학적 관점을 취했을 때 기술을 어떻게 정의하고 또 이해해야 할지 고려해 볼 것이다. 하지만 기술에 대한 인류학적 관점은 잠시 제쳐두고, 우선은 도구적 기술 이론에 대해 조금만 더 살펴보자. 특히 주목할 만한 점은 오늘날의 기술윤리에서 순전히 도구적인 이론은 흔히 비판받지만, 현재의 논의와 관련해 도구적 이론을 옹호하는 저명한 이들도 있다는 사실이다. 한 가지 사례를 통해 도구적 기술 이론이 어떻게 (1) 윤리적 논증에 사용될 수 있고 (2) 더 확장될 수 있는지 조명해 볼 것이다.

조안나 브라이슨(Joanna Bryson)은 컴퓨터 과학자이자 로봇 공학자로서 최근에는 윤리학 담당 교수로 전향했다. 무엇보다도 그녀는 「로봇은 노예가 되어야 한다」(Robots Should be Slaves)라는 제목의 인상적인 글과 이후 그 논증을 더욱 가다듬은 여러 후속 논문의 저자다.[2] 우리가 인공지능 로봇을 권리의 담지자나 도덕적 고려의 대상으로 간주해야 하는지에 관한 질문에, 브라이슨은 특유의 강렬한 언어로 도구적 이론의 업데이트 버전을 적용한다.

브라이슨은 종종 그녀가 어떻게 이 주제에 관심을 갖게 되었는지를 들려주는데, 이 이야기는 그녀가 우려하는 점을 설명하는 데 도움이 된다. 브라이슨은 경력 초기에 MIT의 로봇공학연구소에서 일했다. 거기에는 '코그'(Cog)라고 불리는 로봇이 있었고 연구실 사람들은 자신들이 그 로봇을 도덕적으로 고려해야 한다는 식으로 말하곤 했다. "플러그를 뽑거나 코그를 끄지 마. 코그를 죽이게 될 수도 있어!"와 같은 이야기들을 말이다. 때로는 코그의 플러그가 이미 뽑혀 있다는 사실을 깨닫지 못한 채 그렇게 말하기도 했다. 이들은 로봇에 인간과 같은 속성(qualities)을 투사했던 것이다.

브라이슨이 봤을 때, 로봇에 대해 이런 식으로 행동하는 것은 큰 실수다. 다른 모든 기술과 마찬가지로 로봇은 우리가 우리 인간의 목적을 위해 만들어 낸 도구다. 게다가 이 대목에서 브라이슨은

---

2 브라이슨은 논문의 제목에 대한 약간의 유감을 표했다. 이제 그녀는 로봇을 우리가 소유하는 노예보다는 우리가 소유하는 하인(servants)으로 이야기하는 것을 선호한다. 하지만 그 논증은 동일하다. 팟캐스트 「Philosophical Disquisitions」의 다음 에피소드에서 자신의 생각에 대한 브라이슨의 논의를 들을 수 있다. "에피소드 #24 왜 로봇은 노예가 되어야 하는가에 대한 브라이슨의 이야기"(Bryson on Why Robots Should Be Slaves): https://philosophicaldisquisitions.blogspot.com/2017/06/episode-24-bryson-on-why-robots-should.html

도구적 기술 이론에 다음과 같은 핵심 내용 덧붙인다. 즉 로봇과 여타의 기술들은 인간의 소유물(property)이라는 점이다. 그것들은 판매되고 구매될 수 있다. 로봇은 사람들이 사고팔 수 있는 소유물이자 인간의 목적을 위해 우리가 사용하는 도구이기 때문에, 기술은 '노예' 혹은 '하인'과 같은 우리의 소유물이다. 과거 몇몇 사회에서 한때는 사고팔 수 있는 도구로 간주되었던 그들처럼 말이다.

브라이슨은 인간들의 경우 누군가에게 소유될 수 있는 노예, 사고팔 수 있는 도구로 취급되었던 사실이 잘못되고 끔찍한 일이라고 생각한다. 반면 인간에 의해 창조된 모든 기술은 그러한 존재이며 그런 존재여야만 한다고 생각한다. "그런 존재여야만 한다"(should be)를 덧붙여야 하는 까닭은 브라이슨이 다음과 같은 흥미로운 견해, 즉 우리가 의무를 지는 것이 가능한 로봇이나 여타의 인공지능 기술을 우리가 만들 수는 있겠지만, 그런 일을 피해야 한다는 입장을 취하기 때문이다.

브라이슨은 만약 우리가 괴로움을 경험하거나 인간이나 동물과 같은 방식으로 지능적이고 민감한 기계를 만들어 낼 수 있다면, 우리가 이러한 창조물에 대한 책무(obligations)를 갖는다고 생각한다. 하지만 우리는 그런 로봇의 창조를 피해야 한다. 우리는 사고팔 수 있는 도구로 취급해도 괜찮은 기술만을 만들어야 한다. 브라이슨이 이처럼 무엇을 해야 하고 무엇을 하지 말아야 하는지에 관한 생각을 도구적 이론에 추가하기 때문에, 우리는 그녀가 **도구적 기술 이론의 규범적 버전**(normative version of the instrumental theory of technology)을 제시한다고 말할 수 있다.

브라이슨이 격하게 반응했던 대상은 로봇 소피아(Sophia)와 이

로봇에게 사우디아라비아 왕국의 명예시민권이 수여된 2017년의 행사다. 소피아는 인간과 같은 생김새의 로봇('휴머노이드 로봇')이다. 그 로봇은 인간과 같은 얼굴을 가졌으며, 인간의 말하기를 모방할 수 있다. 머리의 뒷부분이 투명하기 때문에 사람들은 그것이 기계라는 사실을 알 수 있다. 하지만 그 로봇은 인간에게만 주어졌던 많은 상황에 놓이고 있는데, 예를 들어, 그 로봇은 「더 투나잇 쇼 스타링 지미 팰런」(The Tonight Show Starring Jimmy Fallon)과 같은 토크쇼에도 출연한 바 있다. 그리고 매우 영향력 있는 사람들을 비롯한 많은 이가 그 로봇을 마치 인격을 지닌 인간(human person)인 양 대했다. 가령 독일의 전 총리 앙겔라 메르켈(Angela Merkel)이 소피아와 함께 셀카를 찍은 적도 있고, 국제연합(United Nations), 뮌헨 안보회의(Munich Security Conference)와 같은 유명 국제 정치 기구에서 그 로봇을 연설자로 초청하기도 했다.

브라이슨과 같이 도구적 기술 이론의 규범적 버전을 채택하는 이에게 위와 같은 행사들은 윤리적 관점에서 큰 문제가 있다. 이와 관련해 브라이슨은 한 인터뷰에서 다음과 같이 말했다.

무엇에 대한 문제일까요? 이는 켜고 끌 수 있으면서도 동등하다고 가정되는 존재를 당신이 소유하는 일에 대한 문제입니다. 한 시민을 구매해 소유할 수 있다는 생각은 사람들에게 어떤 영향을 미칠까요?[3]

---

3 James Vincent, "Pretending to Give a Robot Citizenship Helps No One," *The Verve*, 2017. https://www.theverge.com/2017/10/30/16552006/robot-rights-citizenship-saudi-arabia-sophia

다시 말하지만, 도구적 기술 이론에서 로봇과 여타의 기술은 그 자체로는 가치 중립적인, 사고팔 수 있는 도구다. 이러한 견해를 지지하는 브라이슨은 소피아 주변에서 사람들이 행동하는 방식에 큰 문제가 있다고 생각한다. 그러나 모든 이가 도구적 기술 이론에 동의하는 것은 아니다. 이제 기술이 무엇인지 또는 무엇이 될 수 있는지에 대한 몇 가지 다른 생각들을 살펴보자.

1.3 '포스트현상학'과 기술 매개 이론

앞서 언급한 것처럼, 기술이 무엇인지 또는 무엇으로 여겨져서는 안 되는지에 대해 성찰할 때 우리는 서로 다른 사고방식을 채택한다. 우리가 취할 수 있는 한 가지 방식은 **윤리적** 관점에서 기술을 무엇이라고 생각해야 하는지 묻는 것이다. 이 장의 남은 영역 대부분에서는 바로 이러한 관점에서 기술이란 무엇인지 숙고할 것이다. 다시 말해, 우리의 질문은 다음과 같다. "윤리적 이론화의 관점에서 기술에 대해 사유할 때, 도대체 우리는 기술을 어떤 존재로 이해해야 하는가?" 기술에 대한 윤리적 관점을 취하는 많은 저자가 순전히 도구적인 관점의 기술 이론을 비판해 왔다.

　윤리적 관점에서 기술이 무엇인지에 대해 숙고하고 도구적 이론을 비판하는 몇몇 사회학자와 철학자는 이러한 작업에서 하이데거가 기술에 대한 인류학적 이해라고 불렀던 것에 부합하는 방식을 취한다. 즉, 그들은 기술을 비롯한 인간의 관행을 살펴보고 분석한다. 그들은 우리 주변의 기술들이 우리에게 어떻게 영향을 미치는지에 관심을 갖는다. 그리고 인간의 많은 관행 속에서 기술이 항상 그 본성상 완전히 가치 중립적인 단지 도구에 불과한 것만은 아니라고 주장한다. 기술이 우리 삶에서 다른 역할도 수행할 수 있다는 것이다. 이러한 사상가 집단 중 하나가 소위 포스트현상학파라고 불리는 학파의 구성원들이다.

'포스트현상학'(post-phenomenology)은 발음만 어려운 용어가 아니다. 이전에 접해 본 경험이 없는 이들의 경우 이해하기도 쉽지 않을 것이다. 그래서 이 개념을 여러 부분으로 나누어 설명해 볼 것이다. 가장 먼저 알아 두어야 할 것은 '현상학'이 하이데거가 오두막에서 철학 저서를 집필할 즈음에 시작된 철학 운동이었다는 점이다. 현상학이 전제하는 아이디어는 우리가 인간의 삶을 반성할 때 추상적인 철학 이론이 아니라 우리가 세계에서 마주하는 현상과 함께 시작해야 한다는 것이다. 철학을 해 나갈 때 우리는 우리 인간이 사물을 경험하는 방식의 관점에서 어떻게 실재가 그리고 어떻게 우리 자신이 드러나는지 살펴야 한다. 포스트현상학은 이러한 생각에서 더 나아가, 우리가 어떻게 현실과 스스로를 경험하는지 그리고 우리가 할 수 있거나 목표로 삼을 수 있는 것을 기술이 어떻게 형성하는지 묻는다.

이 학파에 속한 학자들, 즉 돈 아이디(Don Ihde), 브뤼노 라투르(Bruno Latour), 그리고 좀 더 최근의 피터-폴 베어벡(Peter-Paul Verbeek)과 같은 이들은 우리와 우리가 사물들을 경험하는 방식과 우리가 할 수 있는 것 사이를 기술이 어떻게 '매개하는지'(mediate)

에 주목한다.[4] 그들은 기술이 우리와 우리가 지각하는 것, 우리와 우리가 할 수 있는 것 사이의 매개물(medium)이라고 말한다. 여기에는 두 가지 아이디어가 공존하는데 하나는 입력, 다른 하나는 출력과 관련된다. 차근차근 살펴보도록 하자.

한 가지 핵심적인 아이디어는 기술이 우리가 세상을 지각하거나 경험하는 방식을, 심지어 우리 자신을 형성한다는 것이다. 간단한 예로, 안경을 썼을 때 우리의 시각 경험과 지각은 안경을 벗었을 때와 달라진다. 또 다른 예로, 만약 당신이 파리의 루브르박물관을 방문해 요즘 그곳을 방문하는 많은 사람처럼 당신의 스마트폰 카메라를 통해 모나리자를 본다면, 모나리자에 대한 당신의 지각은 그 스마트폰에 의해 매개되거나 형성될 것이다. 그림과 당신의 눈 사이에 스마트폰을 두지 않고 그냥 당신이 곧바로 그 그림을 바라볼 때와는 다를 것이다. 더 일반적으로 이야기하자면, 우리가 삶을 살아가면서 무엇에 주의를 기울이는지가 우리가 사용하는 기술에 의해 형성된다. 예를 들어, 요즘 사람들이 듣고 주의를 기울이는 뉴스들은 우리가 사용하는 소셜미디어의 일부인 알고리즘의 영향을 강하게 받는 경향이 있다.

두 번째 핵심 아이디어는 기술이 우리가 무엇을 할 수 있는지 그리고 어떻게 그것을 할 수 있는지를 형성한다는 것이다. 이와 관련해 기술은 우리 스스로가 무엇을 할 수 있다고 생각하는지를 형

---

4 베어벡이 만든 이 짧은 동영상에서 기술 매개 이론(mediation theory of technology)이 소개된다. "Animation: Explaining Technological Mediation": https://www.youtube.com/watch?v=FVhrLwBNbvU

성한다. 또한 기술은 때때로 우리에게 특정 행위를 '제안한다'. 예를 들어, 요즘 우리는 꽤 먼 곳으로도 주말여행을 떠날 수 있는데, 이는 먼 지역으로 우리를 빠르게 데려다주는 비행기가 있기 때문이다. 기술로 인해 그것이 가능해졌기 때문에, 먼 곳으로의 주말여행이라는 발상이 떠오를 수 있다는 것이다. 해당 기술이 가능하기 전에는 이런 일이 불가능하기 때문에 누구도 그 생각을 떠올리지 못했을 것이다. 이전 문단의 마지막 예로 돌아가자면, 소셜미디어 또한 타인과의 소통과 같은 우리의 행위 방식을 형성하는 기술의 한 예다.

많은 사람이 소셜미디어상에서는 떠올리고 또 실제로 하는 말을 대면 상황에서는 아예 떠올리지 못하거나 감히 말할 엄두도 못 낸다. 여기에는 좋은 면도 있고 나쁜 면도 있다. 좋은 이유는 사람들이 무언가에 감히 대항해 말할 수 있기 때문이고, 나쁜 이유는 사람들이 서로에게 욕을 퍼부을 수 있기 때문이다. 이는 기술이 우리가 행하는 바와 그것을 떠올리는 일을 어떻게 형성하는지에 관한 또 다른 예다.

사실 하이데거의 「기술에 대한 물음」에는 우리가 할 수 있는 것과 우리가 세계를 지각하는 방식을 기술이 형성한다는 포스트현상학적인 아이디어와 매우 일맥상통하는 생각이 담겨 있다. 하이데거는 가령 수력발전소와 같은 신기술이 우리가 강과 같은 것을 바라보는 방식을 어떻게 바꾸어 놓을 수 있는지 말한다. 현대의 수력발전소로 인해 강은 갑자기 전기의 원천으로, 또는 이전에는 수단으로 여겨질 수 없었던 목적의 수단으로 제시된다.

하이데거는 이러한 생각을 극단적으로 밀어붙인다. 그는 우리가 현대 기술로 우리를 더 둘러쌀수록, 자연은 우리에게 점점 더 목적 그 자체가 아니라 인간의 목적을 위한 수단들의 거대한 집합으로 보일 것이라고 주장한다. 이전에는 강이 우리에게 아름다운 자연의 일부로 드러났지만, 신기술은 갑자기 그것을 전기 생산이라는 목적의 수단으로 제시한다는 것이다. 결과적으로 기술에 의해 우리가 강을 지각하는 방식이 바뀌어 버린 것이다.

포스트현상학자들은 이러한 일반적인 생각을 기술 그 자체가 가치 중립적이라고 묘사하는 도구적 기술 이론의 일부 주장을 비판할 때 채택한다. 이들은 우리가 어떻게 주변 사물의 가치를 매기는지에 기술이 영향을 미치기 때문에 기술이 순전히 가치 중립적인 것은 아니라고 주장한다. 가령 피터-폴 베어벡은 태아의 초음파 사진을 즐겨 예로 든다. 베어벡은 이러한 이미지가 태아를 (자궁에 태아가 있다는 단순한 지식과는 다른) 새로운 시각으로 제시한다고 주장한다. 특히 이러한 이미지는 태아를 부모가 그의 건강 상태에 대해 걱정하고 관련 결정을 내릴 필요가 있는 환자로 제시한다.

포스트현상학자들은 기술이 가치중립적 도구가 아니라는 점을 설명할 때, 돈 아이디가 제시한 개념을 또 다른 예시로 자주 활용한다. 때때로 기술은 의도되거나 의도되지 않은 '스크립트'(scripts)를 포함한다는 것이다. 즉, 기술은 우리가 해야 할 바를 알려 주고 심지어 우리가 특정한 방식으로 행위하도록 강요할 수도 있다. 예를 들어, 프랑스의 사회학자이자 철학자인 브뤼노 라투르는 운전자에게 속도를 줄이라고 말하는 과속 방지턱, 사용자에게 사용 후 버리라는 메시지를 전달하는 종이컵, 자동차 안전벨트를 매지 않았을 때 안전벨트 착용을 강요하는 삐 소리에 대해 이야기한다.

이러한 포스트현상학 운동의 구성원들이 도구적 기술 이론에 대해 비판적으로 주장하는 또 한 가지는 도구적 이론이 인간을 목적에 기초해 행위하는 존재로, 기술을 그 목적에 사용되는 수단으로 묘사함으로써 인간과 기술을 서로 완전히 분리된 것으로 잘못 표상하는 경향이 있다는 것이다. 많은 포스트현상학자가 이것이 옳지 않다고 주장한다. 기술 없이 인간 혼자서는 할 수도, 할 생각도 못 할 일들을 인간과 기술이 형성한 '배치'(assemblage) 혹은 단위(units)는 해낼 수 있다는 점에서 이는 옳지 않다.

예를 들어, 베어벡은 앞서 언급한 "총은 사람을 죽이지 않는다. 사람이 사람을 죽인다"라는 생각에 대해 문제를 제기한다. 베어벡에 따르면 총을 소지한 사람은 미국인들이 '총잡이'(gunman)라고 부르는, 즉 총을 소지하고 쏘는 성향을 가진 사람이 되기 쉽다. 베어벡은 그 사람과 총은 하나의 단위를 형성한다고 본다. 그리고 이 단위는 총이 없었더라면 하지 못할, 할 생각도 않을 일들을 할 수 있고 또 하게 되는 성향을 갖게 될 수 있다.[5]

특히 과학기술학 연구자 도나 해러웨이(Donna Haraway)는 사이보그 은유를 사용하는 것이 우리 인간에 대해 사유하는 데 도움이 된다고 제안한다. 해러웨이는 인간과 기술 사이를 날카롭게 구분할 수 없다고 생각한다. 우리 중 많은 이가 "당신이 먹는 것이 곧 당신이다"라는 표현을 들어 보았을 것이다. 해러웨이의 견해는 "당신

---

5 이러한 생각에 대한 베어벡의 더 자세한 논의는 팟캐스트 「New Books in Philosophy」의 다음 에피소드에서 들을 수 있다. "Peter-Paul Verbeek: Moralizing Technology: Understanding and Designing the Morality of Things": https://newbooksnetwork.com/peter-paul-verbeek-moralizing-technology-understanding-and-designing-the-morality-of-things-university-of-chicago-press-2011

은, 부분적으로는, 당신이 사용하는 기술이다"라는 식의 아이디어를 따르는 것처럼 보인다. 인간이 기술과 결합할 수 있다는, 또는 이미 우리는 기계와 결합하고 있다는 생각에 대해서는 이 책의 뒷부분에서 다시 다룰 기회가 있을 것이다. 포스트현상학자들만 이러한 생각에 매료된 것은 아니다. 10장에서 살펴볼 것처럼, 많은 사람이 이런 생각에 매료되어 있다.

이 절의 요점은 다음과 같다. 포스트현상학자들에 따르면 기술은 인간, 즉 목적을 세우고 그 목적을 위해 기술을 수단으로 사용하는 인간과 완전히 분리된 가치 중립적 도구가 아니다. 기술은 그 이상이다. 기술은 우리가 세계를 어떻게 지각하는지, 우리가 무엇을 할 수 있는지, 그리고 우리가 무엇에 대해 어떤 식으로 가치 부여하는지를 형성한다. 인간과 우리가 사용하는 기술은 서로 완전히 분리되어 있지 않다. 기술 없이 인간 혼자서는 할 수도 없고 그럴 마음도 들지 않았을 무언가를, 인간과 기술이 이루는 단위는 할 수 있고 또 그런 성향을 갖게 된다. 이는 인간 관행 속 기술의 역할이 무엇인지 살피는 인류학적 기술 이론의 더 업데이트되고 정교화된 버전으로 간주될 수 있을 것이다. 포스트현상학자들의 여러 흥미로운 생각은 이 책의 여기저기서 튀어나온다. 하지만 지금은 잠시 제쳐 두고, 한번 더 도구적 기술 이론으로 돌아가 보자.

1.4 단순한 수단이나 도구 이상으로 생각되는 기술

왜 로봇과 다른 기술이 우리가 소유하고 거래할 도구로서 인간의 목적을 위한 수단으로 취급되어야 하는지에 대한 조안나 브라이슨의 이야기를 다시 떠올려 보자. 그녀의 주장은 저명한 계몽 철학자 임마누엘 칸트(Immanuel Kant)가 그의 매우 영향력 있는 윤리학 고전 『도덕 형이상학 정초』*Groundwork for the Metaphysics of Morals*에서 논의한 몇 가지 아이디어를 떠올리게 한다. 우리가 기술을 어떻게 대해야 하는지에 대한 브라이슨의 이야기는 우리가 어떻게 인간 인격을 대해야 하는지에 대한 칸트의 말을 뒤집거나 반대로 말한 것으로 여겨질 수 있다. 브라이슨은 기술에 대해, 칸트는 인격에 대해 말했다는 점에서 그들의 견해는 서로를 보완하는 것으로 볼 수 있다.

방금 언급한 책에서 칸트는 세계를 그가 '인격'(persons)과 '사물'(things)이라고 부르는 두 가지 범주로 나눈다. **인격**은 생각하고 행위하며 합리적이고 도덕적인 결정을 내릴 수 있다. 인격은 절대적 가치와 존엄을 지니기에, 주의(care)와 존중의 대상으로 여겨져야 한다. 칸트의 말을 빌리자면, 인격은 '목적 그 자체'(ends-in-themselves)로 간주되어야 한다. 인격은 도덕적 공동체의 구성원으로서 자신의 행위에 책임을 질 수 있다. 칸트의 주장에 따르면 이 세계의 다른 모든 것은 **사물**의 범주에 속한다. 그리고 인격이 아닌 그 어떤 것도 상대적 가치, 즉 인격이 갖는 욕망과 소망에 대해 상대적인 가치만을 지닐 뿐이다.

칸트가 보기에 모든 사물은 인격이 세운 목적을 위한 단순한 수단으로 취급될 수 있다. 대조적으로 인격은 언제나 결코 단순한 수단이 아니라 목적으로 대우되어야 한다. 칸트는 이러한 생각을 우리 특유의 인간성과 관련시키며, 잘 알려지고 널리 공유되는 도덕 원칙을 다음과 같이 정식화한다. "너는 항상 각 인격의 인간성을 결코 단지 수단으로 대우하지 않고 언제나 동시에 목적 그 자체로 대우하도록 행하라." 이는 '인간성의 정식'(formula of humanity) 혹은 칸트의 '목적 그 자체로서의 인격'(persons as ends-in-themselves) 원칙으로 불리기도 한다.[6]

　칸트의 용어를 따라 우리는 브라이슨이 견지하는 도구적 기술 이론의 규범적 버전을 다음과 같이 바꾸어 말할 수 있다. 인간과 달리 모든 기술은 인격이 아니라 사물로 간주되어야 한다. 사물은 결코 목적 그 자체가 아니라 단순한 사물로 취급되어야 한다. 게다가 우리는 단순한 수단으로 취급할 수 있는 단순한 사물 이상의 그 어떤 기술도 만들어서는 안 된다. 우리는 목적 그 자체로서의 인격을 지니는 또는 그렇게 보이는 기술을 만들어서는 안 된다. 달리 말해, 브라이슨의 규범적인 도구적 기술 이론은 칸트의 인간성 정식을 흥미롭게 뒤집은 것처럼 보인다.

　이렇게 칸트의 용법과 아이디어를 활용하는 것은 그 자체로 흥미로울 뿐만 아니라 도구적 기술 이론을 재해석할 수 있는 철학적 어휘를 우리에게 제공한다는 점에서 의미가 있다. 이후 보겠지만,

---

6　다음은 칸트의 인간성 정식에 대한 「Cogito」 채널의 짧은 강의다. "Kant's Second Categorical Imperative": https://www.youtube.com/watch?v=0Cl0FG-xUKA. 칸트 윤리학에 대한 더 풍부한 논의는 BBC 라디오 프로그램 「In Our Time」의 다음 에피소드를 통해 들을 수 있다. "Kant's Categorical Imperative": https://www.bbc.co.uk/sounds/play/b0952zl3

하이데거와 마찬가지로 칸트 철학 또한 기술윤리에 상당한 영향을 미쳤기 때문에 이러한 언급은 의미가 있다.

게다가 최근 기술윤리 분야에서 현저하게 전개되고 있는 특정 국면 또한 이러한 생각들을 칸트와 브라이슨의 업데이트된 도구적 기술 이론의 관계로부터 가져오는 일을 가치 있게 만든다. 최근 몇몇 기술윤리학자는 바로 위 문단에서 언급된 생각과는 상당히 강하게 충돌하는 입장을 옹호한다. 특히 일부 기술윤리 연구자는 아래의 아이디어 중 하나 이상을 옹호한다.

- 일부 기술은 생각하고 행동할 수 있으며, 합리적일 수 있고 도덕적인 결정을 내릴 수 있다.
- 일부 기술은 단순한 수단과 대비되는 인격체가 될 수 있다.
- 일부 기술은 단순한 수단이 아니라 목적으로 대우받아야(즉, 도덕적으로 고려되거나 권리가 주어져야) 한다.
- 일부 기술은 흡사 인간이 자신의 행위에 책임질 수 있는 것과 마찬가지로 자신이 행한 일에 책임질 수 있다.

이런 생각들은 반직관적으로 보일 수 있다. 어떤 버전이 되었든 도구적 이론을 받아들이는 사람들에게 이는 충격적이고 심지어 불온한 것으로 여겨질 수 있다. 그러나 앞서 언급한 것처럼, 위와 같은 생각은 현대 기술윤리 영역에서 자리를 굳히고 있다. 왜 이런 주장을 일부 기술철학자들이 진지하게 다루기 시작했는지 이해하기 위해, 이제 우리는 일부 인간이 로봇과 여타의 인공지능 탑재 기술 같은 새로운 형태의 기술과 어떻게 상호작용하는지 보여 주는 몇 가지 예를 살펴볼 것이다. 이 논쟁적 아이디어에 대한 완전한 논의는 이후의 다른 장으로 미룰 것이다. 다만 1장에서 검토하고 있는 물음이 기술이라는 개념에 대해 우리가 이해해야 할 바에 관한 것이기 때문에, 여기서 이를 간략하게나마 살펴보는 것도 의미가 있다.

1.5 도덕적 행위자로 간주되는 기술

우리는 이미 브라이슨의 동료 중 일부가 로봇 '코그'에 대해 어떻게 말했는지에 대한 예(가령 그들은 플러그를 뽑거나 로봇의 전원을 끄는 것에 대해 주저했다)를 간단히 살펴봤다. 그리고 우리는 몇몇 사람이 소피아 로봇을 어떻게 대했는지(명예시민권 부여, 토크쇼 초대, 함께 셀카 찍기, 주요 정치 기구에서의 연설 허용)에 대해서도 살펴봤다. 이러한 예에서 로봇을 대하는 사람들의 방식은 그들이 로봇을 단순한 수단 혹은 인격과는 범주적으로 구분되는 사물 이상의 존재로 간주하거나 기꺼이 그렇게 대우하고자 한다는 점을 암시한다. 더 많은 예를 들 수 있고, 이 책 전체에 걸쳐 더 많은 예가 제시될 것이다. 여기서는 순전히 도구적 이론과 충돌하는 방식으로 기술을 바라보는 사람들의 예를 몇 가지만 더 살펴보자.

　　많은 기술윤리 연구자가 흔히 기능적 '자율' 기계(functionally 'autonomous' machines)라고 불리는 기술에 관심을 보인다. 이는 일정 기간 동안 인간의 직접적인 조종 없이 스스로 작동해 특정 업무를 수행할 수 있는 기계를 일컫는다. 이러한 기술은 때때로 도덕적 결정을 내릴 수 있어야 하는 것처럼 보이는 상황에 투입되기도 한다. 꽤 많은 철학자와 연구자가 도덕적 결정을 내릴 수 있는 기계를 만들어 내는 것이 가능하다고 본다. 널리 논의되는 예가 바로 자율주행차다. 또 다른 예로는 군사용 로봇 혹은 자율무기체계(autonomous weapon systems)라고도 불리는 기술이 있다. 이러한 기술은 위험하고 인간의 생명이 위태로운 상황에서 작동한다.

　자율주행차가 갈림길에서 왼쪽으로 갈지 오른쪽으로 갈지 '결정'해야 하는 상황을 상상해 보자. 자동차 브레이크는 고장났다고 가정하자. 문제는 각각의 선택지가 인간에 대한 위협을 수반한다는 것이다. 길 왼편의 다섯 사람은 제때 길에서 벗어나지 못해 차에 치이는 것을 피할 수 없을 것이다. 길 오른편의 한 사람 역시 제때 길에서 벗어나지 못해 차에 치이게 될 것이다. 차에 타고 있던 사람은 기절해, 그 어떤 조작도 할 수 없는 상황이다. 이때 브레이크가 고장난 자율주행차는 '도덕적 결정'을 내려야 하는 것처럼 보일 수 있다. 좌회전하여 다섯 사람의 사상자를 내야 하는가? 아니면 우회전하여 다섯 사람은 살리고 한 명의 사상자만을 내야 할 것인가? 이러한 상상은 기계(이 경우에는 자율주행차)가 도덕적 결정을 내리고 그에 따라 행위할 수 있어야 하는 유형의 상황을 보여 주는 예로 널리 사용된다.

　'기계윤리'(machine ethics)라고 불리는 학제 간 연구 분야는 도덕적인 기계를 만드는 것이 가능한지, 가능하다면 이것이 어떻게 가능하고 어떻게 만들어져야만 하는지에 대한 연구에 전념한다. 이러한 사고방식에서 문제의 그 기술은 단순히 인간의 목적을 성취하는 데 사용되는 가치 중립적인 도구로 간주되지 않는다. 오히려 이런 기술은 철학자들이 '도덕적 행위자'(moral agents)라고 부르는 것으로 간주된다. 즉, 이런 기술은 도덕적 결정을 내리고 그 결정에 따라 행위할 수 있는 개체 혹은 존재로 간주된다.

　이런 아이디어를 진지하게 받아들이는 대다수 기술윤리학자는 해당 기술이 우리 인간과 같은 종류의 도덕적 행위자가 될 수 있다고 생각하지 않는다. 자율주행차, 군사용 로봇, 그 외 어떤 기술도 인간과 다른 종류의 도덕적 행위자일 것이다. 도덕적 결정을 내리고 그에 따라 행위할 수 있더라도 아마 그러한 기술들은 인간과 같은 방식으로 그들의 결정에 도덕적 책임을 질 수는 없을 것이다. 이게 일반적인 입장이다. 가령 이탈리아의 저명한 기술윤리학자이자 정보 철학자인 루치아노 플로리디(Luciano Floridi)가 이를 옹호한다.[7]

　플로리디가 보기에 어떤 의미에서 행위할 수 있고 도덕적으로 중요한 상황에서 행위할 수 있는 모든 개체는 도덕적 행위자다. 하지만 플로리디는 이것만으로는 그 개체를 행위나 결정에 따라 비난 혹은 칭찬받을 수 있는 도덕적 책임능력이 있는 행위자로 간주하기에 충분하지 못하다고 생각한다. 이렇게 인공 행위자가 도덕적으로 민감한 결정을 내림에도 불구하고 책임을 질 수는 없다는 생각은 소위 책임 공백(responsibility gaps)에 대한 우려를 종종 불러일으키기도 한다. 이 표현은 군사용 로봇과 같은 기계가 도덕적으로 중요한 결정을 자율적으로 내리고 살인과 같은 일을 저지를 수 있는 데 반해, 그 결과에 대한 책임을 질 수는 없다는 생각을 가리킨다. 그

7　다음은 『The Dissenter』에서 진행된 플로리디와의 인터뷰다. "The Dissenter": "#329: Luciano Floridi: Information, Knowledge, Science, and AI": https://www.youtube.com/watch?v=jgmdEk7rTxU. 인공적 도덕 행위자(artificial moral agents)와 책임의 문제에 대한 플로리디의 견해는 38분 3초 이후부터 논의된다.

상황에는 로봇이 한 일에 대해 그 어떤 인간에게도 도덕적 책임을 묻기 어려울 수도 있다. 이와 동시에, 벌어진 일에 대해 누군가는 책임져야 하는 것처럼 보이기도 하다. 따라서 책임 공백의 발생은 분명하다. 이러한 책임 공백에 대한 우려는 기술윤리 분야에서 널리 논의되었다. 그리고 대다수 기술윤리학자는 기계 자체에 책임을 부과하는 식으로 이 문제가 해결될 수 있다고 생각하지 않는다.

그러나 일부 기술은 도덕적 결정을 내릴 수 있을 뿐만 아니라 종종 어떤 의미에서는 그에 대해 책임질 수도 있다는 더 극단적인 견해를 지닌 이들도 있다. 예를 들어, 철학자 대니얼 티가드(Daniel Tigard)는 일련의 논문을 통해 여러 다른 '도덕적 책임의 얼굴'(즉, 책임을 진다는 것에 포함되는 여러 다른 측면)이 존재한다고 주장해 왔다. 티가드에 따르면, 인공지능 로봇이나 다른 자율 체계와 같이 몇몇 발전된 기술은 제한적이나마 특정 방식의 책임을 질 수 있다.[8] 티가드와 같은 견해는 모든 기술은 인간의 목적을 위한 가치 중립적인 도구 혹은 수단이라는 순전히 도구적 기술관과 꽤 동떨어져 있다. 일부 기술의 경우 자신이 행한 것과 내린 결정에 책임을 질 수 있다는 생각은 브라이슨이 지지하는 종류의 견해와 매우 다르다.

지금까지 우리는 철학자들이 '도덕적 행위자'라고 부르는 역할과 관련해 기술을 살펴보았다. 그런데 철학자들이 '도덕적 피동자'(moral patients)라고 부르는 역할 또한 기술이 맡을 수 있는 것처

---

8 팟캐스트 「Philosophical Disquisitions」의 다음 에피소드를 통해 이 주제에 대해 티가드가 논의하는 것을 들을 수 있다. "79: Is There a Techno-Responsibility Gap?" https://philosophicaldisquisitions.blogspot.com/2020/08/79-is-there-techno-responsibility-gap.html

럼 보이는 예들도 있다. 도덕적 피동자는 그에 대해 누군가가 책무 혹은 의무(duty)를 지는 것이 가능하거나, 어느 정도 잘 대우하는 것이 가능한 개체 또는 존재다. 간단히 말해, 도덕적 피동자는 도덕적 지위(moral status)를 지닌 존재 혹은 개체다. 그런 개체나 존재는 몇 가지 중요한 권리를 가질 수도 있다. 예를 들어, 소피아가 사우디아라비아의 명예시민이 되었을 때, 그녀에게 특정 권리나 중요한 사회적 지위가 부여된 것으로 볼 수 있다. 보통 시민은 특정 권리와 중요한 지위를 지닌 것으로 간주되기 때문이다. 이제 로봇이 잠재적인 도덕적 피동자라는 생각을 보여 주는 또 다른 예를 살펴보자.

1.6 도덕적 피동자로 간주되는 기술

2015년 2월, 뉴스 네트워크 CNN은 "로봇 개를 차는 것은 잔인한가?"라는 표제의 기사를 게재했다.[9] 이 기사는 보스턴 다이내믹스(Boston Dynamics)라는 기술 회사가 게시했던 동영상에 대한 흥미로운 반응에 대한 것이었다. 이 동영상에는 매우 균형을 잘 유지하는 작은 강아지 모양의 로봇이 등장한다. '스폿'(Spot)이라는 이름의 그 로봇은 러닝머신을 뛰고 계단을 오르면서도 넘어지지 않는 모습을 보여 준다. 같은 동영상의 후반부에서 다시 한번 로봇이 균형을 얼마나 잘 잡는지 보여 주기 위해 보스턴 다이내믹스사의 엔

---

9 Phoebe Park, "Is It Cruel to Kick a Robot Dog?", CNN Edition: https://edition.cnn.com/2015/02/13/tech/spot-robot-dog-google/index.html

지니어 한 명이 스폿을 발로 차는 모습을 보여 준다. 엔지니어의 꽤 강한 발차기에도 불구하고 역시나 스폿은 균형을 유지하며 넘어지지 않는다. 스폿이 발길질 이후에도 안정을 유지한 반면, 이 동영상을 시청한 많은 사람은 스폿의 발길질 당하는 모습에 평정을 유지할 수 없었다. CNN이 보도했던 해당 동영상의 시청자 댓글은 다음과 같다. "아무리 로봇 개라고 해도, 어쨌든 개를 발로 차는 건 매우 잘못된 행동 같다", "불쌍한 스폿!", "발길질당하는 스폿을 보니 소름 끼친다".

이런 반응들과 관련해 철학적 관점에서 대단히 흥미로운 것은 이 동영상에 대해 위와 같이 반응한 사람들이 로봇 개 스폿을 우리의 목적을 위해 우리가 원하는 어떤 방식으로도 대할 수 있는 단순한 도구 이상의 존재로 간주했던 것처럼 보인다는 점이다. 이런 식으로 반응했던 사람들은 기꺼이 이 로봇이 도덕적 지위와 같은 것을 지닌다고 여겼을 것 같다. 그들의 반응은 스폿을 도덕적 피동자, 즉 그에 대해 누군가 잘못을 저지를 수 있고 일정 수준 이상 도덕적으로 고려되어야 하는 존재 혹은 개체로 묘사했다.

하지만 이 온라인 동영상에 댓글을 단 사람들만 그런 기술관을 채택하는 게 아니다. 몇몇 기술윤리학자는 로봇과 같은 종류의 일부 기술은 도덕적으로 고려되어야 할 도덕적 피동자로 간주되어야 한다는 생각을 진지하게 받아들이기 시작했다. 심지어 '로봇 권리'(robot rights)라는 개념을 진지하게 받아들이는 학자들도 꽤 존재한다. 그들 중 일부는 '로봇 인격'(robotic persons)이라는 개념을 논의하는 데까지 나아가기도 한다.

예를 들어, 마크 코켈버그(Mark Coeckelbergh)와 데이비드 건켈(David Gunkel)은 그들이 도덕적 지위 귀속의 '관계적' 이론 ('relational' theory of moral status ascription)이라 부르는 것을 발전시켜 왔다. 이 이론을 통해 그들은 누가 혹은 무엇이 도덕적으로 고려되거나 권리를 지닐 자격이 있는가 하는 물음을 인간이 이러한 존재들과 어떤 종류의 관계를 맺을 수 있는가 하는 물음으로서 논해야 한다고 제안한다. (반려동물이나 가축과 같은) 비인간 동물이 인간 공동체의 일원이 됨으로써 특별한 도덕적 지위와 권리까지도 획득할 수 있는 것과 마찬가지로, (로봇과 같은) 몇몇 기술 또한 인간 공동체의 일원이 될 수도 있다는 것이다. 그렇다면 도덕적 고려의 범위를 확장시켜 그들에게도 권리를 부여하는 것이 합당할 것이다. 적어도 코켈버그와 건켈은 이렇게 주장한다.

만약 우리가 도구적 기술 이론에서 벗어나 인간-기술 상호작용에 대한 관계적인 사고방식을 채택한다면, 우리는 기술에 대한 우리의 사유에서 코켈버그와 건켈이 '관계적 전회'(relational return)라고 말하는 것을 겪게 될 것이다. 이러한 견해에서 기술 그 자체가 무엇을 할 수 있는지는 기술 및 그것과 상호작용하는 인간 사이의 관계가 무엇인지에 비해 덜 중요하게 여겨진다. 예를 들어, 소피아 로봇이 인간적인 감정을 지니거나 지각 능력 또는 지성을 지닌 존재는 아닐 것이다. 그럼에도 불구하고 소피아 같은 로봇은 인간 사회의 일원이 될 수 있고, 이로써 도덕적 지위(moral standing)와 특정 권리를 지닌 인격과 유사한 무언가가 될 수도 있다.[10]

---

10 팟캐스트 「Dolores Project」의 다음 회차에서 이러한 생각에 대한 건켈 자신의 이야기를 들을 수 있다. "Robot Rights w/David Gunkel": https://anchor.fm/joshua-k-smith6/episodes/Robot-

도덕적 지위의 확장을 옹호하는 다른 유형의 이론으로는 아일랜드의 법학자이자 도덕 철학자인 존 다나허(John Danaher)가 제안하는 '윤리적 행동주의'(ethical behaviorism)가 있다. 이 이론에 따르면, 어떤 기술이 도덕적 지위를 지닌 인간이나 동물의 행동처럼 일관되게 행동한다면, 우리는 인간이나 동물에 대해 우리가 도덕적으로 고려하는 것과 같은 정도로 해당 기술을 대우해야 한다. 예를 들어, 어떤 기술이 (가령 명백한 고통 속에서 비명을 지르는 것처럼) 괴로움을 겪고 있는 듯 행동한다면, 우리는 인간과 동물에게 불필요한 괴로움을 유발하지 말아야 하기에, 우리는 그 기술이 괴로워하는 것처럼 행동하게 만드는 어떤 행위도 해서는 안 된다.[11]

다나허는 윤리적 행동주의를 우정과 같은 주제까지 확장시킨다. 로봇, 아바타, 또는 챗봇과 같은 기술이 만약 친구와 같은 방식으로 일관되게 행동할 수 있다면, 우리는 그 기술과 인간 친구와 같은 친구 관계를 맺을 수 있다는 것이다. 이에 대한 더 자세한 이야기는 9장에서 다룬다.

이러한 사례들은 평범한 사람들과 연구자들이 몇몇 기술에 대해 그 자체로 가치 중립적이며 항상 우리의 목적을 위해 단순한 수단으로 사용할 수 있는 도구나 수단에 불과한 것으로 취급하지 않아야 한다고 생각한다는 점을 보여 준다. 일부 기술을 비도구적 방식 및 인간과 같은 지위를 부여하는 방식으로 대우하는 예시인 것

Rights-w-David-Gunkel-e12viq7

11 여기서 '윤리적 행동주의'에 대한 다나허의 오디오 에세이를 들을 수 있다. "Assessing the Moral Status of Robots: A Shorter Defence of Ethical Behaviourism": https://philosophicaldisquisitions.blogspot.com/2019/10/assessing-moral-status-of-robots.html

이다. 즉, 위의 사례들을 통해 우리는 윤리적 관점에서 기술들의 존재 방식이 매우 다종다양하며, 그중 일부는 순전히 도구적인 기술 이론과 상당히 거리가 멀다는 점을 이해할 수 있다.

본 절에서 살펴본 생각들과 사례들은 너무 논쟁적이기 때문에 (그래서 더 흥미롭기 때문에!) 우리가 이대로 내버려둘 수 없다. 이러한 논의들은 책의 후반부에서 더 자세히 살펴볼 것이다. 7장 전체에서 기술이 도덕적 행위자가 될 수 있는지에 대한 문제를 다룰 것이다. 8장에서는 기술이 도덕적 피동자가 될 수 있는지, 9장을 통해 기술이 우리의 친구가 될 수 있는지 혹은 인간과 중요한 관계를 맺을 수 있는지를 살펴볼 것이다. 지금까지 간략히 살펴본 사례들을 통해 설명하고자 했던 핵심 내용은 기술이 어떤 존재가 될 수 있으며 우리의 삶에서 어떤 역할을 맡을 수 있는지를 바라보는 다양한 관점이 있다는 것이다. 분명 도구적 기술 이론은 그중 한 가지이지만, 기술이 어떤 역할을 맡을 수 있는지에 대한 유일한 관점은 아니다.[12]

1.7 이후 더 자세히 논의될 몇 가지 주요 기술 유형

지금까지 기술이 무엇인지, 무엇이 될 수 있는지에 대한 매우 일반적인 질문에 초점을 맞추었다. 기술을 사유할 때 어떤 사고방식을

---

12 본 절과 이전 절에서 언급된 작품들에 대해서는 7~9장의 주석 달린 참고문헌을 참조하라.

택하는가에 따라 이런 질문에 대한 견해가 완전히 달라질 수 있다는 점을 살펴본 것이다. 예를 들어, 공학적 관점에서 기술은 구체적인 문제를 해결하기 위해 우리가 설계하고 사용하는 도구로 보일 가능성이 높은 반면, 인류학적 관점에서 기술은 인간의 관행이나 활동 중 일부로 여겨질 수 있다. 그리고 윤리적 관점에서 기술이 무엇인지에 대해 생각하는 이들 중 일부는 몇몇 기술이 도덕적 행위자나 피동자가 될 수 있다고, 인격과 같은 형태의 지위를 지닐 수도 있다고, 심지어 우리의 친구가 될 수 있다고 생각한다는 것 또한 확인했다.

지금까지는 상당히 일반적인 수준에서 논의가 진행되었다. 일상적인 용어들을 사용해 '기술'이 무엇인지를 물어 온 것이다. 이 지점에서 누군가는 윤리적 관점에서 특별히 흥미로운 특정 부류의 기술을 설명하거나 정의하려고 노력하는 편이 더 나을 것이라는, 꽤 정당한 반응을 보일 수도 있다. 바로 이것이 1장에서 마지막으로 이루어질 작업이다.

이미 여러 번 등장한 **로봇**이라는 개념에서 시작해 보자. 로봇이란 무엇인가? 로봇 윤리학자 데이비드 건켈과 같이 로봇이 무엇인지 정의 내리기를 꺼리는 이들도 있다. '로봇'으로 분류되는 수많은 종류의 기계가 있고, 그들 중 일부는 서로 거의 관련이 없는 것처럼 보인다. 하지만 굳이 시도한다면, 건켈과 유사한 입장을 견지한 연구자들은 '감지, 사고/계획, 작동'(sense, think/plan, act) 패러다임이라고도 불리는 것과 관련해 로봇을 정의 내릴 가능성이 높다. 이에 따르면, 로봇은 감지기(sensors)와 작동기(actuators)를 지닌 기계로서 맡겨진 구체적 작업의 수행을 위해 자신이 처한 환경에 대한 정보를 수집하고 그 정보를 처리하며 해당 환경 정보에 반응해 특정 행동을 취할 수 있다.

예를 들어, '룸바'(Roomba)와 같은 로봇 진공청소기는 이동 경로에 큰 가구가 놓여 있는지 여부를 감지할 수 있다. 그리고 감지기를 통해 획득한 정보를 활용해 스스로를 다른 경로로 향하게 조작함으로써 방 청소라는 과제를 수행할 수 있다. 그러나 우리가 룸바와 같은 로봇만 떠올릴 수 있는 것은 아니다. 공상과학 장르물(science fiction, SF)에서 등장하는 전형적인 로봇들, 즉 거의 인간과 같은 형태에 금속 재질이나 은색 빛을 띠면서 '로봇과 같은'(robotlike) 방식으로 움직이고 말할 수 있는 존재를 상상해 볼 수도 있다.

룸바나 잔디 깎는 로봇, 물류 로봇이나 군사용 로봇 등과 같은 기능적 로봇이 스펙트럼의 한쪽 끝에 있고, SF에서 등장하는 전형적인 로봇이 스펙트럼의 중간에 있다면, 우리는 스펙트럼의 다른 한쪽 극단에 소위 말하는 휴머노이드 로봇을 위치시킬 수 있다. 이러한 로봇은 인간과 같이 보이고 행동하도록 창조되었다. 소피아 로봇이 바로 그 예다. 다른 예로는 일본의 로봇 연구자 이시구로 히로시(石黒浩)가 만든 로봇이 있다. 이 로봇은 이시구로 자신의 복제품으로서, 그와 같이 보이고 어느 정도는 그와 유사하게 행동한다. 일반적으로 로봇은 체화된(embodied) 기계로서, 환경을 감지하고 그 결과 얻게 된 정보에 근거해 환경에 반응해 어떤 과제를 수행하거나 수행할 과제를 설정할 수 있다.

인간의 행동을 지능적으로 보이는 방식으로 모방하거나 복제할 수 있는 로봇이나 다른 기술에 대해 종종 우리는 그것이 '인공지능'(artificial intelligence) 혹은 'AI'를 지닌다고 이야기한다. 즉 기술 혹은 기술 체계가 인간(이나 동물)이 자신의 지능을 사용해 수행하는 과제를 수행할 수 있을 때, 그것을 **인공지능**을 소유한다고 표현한다. 가장 널리 사용되는 AI 교과서에서 저자 스튜어트 러셀(Stuart Russell)과 피터 노빅(Peter Norvig)은 두 층위(two-fold) 구분법을 만들어 내는데, 우리의 맥락에 끌어올 가치가 있다. 한 측면에서 러셀과 노빅은 지능적으로(혹은 지능적으로 보이도록) **행동**(behave)하는 기술과 **사고**(think)하는 기술을 구분한다. 다른 측면에서 그들은 **인간 수준**(human level)에 도달하고자 하는 기술과 **최적의 합리적 수준**(optimally rational level)에 도달하고자 설계된 기술을 구분한다. 이러한 사고방식에 따르면 인간 수준에서 행동하고 사고하는 기계, 심지어 인간을 넘어설 정도로 최적의 합리적 수준에서 행동하거나 사고하는 기계도 존재할 수 있다.

이 책에서 우리는 다양한 형태의 로봇과 AI에 대해 논의할 기회를 가질 것이다. 하지만 여기서 마지막으로 다음과 같은 예비적 소견을 언급하는 것이 흥미로울 수 있다. 즉, '로봇'이라는 용어가 SF에서 소개된 반면, '인공지능'이라는 용어는 과학적 맥락에서 왔다는 것이다. '로봇'이라는 단어는 작가 카렐 차페크(Karel Čapek)의 1920년 연극에서 유래된 것으로서, 공장에서 일하도록 만들어진 인공 인간(로봇)을 의미했다. 반면, '인공지능'이라는 용어는 1955년에 작성된 한 과학자 집단의 연구 제안서에서 도입되었다. 그 과학자들은 우리 인간이 지능을 발휘해 수행하는 과제를 수행할 수 있는 기계를 만들겠다는 목표를 세웠다.

요컨대 '로봇'이라는 용어는 공상(fiction)에서 비롯된 반면, '인공지능'은 과학에서 유래했다. 하지만 이 두 가지에 대한 우리의 생각은 과학과 SF 모두의, 때로는 주로 후자의 영향을 받고 그것에 물들기도 한다. 따라서 우리가 기술윤리에 대해 고민할 때에는 과학이 아니라 공상에서 온 생각으로부터 얼마나 강한 영향을 받는지 주의 깊게 인식하는 것이 좋다. 물론 이게 나쁜 일만은 아닐 수도 있다. 분명 SF는 여러 흥미로운 생각과 개념을 낳아 왔다. 하지만 SF의 영향이 존재한다는 사실은 로봇과 AI가 무엇을 할 수 있고 또 무엇이 될 수 있는지에 대한 우리의 기대가 지나치게 낙관적일 수도 있음을 의미한다. 완전히 비현실적이지는 않더라도 말이다.

이후 이 책에서 등장할 다른 종류의 흥미로운 기술로는 **행동 변화 기술**(behavior change technologies)이라고도 불리는 **(자기)추적 및 데이터 로깅 기술**((self-)tracking and data-logging technologies)이 있다. 이러한 기술은 온라인이든 오프라인이든 우리의 행위나 행동이 발생시키는 데이터와 정보를 추적, 기록 또는 수집하고 활용하는 데 사용된다. 이런 기술 중 일부는 가령 인센티브나 우리 행동을 변화시킬 다른 프롬프트를 만들어 냄으로써 우리가 행동하는 방식에 영향을 미치거나 그것을 변화시키도록 설계될 수도 있다. 예를 들어, 어떤 기술은 특정 행동이나 활동을 **게임화**(gamifying)하는 방식으로 그러한 목적을 달성할 수 있다. 이는 일반적으로는 게임으로 생각되지 않는 무언가를 게임이나 게임과 유사하게 바꾼다는 것을 의미한다. 즉, 딱히 게임으로 보이지 않는 활동이나 영역에 게임과 같은 요소를 도입한다는 것이다.

스마트폰에 설치할 수 있는 달리기 앱을 통해 이 세 가지 아이디어를 모두 설명할 수 있다. 이런 앱은 사용자가 얼마나 많이, 자주, 빠르게, 그리고 어디서 달리는지에 대한 정보/데이터를 추적한다. 이러한 정보 및 다른 이들의 달리기 정보는 사용자의 달리기를 게임화하는 방식으로, 즉 포인트 부여, 성취 공표(achievement declared), 다른 사용자의 달리기 기록과 비교할 수 있는 순위표 등의 요소를 도입하는 데 활용될 수 있다. 이는 달리기 운동을 더욱 게임과 유사한 것으로 만들 것이다. 그리고 이는 사용자가 더 자주, 더 먼 거리를, 더 빠르게 달리도록 영향을 미치고 동기를 부여할 수 있다.

기술윤리에 대한 다른 모든 논의와 마찬가지로 이 책에서도 **정보통신 기술**(information and communication technologies)은 중요하게 다루어질 것이다. 넓게 봤을 때 여기에는 검색엔진, 소셜미디어 플랫폼, 컴퓨터나 스마트폰같이 우리가 정보를 찾거나 주변 사람들과 소통하기 위해 사용하는 모든 형태의 기술 혹은 기기가 포함된다. 중요한 사실은 일부 정보통신 기술이 부분적으로 게임화될 수 있고 행동 추적, 우리의 데이터 수집 등의 일을 행할 수 있다는 점이다. 일반적으로 **데이터 수집 기술**(date-collecting technologies), 즉 다양한 목적에서 사람들의 데이터를 수집하는 기술은 윤리적 관점에서 논란의 여지가 있는 형식의 기술이다. 윤리적으로 논쟁적인 까닭은 사용자가 자신의 데이터에 어떤 일이 벌어지는지 모를 수 있고, 빅테크 기업과 같은 이들이 이러한 데이터를 소유할 경우 사용자에게 통제나 권력을 행사할 수도 있기 때문이다.[13]

---

13 팟캐스트 「Philosophy 247」의 다음 에피소드를 통해 철학자 카리사 벨리즈(Carissa Véliz)가 데이터 수집 기술의 윤리적 문제에 관해 인터뷰한 내용을 들을 수 있다. "The Future of

우리는 때때로 삶의 다른 영역을 위한 기술과 **의료 기술**(medical technologies), 즉 의료 목적으로 사용되거나 넓게는 건강과 관련된 기술을 구분해 논의할 것이다. 그런데 일부 기술은 의료 기술이나 **군사 기술**에서 시작했지만 원래 의도를 넘어서는 다른 목적을 위해 다른 영역에서 사용될 수도 있다. 이런 일은 매우 흔하게 벌어진다. 기술윤리학자들은 종종 기술의 이른바 '이중 사용'(dual use), 즉 (의료용 어플리케이션처럼) 한 영역에서 사용될 것으로 설계되고 의도된 기술이 해당 기술의 발명가나 설계자가 (의심스러운 군사적 사용과 같이) 완전히 동의하지는 않을 수 있는 다른 영역에서도 함께 사용될 가능성에 대해 우려한다. 기술 사용의 의도되지 않은 결과에 대한 우려와 관련되는데, 이 주제에 관해서는 앞으로 이어질 장들에서 살펴볼 기회가 많을 것이다.

뇌 자극 기술(brain stimulation technologies)이나 **뇌 임플란트** (brain implant)도 여기서 언급할 가치가 있는 또 다른 형태의 흥미로운 기술이다. 이 기술들은 파킨슨병과 기타 신경 질환을 치료하는 데 사용되는 뇌 심부 자극술(deep brain stimulation technologies)과 같이 뇌의 특정 부위를 표적으로 삼는다. 이는 의료용으로 개발되었지만, 이후 원래 설계된 목적 대신 다른 용도로도 사용될 수 있는 기술의 사례다.

방금 언급한 로봇, AI, 뇌 임플란트 등의 서로 다른 종류의 기술은 1장의 시작 부분에서 우리가 방문했던 오두막에서 하이데거가

Privacy": https://philosophy247.org/podcasts/the-future-of-privacy/

사유한 전통적인 형태의 기술과 매우 다르다. 하지만 초반부에 강조한 것처럼, 우리는 이러한 최첨단 기술만 기술로 간주하려는 유혹에 빠져서는 안 된다. 한 번 더 말하지만, 오래된 기술도 더 새로운 것과 마찬가지로 기술이다.

실제로 하이데거는 기술에 관해 우리가 1장의 논의를 마무리하면서 주목할 만한 또 다른 지적을 한다. 하이데거는 기술이 잘 작동하고 우리가 그것에 익숙해지면, 기술은 배경으로 물러나고 우리에게 거의 투명해진다고 말한다. 우리는 그것을 정말 알아차리지 못하게 되는 것이다. 대신 포스트현상학 철학자들이 이야기한 것처럼, 우리는 그 기술을 통해 실재를 지각하고 또 행동한다. 일반적으로 기술이 제대로 작동하지 않거나 새로운 기술이 도입되고 그것에 아직 익숙하지 않을 때만, 우리는 기술에 주목하고 기술은 우리 경험의 전경으로 떠오른다. 우리는 순식간에 기술을 당연한 것으로 받아들인다. 이는 우리가 여러 기술과 관련된 윤리적 질문을 논의하면서 유념해야 할 점이다.

앞서 언급한 것처럼, 다음 장에서 우리는 윤리란 무엇인지 또는 무엇이어야 하는지에 관한 질문을 살펴볼 것이다. 1장을 통해 기술이란 무엇인지를 설명하는 일이 생각만큼 간단하지 않다는 사실을 알 수 있었다. 하이데거는 자신이 제시한 기술의 도구적 정의 및 인류학적 정의에 모두가 동의할 것이라고 생각했지만, 우리는 기술이 무엇인지를 어떻게 사유해야 할지에 관해 상당한 불일치가 존재한다는 사실을 확인했다. 다음 장에서는 이러한 점이 윤리에도 동일하게 적용된다는 것을 살펴볼 것이다. 윤리 또한 우리가 정의하려 하면 금세 논쟁과 불일치의 대상이 되는 개념 중 하나다.

윤리의 경우, 이는 매우 당연한 일이다. 윤리는 규범적인 기획이다. 윤리는 무엇이 좋거나 나쁜지, 옳거나 그른지, 칭찬할 만하거나 부끄러운 일인지와 관련된다. 사람들이 의견 일치를 이루지 못하는 것은 모든 규범적인 것의 본성이다. 일반적으로 윤리의 경우도, 특히 기술윤리도 마찬가지 경향을 보인다. 바로 이런 점이 기술윤리가 흥미로운 이유다.

* 주석 달린 참고문헌

Bakewell, Sarah, *At the Existentialist Cafe: Freedom, Being, and Apricot Cocktails with Jean-Paul Sartre, Simone de Beauvoir, Albert Camus, Martin Heidegger and Others*, London: Other Press, 2017 [조영 옮김, 『살구 칵테일을 마시는 철학자들: 사르트르와 하이데거, 그리고 그들 옆 실존주의자들의 이야기』, 서울: 이론과실천, 2017]. 마르틴 하이데거를 비롯한 여러 현상학자의 사상을 이해하기 쉽게 소개하는 책이다. 하이데거의 오두막과 더불어 논란이 많은 그의 나치 당원 시절에 대한 더 많은 정보가 담겨 있다.

Bryson, Joanna, "Robots Should be Slaves," in *Close Engagements with Artificial Companions*, edited by Yorick Wilks, Amsterdam: John Benjamins Publishing Company, 2010, pp. 63-74. 도구적 기술 이론을 특히 로봇에 초점을 맞추어 현대적으로 옹호할 때 자주 인용된다.

Gunkel, David, *Robot Rights*, Cambridge, MA: The MIT Press, 2018. 로봇에 대한 비도구적 관점의 문헌을 철저하게 분석한다. 로봇을 인격으로 대우하고 도덕적으로 고려해야 한다는 아이디어에 대해 논의한다.

Heidegger, Martin, *The Question Concerning Technology, and Other Essays*, New York: Garland Publishing, 1977 [이기상·신상희·박찬국 옮김, 「기술에 대한 물음」, 『강연과 논문』, 서울: 이학사, 2008]. 분명 읽기 쉽지는 않지만, 하이데거의 작품 중에서는 가장 이해하기 용이한 글이며, 기술철학의 고전이라고 할 수 있다.

Verbeek, Peter-Paul, *Moralizing Technology: Understanding and Designing the Morality of Things*, Chicago: Chicago University Press, 2011. 기술 매개 이론을 포함하는 포스트현상학적 관점의 대표 주자 중 한 명이 해당 관점을 옹호하기 위해 쓴 글이다.

2. 윤리란, 특히 기술윤리란 무엇인가?

2.1 두 개의 캠페인

2013년, '킬러로봇 중단 캠페인'이 시작되었다. 웹사이트에 제시된 캠페인의 목표는 "인간의 추가적인 간섭 없이도 누가 살고 죽을지를 결정할 수 있는" 완전히 자율적인 무기의 개발 가능성에 대응하는 것이다. 그들이 자율무기에 반대하는 까닭은 이러한 기술이 연민, 도덕 판단 같은 인간적 특징과 능력을 결여할 것이기 때문이다.

이 캠페인에 따르면, 상당한 자율성을 지닌 무기체계의 개발은 "불안정한 로봇 군비 경쟁"을 초래할 위험이 있다. 게다가 인간 군인을 기계로 대체함으로써 개전 결정이 더 쉽게 이루어질 수도 있다. 기계가 끔찍한 실수를 저지를 경우, 그 결과로 고통받아야 하는 자는 민간인일 것이다. 이러한 무기 사용은 불균형해질 가능성이 높다. 완전히 자율적인 무기체계에 의해 야기된 불법적 행위를 누가 책임져야 할지도 불분명할 것이다. 이러한 "책임 공백(accountability gap)은 특히 희생자를 위한 정의를 보장하기 어렵게 만들 것이다".

마지막으로, 해당 캠페인은 이러한 종류의 무기가 다른 문제적인 방식으로, 가령 평화적 시위의 진압이나 과도한 국경 통제와 같은 무력 충돌 외의 맥락에서도 사용될 수 있다고 주장한다. 이 모든 이유를 근거로 킬러로봇 중단 캠페인은 자율무기체계 문제와 관련해 다음과 같은 해결책을 제안한다. "완전히 자율적인 무기의 개발, 생산 및 사용은 금지되어야 한다." 이를 위해서는 국내법 제정 및 국제조약의 체결이 필요하다(https://stopkillerrobots.org/).[1]

킬러로봇 중단 캠페인의 영향을 받은 또 다른 캠페인으로는 '섹스로봇 반대 캠페인'이 있다. 이 캠페인은 2015년 컴퓨터 과학 교수이자 기술 인류학자인 캐슬린 리처드슨(Kathleen Richardson)에 의해 시작되었다. 더 최근인 2021년에 그 캠페인의 명칭은 '포르노 로봇 반대 캠페인'으로 바뀌었다. 리처드슨과 동료 운동가들은 로봇과의 섹스가 불가능하다고 생각한다. 오직 다른 사람(person)과의 섹스만이 가능하다는 것이다. 그래서 그들은 특별히 성적인 목적으로 제작된 로봇을 가리키는 더 일반적인 이름인 '섹스로봇'보다는 '포르노 로봇'이 더 적절하다고 주장한다.

웹사이트에 선언되어 있는 캠페인의 제1 목표는 "여성 및 소녀 모습의 포르노 로봇을 철폐하는 것"이다(물론 남성이나 소년 혹은 논바이너리 모습의 섹스로봇에 대해서는 어떡하냐고 반문할 수도 있다). 섹스로봇 금지를 외치는 캠페인이 지지하는 가치는 '인간성',

---

1 이상의 인용은 모두 이 웹사이트에서 가져온 것이다. 캠페인에 대한 추가적인 소개는 다음 영상을 참조하라. "The Stop Killer Robots Campaign": https://www.youtube.com/watch?v=-PVmPbFJm9E

'연결', '윤리', '잠재성', '사랑' 등이다. 캠페인 웹사이트에는 방문객을 위한 참고 자료로 리처드슨의 2015년 논문 「비대칭적 관계성: 성매매와 섹스로봇 개발 사이의 평행」(The Asymmetrical Relationship: Parallels between Prostitution and the Development of Sex Robots)도 소개된다.

　그 논문에서 리처드슨은 섹스로봇이 섹스 파트너, 특히 여성 파트너에 대한 부정적 고정관념을 강화시킨다고 주장한다. 또한 섹스로봇 사용자가 섹스로봇에 대해 취하게 될 대상화하는 태도가 인간 여성을 대상화하는 태도로 이어지거나 기존의 그런 태도를 강화할 수 있다고 주장한다. 앞서 언급한 캠페인 명칭 변화를 설명하는 최근 영상에서 리처드슨은 섹스로봇이 강간과 아동학대를 조장하고 미화할 수도 있다는 우려를 표한다.[2] 그러므로 섹스로봇의 개발은 철폐되어야 한다(http://campaignagainstsexrobots.org).

　이 두 캠페인은 기술윤리라는 개념이 무엇에 관한 것인지에 대한 하나의 관점을 보여 준다. 즉 두 캠페인에서 기술윤리 개념은 왜 특정 기술 혹은 기술 개발은 금지되거나 허용되지 말아야 하는가에 대한 논증 및 왜 논란이 있는 특정 기술은 허용되거나 용인되어야 하는지에 대한 정당화를 제시하는 것과 연관된다. 기술산업에 종사하는 이들을 포함한 일부 사람들은 '윤리'라는 단어를 들을 때 이러한 윤리 개념을 떠올린다. 여기서 윤리란 누군가에게 무엇이 허용

2　다음 영상을 참조하라. https://www.youtube.com/watch?v=QkgbTYHVdrA. 다소 다른 견해를 지닌 컴퓨터 과학자 케이트 데블린(Kate Devlin)과 리처드슨 사이의 논쟁은 다음 영상 "Sex, Robots, and Artificial Intimacy"를 참조하라. https://www.youtube.com/watch?v=kDC82yhpZ7A

되고 허용되지 않는지, 그리고 특정 사안을 금지하고 허락하는 찬반 논증에 관한 것이다. 확실히 이는 더 일반적인 의미의 윤리에서는 물론이고 특히 기술윤리에서도 중요한 부분이다. 그러나 만약 우리가 거기서 멈추고 이것이 기술윤리와 관련된 전부라는 생각에 안주한다면, 우리는 기술윤리가 무엇에 관한 것인지에 대한 매우 협소한 생각에 머무르게 될 것이다.

1장에서 이미 언급한 것처럼, 2장의 주제는 윤리란 무엇인가에 대한 질문이다. 더 일반적인 맥락에서 윤리란 무엇인지 살피고 그 내용을 우리가 1장에서 배운 기술 개념에 대한 여러 관점과 종합함으로써, 우리는 기술윤리란 무엇인가에 대한 아이디어에 도달할 수 있을 것이다. 우리가 아래에서 이르게 될 기술윤리관(the conception of technology ethics)은 이 책의 나머지 장들에도 적용될 것이다. 이 장의 핵심 목표는 윤리가 무엇인지에 대해 앞서 제시한 관점, 즉 무엇이 금지되거나 허용되어야 하는지를 주로 살피는 것보다 넓은 관점을 제시하는 것이다.

특히 기술윤리와 더 일반적인 윤리가 단지 무언가를 금지하거나 허용하는 것에 대한 찬반 논증 이상의 의미를 지니고 있다는 점을 설명하기 위해 이 장에서는 이 주제의 역사와 현재의 논쟁 모두에서 사람들이 윤리에 대해 취해 온 여러 다른 접근을 살펴볼 것이다. 많은 근거를 다룰 것이며, 윤리와 관련된 매우 다양한 주제 및 아이디어를 검토할 것이다. 하지만 '윤리'라는 넓은 우산 아래에 존재하는 모든 것을 포괄하는 일은 불가능할 것이다. 따라서 하나의 주제로서 기술윤리는 이 장에서 제시될 넓은 관점보다 훨씬 더 넓고 다양한 것으로 생각될 수 있다.

이 장의 마지막 절에서는 (책 전체의 나머지 부분과 마찬가지로) 다음과 같은 점에 주목할 것이다. 즉, 기술윤리에서 등장하는 문제들은 우리가 윤리에 대해 생각하던 전통적인 방식을 재고하도록 요구할 수 있다. 또한 우리가 우리 자신에 대해 그리고 인간으로서 우리가 어떤 존재인지에 대해 생각하는 방식에도 도전할 것이다. 게다가 기술윤리는 우리 삶에서 무엇이 가장 중요한지에 대해 우리가 성찰하고 아마 더 나아가 재검토하도록 요구할 수도 있다.

앞서 언급한 두 캠페인의 논의 대상들은 이러한 점을 설명하는 데 도움이 된다. 예를 들어, 만약 전쟁이 자율무기체계와 같은 기술에 아웃소싱되어 인간이 더 이상 군인의 역할을 수행할 필요가 없게 된다면, 전쟁 윤리와 관련된 여러 전통적인 생각은 근본적으로 뒤흔들릴 것이다. 앞서 언급한 것처럼, 자율적인 군사용 기술은 전쟁 중 사망한 자들에 대한 책임 및 누가 그 책임을 져야 하는지에 대한 기존의 윤리적 생각에 도전할 것이다. 일반적으로 생사를 결정하는 그 어떤 자율 기술도 도덕적 책임에 대한 우리의 생각을 재고해야 하는지, 도덕적 행위자가 된다는 것이 무엇을 의미하는지에 대한 수많은 질문을 피할 수 없다. 이에 대해서는 6장과 7장에서 더 자세히 살필 것이다.

다음으로는 로봇이 성의 영역, 더 나아가 연인 관계의 영역으로 들어올 수 있다는 전망이다. 또는 (로봇뿐만 아니라) 더 일반적인 현대 기술이 지금까지보다 훨씬 더 성과 사랑의 영역과 뒤얽히게 된다고 가정해 보자. 이는 우리가 친밀한 인간관계를 생각하는 방식을 재평가하도록 만들고, 우리가 친밀한 관계와 관련짓던 가치들은 도전받을 것이다. 나중에 우리는 9장 전체를 할애해 이 특정 주제에 대해 자세히 논의할 것이다. 그러나 지금 살펴볼 이 장의 주된 목표는 무엇보다도 윤리가 무엇인지 고찰하는 것이다. 바로 시작해 보자.

2.2 고대 그리스의 덕과 인간 번영의 윤리학

윤리란 무엇인지 고민할 때, 고대 그리스만큼 참고하기 적합한 데도 드물다. 애초에 '윤리'(ethics)라는 용어 자체가 관습(customs)을 뜻하는 고대 그리스어 'ēthika'로부터 유래했다. '도덕'(morality)이라는 용어 또한 관습이나 풍습(mores)을 뜻하는 라틴어로부터 유래했다. 그래서 여러 사람들이 종종 '윤리와 도덕'(ethics and morals)에 대해 이야기하고 몇몇 철학자를 포함한 일부 사람들이 윤리와 도덕을 구분한다고 하더라도, '윤리'와 '도덕'은 거의 같은 의미를 지닌다. 두 단어 모두 적어도 고대 세계에서는 거의 같은 것을 의미하는 데 사용되었던 단어들로부터 유래했다.

고대 그리스는 철학의 중심지였다. 실제로 '서양 철학'이라고 불리는 전통이 고대 그리스에서 탄생했고, 대다수 사람이 들어 봤을 법한 철학자들이 여기서 태어났다. 믿기 어려울 만큼 놀라운 사실은 소크라테스, 플라톤, 아리스토텔레스가 모두 서로 직접적으로 연결되어 있었다는 것이다. 소크라테스는 플라톤의, 플라톤은 아리스토텔레스의 스승이었다. 꽤 훌륭한 학맥이지 않은가!

고대 그리스는 서양 전통에서 문자 철학의 발상지다(혹시 이 책에 서양 철학의 논의만 있는지 궁금해할 독자들은 다음 절에서 우리가 다른 두 가지 전통에 대해서도 다룰 것이라는 점을 참고하기 바란다). 소크라테스 자신은 아무것도 쓰지 않았다. 그는 단지 철학에 관심이 있는 사람들과 어울려 철학에 대해 논했을 뿐이고, 그를 인상 깊게 여긴 여러 사람이 그에 대한 이야기를 썼다.

예를 들어, 플라톤은 플라톤의 대화편이라고 불리는 대다수 저작에서 소크라테스를 주인공으로 내세웠다. 플라톤의 대화편은 일종의 철학적 극본이다. 대체로 등장인물은 '지식이란 무엇인가?', '덕이란 무엇인가?', '덕은 가르칠 수 있는가?', '덕은 지식인가?'와 같은 철학적 주제에 대해 토론하는 철학자다. 가령 플라톤의 『국가』 Republic는 '정의란 무엇인가?', '정의로운 존재가 된다는 것은 어떤 점에서 훌륭한가?'라는 질문에 주목하는 대화편이다. 그러나 그것은 또한 철학의 거의 모든 주제를 망라하며, 철학사에서 가장 유명한 사유와 논증의 일부를 포함하기도 한다. 그래서 일독할, 여러 번 재독할 가치가 있다. 이 책에서도 『국가』의 몇몇 아이디어를 검토할 예정이다.[3]

그러나 지금은 플라톤보다 아리스토텔레스에 더 초점을 맞출 것이다. 아리스토텔레스의, 특히 그의 책 『니코마코스 윤리학』 Nicomachean Ethics에서 제시된 윤리 이론(ethical theorizing)은 오늘날 우리가 고대 그리스 및 그리스-로마 세계의 윤리와 줄곧 관련짓는 내용을 매우 잘 대표하기 때문이다. 다음 질문들에서 핵심 주제가 잘 드러난다. 삶의 최고선은 무엇인가(즉, 우리의 삶은 무엇을 향

---

3 「In Our Time」의 다음 에피소드를 통해 플라톤의 『국가』에 대해 더 배울 수 있다. "Plato's Republic": www.bbc.co.uk/sounds/play/b08vwn6h

해야 하는가)? 인간으로서 번영한다는 것 또는 잘 산다는 것은 무엇인가? 번영하고 잘 살기 위해 우리는 어떤 덕목 혹은 탁월함을 지녀야 하는가? 우리는 어떻게 이러한 덕목과 탁월함을 계발할 수 있는가? 그리고 우정이란 무엇이고 우정은 왜 좋은 것인가?

아리스토텔레스가 그의 가장 유명한 윤리학 저작에서 이런 종류의 질문들에 대해 논의했다는 사실은, 앞서 윤리가 단지 무엇을 금지하거나 허용해야 하는가에 대한 것만이 아니라고 언급했던 점을 설명하는 데 도움이 된다. 어느 정도의 중요성에도 불구하고 그러한 더 좁은 물음들은 고대 그리스뿐만 아니라 고대 그리스로부터 영감을 받은 고대 로마 저자들의 윤리 관련 저작 및 논의에서도 상당히 작은 부분만을 차지했다. 단연 가장 중요한 질문은 '좋은 삶을 산다는 것이란 무엇인가'였다.

대다수의 인간이 자신이 '에우다이모니아'(eudaimonia)라고 부르는 것을 성취하기 위해 분투한다고 아리스토텔레스는 주장한다. 간혹 이 단어가 '행복'(happiness)으로 번역되기도 하지만, 이때에는 보통 각주를 통해 현대의 '행복'은 에우다이모니아보다 더 좁은 의미를 지니는 용어라는 설명이 덧붙는다. (현대적 의미의 행복과 유사하게) **에우다이모니아**는 누군가가 자신의 행동과 삶에서 느끼는 쾌락(pleasure)을 포함한다. 그러나 그것은 인간으로서 잘 사는 것이나 번영하는 것과 같은 더 넓은 관념을 포함하기도 한다.

아리스토텔레스는 번영이나 잘 살아가는 것의 의미가 여러 다른 종류의 존재들에게 각기 다르다고 여긴다. 예를 들어, 개나 고양이 또는 말이 잘 사는 것 혹은 번영하는 것은 인간으로서 잘 사는 것과 다르다. 왜일까? 이는 인간이 개, 고양이, 말의 경우와는 다른 능력 그리고 특정한 덕목 및 탁월함을 계발할 수 있는 다른 잠재력을 지니기 때문이다. 그래서 아리스토텔레스는 우리 인간의 독특한 점이 무엇인지를 우리가 물어야만 한다고 생각한다. 이에 대해 알게 되면, 인간으로서 잘 사는 것 혹은 번영하는 것이 무엇인지에 대해서도 알 수 있게 된다는 것이다.

아리스토텔레스는 우리가 이성과 지성을 지니고 사회공동체 속에서 살아간다는 의미에서 인간을 '이성적 동물' 그리고 '정치적 동물'로 여긴다. 따라서 그의 관점에서 지적이고 사회적인 덕목들에 필요한 우리의 능력들을 계발하는 일은 인간으로서 잘 사는 것에 포함되는 중요한 부분이다. 아리스토텔레스의 이론에서 덕이란 특정 방식으로 행동하고 사고하는 습관 혹은 성향이다. 때때로 사용되는 구절에 따르면, 덕이란 "올바른 종류의 상황에서 올바른 이유로 올바른 일을 하려는" 성향이다.

아리스토텔레스의 이론은 이러한 덕들을 양극단 사이의 중용(middle-path)으로 본다. 예를 들어, 용기는 비겁과 만용 사이의 중용이다. 또한 아리스토텔레스의 이론 및 이 시기의 여러 다른 이론에서 덕들은 서로 맞물리며 하나의 체계를 이룬다. 가령 현명하고 신중하고 온화한 사람만이 정의로운 사람의 덕을 지닐 수 있다는 것이다. 이러한 주장은 '덕의 통일성'(unity of the virtues) 논제라고 불리기도 한다.

덕과 관련해 아리스토텔레스가 제시한 또 하나의 주목할 만한 통찰은 덕이 사람들의 감탄을 자아낸다는 것이다. 사람들은 덕스러운 것처럼 보이는 이들과 어울리거나 그들의 친구가 되고 싶어 한다. 아리스토텔레스에 따르면, 우정에는 그가 '유용성을 위한 우정'(utility friendships) 및 '쾌락을 위한 우정'(pleasure friendships)
이라고 부른 것들을 포함해 여러 종류가 있다. 그런데 그중에서
도 최고의 그리고 가장 완벽한 우정은 그가 '덕을 위한 우정'(virtue
friendships)이라고 부른 것이다. 이러한 우정은 중요한 인간적 덕목
들을 가진 사람들이 서로에게 이끌려 상호 존중의 유대와 공유된
가치를 형성하며, 그들이 지니고 함께 더 발전시킨 덕과 탁월함에
기초한 교제를 통해 더 훌륭한 사람으로 함께 성장해 나갈 때 생겨
난다.

　아리스토텔레스의 덕이론에서 우리가 마지막으로 강조할 점
은 다음과 같다. 즉, 그가 생각한 덕을 획득할 수 있는 한 가지 방법
은 현명하고 덕스러운 역할 모델 혹은 귀감(exemplars)을 모방해 덕
스러운 사람의 습관과 성향을 획득하는 것이다. 이러한 생각은 회의
주의학파(the Skeptics), 스토아학파(the Stoics), 에피쿠로스학파(the
Epicureans), 견유학파(the Cynics) 등 오늘날 일상적인 용어로도 사
용되어 우리에게 친숙한 이름의 여러 다른 학파에게서도 공유되었
다. 그 모든 이들에게 소크라테스는 하나의 역할 모델, 귀감이었다.
이들의 철학은 소크라테스와 같은 사람이 된다는 것의 본질을 추출
하려 했다. 그리고 그들은 소크라테스 같은 사람이 되기 위해 갖추
어야 할 덕과 습관이 무엇인지 질문했다.

　조금은 단순한 분석에 그치기는 했지만, 이러한 철학 학파들은
모두 인간에게 있어서 '최고선'이란 무엇인지, 그러한 최고선을 얻
기 위해 무엇을 해야 하는지, 이 모든 것에서 덕의 역할은 무엇인지
등에 대한 생각을 나름대로 정립했다고 볼 수도 있다. 때때로 이러
한 학파 간 차이는 꽤 미묘하다.

예를 들어, 회의주의학파와 에피쿠로스학파 모두 최고선만큼이나 마음/내면의 평화를 찬양했지만, 이러한 목표를 달성하는 방법에 대해서는 조금 다르게 생각했다. 회의주의학파가 일반적으로 회의주의적인 태도를 권하는 반면, 에피쿠로스학파는 단순한 쾌락들로 채워진 단순한 삶을 권한다. 에피쿠로스학파에게 덕은 마음의 평온이라는 목적을 위한 수단인 반면 스토아학파와 견유학파에게 덕은 목적 그 자체이자 인간의 최고선을 이루는 일부다. 그들은 덕이 부분적으로는 자제력과 지혜로 구성된다고 이해했다. 그리고 그들은 자제력과 지혜를 얻는 방법에 대해 관련되면서도 미묘하게 다른 생각을 견지했다.

요약하자면, 고대 그리스에서 윤리적 추론의 주된 초점은 무엇이 금지되고 허용될 수 있는지가 아니라, 인간으로서 가능한 최선의 삶, 이런 삶에서 덕과 탁월함의 역할, 그리고 자기-지식과 지혜의 추구 등에 대한 탐구에 놓여 있었다.[4] 꽤 최근에 이루어진 기술윤리에서의 흥미로운 발전은 일부 기술윤리학자들이 번영, 덕, 역할 모델 모방 등의 아이디어를 자신들의 기술철학에 통합시키고자 한다는 것이다.

예를 들어, 이 책과 거의 같은 시기에 출간된 책에서 베른트 카스텐 스탈(Berndt Carsten Stahl)은 인공지능 윤리가 인간 번영이라

---

4 피터 애덤슨(Peter Adamson)의 팟캐스트 「The History of Philosophy Without Any Gaps」는 분명하고 매력적인 방식으로 덕과 좋은 삶에 대한 고대 철학자들의 생각들을 제시한다. 특히 고대 그리스 철학 및 헬레니즘 철학에 대해서는 다음 에피소드들을 각각 참조하라. https://historyofphilosophy.net/series/classical-greek-philosophy와 https://historyofphilosophy.net/later-antiquity/hellenistic-philosophy

는 아이디어에 기초할 필요가 있다고 주장한다(주석 달린 참고문헌을 참조하라). 그리고 나중에 살펴보겠지만, 몇몇 기술윤리학자는 아리스토텔레스가 말한 덕을 위한 우정을 챗봇이나 로봇과 같은 AI 기반 기술과 나눌 수 있는지에 대해 논의하기 시작했다. 이에 대해서는 9장에서 더 살펴볼 것이다.

이제 서구 전통뿐만 아니라 비서구적 윤리 전통 또한 일부 살펴보고자 한다. 여러 방식의 윤리적 사유로부터 통찰을 얻기 위해 다른 전통으로 시선을 돌리는 일은 기술윤리학자들이 최근 더 많이 시도하고 있는 작업 중 하나다. 따라서 우리가 여기서 비서구의 아이디어들 중 일부를 간략히 살펴보는 것도 의미가 있다. 우리가 간략히 살펴볼 두 가지 사례, 즉 고대 중국의 유가 윤리와 남아프리카의 전통 우분투 윤리를 방금 살펴본 고대 그리스-로마 윤리와 비교해 보는 것 또한 흥미로울 수 있다.

2.3 고대 중국의 유가 윤리와 남아프리카의 전통 우분투 윤리

앞서 소크라테스 자신은 그 어떤 철학적 글도 쓰지 않았지만, 그에 대해 글을 쓴 다른 이들이 있었다는 점을 살펴봤다. 사후에 그는 거의 신화적인 인물이 되었고, 여러 세대의 고대 그리스 철학자들에게 역할 모델로서 존경받았다. 잘 알려진 것처럼 소크라테스는 철학으로 '젊은이들을 타락시켰다'는 이유로 재판에 회부된 후 자발적으로 독배를 마시고 죽었는데, 이런 점에서 그의 죽음은 전설적 이야기들의 소재가 되기도 했다.

소크라테스가 고대 그리스 철학의 신화적 인물이자 핵심 역할 모델인 것과 같이, 공자는 고대 중국 철학의 신화적 인물이자 역할 모델이다.[5] 단지 역할 모델이었다는 뜻에서만이 아니라 지금까지 보존되고 있는 공자 자신의 저술이 없다는 점에서도, 말하자면 그는 고대 중국의 소크라테스였다. 공자의 사상이라고 우리가 알고 있는 정보의 출처는 사실 다른 이들이 쓴 글이다. 공자와 그의 철학에 대한 정보의 핵심 원천은 『논어』論語라고 알려진 책인데, 저자는 알려지지 않았다. 하지만 소크라테스에 관한 저술이 서구 철학 전통에 매우 큰 영향을 미친 것과 마찬가지로, 『논어』는 동아시아의 지성사 및 사회사에 막대한 영향을 미쳤다.

그렇다면 유가 윤리 사상의 구별되는 특징은 무엇일까? 하나는 조화로운 사회질서의 창조와 유지에 초점을 둔다는 점이다. 이는 일반적인 의미의 사회와 가족 생활 모두에 적용된다. 예를 들어, 조화로운 사회질서라는 관념은 부모의 역할 혹은 부모에 대해 자녀로서의 특정한 의무를 지닌 자녀의 역할과 같이 우리가 특정한 역할 속에서 지니는 의무에 대한 생각을 포함한다. 따라서 이런 관점에서 충실함(loyalty)은 중요한 가치다.

조화로운 사회질서의 창조와 유지와 관련해, 조화로운 사회질서를 강화하고 확고히 하는 데 도움이 되는 특정 의례(rituals)를 마련하고 수행하는 것의 가치에 대한 생각도 존재한다. 이런 관점에서 의례는 그 자체로 가치 있을 뿐만 아니라 조화로운 사회질서 유지

---

5 공자에 대한 짧은 소개로는 브라이언 반 노르덴(Bryan W. Van Norden)의 다음 영상 "Who Was Confucius?"을 보라. https://www.youtube.com/watch?v=wFt_VGG0kJU

를 위한 수단으로서의 가치 또한 지닌다고 볼 수 있다.

　다른 중요한 주제는 자기 수양(self-cultivation) 혹은 자기 개선 (self-improvement)이다. 유가적 관점에서 우리는 평등한 잠재성을 갖고 태어난다. 그러나 어떻게 수양하느냐에 따라 누군가는 자신의 잠재성을 함양해 '군자'(profound persons)가 되고, 그렇지 않은 이는 '소인'(small persons), 혹은 '너그럽지 않은'(narrow-minded) 사람이 된다.

　군자는 도덕이 무엇인지 이해한다. 소인은 이익이 무엇인지 이해한다. (『논어』 4.16)

　군자는 연민(compassion)과 인간다움(humaneness)의 덕을 포괄하는 성품을 함양하고, 평생에 걸쳐 지혜를 쌓는다. 이로써 군자는 소인보다 더 훌륭한 사람이 된다. 『논어』 후반부의 시적인 구절에서 저자는 다음과 같이 표현한다.

　군자의 도덕적 힘은 바람과 같고, 소인의 도덕적 힘은 풀과 같다. 풀 위로 바람이 불면 풀은 굽히기 마련이다. (『논어』 12.19)

　특히 『논어』에는 황금률("타인이 너에게 해 주었으면 하는 대로 타인에게 행하라")의 공자 버전이라 할 내용도 기록되어 있다. 공자 버전의 황금률은 다음과 같다. "네가 스스로에 대해 원하지 않는 것을 타인에게 행하지 마라"(『논어』 15.23). 이러한 격언은 도덕적 성품의 함양에 전념하는 이들의 수양을 지도하는 원칙 중 하나다.

요컨대, 유가 윤리는 조화로운 사회질서에 높은 가치를 매긴다. 유가 윤리는 사람들의 역할과 결부된 의무를 강조하고 의례를 소중히 여기며, 사람들에게 평생에 걸친 자기 수양을 통해 군자가 될 수 있다고 권면한다. 이는 윤리에 대한 하나의 매력적인 접근이며, 앞서 언급한 것처럼 최근 일부 연구자들에 의해 오늘날의 기술윤리 논의에 접목되고 있다.

한 가지 사례는 곽항 웡(Pak-Hang Wong)과 톰 샤오웨이 왕(Tom Xiaowei Wang)이 편집해 2021년에 출판된 『조화로운 기술: 유가 기술윤리』*Harmonious Technology: A Confucian Ethics of Technology* 다. 대다수 기술윤리 저서가 서구 전통의 철학에 토대를 두는 경향이 있지만, 이는 단지 여러 전통 중 하나에 불과하다. 그래서 해당 책의 기고자이기도 한 웡과 왕처럼, 비서구 전통의 아이디어를 기술윤리에 접목시키고자 하는 철학자들의 시도는 중요하다. 웡과 왕이 강조한 바대로, 결국 현대 기술은 전 지구적 현상이기 때문이다. 따라서 기술윤리가 전 지구적 관점을 발전시키기 위해 노력해야 한다는 것은 당연한 일로 보인다.

서양 철학 바깥의 아이디어와 기술윤리의 통합에 있어서, 최근 기술윤리와의 접목이 (아주 약간이라도![6]) 시도되고 있는 또 하나의

---

6 "아주 약간이라도!"라고 말한 이유는 이에 대한 사례가 그리 많지 않기 때문이다. 한 예로 하버드 대학교 카 센터(Carr Center) 사베로 마람비(Sabelo Mhlambi)의 다음 글을 들 수 있다. "From Rationality to Relationality: Ubuntu as an Ethical and Human Rights Framework for Artificial Intelligence Governance": https://carrcenter.hks.harvard.edu/files/cchr/files/ccdp2020-009sabelob.pdf. 8장을 통해 기계가 과연 도덕적 피동자가 될 수 있는지 여부를 논의할 때 우분투 윤리가 어떻게 기술윤리에서 활용될 수 있는지에 대한 예들을 더 살펴볼 것이다.

매력적인 비서구 철학이 있다. 바로 남아프리카의 우분투 전통이다. 우분투 윤리의 핵심 아이디어 몇 가지를 간략히 살펴보기로 하자.

우분투 철학은 전통적인 신화와 민간 격언, 속담 등을 통해 드러난다. '우분투'(ubuntu)라는 용어는 응구니(Nguni) 족의 속담인 "umuntu ngumuntu ngabantu"에서 유래한다. 이는 "사람은 다른 사람을 통해 존재한다" 혹은 "우리가 존재하기에 내가 존재한다"로 보통 번역된다. 속담에서 이미 잘 설명되듯, 우분투 철학의 핵심은 공동체와 사회적 관계에 큰 가치와 중요성을 둔다는 점이다. 실제로 사회적 관계는 인간으로 존재한다는 것이 무엇인지 그리고 우리는 어떻게 인격을 갖추게 되는지("사람은 다른 사람을 통해 존재한다")에 관한 대답을 구성하는 것으로 여겨진다.

이러한 사고방식에서 인간이 된다 혹은 인격을 갖춘다는 생각은 순전히 기술적인 개념이라기보다는 이상적이거나 규범적인 개념이다. 모든 인간은 더 완전한 인간, 말하자면 더욱 인간적인 존재가 될 잠재성을 갖는다고 여겨진다. 우분투 철학에 대한 일부 해석에 따르면, 각 사람이 져야 할 가장 중요한 의무는 완전한 인간이 되려고 노력하는 것, 달리 말하자면 인간의 성품을 가장 높은 수준으로 완전히 계발하고자 노력하는 것이다.

우분투 철학의 매력적인 측면은 혼자서는 이러한 의무의 달성이 불가능하다고 본다는 점에 있다. 우리는 스스로의 최고 버전이 되기 위해, 우분투 전통의 표현으로는 완전한 인간이 되기 위해 서로 돕는다. 그러므로 우리는 단지 타인에 대해 더 많은 연민을 갖고 더 관대해지는 등의 방식으로 스스로의 더 나은 버전이 되기 위해 노력할 의무만 갖는 것이 아니다. 우리는 우리 주변의 다른 이들이 그들의 더 나은 버전으로 나아가도록 돕기 위해 노력할 의무 또한 지닌다.

우분투 철학의 이러한 아이디어는 르네 데카르트(Rene Descartes)의 잘 알려진 생각, "나는 생각한다. 그러므로 나는 존재한다"와 흥미롭게 비교 및 대조될 수 있다. 우분투 학자 존 음비티(John S. Mbiti)가 우분투 속담을 철학적으로 정제해 제시한 표현에 따르면, 우리는 "나는 생각한다. 그러므로 나는 존재한다"의 합리주의적이고 다소 유아론적인 혹은 자기중심적인 생각을 받아들여서는 안 된다. 대신에 우리는 "나는 존재한다. 우리가 존재하기 때문에; 우리가 존재한다. 그러므로 나는 존재한다"와 같은 더욱 사회-관계적인 생각을 받아들여야 한다.

음비티에 따르면 우리는 우리와 상호작용하는, 함께 삶을 살아가는 사람들로 인해 누군가가 그리고 무언가가 된다. 인격체의 가장 중요한 측면은 사고할 수 있다는 점이 아니라, 타인과 상호 지지적인 관계를 맺을 수 있는 잠재력을 지닌다는 점에 있다.[7]

주목할 만한 점은 우분투와 유가 철학의 윤리 사상 및 아리스토텔레스 철학과 같은 고대 그리스 철학의 윤리 사상 사이에 흥미로운 유사점이 있다는 것이다(물론 차이도 있지만, 유사점에 집중해 보자). 이러한 형태의 윤리적 사유에서 공통적으로 드러나는 주제는 한 인간의 잠재성을 가장 완전한 수준으로 실현한다는 생각이다.

---

7 이러한 생각에 대한 더 자세한 내용은 『Aeon』에 실린 아베바 비르하네(Abeba Birhane, 2017)의 글 "Descartes Was Wrong: 'A Person is a Person Through Other Persons'"를 참조하라. https://aeon.co/ideas/descartes-was-wrong-a-person-is-a-person-through-other-persons

게다가 우정에 대한 우분투 철학과 아리스토텔레스 사상의 흥미로운 유사점은 우리가 타인들과의 사회적 관계들 속에서 가장 훌륭한 버전의 자신이 될 수 있는 최선의 기회를 얻을 가능성이 있다는 것이다.

방금 언급한 것처럼, 우분투 철학은 상호 지지하는 타인과의 상호작용 없이 완전한 인간이 되는 것은 불가능한 일로 여긴다. 아리스토텔레스 철학에서도 덕스러운 사람이 되는 최선의 방법은 덕의 발휘를 서로 돕고 공유된 가치에 기초해 함께 발전하는, 이른바 덕을 위한 우정이라는 맥락 안에 존재한다.

요컨대, 지금까지 살펴본 세 가지 윤리 철학이 공통으로 지닌 한 가지 핵심은 어떻게 하면 우리가 번영하고 인간으로서 최고 버전의 자신이 될 수 있는지의 관점에서 윤리라는 개념을 바라본다는 것이다. 기술이, 특히 AI, 로봇, 소셜미디어와 같은 정보통신 기술 등의 첨단기술이 과연 우리가 최고 버전이 되는 데 기여할 수 있을까? 흥미로운 질문이다. 오히려 일부 현대 기술은 우리 자신의 최고 버전이 되는 데 잠재적인 위협이 될 수도 있지 않을까?

이는 여러 전통 사상을 기술윤리에 접목시키려는 사람들이 던지기 시작한 핵심적 질문들 중 하나다. 그렇지만 이제는 그 흥미로운 질문에서 이 장의 좀 더 일반적인 질문, 즉 윤리란 무엇인가로 다시 돌아갈 것이다. 다른 관점들을 좀 더 살펴보자.

2.4 칸트 윤리학

방금 우리는 남아프리카 전통 우분투 윤리의 주장, 즉 우리에게는 스스로 완전한 인간이 되기 위해 노력할 의무뿐만 아니라 주변의 다른 이들 또한 완전한 인간이 되도록 돕고자 노력할 의무가 있다는 점을 살펴보았다. 이러한 생각은 이미 1장에서 언급한 계몽 철학자 임마누엘 칸트의 윤리 원칙, 즉 칸트의 **인간성 정식**과 흥미로운 방식으로 비교 대조될 수 있다. 그 윤리 원칙은 우리가 항상 타인뿐만 아니라 우리 각인의 인간성을 결코 단순한 수단이 아니라 목적 그 자체로 대우하도록 행해야 한다고 말한다.

확실히 칸트의 윤리 사상과 우분투와 같은 전통의 윤리 사상 사이에는 많은 충돌과 대조가 보인다. 그러나 흥미로운 점은 적어도 표면적인 수준에서는 인간성이 목적으로 다루어져야 하며 이것이 자신뿐만 아니라 타인에게도 적용된다는 것과 같은 공통점 또한 존재한다는 사실이다. 우분투 전통이 우리에게 완전한 인간이 되고 우리 주변의 타인들 또한 완전한 인간이 되도록 도울 의무 및 그러도록 노력할 의무가 있다고 말할 때 강조되는 것은 우리 자신의 더 나은 버전이다. 유사하게도 칸트가 각인의 인간성을 결코 단지 수단이 아니라 목적으로 대우해야 한다고 말할 때, 그 또한 규범적 의미가 함축된 인간성 개념을 사용한다.

목적 자체로서의 인격이라는 원칙이 실제로 의미하는 바가 무엇인지 설명하면서 칸트는 '우리가 스스로를 어떻게 대해야 하는가'와 '우리가 타인을 어떻게 대해야 하는가'를 구분한다. 우리가 단지 타인뿐만 아니라 스스로에 대해서도 의무를 진다고 생각했던 것이다.

우리 자신의 인간성을 목적 자체로 대우함에 있어서 칸트가 생각한 주요 사항 중 하나는 우리가 스스로의 능력과 재능을 계발해야 한다는 것이다. 또한 칸트는 자신의 인간성을 목적으로 대우하는 것이 도덕 원칙에 기초해 행위할 수 있는 우리의 능력을 스스로 강탈해서는 안 된다는 것을 의미한다고 생각한다. 달리 말하자면, 우리는 자신의 도덕적 확신에 기초해 행위할 수 있는 능력을 포기하거나 부패시키지 말아야 한다. 칸트에게 도덕 원칙을 지닌 사람이 되는 일은 자존감의 중요한 원천이다.

반면, 타인과 관련해 인간성을 목적 자체로 대우하는 일에는 두 가지 주요 사항이 있다. 하나는 우리의 목적에 타인의 행복을 포함시키는 것(즉, 타인을 행복하게 만들기 위한 노력을 우리의 목표 중 하나로 삼는 것)이고, 다른 하나는 항상 다른 이들과 그들의 의지를 존중하는 방식으로 행위하는 것이다. 예를 들어, 우리는 그들이 동의하지 않거나 그럴 수 없는 방식으로 그들을 대해서는 안 된다. 우리는 타인을 불쾌하게 만들거나 비하하는 방식으로 대하는 일을 피해야 하는데, 그러지 못했을 때 우리는 그들의 인간 존엄성을 존중하지 못하게 된다.

앞 절에서 언급된 내용에 비추어 칸트와 공자를 간략히 비교해 볼 수도 있겠다. 우리는 『논어』의 저자들이 제시한 공자 버전의 황금률("스스로 원하지 않는 것을 다른 이에게 행하지 말라")에 주목했다. 칸트 또한 황금률의 한 버전 혹은 정교화로 종종 해석되는 것을 발전시킨다. 칸트가 표명한 원칙은 종종 **보편 법칙 정식**으로 불리기도 한다. 이 원칙은 다음과 같이 말한다. "항상 네가 보편적인 법칙으로 의욕할 수 있는 준칙에 따라 행위하라."

'준칙'(maxim)은 우리가 스스로에 대해 채택하는 개인적인 규칙이나 원칙을 가리킨다. 그래서 이 보편 법칙 정식은 다음과 같이 정식화될 수도 있다. 모두에 대해 보편적 법칙이 되기를 네가 의욕할 수 있는 규칙이나 개인적 원칙에 따라 행위하라. 좀 더 황금률과 유사한 정식화는 다음과 같다. 모두가 그에 따라 행위하도록 네가 기꺼이 허용하지 않을 규칙에 기초해 행위하지 말고, 모두가 그에 따라 행위하도록 네가 기꺼이 허용하고, 아마 장려하기도 할 규칙에 기초해 행위하라.

1장에서 언급한 것처럼, 칸트의 윤리 이론에서 이성과 도덕적 양심을 지닌 인격이 아닌 모든 것은 '사물'로 여겨진다. 이러한 칸트의 관점에서 동물은 사물에 속한다. 엄밀히 말하자면 칸트에게 모든 동물은 인간의 목적을 위한 수단으로 취급될 수 있다. 도구적 기술 이론이 모든 기술을 인간의 목적을 위한 단순한 수단으로 간주하는 것처럼 말이다.

그러나 칸트는 동물에 대한 간접적인 의무가 존재할 수 있다고 생각한다. 궁극적으로 이러한 의무는 우리 자신 그리고 다른 인간들을 향한다. 칸트는 만약 우리가 동물에게 잔인하다면, 그것이 굳어져 궁극적으로 인간 또한 잘 대할 수 없게 되고 심지어 인간에게도 잔인해질 수 있다고 주장한다. 이것이 바로 동물을 잔인하게 대하지 말아야 할 간접적인 도덕적 이유다.

동일한 관점에서 일부 기술윤리학자는 설령 기술이 엄밀히 말해 항상 인간의 목적을 위한 도구나 단순한 수단이라고 할지라도, 로봇이나 아바타같이 인간처럼 보이는 특정 기술의 경우에는 '잔인한' 방식으로 대하지 않는 것이 최선이라고 주장한다. 인간에게 잔인해지지 않도록 말이다.

예를 들어, 어떤 이들은 사람들이 아마존의 '알렉사'(Alexa)나 아이폰의 '시리'(Siri) 같은 음성 보조 기술에게 무례하게 대하고 우두머리 행세를 하는 것에 대해 우려를 표하는데, 다른 사람들에 대해서도 마찬가지의 태도를 보이게 될 수 있기 때문이다. 자기 부모가 음성 보조 기술에 대해 무자비하게 소리 지르는 광경을 목격한 아이들은 이것이 다른 이들에게 도움을 요청하는 평범한 방식이라고 생각하게 될 수도 있다. 몇몇 이들은 우리 아이들이 다른 사람들에게 예의 바르도록 가르치기 위한 최선의 전략은 음성 보조 기술이나 여러 인간과 유사한 기술들에 대해 외견상 잔인하거나 무례한 방식으로 행하는 일을 아이들뿐만 아니라 어른들에게도 허용하지 않는 것이라고 주장한다.[8] 이러한 주장은 동물에 관한 칸트의 주장과 매우 유사하다.

섹스로봇을 도구화하는 태도 및 행동이 인간 파트너를 도구화하는 태도와 행동을 초래할 수 있다는 캐슬린 리처드슨(Kathleen Richardson)의 주장 또한 동물에 대한 간접적 의무라는 칸트의 주장과 유사점을 지닌다. 그럼에도 리처드슨은 휴머노이드 섹스로봇을 금지하는 것이 최선의 해결책이라 본다. 물론 사람들이 휴머노이드 섹스로봇을 명백히 존중하는 태도로 대함으로써 다른 인간 파트너에 대해서도 존중하는 태도를 보이도록 스스로를 훈련시키는 방식

---

8 이 주제에 대해서는 철학자 올랴 쿠디나(Olya Kudina)의 다음 영상을 확인하라. "Hey Siri, Why Are My Kids Screaming at You?": https://www.youtube.com/watch?v=ve6qJGt1_kk

의 대안적 '해결책'을 떠올려 볼 수도 있을 것이다. 이런 입장은 동물에 대한 간접적 의무와 관련된 칸트의 주장과 좀 더 유사하다.

2.5 공리주의와 결과주의 윤리 이론

앞서 살펴본 칸트의 윤리 이론의 특징은 도덕 원칙에 따라 행위할 수 있는 이성과 능력을 지닌 인간만을 도덕적 인격의 지위를 지니는, 즉 우리가 직접적 의무를 질 수 있는 존재로 간주한다는 점이다. 칸트의 이론에 따르면 이런 점에서 우리는 도덕적 인격을 지니며, 따라서 우리 자신에 대해서도 도덕적 의무를 갖는다. 그리고 우리가 존중해야 할 이성과 의지를 지닌 타인들 또한 도덕적 인격이기에 우리는 그들에 대한 도덕적 의무를 갖는다. 칸트의 관점에서는, 만약 지성을 지닌 외계인같이 이성을 지니고 도덕 원칙에 따라 행위할 수 있는 존재가 있다면 그들 또한 우리가 존중하고 목적으로 대우해야 할 도덕적 인격이다. 하지만 이런 기준에서 동물은 도덕적 인격을 지녔다고 볼 수 없다. 그들은 인간과 같은 이성 및 우리가 지닌 도덕 원칙에 따라 행동할 수 있는 능력을 결여하기 때문이다.

소위 공리주의 윤리 이론은 이 문제에 대한 상당히 다른 관점을 제공한다. 근대 공리주의의 창시자는 18세기 후반의 비범한 법학자이자 사회개혁가, 철학자인 제러미 벤담(Jeremy Bentham)이다.[9] 그는

---

9 훌륭한 팟캐스트 「Philosophy Bites」의 다음 에피소드를 통해 벤담의 배경에 대한 필립 스코필드(Philip Schofield)의 더 자세한 이야기를 들을 수 있다. "Philip Schofield on Jeremy

"'그들이 말할 수 있는가?' 혹은 '그들이 추론할 수 있는가?'가 아니라 '그들이 고통을 느낄 수 있는가?'를 물으라"[10]라고 쓴 것으로 유명하다. 여기에는 고대 로마의 정치인이자 철학자였던 키케로(Cicero)의 윤리학 텍스트에 대한 암시가 담겨 있는 것으로 보인다. 키케로는 다른 모든 존재와 구별되는 인간의 특별한 존엄은 그들이 말하고 추론할 수 있다는 점에서 주어지는 것이라고 썼다.[11] 금방 인용한 벤담의 인용구는 부분적으로 키케로에 대한 응답으로 보인다. 그런데 이는 칸트에 대한 응답일 수도 있다.

벤담이 취하는 도덕적 관점에서 그 자체로 중요한 유일한 것은 쾌와 불쾌를 경험할 수 있는 능력이다. 인간처럼 동물 또한 쾌락과 고통을 경험할 수 있다는 점에서 벤담은 우리가 인간에 대한 직접적 의무를 지니는 것과 마찬가지로 비인간 동물에 대해서도 직접적인 도덕적 의무를 지닐 수 있다고 주장한다.

소위 쾌락주의적 공리주의라고 불리는 전통적 관점에서 우리는 단 하나의 매우 중요한 도덕적 의무, 즉 쾌락을 발생시키고 고통과 괴로움을 없앰으로써 이 세계의 전반적인 행복 수준을 증진하라는 의무를 갖는다. 때때로 이는 경제학 책에서나 등장할 법한 언어

Bentham's Utilitarianism": https://philosophybites.com/2012/02/philip-schofield-on-jeremy-benthams-utilitarianism.html

10 이는 벤담의 『도덕과 입법의 원칙에 대한 서론』*An Introduction to the Principles of Morals and Legislation*, 1789에서 인용한 것이다. 다음 링크를 통해 온라인에서도 읽을 수 있다. https://oll.libertyfund.org/title/bentham-an-introduction-to-the-principles-of-morals-and-legislation

11 키케로는 그의 책 『법률론』*De Legibus* 제1권에서 말하고 생각하고 추론할 수 있는 우리의 능력이 인간을 동물 위로, 거의 신성한 수준으로 끌어올린다고 말한다. 더 자세한 내용은 위키피디아의 "De Legibus" 항목을 참조하라. https://en.wikipedia.org/wiki/De_Legibus

로 표현되기도 한다. 우리는 쾌락을 극대화하고 고통을 최소화해야한다. 일부 경제학자들이 이윤 극대화와 손실 최소화를 이야기하는 것처럼 말이다.

사실 벤담은 '극대화'(maximize)라는 용어를 만든 장본인이다. 그리고 많은 초기 공리주의 사상가는 다른 분야와 더불어 경제학 분야의 연구자이기도 했다. 이들의 야망은 유용성의 원칙이 법과 사회 제도, 개인의 행동에 이르는 삶의 모든 것을 이끌도록 사회 전체를 개혁하는 것이었다. 우리가 행하는 모든 것, 사회의 모든 것은 쾌락의 극대화 및 고통의 최소화라는 목표 성취에 초점을 맞추어야한다는 것이다. 이렇게 엄청난 야망을 가진 초기 공리주의 철학자들이 단지 개인 윤리뿐만 아니라 삶의 다른 모든 측면에 대해서도 논의했다는 점은 당연한 사실이다.

많은 이가 쾌락 극대화와 고통 최소화에만 집중하는 이러한 편협한 시각이 윤리 개념을 너무 좁게 보는 관점이라고 여겼다. 확실히 삶은 쾌락 극대화와 고통 최소화를 위한 노력보다 더 많은 것으로 구성된다. 쾌락을 추구하고 고통을 피하는 것만이 유일하게 가치있다고 생각하는 것은 인간을 비하하는 것이다. 삶에는 다른 중요한 것들이 존재한다. 적어도 초기 형태의 공리주의에 대한 비판자들은 그렇게 주장했다. 주목할 만한 점은 이러한 비판자 중에는 공리주의 진영의 철학자도 있다는 사실이다.

벤담과 마찬가지로, 존 스튜어트 밀(John Stuart Mill) 또한 사회 개혁가이자 철학자, 경제학자, 정치학자 등 여러 역할을 수행했다. 그는 벤담이 생존하던 때에 출생했고, 벤담이 아버지 제임스 밀(James Mill)의 가장 친한 친구였기에, 성장 과정에서 부분적으로는 그의 영향을 받았다. 그의 아버지는 벤담의 공리주의에 대한 열렬한 추종자였지만, 존 스튜어트 밀은 초기 공리주의가 너무 편협하다고 느낀 이들 중 하나였다. 하지만 밀이 공리주의의 기본 정신(ethos)을 완전히 내던지고자 했던 것은 아니다. 그가 주장하고자 했던 바는 모든 쾌락이, 모든 형태의 고통과 괴로움이 동등한 것은 아니라는 점이다.

밀에 따르면 일부 쾌락은 다른 것보다 더 좋으며, 어떤 형태의 괴로움은 다른 것보다 더 나쁘다. 특히 인간의 지적 쾌락은 비인간 동물의 더 단순한 쾌락보다 더 추구할 만한 가치가 있다. 다음은 밀이 쓴 유명한 구절이다.

> 만족한 돼지보다 불만족한 인간이 되는 편이 더 낫고, 만족한 바보보다 불만족한 소크라테스가 되는 편이 더 낫다. 만약 바보나 돼지가 다른 의견을 갖고 있다면, 이는 그들이 그 질문에 대해 자신의 입장 말고는 아는 것이 없기 때문이다.[12] (Driver, 2007, p. 49에서 재인용)

여기서 밀은『국가』에서 플라톤이 발전시킨 논증 유형, 즉 앞서 고대 그리스 철학을 다룬 절에서 언급한 대화법을 사용한다. (밀의 인용문과 마찬가지로) 플라톤의 대화편에도 소크라테스가 등장한다. 소크라테스는 플라톤이 쓴『국가』의 주인공이다. 그는 다양한 삶의 형태 중 어떤 것이 최선인지 비교할 때, 삶의 여러 형태에 대한

---

12 이 구절의 출처인 밀의『공리주의』*Utilitarianism*(1863)는 다음 링크를 통해 온라인으로도 읽을 수 있다. https://www.gutenberg.org/ebooks/11224

경험이 있는 이들의 의견을 참조하고, 그렇지 못한 자들의 의견에는 더 낮은 비중을 두어야 한다고 주장한다.

마찬가지로 밀 또한 우리가 어떤 여러 형태의 쾌락을 비교하며 어떤 것이 더 상위에 있고 또 어떤 것이 더 하위에 있는지 물을 때, 여러 형태의 쾌락을 경험하고 습득한 이들의 의견을 고려해야 한다고 주장한다. 밀이 이야기한 더 상위의 쾌락은 다양한 형태의 쾌락을 경험한 이들이 일관되게 선호하는 유형의 쾌락이다.

밀에 따르면, 성숙한 이에게는 인간의 독특한 지적 능력을 활용하는 쾌락이나 활동을 일관되게 선호하는 경향이 있다. 밀은 우리가 이러한 쾌락에 단순한 형태의 쾌락보다 더 높은 가치를 매긴다고 생각한다. 충분히 경험하고 이해한 상태에서 비교한다면 말이다. 키케로와 칸트가 비인간 동물보다 인간에 더 큰 중요성을 부여했던 것처럼, 밀 또한 동물의 행복보다 인간의 행복에 더 큰 중요성을 부여했다.[13]

공리주의 철학에서의 다양성을 추구했던 밀의 시도로부터 삶에서 선(善; good)이란 무엇인지, 즉 공리주의 윤리 이론이라는 큰 틀에서 촉진되어야 할 것은 무엇인지에 관한 좀 더 다원적인 공리주의관이 발전되기 시작했다. 이러한 좀 더 넓은 이론은 보통 **결과주의** 이론으로 불린다. 오늘날 벤담과 밀의 공리주의 정신에 영감을 받은 대부분의 철학자는 대개 전반적인 선을 추구하는 것이 우리의 가장 일반적인 도덕적 의무라는 생각을 받아들이면서도, 삶에 존재

---

13 로저 크리스프(Roger Crisp)는 팟캐스트 「Philosophy Bites」의 다음 에피소드에서 밀의 공리주의에 대해 논한다. https://philosophybites.com/2007/07/roger-crisp-on-.html

하는 선에 대한 다원주의적 이론들을 채택하는 경우가 많다.

예를 들어, 어떤 결과주의자는 우정, 사랑, 지식, 인간의 성취, 정의, 공정, 그리고 여러 유형의 탁월함 모두가 인간 삶의 여러 선에 속한다고 말할 수도 있을 것이다. 이들의 윤리적 사유에서 발견되는 결과주의는 다음과 같다. 즉, 윤리란 세상에서 선의 전반적인 양을 증진하기 위해 무엇이든 행할 일반적인 의무에 관한 것이며, 이러한 의무의 수행을 통해 우리는 이 세상에서 가치를 지닌 것들의 전반적인 양을 극대화할 수 있다. 다른 유형의 결과주의 윤리 이론가들은 삶의 가장 중요한 선이 무엇인지에 대해 다르게 생각할 수 있다. 또한 우리가 증진시켜야 할 그 선을 어떻게 증진하는 것이 가장 좋은 방법인지에 대한 견해 또한 다를 수 있다.

이처럼 결과주의는 단지 "이 세계의 전반적인 선을 증진하도록 행위하라"는 일반적인 도식에 불과하다. 이러한 도식은 우리가 채택하는 선에 대한 이론들 및 이러한 선을 추구하는 방식에 따라 다른 매우 다양한 방식으로 채워질 수 있다.[14] 예를 들어, 어떤 결과주의자는 삶에서 가장 중요한 것은 행복과 지식이라고 이야기하는 반면, 다른 결과주의자는 그것이 인간의 성취와 정의라고 말할 수도 있다. 둘 모두 결과주의자이지만, 우리의 더 구체적인 의무가 무엇인지에 대해서는 상당히 다른 생각을 지닌 것이다. 어쩌면 그 두 결과주의자는 행복, 지식, 인간의 성취, 그리고 정의 모두가 삶의 가장

---

14 어떤 결과주의자들은 '효과적 이타주의'(effective altruism)라고 불리는 것에 관심을 가진다. 다음 링크를 통해 이 아이디어에 대한 베스 반즈(Beth Barnes)의 이야기를 들을 수 있다. "Effective Altruism", 「TEXxExeter」: https://www.youtube.com/watch?v=LtWINl3C_7s

중요한 선이라는 점에는 동의하면서도, 이러한 선을 증진하는 가장 좋은 방법에 대해서는 의견을 달리할 수 있다.

결과주의자들 사이에서도 어떤 이론이 넓은 의미에서 진정한 결과주의 이론으로 분류될 자격이 있는지에 대한 의견이 갈린다. 예를 들어, 밀은 아리스토텔레스가 공리주의 철학자였다고 생각한다. 그는 아리스토텔레스가 에우다이모니아, 즉 자신의 윤리 이론에서 특수하게 표명된 행복 개념을 우리가 성취해야 한다고 보았다는 점에 주목했기 때문이다. 그러나 대다수 다른 공리주의 철학자는 자신들이 옹호하는 공리주의 유형과 아리스토텔레스 이론의 구분을 선호한다.[15]

이 책의 목적에 이러한 논쟁들의 정확한 세부 사항들이 중요한 것은 아니다. 알아야 할 더 중요한 점은 윤리 이론 내, 심지어 특정한 학파 내에도 윤리 이론으로서 해당 학파의 가장 좋은 버전이 무엇인지에 대해서는 상당한 의견 차이가 존재할 수 있다는 사실이다. 고대 세계에 스토아주의, 회의주의, 에피쿠로스주의, 견유주의(cynicism) 등 여러 학파에서 발전된 윤리 이론이 존재했던 것처럼, 현대의 윤리 이론에도 여러 이론과 견해가 존재한다.

일반적으로 철학자들이 윤리에 대해 논의할 때, 실제로는 그들이 서로 동의하는 부분이 많다는 사실을 꽤 자주 발견한다. 최소한 윤리적 논의의 시작점으로 사용될 수 있는 어떤 공통 기반이 대다

---

15 다음 링크를 통해 팟캐스트 「Philosophy Bites」에서 결과주의 윤리에 대한 필립 페팃(Philip Pettit)의 논의를 들을 수 있다. "Philip Pettit on Consequentialism": https://philosophybites. com/2011/09/philip-pettit-on-consequentialism-1.html

수 경우 존재한다는 것이다. 그러나 윤리에 대한 숙고 과정에서 철학자를 포함한 몇몇 이들은 합의에 이르기 매우 어려운 요소들이 존재한다는 사실을 줄곧 발견해 왔다. 윤리가 많은 불일치와 합의되기 어려운 논쟁을 포함한다는 사실이 어떤 이들에게는 좌절감을 안겨 주지만, 다른 이들은 바로 그런 점에 아주 큰 흥미를 느낀다.

2.6 일반적으로 윤리가 이전 절에서 논의된 모든 것을 포괄한다면, 과연 윤리가 특별히 기술윤리와 관련해 지니는 의미는 무엇일까?

윤리가 무엇인지에 관해서는 지금까지 살펴본 것보다 더 많은 관점이 존재한다. 다음 장에서 다룰 사회계약론적 이론도 여기에 포함된다. 다만 지금으로서는 방금 다룬 관점들로도 **윤리**가 무엇인지에 대한 대다수 주요 이론을 충분히 개괄할 수 있다. 이제 우리는 이러한 생각들을 **기술**이 무엇인지에 대한 이전 장의 논의들과 결합할 수 있다. 이로써 **기술윤리**가 무엇인지에 대한 하나의 관념을 형성할 준비가 되었다.

본 장에서 우리가 살펴본 내용은 다음과 같다.

윤리는 무엇보다도 좋은 삶이란 무엇이고 인간으로서 번영한다는 것은 무엇인지에 관한 물음과 관련된다. 이는 특히 우리 인간의 자기 이해, 자기 수양과 자기 개선, 그리고 삶을 잘 살아가는 것에서 여러 덕목과 탁월함의 역할과 관련이 있다. 윤리는 자신에 대한 의무와 타인에 대한 의무 및 우리 행위의 결과와 관련된 의무와 같이 우리가 다른 이들과 상호작용하거나 관계 맺을 때 선호하거나 추구해야 할 방식들에 관한 것이기도 하다. 그것은 어떤 선이나 가치가 증진되어야 하는지, 도덕적 지위의 기반이 무엇인지에 대한 이론들을 탐색한다. 그리고 무엇이 허용되고 금지되어야 하는지에 관한 논증들을 검토한다.

이전 장에서는 다음과 같은 내용을 살펴보았다.

기술은 때때로 인간의 목적을 위한 도구나 수단으로, 그래서 인간 활동의 일부로 여겨질 수 있다. 그러나 기술은 우리가 세계를 지각하는 방식과 우리가 할 수 있는 것 자체를 형성하는 무언가로 보이기도 한다. 게다가 어떤 기술은 새로운 형태의 도덕적 행위자 및 도덕적 피동자로 간주될 수 있는 잠재력을 가진 것처럼 보이는데, 이는 단순한 가치 중립적 도구의 수준을 넘어선다.

이상의 내용을 종합하면, 기술윤리가 무엇인지 혹은 무엇에 관한 것인지에 대한 정의를 느슨하게나마 다음처럼 제시 가능하다.
기술윤리는 무엇보다도 다음 물음들과 밀접히 관련된다.

- 기술과 좋은 삶/인간으로서 번영하는 것 사이의 관계
- 우리가 세계와 스스로를 지각하는 방식 및 우리가 할 수 있는 것에 기술이 어떻게 영향을 미치는지 포함해, 우리 인간의 자기 이해, 자기 수양, 그리고 자기 개선에 기술이 미치는 영향
- 삶을 잘 살아가는 데 있어서 여러 덕목과 탁월함의 역할 및 기술

이 이러한 것들에 영향을 미치는 방식

- 우리 주변의 타인들과 상호작용하고 관계 맺을 때 우리가 선호하거나 추구해야 할 방식 및 기술이 이러한 관계들을 매개하거나 새로운 유형의 친구나 연인이 되는 식으로 잠재적으로 더 중요한 역할을 수행하게 될 가능성
- 우리 인간에 의해 혹은 인공지능 기술의 모습을 한 새로운 형태의 도덕적 행위자에 의해 수행될 수 있는 우리 자신에 대한 의무와 타인에 대한 의무
- 우리가 사용하는 기술에 따라 달라질 수 있는 우리 행위의 결과와 관련된 의무
- 어떤 선 혹은 가치가 증진되어야 하는지 그리고 그러한 선과 관련된 기술의 역할은 무엇인지에 대한 이론
- 특정 기술이 모종의 도덕적 지위를 지닐 수 있는지 여부에 대한 물음을 포함하는 도덕적 지위의 기반에 대한 이론
- 어떤 기술이 허용되고 또 금지되어야 하는지에 대한 질문

다시 말해, 기술윤리는 수많은 주제에 관한 것이다! 무엇이 금지되고 또 허용되어야 하는지에 대한 논의가 기술윤리의 전부는 아니다.

앞서 언급한 것처럼, 방금 강조한 내용은 중요한 문제다. 오랜 시간을 두고 열심히 고민할 필요가 있다. 기술윤리가 무엇에 관한 것인지와 관련해 결정적으로 중요한 부분이기 때문이다. 그럼에도 불구하고 앞서 말한 것처럼 기술윤리 개념에 대한 좁은 관점은 무엇이 허용되고 또 금지되어야 하는지에 우선적으로 초점을 맞

출 것이다. 이는 분명 좋은 삶, 덕성, 인간의 자기 이해, 새로운 형태의 도덕적 행위자 및 피동자 등 이외의 많은 질문과 기술윤리를 관련시키는 관점과 비교했을 때 훨씬 더 따분한 개념이다. 이후의 논의에서 이 책의 초점은 위에서 개괄한 더 넓은 기술윤리관에 맞춰질 것이다.

기술윤리는 위의 정의에서 언급된 것보다 더 많은 것과 관련될 수도 있다. 위의 대략적인 정의는 기술윤리가 무엇일 수 있는가에 대한 하나의 관점을 제시하기 위한 것이다. 기술윤리의 모든 것 혹은 기술윤리가 어떻게 이해되어야 하는지에 대한 관점을 제시하려고 의도하지 않았다는 것이다. 기술 발전이 보통 새로운 혁신을 포함하는 것처럼, 기술윤리 또한 이론적 혁신을 필요로 할 때가 있을 것이다. 이러한 발전은 예측이 어렵고 놀라운 결과를 가져다줄 수도 있다.

이 점에서 기술윤리는 재즈 음악의 예술성에 비유될 수 있다. 많은 경우 재즈는 곡의 기본 구조와 주요 멜로디, 모티브를 제공하는 일련의 표준적 구성 요소들에 기초한다. 하지만 숙련된 재즈 음악가의 역할은 창의적으로 쌓아 올린 기본 구조 위에서 새로운 혁신을 즉흥적으로 만들어 내어, 기존의 음악을 새로운 지평으로 확장하는 데 도움을 주는 것이다. 마찬가지로 기술윤리는 보통 전통적이고 좀 더 일반적인 윤리 이론의 토대에서 시작한다. 그리고 재즈 음악가처럼 기술윤리 연구자도 창의적일 필요가 있다. 그들은 종종 새로운 것을 만들어 내어 전통적 윤리 이론의 기존 개념과 이론을 확장하고 그것에 도전하려고 노력해야 한다. 이 장의 마지막 부분은 이런 일이 일어날 수 있는 몇 가지 방식을 간략히 살펴볼 것이다.

2.7 어떻게 기술윤리는 더 일반적인 윤리 이론의 확장에 도전하고 그 필요를 창출할 수 있는가

기술윤리에서 전통적 윤리 이론을 활용할 때 발생할 수 있는 한 가지 중요한 문제는 그러한 전통적 윤리 이론이 현대 기술이 개발되기 전에 발전되었다는 것이다. 주요 윤리 이론들은 로봇이나 인공지능, 소셜미디어, 뇌 임플란트 및 도덕적 측면에서 혼란을 초래할 수 있는 새로운 기술이 존재하기 전에 발전되었다. 즉 인간-기계 상호작용이 아니라 인간-인간 상호작용을 염두에 두고 발전되었다는 것이다. 따라서 윤리의 오랜 역사에서 인간-인간 상호작용의 윤리를 위해 만들어진 생각이 우리 사회의 점점 더 증가하는 인간-기술 상호작용에 자연스럽게 적용될 수 있다는 보장은 없다.

법도 마찬가지다. 예를 들어, 법학자 제이콥 터너(Jacob Turner)에 따르면 운전과 관련된 법은 자율주행차 같은 기술이 존재하기 전에 발전되었다. 그러므로 모든 관련 법은 어떤 문제가 발생했을 때 잠재적으로 책임을 질 수 있고 가능한 한 사고를 내지 않을 소위 주의 의무를 지닌 인간 운전자가 항상 존재한다는 점을 가정한다. 이제 우리는 스스로 운전하는 차량 개념을 갖게 되었다. 따라서 인간 운전자의 존재를 가정했던 법이 자율주행차라는 새로운 맥락에서 언제나 쉽게 적용되기는 어려울 것이다. 자동차 그 자체가 적어도 인간에게 적용되었던 방식대로 도덕적 혹은 법적 책임 및 주의 의무를 갖지는 않을 것이기 때문이다. 그래서 터너는 새로운 법이

필요하다고 주장한다.[16]

마찬가지로 우리의 모든 전통적 도덕 이론들도 주요 도덕적 행위자 및 피동자가 인간(과 동물)이라고 가정한다. 그래서 이런 가정에 근거해 우리의 전통적 도덕 이론이 만들어질 때에는 존재하지 않았던, 적어도 일부 현대 기술과의 관계에 있어서만큼은 새로운 도덕 원칙 및 개념이 필요할 수도 있다.

가령 로봇이나 다른 형태의 인공지능이 도덕적으로 민감한 결정을 해야 할 때, 이들은 앞서 논의한 유형의 인간을 전제로 발전된 도덕 이론으로부터 얻은 충고를 따르면 되고 따라야 하는 것일까? 인간의 의사결정과 인간의 행위를 지도하려는 목적으로 발전된 윤리 이론이 첨단기술의 새로운 의사결정 및 행위 유형에 쉽게 적용되리란 보장은 없다. 이 문제는 7장에서 더 다룰 것이다.

잉마르 페르손(Ingmar Persson)과 줄리안 사불레스쿠(Julian Savulescu)는 전통적인 윤리가 현대사회에 적합한지 여부에 대한 또 하나의 우려를 제시한다. 이들은 우리 인간의 도덕적 태도 중 많은 부분이 소규모 부족 생활을 하며 매우 단순한 기술만을 사용하던 인간 진화의 오랜 기간에 걸쳐 형성된 것이라고 주장한다. 인간의 마음 그리고 인간의 도덕적 양심이 현대 세계의 복잡성이나 현대 기술의 강력한 본성을 다루기 위해 발달된 게 아니라는 것이다. 그러나 이제 우리는 단순한 기술만 사용했던 소규모 부족이 아니

---

16 다음 링크를 통해 팟캐스트 「Dolores Project」에 출연한 터너의 이야기를 들을 수 있다. "AI, Robots, and the Challenge of Policy Making w/Jacob Turner": https://anchor.fm/joshua-k-smith6/episodes/AI —— Robots ——and-the-Challenge-of-Policy-Making-w-Jacob-Turner-e189ppi

라 현대 세계에서 살아간다. 우리는 거대한 현대 국가에서 극도로 강력한 기술과 함께 살아가며, 세계의 천연자원을 급속도로 소모하고 이 행성과 인류의 미래에 커다란 해악을 끼칠 위험을 초래하고 있다.

페르손과 사불레스쿠에 따르면, 인간 심리의 한 부분인 도덕적 태도를 포함해 우리 인간의 심리는 우리가 살아가는 이 현대사회에 잘 적응하지 못하고 있다. 그래서 그들은 우리가 도덕 이론이나 사상뿐만 아니라 우리 스스로를 업데이트해야 할 수도 있다고 주장한다. 오늘날의 세계와 우리가 만든 기술의 도전들에 대처하기 위해서는 우리 인간 본성에 대한 일종의 '도덕 향상'(moral enhancement)이 필요하다는 것이다.

예를 들어, 대부분의 사람들은 인간이 초래한 기후변화에 자신이 끼친 영향에 대해 충분히 강한 책임을 느끼지 않는다. 그래서 그들은 현대사회에서 우리가 살아가는 방식 때문에 세계가 무시무시한 기후 재앙에 직면했다는 뉴스를 끊임없이 들으면서도 평소처럼 생활한다. 페르손과 사불레스쿠는 이러한 사례를 통해 우리 인간의 심리 및 일상적인 도덕적 사고가 현대사회에 부적합하다는 점을 확인할 수 있다고 본다. 그들은 우리가, 우리의 도덕적 사고가 "미래에 부적합하다"고 주장한다.[17]

또 다른 급진적인 저자들은 인공지능이 잠재적으로 통제 불

---

17 이러한 아이디어에 대한 사불레스쿠의 이야기는 팟캐스트 「Virtual Philosopher」의 다음 에피소드를 통해 들을 수 있다. "Julian Savulescu on Moral Enhancement": https://virtualphilosopher.com/2011/05/julian-savulescu-on-moral-enhancement-.html

능 상태가 될 수 있으며, 윤리적 의무와 책임에 대한 현재 우리의 사고방식으로는 강력한 인공지능이 우리 사회에 미칠 수 있는 영향에 대처할 수 없다고 주장한다. 이러한 사고방식에 따르면, 인공지능, 로봇, 그리고 아직 우리가 상상하기 어려운 미래의 기술들은 인간으로서 우리가 가져야 할 윤리적 의무와 책임은 무엇인가에 대한 새로운 아이디어와 이론들을 개발하도록 촉구한다. 어떤 이들은 인공지능과 같은 기술이 인간에게 기후변화와 같은 '실존적 위험'(existential risk)을 초래할 수 있다고 우려한다. 따라서 이러한 새로운 위험에 대처하기 위해 우리에게는 단지 새로운 법뿐만 아니라 우리의 윤리적 의무와 책임에 대한 새롭고 신선한 아이디어도 필요하다.[18]

이러한 이야기가 전통적 윤리 이론은 기술윤리의 새로운 문제들에 대한 해결책의 일부가 될 수 없다거나 되어서는 안 된다는 것을 의미하지는 않는다. 윤리에 대한 오래된 생각이나 인간으로서 우리가 지닌 폭넓게 공유된 도덕적 직관 또는 세계에서 우리의 존재나 위치에 대한 전통적인 이해 방식을 우리가 모두 내던져야 한다는 주장은 확실히 너무 극단적이고 비현실적이다. 그러나 기술윤리는 윤리와 우리 자신 그리고 이 세계에서 인간으로서의 역할에 대한 우리의 전통적 사고방식에 압력을 가한다. 이야말로 기술윤리의 흥미진진한 부분이다.

---

18 실존적 위험의 윤리에 대한 토비 오드(Toby Ord)의 이야기는 팟캐스트 「80,000 Hours」의 다음 링크를 통해 들을 수 있다. "#72: Toby Ord on the Precipe and Humanity's Potential Futures": https://80000hours.org/podcast/episodes/toby-ord-the-precipice-existential-risk-future-humanity

* 주석 달린 참고문헌

Driver, Julia, *Ethics, the Fundamentals*, Oxford: Wiley-Blackwell, 2006. 이해하기 쉽게 쓰인 윤리학 입문서로서, 특히 공리주의, 칸트 윤리학, 덕윤리, 그리고 사회계약론과 같은 윤리 이론에 대한 훌륭한 개요를 제공한다.

Mangena, Fainos, "Hunhu/Ubuntu in the Traditional Thought of Southern Africa," *Internet Encyclopedia of Philosophy*, 2016. https://iep.utm.edu/hunhu. 남아프리카의 우분투 윤리를 개괄한다.

Persson, Ingmar and Savulescu, Julian, *Unfit for the Future: The Need for Moral Enhancement*, Oxford: Oxford University Press, 2012 [추병완 옮김, 『미래 사회를 위한 준비: 도덕적 생명 향상』, 서울: 하우, 2015]. 우리 인간의 도덕적 감수성이 현대 세계의 삶과 연관된 윤리적 문제 및 지구적 도전에 대처하는 데 적합하지 않다고 주장하는 도발적인 책이다.

Richardson, Kathleen, "The Asymmetrical 'Relationship': Parallels between Prostitution and the Development of Sex Robots," *SIGCAS Computers & Society*, vol. 45 no. 3, 2015, pp. 290-293. 섹스로봇 반대 캠페인이 주장하는 섹스로봇 금지에 대한 주요 논증을 제시한다.

Stahl, Bernd Carsten, *Artificial Intelligence for a Better Future, Berlin*: Springer, 2021. AI와 관련된 윤리적 문제들을 이해하기 쉽게 개괄하는 책으로서, 인간의 번영에 초점을 맞추는 덕윤리적 관점이 AI 윤리의 기초를 이루어야 한다고 주장한다.

Suikkanen, Jussi, *This is Ethics: An Introduction*, Oxford: Wiley-Blackwell, 2014. 윤리학에 대한 종합적이고 이해하기 쉬운 입문서. 윤리 개념에 대한 폭넓은 관점을 제시한다.

Turner, Jacob, *Robot Rules: Regulating Artificial Intelligence*, Berlin: Springer, 2019 [전주범 옮김, 『로봇 법규: 인공지능 규제』, 파주: 한울아카데미, 2023]. 자율주행차 및 다른 형태의 AI 기술이 어떻게 우리에게 현재의 많은 법적 개념을 재고하도록 촉구하는지를 법률가의 관점에서 설명한다. 기술이 어떻게 윤리에 대한 우리의 전통적 생각 중 일부를 재고하도록 촉구하는지 하는 문제와 큰 관련이 있다.

Wong, Pak-Hang and Wang, Tom Xiaowei, *Harmonious Technology: A Confucian Ethics of Technology*, London: Routledge, 2021. 유가 윤리의 관점에서 기술윤리 문제에 접근할 수 있는 방법을 탐구하는 에세이 모음집이다.

3. 기술윤리의 방법: 사례 연구로서 자율주행차의 윤리

3.1 윤리학 방법론?

일반적으로 학술 분야의 연구자가 연구비를 신청할 때에는 여러 서식을 작성해야 한다. 그리고 많은 경우 해당 서식에는 연구자가 사용할 연구 방법을 기술해야 하는 부분이 있다. 철학 연구자, 특히 윤리학에 초점을 맞추는 철학자에게 이 방법론 부분을 채우는 것은 여간 어려운 일이 아니다. 이는 그들에게 방법론이 없기 때문이 아니다. (셰익스피어의 『햄릿』에 나오는 대사를 활용하자면, 철학이라는 "광기에도 나름의 방법"이 있기 마련이다!) 오히려 어떤 방법을 선택하느냐 자체가 보통 논쟁과 성찰이 요구되는 철학적인 혹은 심지어 윤리적인 문제이기 때문이다. 어떤 방법을 사용하는 것이 최선인가에 대해 철학자들은 의견을 달리한다. 윤리학의 경우, 어떤 주제를 연구하는 특정 방법이 누군가에게는 윤리적으로 의심스러울 수도 있다. 이에 대해서는 이후 좀 더 자세히 살펴보기로 하자.

그렇다면 철학자들은 보통 연구비 지원서의 방법론 부분을 어떻게 채울까? 결국 많은 철학자가 소위 말하는 **반성적 평형**(reflective equilibrium)이라는 방법론을 사용할 것이라고 적는다. 이에 따르면, 철학적 문제를 고찰할 때, 한편으로는 더 일반적인 아이디어와 원칙 및 직관, 다른 한편으로는 더 구체적인 아이디어와 판단 및 직관 사이를 끊임없이 오가야 한다. 그런 다음 더 구체적인 아이디어와의 관련성을 염두에 둔 채 더 일반적인 아이디어에 대해 정보에 기반해 잘 숙고된 판단을 내리고자 노력한다. 그리고 더 구체적인 아이디어에 대해서도 더 일반적인 아이디어와의 관련성을 염두에 두고 정보 기반의 잘 숙고된 판단을 제시하고자 노력한다.

결국 도달하고자 하는 상태는 '반성적 평형'이다. 이는 자신의 더 일반적인 아이디어를 더 구체적인 신념과 더 잘 조화되도록 조정하고, 또 자신의 더 구체적인 아이디어를 더 일반적인 신념과 더 잘 조화되도록 조정함으로써 이루어진다. 이렇게 조정된 아이디어들의 묶음은 하나의 정합적인 전체를 이룰 것이다. 더 일반적인 아이디어는 더 구체적인 아이디어를 설명하는 데 도움이 되고, 더 구체적인 아이디어는 더 일반적인 아이디어를 실증하거나 확정하는 데 도움이 되어야 한다. 이렇게 된다면 아이디어들 사이의 내적 적합성이 확보되고, 더 일반적인 아이디어와 더 구체적인 아이디어들은 상호 지지적인 관계를 맺게 될 것이다. 대다수 철학자는 이것이 특정 주제에 대한 철학함(philosophizing)을 통해 달성하고자 하는 바의 일부라는 점에 동의한다.

반성적 평형은 윤리나 다른 주제에 대해 철학자들이 고민할 때 가장 일반적으로 사용하는 방법 중 하나다. 따라서 많은 철학자가 자신들의 연구비 지원서에 연구비를 받게 된다면 반성적 평형을 사용할 계획이라고 적는 것은 당연한 일이다! 그런데 이와 동시에 많은 철학자는 반성적 평형을 사용할 계획이라고 적기보다 더욱 독창적이고 좀 더 구체적인 내용을 전달하고 싶어 한다. 결국 거의 모든 철학자가 그런 매우 일반적인 방법만을 사용한다면, 해당 방법을 사용할 계획이라고 밝힐 별다른 의미가 없을 것이다.

따라서 다른 활용 가능한 방법들에 대해 더 많은 이야기를 할 수 있는지 의문이 생긴다. 기술윤리 문제와 같은 일부 철학적 문제에 접근할 때 연구자가 사용할 수 있는 좀 더 구체적인 방법을 정립하고 그 장단점을 조명해 볼 수 있을까? 이것이 바로 이 장에서 다룰 주제다. 3장에서는 기술윤리에서 우리가 사용할 수 있는 다양하고 구체적인 방법론에는 어떤 것들이 있는지 논의한다. 우리는 그러한 여러 방법의 몇 가지 강점과 약점 또한 검토할 것이다.

매우 일반적인 수준의 논의도 가능하겠지만, 이런 이야기는 금방 지루해질 것이다. 게다가 방법론에 대한 너무 일반적인 수준의 논의는 오히려 약간의 혼란을 야기할 수 있다. 과도하게 추상적이고 별다른 성과를 맺지 못할 수 있기 때문이다. 따라서 특정 주제를 정하고, 그 주제를 연구할 때 어떤 방법을 사용할 수 있는지 검토하는 편이 더 낫다. 이를 통해 더 흥미롭고 구체적인 논의가 가능하고, 그 결과 방법론에 대한 이해도 더 수월할 것이다. 본 장에서도 이러한 접근을 취할 것이다.

기술윤리의 여러 방법을 설명하기 위해 이 장에서 주목할 사례 연구는 자율주행차의 윤리다. 더 구체적으로는 여러 사람의 목숨이 달린 도덕적 딜레마를 포함하는 사례로서, 충돌이 불가피한 위험한 사고 시나리오에서 자율주행차가 어떠한 일을 해야 하는지와 같은 질문에 초점을 맞출 것이다.

이 주제는 지난 몇 년 동안 상당한 관심을 받아 왔다. 해당 논의와 관련해 주목할 만한 점 한 가지는 기술윤리 연구에서 사용될 수 있다고 상상 가능한 거의 모든 방법이 이 문제를 다루는 데 사용되었다는 것이다. 그래서 자율주행차 관련 충돌사고에 대한 윤리학 연구는 기술윤리에서 사용될 수 있는 여러 방법론을 조사하고자 하는 이들에게 매우 유용한 사례다.

본 장에서는 먼저 자율주행차의 윤리에 대한 몇 가지 배경적 설명을 할 것이다. 이후 이 문제를 연구하는 데 사용된 여러 다른 방법에 대해 논의할 것이다. 이 장의 목적을 위해, 과연 우리가 기술윤리 방법론에 있어서 다원론자가 되어야 하는지(즉, 우리가 여러 방법을 사용해야 하는지) 아니면 일원론자가 되어야 하는지(즉, 우리가 오직 한 가지 방법만을 채택해야 하는지)에 대해서도 간략히 논의할 것이다. 아래에서 여러 방법론이 지닌 약점을 (강점과 더불어!) 조명하겠지만, 이 장의 결론은 이 모든 방법이 제각기 어느 정도의 가치를 지닌다는 것이다. 따라서 본 장은 기술윤리 방법론에 관한 다원적 입장을 지지하면서 마무리될 것이다.

3.2 자율주행차의 윤리

여기서 '자율주행차'(self-driving car)라는 표현은 모든 혹은 적어도 일부 교통 상황에서 소위 말하는 자율 모드(autonomous mode)로 작동 가능한 자동화된 차량을 가리키는 데 사용될 것이다. 그리고 전문용어로서 '자율성'(autonomy)은 인간의 직접적인 개입 없이 일정 기간 특정 과제를 스스로 수행할 수 있는 기계의 능력을 가리킨다.

현재로서는 완전히 자동화되어 항상 기능적 자율 모드로 주행하는 차량이 시중에 출시되지 않았다. 하지만 글을 쓰고 있는 이 시점에, 적어도 일부 교통 상황에서는 기능적 자율 모드로 주행 가능한 차량은 이미 출시되어 있다. 현재 출시된 차종에서 인간은 차 안에서 언제든 운전 통제권을 넘겨받을 수 있도록 준비하고 있어야한다. 그러나 적어도 고속도로와 같은 일부 상황에서는 차량 스스로 주행할 수도 있다. '오토파일럿'(autopilot) 기능을 탑재한 테슬라(Tesla)의 자동차 모델 S가 바로 그 예다. 자율주행차의 윤리에 대한 이후의 모든 논의는 자동차의 자율 모드가 작동 중이고, 차 안에 있는 인간은 운전과 관련된 그 어떤 일도 수행하지 않는 경우들에 초점을 맞출 것이다.

분명 자율주행차의 윤리는 인공지능 윤리의 매우 현실적(practical)이고 구체적인 예다. 1장에서 언급한 것처럼, 가장 일반적인 수준에서 인공지능은 인간이 자신의 지능을 사용해 수행하는 특정 작업을 기계나 다른 기술이 수행할 수 있는 능력으로 정의된다. 차량 운전에는 우리의 지능이 요구되기 때문에, 특정 교통 상황에서 스스로 운전이 가능한 차량은 일정 수준의 인공지능이 탑재된다. 바로 그 점에서 자율주행차의 윤리는 인공지능 윤리의 매우 구체적인 사례다.

철학자들이 자율주행차의 윤리에 대해 쓰기 시작한 2014년 무렵의 논의는 가상적인 사고실험에 기반했다. 가령 자율주행차가 위험한 사고 상황에 처하게 된다면? 차량은 어떻게 작동해야 하는가?

자율주행차가 사람을 다치게 하거나 죽이게 된다면? 그 책임은 누가 져야 하는가?[1]

철학자들은 이런 종류의 벌어질 법한 상황들을 상상했다. 곧 현실화될 윤리적 문제들에 대해 먼저 고민하고 대비하기 위함이었다. 법학자들은 조금 더 일찍인 2012년 무렵부터 이미 이러한 문제들에 대해 논의하기 시작했지만, 법적 논의 또한 초기에는 주로 가상적 상황과 사고실험을 중심으로 이루어졌다.

그런데 이로부터 얼마 지나지 않아, 이전에는 가상의 사고실험 속에서 그저 상상되던 일들이 현실에서 벌어지기 시작했다. 예를 들어, 2015년에는 자율주행차와 관련된 20여 건의 경미한 사고가 발생했다. 대부분은 일반 차량 운전자의 실수로 자율주행 실험 중인 차량과의 충돌이 발생한 경우였다. 자율주행차는 좀 더 느리고 완만하게 가속하는 식으로 인간이 운전하는 차량과는 다른 주행 양상을 보였는데, 이로 인해 몇몇 인간 운전자가 자율주행차의 뒤를 받은 것이다. 그러나 2016년에는 명백히 자율주행차에 의해 초래된 첫 번째 사고가 발생했다. 구글(Google)에서 운용하던 실험용 차량이 정차 중이던 버스를 들이받은 것이다. 이후의 사고 보고서에서 구글은 사고의 원인이 자기 회사 차량이라는 점을 인정했다. 2015년의 경미한 사고들과 마찬가지로, 이 충돌에서도 다친 사람은 없었다. 단지 자동차와 버스 옆면이 약간 긁혔을 뿐이었다.

---

1 당시 철학자들이 자율주행차를 어떻게 생각했는지에 대해서는 패트릭 린(Patrick Lin)의 다음 영상을 그 예로 참고할 수 있다. "The Ethical Dilemma of Self-Driving Cars": https://www.ted.com/talks/patrick_lin_the_ethical_dilemma_of_self_driving_cars

그러나 얼마 후 2016년에는 더 비극적인 일이 벌어졌다. 자율주행차 탑승자 중 첫 번째 사망자가 생긴 것이다. 그해 5월, 플로리다의 한 남성이 '오토파일럿' 모드로 작동 중이던 테슬라 모델 S에 탔다가 사망했다. 차량의 인공지능은 도로 위의 흰색 대형 트럭을 위험한 장애물로 식별하지 못했다. 차는 트럭으로 돌진했고, 그 결과 해당 남성은 자율주행차 안에서 즉사했다. 그 차는 조금 더 주행하다가 결국 나무와 충돌했다.

　　2018년 3월에는 자율주행차에 치여 보행자가 사망한 첫 번째 사건이 발생했다. 승차 공유 서비스업체 우버(Uber)가 운용하던 실험용 자율주행차가 자전거를 끌고 길을 건너던 엘레인 허츠버그(Elaine Herzberg)에게 돌진한 것이다. 차량의 인공지능은 허츠버그를 처음에는 알 수 없는 물체로 식별했다가 나중에는 자전거로, 이후에는 차량으로 식별했다. 여러 식별값을 오가다가 제때 적절한 조치가 이루어지지 않았다. 차량에 탑승한 인간 안전 운전자는 필요시 집중하고 브레이크를 밟았어야 했지만, 충분한 주의를 기울이지 못했고, 결국 제때 허츠버그를 발견하는 데 실패했다. 안타깝게도 허츠버그는 병원으로 향하던 구급차에서 사망했다.[2]

　　불과 몇 년 전만 해도 철학과 법 이론의 사고실험에만 존재했던 일이 순식간에 실제 우리 삶의 문제로 현실화된 것이다. 교훈은 다음과 같다. 이제 자율주행차는 올바른 방식으로 반응할 수 있어야 하는 상황에, 즉 주행 중에 그것이 어떻게 행동하느냐에 따

2　더 자세한 정보는 위키피디아의 "Death of Elaine Herzberg" 항목을 참조하라. https://en.wikipedia.org/wiki/Death_of_Elaine_Herzberg

라 인간에게 해악을 끼칠 수도 있는 사고 상황에 때때로 직면하게 될 것이다.

자율주행차의 윤리와 관련해 가상 시나리오와 방금 언급한 종류의 실제 사례들을 통해 논의되어 온 주요 윤리적 쟁점은 다음 두 가지 질문이다. (1) 여러 사람의 안전이 위험에 처해 있고 그들 중 일부에 대한 해악을 피할 수 없는 위험한 상황에서 자율주행차는 어떻게 행동하도록 설계되어야 하는가? (2) 자율 모드로 작동 중인 자율주행차가 누군가에게 해악을 초래했을 때 그 책임은 누가 져야 하는가?

논의된 다른 윤리적 문제들도 있다. 예를 들어, 우리가 목표로 하는 안전 수준 및 자율주행차에 대해 우리가 감내할 수 있는 위험 수준은 어느 정도인가? 결국 자율주행차가 일반 차량보다 더 안전해진다면, 일반 차량을 몰기 원하는 사람들의 운전을 계속 허용해야 하는가? 아니면 그때 우리는 오직 자율주행차만 사용해야 하는가? 다른 여러 윤리적 물음이 제기될 수 있지만, 위에서 말한 것처럼 기존의 윤리적 논의 대부분은 방금 언급한 두 질문과 관련된다.

기술윤리에서 사용될 수 있는 여러 방법을 살펴보는 본 장에서 우리는 두 가지 중에서도 첫 번째 질문에 초점을 맞출 것이다. 즉 우리는 여러 사람의 안전을 위협하는 도덕적 딜레마가 포함된 위기 상황에서 자율주행차는 어떻게 행동하도록 만들어져야 하는지 하는 문제에 집중할 것이다. 많은 이가 놀라울 만큼 다양한 방법을 사용해 이 주제에 대한 관심을 이어 왔다.

3.3 위원회의 윤리 지침

전문가로 구성된 팀을 조직하고 일련의 윤리 지침(ethical guidlines)을 마련하는 방법은 특히 자율주행차뿐만 아니라 AI 윤리와 관련해 매우 일반적인 접근으로 자리잡고 있다. 이러한 윤리 지침은 앞서 언급한 것처럼 AI 윤리 전반에 대한 것일 수도 있고 자율주행차와 같이 특수한 종류의 AI에 대한 것일 수도 있다. 잘 알려진 것처럼 유럽 위원회(the European commission)는 AI 윤리 가이드라인의 마련을 목표로 인공지능 관련 '고위급 전문가 집단'을 조직한 바 있다. 다른 사례로는 2017년 3월, 독일의 한 전문가 집단이 자율주행차와 관련된 첫 번째 국가 윤리 지침을 공포한 바 있다.[3]

　대체로 이러한 집단에 참여하는 전문가들의 출신 분야가 서로 다르기 때문에, 여기에는 다양한 이해 당사자가 관여하고 폭넓은 관점이 대표된다. 이러한 점은 자율주행차의 윤리와 같은 주제에 대한 위원회의 윤리 접근이 잠재적으로 지닐 수 있는 긍정적인 측면 중 하나다. 또 하나의 잠재적 장점은 전문가 집단에 의해 마련된 일련의 윤리 지침이 전문가들의 합의를 나타냄으로써 어느 정도의 권위와 진지하게 고려될 가치가 있는 것처럼 보일 수 있다는 점이다. 그

3　EU 고위급 전문가 집단의 '신뢰할 수 있는 AI를 위한 윤리 지침'(Ethics Guidelines for Trustworthy AI)은 다음 링크를 통해 다운받을 수 있다. https://ec.europa.eu/futurium/en/ai-alliance-consultation.1.html. 독일의 '자동화되고 연결된 주행에 관한 윤리 위원회의 전체 보고서'(Ethics Commission's Complete Report on Automated and Connected Driving)의 영문 번역본은 다음 링크를 참조하라. https://www.bmvi.de/SharedDocs/EN/publications/report-ethics-commission.html?nn=187598

러나 전문가 단체가 일련의 윤리 지침을 마련하는 방식의 윤리 수행(doing ethics)은 비판받기도 하며, 몇 가지 중대한 약점을 지닌 것으로 여겨진다.

한 가지 우려는 잠재적인 이익 상충과 관련된다. 예를 들어, 앞서 언급한 이른바 고위급 전문가 집단에 참여하기를 요청받는 일부, 사실 많은 수의 AI 전문가는 기술산업계 출신이다. 그리고 해당 전문가 집단 내 극소수의 구성원만이 실제 윤리 전문가다. 그 소수의 윤리 전문가 중 한 사람으로서 독일의 철학자 토마스 메칭거(Thomas Metzinger)는 특정 전문가 집단 및 해당 집단이 산출한 윤리 지침에 매우 비판적인 입장을 표명해 왔다.

메칭거에 따르면, 그가 제시한 상당수의 윤리적 제안들이 산업계 출신들에 의해 무시되었다. 메칭거는 그들에게 모호한 윤리 목표를 세우고 윤리 기반 규제를 피할 이해관계가 있었다고 주장했다. 메칭거의 비판에 따르면, 그들은 겉으로 윤리를 염려하는 것처럼 보이면서도 규제를 회피할 수 있는 느슨한 윤리 지침을 제정할 이해관계 또한 지닌다. 따라서 메칭거는 이것이 '윤리 세탁'(ethics washing)의 한 사례라고 결론지었다. 일반적으로 AI와 같은 일부 기술의 경우 윤리 전문가와 더불어 기술산업계의 대표자가 함께 관련 윤리 지침을 마련하는 것이 타당해 보이지만, 여기에는 윤리 세탁이 발생할 커다란 위험이 존재한다.[4]

---

4 메칭거는 2019년 『타게스슈피겔』*Der Tagesspiegel*의 다음 기사 "Ethics Washing Made in Europe"에서 자신의 비판적 견해를 제시한 바 있다. https://www.tagesspiegel.de/politik/eu-guidelines-ethics-washing-made-in-europe/24195496.html

이러한 윤리 지침들이 전문가 집단의 여러 견해를 타협한 결과물이라는 점이 하나의 강점이 될 수도 있지만, 전문가 위원들이 기꺼이 동의할 수 있는 타협물이라는 사실은 그것이 어느 누구의 관점도 실제로는 대변하지 못함을 의미할 수도 있다. 또는 가치나 원칙을 상당히 개방적인 방식으로 표현해야 함을 의미할 수도 있는데, 이는 (이러한 문서에 제기된 비판과 같이) 너무 모호해 별 쓸모가 없거나 여러 다른 해석에 열려 있어 실질적인 지침의 역할을 수행하지 못할 수도 있다.

다른 한편, 윤리 전문가 팀이 작성한 윤리 문서의 일부는 너무 특정한 윤리적 관점에만 매몰된 나머지 다른 관점들을 무시한다는 주장 또한 제기되었다. 예를 들어, 최근 몇 년간 발표된 여러 AI 윤리 지침들이 비서구 전통의 윤리적 관점과 사고방식을 포함하거나 중요하게 고려하는 데 실패했다는 비판이 제기되어 왔다. 이러한 비판적 견해에 따르면, 현대 기술이 미치는 영향은 전 지구적이고 따라서 윤리 문서 또한 비서구적인 윤리적 관점을 고려해야 함에도 불구하고, 기존의 지침들은 너무 유럽 중심적 혹은 미국 중심적이라는 것이다. 매우 중요한 지적이다.

그러나 여기서도 마찬가지의 우려가 제기될 수 있다. 즉, 만약 모든 가능한 관점들이 고려되고 그 모든 가능한 관점들을 고려한 일종의 타협 지침이 마련될 경우, 그 결과물은 필연적으로 매우 열려 있게 되고 또다시 무력해질 수 있다는 것이다. 이와 같이 우려되는 방식이 아니라면, 도대체 어떻게 그 모든 관점의 사람들이 일련의 공동 지침에 합의할 수 있단 말인가?

3.4 유비를 통한 윤리: 트롤리 문제와의 비교

철학자 및 다른 이들이 자율주행차의 윤리에 관심을 가지기 시작했던 2014년 무렵, 그들이 처음으로 진행했던 작업 중 하나는 자율주행차 충돌사고라는 새로운 주제 및 유사한 주제들을 기존의 윤리학 논의에서 살펴보는 것이었다. 특히 철학자, 기자, 행동경제학자, 심리학자 등 다양한 분야의 사람들은 자율주행차 충돌의 윤리를 철학 분야에서 트롤리 문제(the trolley problem)라는 이름으로 불려 왔던 논의와 재빨리 비교하기 시작했다. 새로운 윤리적 주제와 이전에 논의되어 온 문제를 비교하는 일은 확실히 흥미롭다. 게다가 유익할 수도 있는데, 비교적 오래된 주제에 관한 논의가 새로운 주제에 대해서도 함의를 지닐 수 있기 때문이다.

트롤리 문제는 필리파 풋(Philippa Foot), 주디스 자비스 톰슨(Judith Jarvis Thomson) 및 프랜시스 캠(Frances Kamm) 등의 철학자들이 발전시킨 일련의 작업에 기원을 두는데, 이는 더 많은 사람(예: 5명)의 목숨을 살리는 일이 더 적은 사람(예: 1명)을 해치거나 죽이게 되는 여러 시나리오로 구성된다. 가장 잘 알려진 예는 다음과 같다. 고장난 전차(trolley)가 다섯 사람이 서 있는 어떤 선로를 향하고 있으며, 만약 전차가 그대로 계속 달린다면 다섯 사람은 치여 죽게 된다. 그런데 당신은 선로를 바꿀 수 있는 스위치 옆에 서 있다. 만약 당신이 그 스위치를 당기고 전차의 선로를 바꾼다면, 당신은 다섯 사람을 살릴 수 있다. 그러나 그 옆 선로에는 다른 한 사람이 서 있으며, 만약 당신이 스위치를 당긴다면 그 한 사람은 치여 죽게 될 것이다. 이 상황에서 당신은 어떤 선택을 해야 하는가?

다른 변형 사례에서는 스위치와 옆 선로 대신에 전차 선로를 가로지르는 육교가 있다. 그리고 그 육교에는 거대하고 무거운 한 사람이 서 있고, 당신은 그 사람 뒤에 서 있다. 만약 당신이 그 거대한 사람을 밀어 선로 위로 떨어뜨린다면 그 사람은 전차에 치여 죽겠지만, 이로써 자동 브레이크가 작동해 선로 위 다섯 사람의 목숨을 구할 수 있다는 사실을 당신이 알고 있다고 해 보자. 이러한 상황에서 당신은 어떻게 행동해야 하는가? 많은 사람은 첫 번째 사례에서 스위치를 사용해 전차의 방향을 바꾸고 다섯 사람의 목숨을 살리는 일은 그럴듯하지만, 두 번째 사례에서 덩치 큰 사람을 밀어 죽임으로써 다섯 사람을 살리는 일은 그럴듯하지 않다고 여긴다.

때로 '트롤리 문제'라는 표현은 한 사람을 죽이게 되는 어떤 일을 통해 다섯 사람을 살리는 것이 특정 경우(예: 스위치 사례)에는 옳을 수 있지만 다른 경우(예: 육교 사례)에는 어째서 그렇지 못한가를 설명하고 정당화하는 수수께끼를 가리키는 데 사용되기도 한다. 실제로 트롤리 문제에 대한 토론에서 논의되는 사례 중에는 트롤리가 전혀 언급되지 않는 경우도 있다. 종종 논의되곤 하는 오싹한 예시는 한 의사가 건강한 한 사람을 죽이고서 그의 여러 장기를 장기 이식이 필요한 다섯 명의 환자에게 이식할지 여부를 고민하는 상황이다. 트롤리 문제와 관련하여 이 사례가 언급되긴 하지만, 전차는 전혀 등장하지 않는다. 프랜시스 캠에 따르면, 이 모든 사례에서 핵심 문제는 소수의 사람을 죽이거나 죽게 내버려둠으로써 다수의 사람을 살리는 여러 방법에 대해 우리는 서로 다른 직관을 가지고 있는 것처럼 보인다는 사실이다. 정말 난해한 문제다. 따라서 우리는 이에 대해 숙고해야 하며, 이를 설명하거나 정당화하기 위해

노력할 필요가 있다.[5]

우리는 자율주행차가 한 사람 쪽으로 향해 그를 죽게 만들어야 다섯 사람을 살릴 수 있는 여러 딜레마 상황을 쉽게 떠올릴 수 있다. 따라서 자율주행차 충돌의 윤리는 현실 세계에서 벌어지는 트롤리 딜레마의 일종으로 간주되어도 무방할 것이다. 그리고 트롤리 딜레마 및 이에 대한 문헌들을 연구하다 보면, 자율주행차의 윤리에 대해서도 배우는 바가 있을 것이다. 가령 제프 킬링(Geoff Keeling), 루시 화이트(Lucie White), 디트마르 휘브너(Dietmar Hübner)와 같은 일부 철학자들은 이것이 자율주행차의 윤리에 접근하는 훌륭하고 중요한 방법이라고 주장했다. 그러나 몇 가지 이유로 트롤리 딜레마와 같은 철학적 사변과 현실 속 자율주행차 윤리 사이의 유사성을 과도하게 강조하는 것에는 신중할 필요가 있다. 여기서는 이러한 접근에 대해 신중하거나 심지어 회의적일 수 있는 이유 세 가지를 살펴볼 것이다.

(자율주행차와 같은) 새로운 기술윤리 문제에 접근할 때 (트롤리 딜레마와 같은) 이전의 철학적 논의와의 비교에 의존하는 것을 유의해야 할 한 가지 이유는 철학적 논의에 포함된 매우 이상화된 사고실험은 현실 세계의 윤리적 문제가 지닌 너저분함과 복잡성을 피하기 위해 의도된 것이라는 점이다. 예를 들어, 트롤리 문제의 사

---

5 팟캐스트 「Philosophy Bites」의 다음 에피소드에서 데이비드 에드먼즈(David Edmonds)는 트롤리 문제에 대해 논의한다. "David Edmonds on the Trolley Problem": https://philosophybites.com/2013/09/david-edmonds-on-trolley-problem.html. 트롤리 문제에 대한 더 심도 있는 이야기를 원한다면, 프랜시스 캠의 2013년 태너 강의(Tanner Lectures)를 추천한다. "The Trolley Problem: May We Harm Some to Save Others?": https://tannerlectures.berkeley.edu/2012-2013

고실험은 모든 가능한 다른 고려 사항들은 제쳐놓고, 상상된 일련의 협소한 사실에만 초점을 맞춘 상태로 여러 다른 경우에 대한 직관을 제시하도록 만든다. 트롤리 문제를 철학적으로 검토하는 철학자 또는 관련 경험적 연구를 수행하는 심리학자의 역할은 사람들의 도덕적 직관에서 흥미로운 패턴을 발견하고자 노력하는 것이다. 이러한 목적을 위해 실제 삶의 수많은 세부 사항, 복잡성 또는 너저분함을 단순화하고 생략하는 것이 여러모로 의미 있을 수도 있다. 그러나 기술윤리에서, 특히 공공 도로에서 자율주행차가 어떻게 행동해야 하는지와 같은 현실 세계의 문제에 관해서라면, 실제 삶의 복잡성을 완전히 고려하기 위한 노력은 매우 중요하다.

자율주행차의 윤리와 같은 새로운 기술윤리 문제에 대해 생각할 때 트롤리 문제에 대한 기존의 논의와 같은 것에 의존하는 데 신중해야 할 두 번째 이유는 첫 번째 이유와 관련이 있다. 트롤리 문제와 같은 주제에 대한 철학적 논의가 도덕적이고 법적인 책임과 관련된 문제들을 제쳐두는 경우가 많은데, 자율주행차 윤리와 같은 문제에 대한 논의는 그럴 수 없다는 것이다. 철학 교사가 교실에서 트롤리 문제를 활용할 때, 영민한 학생은 종종 다음과 같은 정당한 질문을 던진다. "누군가가 다섯 사람을 살리기 위해 덩치 큰 사람을 밀어 죽인다면, 설령 다섯 사람을 살리기 위해서였다고 해도 그 한 사람이 죽을 줄 알고도 열차의 방향을 바꾼다면, 그는 감옥에 가지 않을까요?" 이러한 질문에 대해 철학 교사는 보통 이렇게 답한다. "그래, 그럴 수 있지. 하지만 지금 우리는 철학적 사고실험을 진행하는 중이고, 이때 그런 문제들은 제쳐둘 수 있단다." 현실 세계 속 자율주행차의 윤리와 기술윤리의 대다수 문제에서 결코 우리는 법적이고 도덕적인 책임의 문제를 제쳐둘 수 없다. 사실 책임 문제는 이 분야에서 논의되는 가장 중요하고 지배적인 주제에 해당한다.

트롤리 문제와 같은 고전적인 철학적 사례와 자율주행차와 같은 기술윤리 문제 사이의 매우 강한 유사성을 이끌어 내려는 시도에 유의해야 하는 세 번째 이유는 위험 및 불확실성과 관련된다. 트롤리 문제를 비롯한 여러 철학적 사고실험에서 보통 우리는 논의를 위해 관련된 모든 사실 및 여러 가능한 행위 경로가 산출할 정확한 결과를 안다고 가정한다. 이와 대조적으로 우리가 현실 세계의 기술윤리를 다룰 때에는, 논의되고 있는 기술이 가져올 수 있는 위험과 기회에 대해 고민할 필요가 있다. 많은 경우 우리는 여러 잠재적인 결과의 가능성에 대한 엄청난 불확실성에 시달린다.

요컨대 기술윤리의 새로운 문제를 트롤리 문제와 같이 더 오랜 시간 논의된 철학적 주제와 비교하는 작업은 재미있고 흥미로우며 때때로 매우 유익할 수 있지만, 이러한 시도에 앞서 우리는 좀 더 신중해질 필요가 있다. 충분히 유의하지 않으면, 중요한 차이점들로 인해 기술윤리에서의 우리의 사고가 오도될 수 있기 때문이다. 방금 언급한 세 가지 문제는 왜 그러한 주의가 요구되는지 보여 주는 예시들이다.

3.5 경험윤리

다음으로는 사고실험 이야기를 조금 더 이어 나가면서, 자율주행차 관련 사고 주제에 접근할 수 있는 또 하나의 방법에 대해 검토해 보

자. '경험윤리'라고 불리는 방법이다. 이러한 접근은 장 프랑수아 본느퐁(Jean-François Bonnefon)과 그 동료 등 MIT의 심리학자와 행동경제학자로 구성된 연구팀에 의해 채택된 바 있다. 그들은 철학자에서 심리학자의 길로 들어선 조슈아 그린(Joshua Greene)의 초기 작업에서 영감을 받았다(공교롭게도 그린의 연구실은 MIT 바로 건너편의 하버드 대학교에 있다).

그린은 자신의 연구에서 도덕적 딜레마에 대한 사람들의 반응을 살피는 심리학 연구와 철학적/윤리학적 전제들을 결합해, 경험적으로 뒷받침된 윤리적 논증을 만들어 냈다. 일부 연구는 앞서 이야기했던 트롤리 사례의 여러 변형을 활용한다.[6] 이와 유사하게 본느퐁과 그의 동료들 또한 연구에서 트롤리 문제에 영감을 받은 삽화를 활용한다. 이에 대해서는 잠시 후에 다루도록 하고, 먼저 그들 연구실의 또 다른 흥미로운 발견을 살펴보자.

잘 알려진 본느퐁 등의 연구 결과 중 하나는 다음과 같다. 다른 사람의 자율주행차가 사고 상황에서 핸들 조작을 어떻게 하도록 프로그램되어야 하는지에 대한 질문에, 사람들은 대체로 다른 사람의 자동차가 그저 전체적인 해악을 최소화하도록 작동하길 원한다. 그러나 그들 자신이 탑승하고 싶은 자율주행차의 종류에 대해 물었을 때, 사람들은 대체로 사고 상황에서 자신들을 구할 수 있는 자동차를 선호한다. 설령 자동차가 전체적인 해악을 최소화하지 않더라도

---

6 팟캐스트 「Mindscapes」의 다음 에피소드에서 자신의 연구에 대한 그린의 이야기를 들을 수 있다. "176: Joshua Greene on Morality, Psychology and Trolley Problems": https://www.preposterousuniverse.com/podcast/2021/12/06/176-joshua-greene-on-morality-psychology-and-trolley-problems

말이다. 전체적인 해악의 최소화를 추구하며 '이타적인' 자동차를 구매하도록 적어도 강요당하고 싶지는 않다는 것이다. 2016년 이러한 결과가 처음으로 공개되었을 때 상당한 주목을 받았다. 연구자들은 위험한 상황에서 자율주행차가 어떻게 대처하도록 프로그램되어야 하는지에 대해 우리가 검토할 때, 사람들의 태도에 내재한 이런 비대칭성이 반드시 고려되어야 한다고 주장했다.

동일한 연구자들이 '도덕 기계'(moral machine)라는 매우 흥미로운 웹사이트[7]를 하나 만들었는데, 여기서 사람들은 자율주행차를 포함한 여러 윤리적 딜레마를 만화와 같은 그림들을 통해 살펴볼 수 있다. 제시되는 딜레마 중에는 자동차가 왼쪽으로 향하면 할머니 세 사람을 치게 되고, 오른쪽으로 향하면 아이 두 명과 고양이(혹은 개) 세 마리를 치게 되는 사례도 있다. 웹사이트 사용자는 철학적 트롤리 문제에서 논의된 사례들을 본떠 만든 이러한 주제의 여러 변형 문제에서 자동차가 어떻게 행동해야 하는지에 대한 스스로의 의견을 제출하도록 요청받는다. 전 세계 수백만 명의 사람들이 그 웹사이트에 접속해 제시된 딜레마 상황에서 자동차가 어떤 행동을 해야 하는지에 대한 자신의 의견을 자발적으로 제공했다.

연구자들은 수집된 응답들로부터 몇 가지 패턴을 식별했다. 그들이 발견한 흥미로운 패턴의 예는 노인과 젊은이 중 어떤 이의 목숨을 구하는 것이 더 중요한지에 대해 세계의 여러 지역이 저마다 다른 태도를 취하는 것처럼 보인다는 점이다. 세계의 어느 지역에서

---

7 https://www.moralmachine.net

사느냐에 따라 무단횡단을 하거나 빨간불에 길을 건너는 사람들에 대한 판단이 더 혹은 덜 가혹할 수 있다는 점 또한 발견되었다. 예를 들어, 일부 딜레마에서는 자율주행차에 탄 사람이 사망할 가능성이 있는 사고를 피하기 위해 자동차가 빨간불에 불법적으로 길을 건너는 사람을 들이받아야 하는가 여부에 대한 질문이 제시된다.[8]

이러한 유형의 발견들은 사회학적인 혹은 인류학적인 관점에서 분명 흥미롭다. 그러나 기술이 어떻게 행동해야 하는가에 대한 윤리적 논증의 규범적 전제로서 이런 종류의 발견들이 얼마나 잘 작동할 수 있을까? 우리는 윤리적 논증에서 이러한 종류의 발견들에 의존해야 하는 것일까? 이와 관련해 세 가지 우려가 제기될 수 있다.

첫째, 대다수 사람은 자율주행차와 같은 기술을 실제로 경험한 적이 없다. 그런데 이런 기술을 실제로 한번 경험하고 나면, 그들의 태도가 달라질 수 있다. 이는 윤리적 논증에서 사람들이 현재 보이고 있는 태도를 너무 비중 있게 고려해서는 안 된다는 점을 시사한다. 물론 알아 두면 매우 흥미로운 사실이긴 하지만 말이다.

둘째, 사람들에게 만화 형식으로 가상의 도덕적 딜레마를 보여주고 직관적 반응을 물을 때는 보통 그 반응에 대한 정당화까지 요구하지는 않는다. 그 대신 연구자들은 제시된 선택지에 연구 대상자가 어떤 직감적인 반응(gut reaction) 혹은 선호를 보이는지 그저 검

---

8 다음 링크를 통해 자기 연구팀의 작업에 대한 본느퐁의 논의를 볼 수 있다. "The Moral Machine Experiment": https://www.youtube.com/watch?v= Nq2i6VdITJA. 다음 링크는 본 느퐁의 동료 이야드 라완(Iyad Rahwan)이 이 주제에 대해 강연하는 영상이다. "What Moral Decisions Should Driverless Cars Make?": https://www.youtube.com/watch?v=tb?WdVA4_bo

사할 뿐이다. 하지만 검토되고 있는 여러 선택지를 찬성하거나 반대하는 논증 혹은 이유를 신중히 설명하고 평가하는 것은 진지한 윤리적 논의에서 중요한 일이다.

셋째, 사람들은 비일관적이거나 모순적인 태도를 보이기도 한다. 예를 들어, 앞서 처음으로 이야기한 조사 결과에 따르면, 많은 사람이 자신은 운전자를 우선적으로 고려하는 차를 원하면서도 다른 이들은 해악을 최소화하는 차를 이용하길 원한다. 사람들의 이런 비대칭적 태도에 대해 아는 것은 분명 흥미로운 일이다. 하지만 어떤 사람(다른 사람 모두!)은 해악을 최소화하는 자율주행차를 가져야 하지만, 어떤 사람(자신!)은 운전자의 목숨을 살리는 차를 가져야 한다는 윤리적 논증이 그럴듯해 보이기는 어려울 것이다.

이는 윤리에 대해 숙고하는 대다수 사람이 동의할 황금률, 즉 만약 스스로를 위해 무언가를 원한다면, 윤리적 일관성을 어기고 다른 이들에 대해 그것을 거부해서는 안 된다는 접근과 충돌한다. 달리 말하면, 일반적으로 타인과 자신에게 서로 다른 규칙을 적용하기 원하는 태도는 윤리적 사고와 충돌하는 입장으로 여겨진다. 자율주행차에 대한 사람들의 명백히 비대칭적인 직관적 선호는 이러한 윤리 원칙과 충돌하는 것처럼 보이며, 따라서 자율주행차가 어떻게 프로그램되어야 하는지에 대한 윤리적 논증을 훌륭하게 뒷받침하기는 어려울 것이다.

그런데 흥미롭게도 2016년, 파리 오토쇼(auto-show)에서 진행된 메르세데스(Mercedes)의 대표 크리스토프 폰 휴고(Christoph von Hugo)의 인터뷰에서 이와 같은 일이 실제로 벌어졌다. 메르세데스에서 생산된 자율주행차가 사고에 어떻게 대응하도록 프로그램되어야 하는지 묻는 질문에 폰 휴고는 메르세데스의 자동차는 항상 운전자의 목숨을 우선시할 것이라고 대답했다. 앞선 논의에 따르면, 사람들은 그런 차의 구매를 더 선호할 것이기에 누군가는 인터뷰에 대한 사람들의 반응이 좋을 것이라고 예상했을 수도 있다.[9] 그러나 격렬한 항의가 잇따랐다. 이후 폰 휴고는 자신의 이전 발언을 철회해야 했다. 나중에 메르세데스는 폰 휴고의 발언, 즉 차량 운전자를 항상 우선시하는 것이 왜 좋은 생각인지에 대한 그의 즉흥적인 발언이 맥락에서 벗어났다고 주장했다. 이제 메르세데스는 다른 사람들보다 항상 운전자를 우선시하는 자동차를 생산하겠다고 결정한 바가 전혀 없다고 말한다.[10]

위의 사태를 어떻게 이해해야 할까? 크리스토프 폰 휴고의 발언에 분노한 사람들은 아마도 자신들이 메르세데스의 자율주행차를 구매하는 무리에 속하지 않는다고 생각했을 것이다. 명목상 이는 타인들이 (이 경우에는 메르세데스의 운전자들이) 해악을 최소화하는 자동차를 갖기 원하는 널리 공유된 태도와 일치한다.

결국 이러한 사례를 통해 우리는 우리에게 필요한 것이 만화와 같은 형식으로 제시된 삽화에 대한 직관적인 반응도, (폰 휴고의 경우처럼) 당면한 상황에서 재빠르게 만들어 낸 즉흥적인 주장도 아

---

9 『Car and Driver』, "Self-Driving Mercedes-Benzes Will Prioritize Occupant Safety Over Pedestrians"(Michael Taylor, 2016): https://www.caranddriver.com/news/a15344706/self-driving-mercedes-will-prioritize-occupant-safety-over-pedestrians

10 『Jalopnik』 "Now Mercedes Says Its Driverless Cars Won't Run Over Pedestrians, That Would Be Illegal"(Raphael Orlove, 2016): https://jalopnik.com/now-mercedes‒says-its-driverless-cars-won't-run-over-ped‒1787890432

니라는 점을 깨달을 수 있다. 그 대신 기술윤리에서 우리에게 필요한 것은 관련 논쟁에 참여하는 모든 이에 의해 완전히 표현되고 비판적으로 평가될 수 있는 면밀하게 숙고된(thought-out) 논증이다.

3.6 전통적인 윤리 이론의 적용

위험한 충돌 상황에서 자율주행차가 어떻게 대처해야 하는지와 같이, 기술의 행동 방식에 대한 더 완전하고 상세한 논증을 정식화하는 하나의 방법은 우리가 2장에서 살펴본 여러 종류의 전통적인 도덕 이론들을 활용하는 것이다. 이렇게 일반적인 윤리 이론을 구체적인 사례에 적용하는 방법은 '하향식 접근'으로 불리기도 한다. 즉, 우리는 공리주의자(또는 좀 더 넓게는 결과주의자), 칸트주의자, 덕 윤리학자 혹은 유가 사상이나 우분투에 영감을 받은 이론을 옹호하는 사람들이 이야기할 법한 내용을 검토해 볼 수 있다. 또한 우리는 2장에서 우리가 살펴본 것 외의 다른 윤리 이론들을 사용할 수도 있다. 예를 들어, 우리는 일부 철학자들이 옹호하는 '계약론적' 윤리 이론을 활용할 수도 있을 것이다. 이에 대해 간략히 살펴보자.

계약주의(contractualism)의 한 가지 일반적인 형태에 따르면, 윤리란 동의가 강요되지 않는 가상적인 상황에서 공존을 위해 사람들이 도덕과 무관한 이유 혹은 자기 이익에 기반해 일련의 공유된 규칙으로 기꺼이 채택할 지침을 정립하는 것이다. 달리 말하자면, 윤리의 시작 지점으로 되돌아가 우리가 가져야 할 윤리 규범이 무엇인지 결정해야 하는 상황을 상상해 보자는 것이다. 우리 모두에게 상호 유익한 윤리 원칙을 찾고자 노력할 때, 우리는 무엇에 동의하게 될까? 계약론자들은 우리가 실제로 받아들여야 하는 윤리 원칙이 무엇인지 검토할 때 이러한 테스트를 거쳐야 한다고 제안한다. 그리고 이 과정을 통과한 원칙들은 자율주행차의 충돌 상황과 같은 더 구체적인 사례에도 적용될 수 있을 것이다.

이미 2장에서 다른 윤리 이론들의 입장을 살펴보았지만, 짧게 다시 한번 떠올려 보자. 공리주의 윤리는 전반적인 행복의 극대화 및 전반적인 고통의 최소화를 추구한다. 칸트 윤리학은 보편 법칙의 역할에 적합한 일련의 기본 원칙('준칙')을 채택하는 것에 관한 것이며, 이에 따라 모든 사람은 결코 단지 수단으로서뿐만 아니라 목적 그 자체로도 대우받아야 한다. 덕윤리는 수양을 통한 일련의 기본적 덕목 및 탁월함의 완전한 실현을 추구한다. 유가 윤리는 덕윤리와의 유사점과 더불어 사회적 조화의 창조와 유지를 매우 강조한다. 마지막으로 우분투 윤리는 우리 인간성의 완전한 실현을 가능케 하는 집단적 상호 관계를 맺는 것과 관련된다. 그렇다면 우리는 이러한 이론들을 활용해 자율주행차 사고에 대해 어떤 주장을 제시할 수 있을까? 더 일반적으로 말하자면, 이러한 전통적인 이론을 기술윤리 문제에 일종의 '하향식' 방법으로 적용하는 것이 항상 가능한 일일까?

최소한 이 책의 저자가 아는 한, 이 모든 이론이 특히 자율주행차가 사고 상황에서 어떻게 행동해야 하는가의 주제에 적용되어 온 것은 아니다. 이 모든 이론이 사고 상황에서 자율주행차가 어떻게 행동해야 하는지와 같은 문제들에 일종의 하향식 방법으로 적용될 수 있는지 또한 분명치 않다.

예를 들어, 남아프리카의 전통 우분투 윤리는 인간이 서로 어떤 식으로 관련되어야 하는지에 대한 고무적이고 설득력 있는 이상을 제공하지만, 인간의 목숨이 위태로운 상황에서 기계가 어떻게 행동해야 하는지와 같은 새로운 사례에 이 이론을 어떻게 적용해야 하는지는 분명하지 않다. 2장에서 언급한 것처럼, 기술윤리에서 우분투 윤리에 대한 관심은 점점 더 증가하고 있고, 우리 또한 이 책 후반부에서 로봇이 도덕적 권리를 지닐 수 있는지 여부에 대해 논의할 때 우분투 윤리를 다룰 것이다. 하지만 해당 맥락에서 우분투가 그리 많이 거론되어 온 것은 아니다. 사실 이 글을 쓰는 시점에 (1) 명시적으로 전통적인 도덕 이론 중 하나를 승인하고, (2) 그 이론을 자율주행차 사고 문제에 하향식으로 적용하는 논문은 거의 출판된 바가 없다.

두 가지 중요한 예외는 얀 고골(Jan Gogoll)과 줄리안 뮐러(Julian Muller) 및 데렉 레벤(Derek Leben)의 논문이다. 이 논문들은 자율주행차의 사고 대응 프로그래밍과 관련된 구체적인 결론을 옹호하기 위해 계약론적 형태의 도덕적 추론을 채택하는 것으로 분류될 수 있다. 그러나 대다수 다른 논문은 앞서 언급한 도덕 이론들을 주로 탐색적인 차원에서 논의한다. 여러 이론이 자율주행차에 대해 갖는 함의가 무엇인지 살피면서도, 이런 식으로 여러 다른 이론을 활용하는 것과 관련된 우려를 제기하기도 한다. 전통 도덕 기반 알고리즘을 활용하는 자율주행차를 만드는 것이 정말 가능한지 검토하는 경우도 있다.

가령 자율주행의 윤리와 법에 대한 철저하고도 독창적인 검토로 정평이 난 법학자 제프리 거니(Jeffrey Gurney)는 먼저 우리가 앞서 논의한 종류의 여러 윤리적 딜레마를 상상한다. 이후 그가 이해하는 공리주의 및 칸트주의가 그러한 딜레마에 대해 어떤 이야기를 할지 검토한다. 철학자 패트릭 린(Patrick Lin)과 노아 구달(Noah Goodall) 또한 자율주행차에 대한 자신들의 초기 논문에서 유사한 작업을 진행한다. 여기서 우리는 공리주의 윤리에 대한 거니의 이야기를 살펴볼 것이다. 이로써 사고 대응 프로그램 선택에 관한 공리주의의 함의가 항상 명확한 것은 아니며, 해당 문제는 논쟁의 대상이라는 점이 드러날 것이다.

거니는 강력한 컴퓨터가 장착된 자율주행차는 인간보다 더 빠르고 더 신뢰할 수 있는 방식으로 여러 선택지의 예상 효용에 대한 공리주의적 계산을 이루어 낼 수 있을 것이라고 말한다. 따라서 거니는 공리주의자라면 자율주행차에 이러한 능력을 장착해, 가령 전체적 해악을 최소화함으로써 언제나 전체 기대 효용을 최대화하는 방식의 충돌 프로그램을 짜도록 권장할 것이라고 주장한다.

그러나 공리주의자가 꼭 이렇게 권장할 것인지는 그리 분명하지 않다. 공리주의자는 사람들이 '공리주의적' 자동차에 탑승하는 것을 두려워하는 대신 승객을 우선시하도록 프로그램된 자동차를 선호한다는 사실을 유념할 것이다. 앞서 살펴본 본느퐁과 그의 동료들이 수행한 조사에서 드러난 내용이다. 영리한 공리주의자는 이를 고려해 오히려 자율주행차가 언제나 운전자를 구하도록 설계되어야 한다고 권장할 수 있다. 최대한 많은 사람이 일반 자동차보다 자율주행차를 몰게 되고, 이로써 전체 교통사고 사상자 수가 줄어들 것이라고 예상되는 경우에는 말이다. 공리주의자는 전체 행복을 증진한다면 그 어떤 것이라도 해결책으로 제안할 수 있다. 충돌 시 '비

공리주의적' 방식으로 행동하도록 프로그램되어 있다는 약속으로 사람들이 자율주행차를 선택하게끔 유인해야 한다는 제안 또한 공리주의적 해결책일 수 있다는 것이다.

이런 맥락에서는 선택을 내리는 도덕적 행위자가 정확히 누구인지 우리가 검토해야 한다는 점 또한 중요하다. 그 행위자는 자동차인가? 이 경우 사람들에게 자동차가 그들의 선호대로 프로그램되어 있다고 '이야기'해 놓고, 실제로는 공리를 최대화하는 방식으로 충돌하는 것이 아마 공리를 최대화하는 최선의 방법이 될 것이다. 아니면 도덕적 행위자는 자동차를 설계하는 사람인가? 그것도 아니라면 도로 위에 어떤 유형의 자동차가 달릴 수 있는지를 허가하는 규제 기관일 수도 있는가? 우리가 전통적인 도덕 이론을 이러한 문제에 적용하고자 할 때, 자율주행차의 충돌 방식에 대한 결정을 내리는 도덕적 행위자가 정확히 누구인지 자문하는 일은 유용하다.

이는 칸트 윤리학에도 마찬가지로 적용될 수 있다. 보편 법칙으로 의욕할 수 있는 준칙을 채택해야 하는 이는 누구인가? 모든 사람을 결코 단순한 수단이 아니라 목적으로 대우해야 하는 이는 누구인가? 자율주행차의 경우, 그것은 기술 그 자체인가? 아니면 사용자인가? 그것도 아니라면 해당 기술의 설계자일 수도 있는가? 위의 물음에 대한 답변에 따라 자율주행차나 다른 기술이 해야 할 바에 대한 구체적인 윤리적 결론 또한 다를 수 있다.

여기서 또 다른 문제는 우리가 어떤 도덕 이론의 추론 방식을 선택해야 하는가이다. 공리주의, 칸트 윤리, 덕윤리, 계약론 중 하나인가? 아니면 유가 사상이나 우분투에 영감을 받은 윤리로 시선을 돌려야 하는가? 관련된 두 가지 견해가 있다. 하나는 이러한 선택에 오직 한 가지 유형의 추론만을 활용해야 한다는 것이다. 더 유망해 보이는 다른 견해는 이러한 여러 관점 모두에서 교훈을 얻을 수 있다고 본다.

예를 들어, 공리주의 윤리에서 배울 수 있는 교훈은 자율주행차의 충돌 방식에 대해 우리가 생각할 때 무엇이 전체적인 좋음 및 모두의 행복에 최선인가에 대해 일부 고려해야 한다는 것이다. 칸트 윤리학에서 얻을 수 있는 교훈은 모두에게 동일하게 적용되는 보편 법칙으로 우리가 의욕할 수 있는 규칙을 선택해야 한다는 것이다. 이로써 모든 것에 대한 공정성이 확보되고, 누군가에게 정당화되지 않은 이점을 제공하는 것을 방지할 수 있다. 유가 윤리에서 얻을 수 있는 교훈은 자율주행차가 사회적 조화를 촉진하는 방식으로 프로그램되어야 한다는 것이다. 그리고 우분투 윤리에서 얻을 수 있는 교훈은 자율주행차가 사람들 각자의 인간성이 증진될 수 있는 관계 맺음 방식과 일관되도록 프로그램되어야 한다는 것이다. 이 맥락에서 그것이 의미하는 바가 무엇이든 말이다. 이 모든 생각들을 한데 모으면, 인간 사회에 기술을 도입하는 방법에 대한 일반적이고 더 고차원적인 이상을 형성할 수 있을 것이다.

덕윤리는 어떠한가? 자율주행차의 충돌 방식에 대한 덕윤리적 이상을 떠올리기는 쉽지 않다. 유가 윤리나 우분투 윤리를 이 주제에 하향식으로 적용하기 어려워 보이는 것과 마찬가지로 말이다. 그러나 자율주행의 좀 더 일반적인 맥락에서는 다른 이론들과 함께 덕윤리 또한 우리에게 도움을 줄 수 있다. 자율주행차 및 그것이 우리의 도덕적 책임감 경험에 영향을 미치는 바에 대한 마크 코켈버그의 논문이 이와 관련될 수 있다.

코켈버그는 우리가 1장에서 간략히 살펴본 기술에 대한 일종의 '포스트현상학'적 접근법을 활용해 자신의 주장을 펼친다. 코켈버그는 기술이 우리가 세계를 경험하는 방식과 우리가 행할 수 있는 것으로 떠올리는 바를 형성한다는 아이디어에 기반해, 사람들이 자신의 차를 이용하면서 얼마나 주의를 기울이는지 그리고 그들이 자동차 사용과 관련해 얼마나 책임을 느끼는지의 두 문제 모두 그들이 이용하는 자동차의 설계에 달려 있다고 주장한다. 이러한 관찰은 어떤 점에서 덕윤리와 관련이 있을까? 자신의 행위에 주의를 다하고 책임을 지는 태도는 자동차와 같은 위험한 기술을 사용하는 사람들이 갖추어야 할 덕성으로 충분히 간주될 만하다. 덕윤리적 관점으로부터의 한 가지 교훈은 사람들이 자동차와 여타의 기술들을 사용할 때, 그들이 주의 깊고 책임감 있게 행위하도록 돕는 방향으로 우리가 이러한 기술들을 설계하고 프로그래밍해야 한다는 것이다.

이상의 모든 내용은 자율주행차 논의에서 전통적인 도덕 이론을 사용해 논증을 만들어 내는 방법에 대한 가설적인 제안이다. 하지만 앞서 언급한 것처럼, 이 주제에 대해 몇몇 문헌은 계약론적 추론의 특정 유형을 좀 더 확고히 지지하는 입장을 취한다. 다음은 그 두 가지 예다.

첫째, 고골과 밀러는 이 영역에서 우리 모두가 미래 전망과 관련해 갖는 자기 이익적 이유(self-interested reasons)가 무엇인가 하는 물음을 논한다. 정확히 계약론자가 이 주제에 대해 우리에게 묻고자 원할 법한 질문이다. 이런 유형의 논증을 활용해 고골과 밀러가 주장하고자 하는 바는 다음과 같다. 즉, 우리 모두는 충돌 상황에서 해악을 최소화하도록 프로그램된 자동차를 모든 사람들이 사용하기를 원한다는 자기 이익적 이유를 갖는다. 이는 분명 계약론적 정당화에 해당한다. 계약론적 정당화는 해악을 최소화하는 도덕적 가치에 직접적인 토대를 두는 것이 아니라, 연루될 수 있는 사고로부터 자신의 생존 기회를 최대화하고자 하는 각 사람의 자기 이익적 가치에 간접적으로 기반하기 때문이다.

둘째, 계약론적 전통을 활용한 또 다른 논증은 미국의 철학자 데렉 레벤(Derek Leben)의 한 논문에서 전개된다. 레벤은 '롤스적'(Rawlsian) 사고(accident) 알고리즘을 지지하는 논증을 제시한다. 매우 영향력 있는 정치 철학자로서 존 롤스(John Rawls)는 사람들이 실제 자신의 사회적 지위를 알지 못하는 '무지의 베일'(veil of ignorance) 뒤에서 선택할 때의 결정이 무엇일지 고려함으로써 우리는 무엇이 정의로운지 결정할 수 있다고 주장한 것으로 유명하다. 롤스는 이러한 상황에서 사람들이 가능한 한 사회의 가장 불우한 사람들을 위한 선택을 선호할 것이라고 생각한다. 레벤은 이러한 추론 방식을 자율주행차에 적용한다. 레벤의 주장에 따르면, 무지의 베일 뒤에서는 가능한 한 사고 상황에서 누구든 가장 취약한 사람을 보호할 사고 알고리즘을 선택하는 것이 합리적일 수 있다. 이로써 우리는 충돌 시 누구든 더 나쁜 상황에 있는 사람에게 가급적 유리한 상황을 만들어 낼 수 있다. 이는 또 다른 유형의 계약론적 논증이다.[11]

---

11 다음 링크를 통해 팟캐스트 「Machine Ethics」에서 레벤이 자신의 견해에 대해 논의하는 내용을 들을 수 있다. "23. How to Design a Moral Algorithm with Derek Leben": https://www.machine-ethics.net/podcast/23-derek-leben

이러한 논증을 어떻게 생각해야 할까? 레벤의 논문에 대한 응답으로 제프 킬링은 다음과 같이 주장한다. 첫째, 레벤은 롤스가 (혹은 롤스와 같은 입장의 사람이) 이 주제에 대해 어떤 식으로 추론할 것인지에 관한 정확한 해석을 우리에게 제공하지 않는다. 둘째, 의사결정에 대한 레벤의 가장 중요한 이론적 주장, 즉 '롤스적' 사고 알고리즘을 선호하는 것이 미래 전망에 있어서 합리적이라는 주장은 의사결정 이론의 관점에서 합리적 선택이란 무엇인지를 제대로 포착하지 못한다.

여기서 레벤의 논증이 롤스에 대한 훌륭한 해석인지 검토하는 일은 그닥 흥미롭지 않을 것이다. 이 논증이 그 자체로 훌륭한지 숙고해 보는 것이 더 중요한 작업으로 보인다. 레벤의 논증과 고골 및 밀러의 논증 모두에 대해 다음과 같은 반론이 제기될 수 있다. 즉, 도덕적 가치는 일단 제쳐둔 다음, 어떤 선택이 가상적 계약 상황에서 자기 이익적 이유에 근거한 합리적 결정일지 묻는 식으로 도덕적 논증이 이루어져야 한다는 기본적인 계약론적 전제를 우리가 받아들이지 말아야 한다는 것이다. 뚜렷하게 도덕적인 성격의 가치나 원리를 명시적으로 언급하는 식으로 논증을 구성하는 편이 더 나아 보인다. 한 가지 이유는 충돌 결과를 평가하는 상황에서 사람들은 해당 사고의 발생 방식을 직접적으로 정당화하는 데 사용될 수 있는 분명한 도덕적 가치나 원리가 존재했는지 알기 원할 것이기 때문이다.

더 많은 관련 논의가 이루어질 수 있겠지만, 이쯤에서 마무리하기로 하자. 서로 다른 전통적 윤리 이론들 중 어떤 이론이 자율주행차 프로그래밍이나 설계 방법 관련 논의에 가장 적합한지에 대한 입장을 정하는 것은 본 절의 목적과 거리가 멀다. 그 대신 여기서는 자율주행차에 대해 생각할 때 전통적 윤리 이론을 어떻게 활용할 수 있을지 잘 설명하고자 했다. 어떤 전통적 이론이 가장 적합한지, 그리고 과연 우리가 이에 대한 결정을 내릴 수 있을지 혹은 여러 이론의 통찰을 결합할 수 있을지와 같은 물음은 자율주행차 윤리에서 지속적으로 논의되고 있는 주제다.

3.7 기술윤리를 위해 우리는 어떤 방법을 사용해야 하는가? 오직 한 가지 방법? 아니면 여러 방법?

지금까지 기술윤리에서 활용될 수 있는 서로 다른 여러 방법을 살펴봤다. 철학자들이 가장 일반적인 수준에서 주로 사용하는 방법은 '반성적 평형'이다. 이때 그들은 한편으로는 일반적인 생각 및 원칙을 상정하고, 다른 한편으로는 사례와 관련된 구체적인 생각 및 판단을 상정한 후 둘 사이의 정합성을 성취하고자 노력한다. 이는 일종의 '메타 방법'(meta-method), 즉 구체적인 방법론을 토대로 일반적 이론의 형성을 시도하는 대다수 연구자가 활용하고 있는 매우 비중 있는 방법으로 간주될 수 있다. 우리는 윤리직 자율주행차 충돌 알고리즘 및 관련 문제에 대한 논의에서 활용되어 온 더욱 구체적인 여러 방법 또한 살펴봤다.

그중에는 윤리 연구자들이 때로 사용하는 '위원회를 통한 윤리', 즉 여러 전문가가 모여 일련의 윤리 지침을 제정하고 그에 합의하는 방법도 있었다. 이것 외에도 우리는 기술윤리 문제와 철학의 고

전적인 주제(예: 트롤리 문제)의 비교, 평범한 사람들이 지닌 윤리적 직관의 패턴 조사를 포함하는 경험윤리, 그리고 전통적인 도덕 이론을 기술윤리 문제에 적용하는 하향식 방법 또한 살펴보았다.

유의해야 할 중요한 사항은 이상의 방법들만 존재하는 것은 아니라는 점이다. 이러한 논의에서 다른 접근들 또한 제안되고 활용되어 왔다. 예를 들어, 윤리 및 공공정책 연구자 요하네스 힘멜라이히(Johannes Himmelreich)는 자율주행차의 충돌 대응 방식과 같은 기술윤리 문제에 대해 우리가 고민할 때 정치 이론 분야에서 개발된 방법을 활용할 수 있다고 주장한 바 있다. 이와 유사한 관점에서 필리포 산토니 데 시오(Filippo Santoni de Sio)는 우리가 법 이론으로부터 잘 정립된 추론 유형을 취해 기술윤리 맥락에서 활용할 수 있다고 제안했다. 예를 들어, 충돌 상황에서 자율주행차가 취해야 할 행동 방식에 대한 논증 구성에 법적 '필요성의 원리'(doctrine of necessity)를 활용할 수도 있을 것이다.

기술 연구자 안드레이아 마르티노(Andreia Martinho)와 그 동료들은 학계의 기술윤리 전문가가 주로 논의하는 윤리적 문제와 자동차 산업을 포함한 기술산업계의 막대한 주목을 받는 윤리적 문제를 체계적으로 비교하는 흥미로운 접근법을 취한 바 있다. 이러한 접근은 사회학적 관점에서 그 자체로 매력적일 뿐만 아니라, 서로 다른 사고방식과 이런 여러 사고방식을 지닌 사람들이 자율주행차 관련 문제와 같은 기술윤리 문제에 접근할 때 어떤 일이 벌어지는지에 대한 우리의 이해를 돕기도 한다.

위의 사례들이 기술윤리에서 활용될 수 있는 방법의 전부인 것은 아니다. 다른 방법들도 존재한다. 이러한 방법론적 복수성과 관련해 다음과 같은 질문이 떠오른다. 만약 우리가 활용할 수 있는 수많은 서로 다른 방법이 존재한다면, 기술윤리 연구자는 자신이 사용해야 할 방법을 어떤 식으로 결정해야 할까? 사용되지 말아야 할 특정 방법도 존재하는가? 더 일반화하자면, 우리는 방법론적 일원론, 즉 한 가지 특정 유형의 방법만을 채택해야 하는가 아니면 방법론적 다원론, 즉 여러 방법을 채택해야 하는가?

앞서 언급한 것처럼, 몇몇 윤리 연구자는 이러한 방법들 중 일부에 대한 강경한 반대를 표한다. 자율주행차 윤리와 관련해서는 특히 두 가지 방법이 강하게 비판받아 왔다. 일부 연구자들은 그 두 방법이 심지어 윤리적으로 의심스럽다고 주장하기도 했다. 문제의 두 방법은 바로 자율주행차 윤리와 트롤리 문제 사이의 비교 및 트롤리 문제에서 영감을 받은 경험윤리의 방법이다.

특히 철학자 나심 자파리나이미(Nassim JafariNaimi)와 존 해리스(John Harris)가 이러한 접근들에 대해 매우 날카롭게 반응했다. 두 사람 모두 만화와 같은 삽화로 제시되어 때로는 우스꽝스럽거나 터무니없는 상황처럼 묘사되기도 하는 사고실험을 실제 삶과 죽음의 문제와 비교함으로써 우리가 현실을 과도하게 단순화하거나 환원하고, 이로써 잠재적으로 경솔하거나 무감각해질 수 있다고 주장한다.

자파리나이미는 이러한 방법들에 대한 자신의 비판적인 입장을 다음과 같이 요약한다.

첫째, 윤리적 상황은 깊은 불확실성과 유기적 성격을 특징으로 한다. 둘째, 윤리적 상황에서 우리의 위치는 매우 중요하다. 셋째, 윤리적 상황에 반응하는 우리 행위의 영향은 즉각적인 결과에 한정되지 않는다. (…) 결과는 광범위하고 장기적이다. 그러므로 (…) 실험 윤리에서 상정된 상황을 해결하는 것처럼 보이는 원칙들은 현실의 삶에서 마주하는 유사한 윤리적 상황에 적용되기 적합할 수도 있고 그렇지 않을 수도 있다. (JafariNaimi, 2018, p. 306)

자파리나이미는 자율주행차 윤리와 트롤리 문제를 비교하는 발상 전체가 갖는 추가적인 문제가 있다고 지적한다. 창의적이고 때로는 우스꽝스러운 자율주행차 충돌 상황을 구상한 후 누굴 살리고 혹은 죽여야 하는지 묻는 일 자체가 인간 생명에 대한 모독이라는 것이다. 이는 도덕적으로 무감각한 행동이다. 적어도 자파리나이미는 그렇게 생각한다.[12]

유사한 맥락에서 해리스는 삶과 죽음에 대한 결정은 매우 심각한 문제인데, 그가 비판하는 트롤리 문제나 경험윤리와 같은 방법으로는 이를 충분히 진지하게 다룰 수 없다고 주장한다. 더 나아가 해리스는 이러한 방법에서 활용되는 예시들이 '사형선고'를 통해 특정인들을 '처벌'하는 판사의 역할을 기계에게 부여하는 것처럼 보인다고 주장한다. 해리스는 이야말로 인공지능을 탑재한 기계에게 결코 허락되어서는 안 되는 일이라고 생각한다. 이상의 비판을 요약하자면, 일부 방법들은 충분히 진지한 태도를 견지하지 못하며, 현실 세

---

12 다음 링크를 통해 자기 연구에 대한 자파리나이미(Nassim Parvin, 2018년 출판 논문 이후 자신의 성을 파빈으로 변경)의 이야기를 들을 수 있다. "Cars, Fashion, and the False Promise of Algorithmic Judgment": https://www.youtube.com/watch?v=lc_bUg0apvI

계의 중요한 문제들을 사소화할 위험이 있다.

우리가 이러한 종류의 비판을 매우 진지하게 받아들인다고 가정해 보자. 이때 우리가 취할 수 있는 한 가지 태도는 특정 방법들을 '거부'(cancel)하는 것이다. 즉 우리 스스로 그러한 방법들의 사용을 중단하고, 다른 이들 또한 단념시키고자 노력하는 것이다. 그 대신에 이러한 종류의 비판을 현실 세계의 기술윤리 영역에서 무엇이 가장 중요한지에 대한 문제를 명료화하는 데 도움을 주는 것으로 바라보는 방법도 있을 것이다.

이 장의 시작 부분에서 강조한 것처럼, 어떤 방법을 사용하거나 사용하지 않거나에 대한 물음 그 자체가 철학적이고, 더 나아가 아마 윤리적인 문제에도 해당할 것이다. 따라서 기술윤리 연구자 모두가 동의하는 방법을 확정하는 것은 기대하기 어렵다. 여기서 한 가지 유망한 방안은 시선을 좀 더 확장해 한편에는 기술윤리에 종사하는 연구자 공동체 전체를, 다른 한편에는 기술윤리에 종사하는 개인 연구자들을 두고 양쪽을 비교해 보는 것이다. 우리가 더 큰 그림에 주목할 때, 연구 공동체에 기여하는 여러 연구자가 서로 다른 방법을 사용하는 것의 가치를 부인하기는 어려워 보인다. 이로써 기술윤리에 관심을 지닌 사람들은 활용되는 방법에 따라 어떤 결과나 발견 혹은 결론이 도출되는지 배울 수 있기 때문이다.

우리는 기술윤리나 여타의 분야를 유용한 노동 분업이 가능한 집단적 노력의 측면에서 바라볼 수 있다. 일부 연구자는 특정 방법이나 접근을 통해, 다른 이들은 다른 방법과 접근을 통해 각자의 작업을 수행하는 것이다. 기술윤리 연구자 모두는 자신과 다른 방법을 사용하는 연구자의 통찰, 심지어 실수로부터 교훈을 얻을 수 있다. 만약 연구자 개인이 특정 방법을 피하기 원한다면, 그 대신 다른 이가 해당 방법을 사용한 연구를 수행할 수 있다. 이렇게 공동체 전체는 기술윤리와 씨름하거나 이것에 대해 배우고 싶어 하는 모두가 관심 가질 만한 여러 결과물을 축적하고 또 생성할 수 있다.

개별 연구자는 적어도 두 가지 부류로 나뉜다. 어떤 이들은 매우 좁고 전문화된 주제에만 관심을 쏟고, 이러한 주제를 탐구할 때 매우 특정한 방법들만 사용하기 원한다. 반면 좀 더 넓은 주제에 대해 연구하는 것을 선호하는 연구자도 존재하며, 이들은 여러 방법의 활용을 긍정적으로 여길 가능성이 높다. 물론 두 가지 모두에 조금씩 해당하는 경우도 있을 것이다. 어떤 접근 방식을 취하든, 한 연구자가 다른 방법을 사용하거나 다른 문제를 탐구하는 여타의 연구자들로부터 언제나 배울 수 있다는 점만큼은 확실하다.

때로는 자신에게 익숙하거나 자연스럽게 끌리는 방법이 아닌 다른 방법의 활용을 스스로 시도해 봄으로써 새로운 통찰 및 사고에서의 새로운 영감을 얻을 수도 있다. 연구 및 학술적 주제에 대해 고민하는 이들뿐만 아니라 평범하게 삶을 영위함에 있어서도 너른 마음, 열린 마음은 중요한 덕성이다.

이 책의 나머지 부분은 이상의 다원주의적 정신을 지속적으로 견지할 것이다. 즉, 여러 종류의 기술윤리 문제들을 고려하고 서로 다른 방법에 근거한 여러 종류의 논증을 제시 및 평가할 것이다. 지속적으로 우리는 의견 불일치와 마주하게 될 텐데, 때로 이는 매우 격렬하고 맹렬할 것이다. 앞서 언급한 것처럼 누군가는 윤리적 논의가 갖는 이러한 측면을 갑갑하게 여기겠지만, 바로 이 점에서 오히려 흥미를 느끼는 이들도 분명 존재한다.

이 책의 목적은 특정 결론이나 방법을 옹호하는 것이 아니라 기술윤리에서 중요한 역할을 하는 여러 종류의 문제와 여러 유형의 논증을 독자에게 소개하는 것이다. 이러한 목적의 책에서는 높은 수준의 다원주의적 태도 아래, 방법론 및 여러 문제에 대한 매우 다양한 관점을 고려하는 접근이 타당하다.

* 주석 달린 참고문헌

Awad, Edward · Dsouza, Sohan · Kim, Richard · Shulz, Jonathan · Henrich, Joseph · Shariff, Azim · Bonnefon, Jean-Francois · Rahwan, Iyad, "The Moral Machine Experiment," *Nature*, vol. 563, 2018, pp. 59-64. 이 논문은 트롤리 문제로부터 영감을 얻은 '도덕 기계 실험'(moral machine experiment)에 대해 설명한다. 해당 연구는 자율주행차가 위험한 상황에서 어떻게 대처해야 하는지에 대한 수백만 명의 사람들의 태도를 조사했다.

Daniels, Norman, "Reflective Equilibrium," in *The Stanford Encyclopedia of Philosophy* (*Summer 2020 Edition*), edited by Edward N. Zalta. https://plato.stanford.edu/archives/sum2020/entries/reflective-equilibrium. 반성적 평형 방법에 대한 철학적 개요.

Edmonds, David, *Would You Kill the Fat Man?* Princeton: Princeton University Press, 2013[석기용 옮김, 『저 뚱뚱한 남자를 죽이겠습니까?: 당신이 피할 수 없는 도덕적 딜레마에 대한 질문』, 고양: 이마, 2015]. 트롤리 문제 및 그것의 역사에 대한 흥미롭고 유익한 책이다.

Floridi, Luciano, "Translating Principles into Practices of Digital Ethics: Five Risks of Being Unethical," *Philosophy & Technology* vol. 32 no. 2, 2019, pp. 185-193. 이 짧은 논문에서는 기술윤리 지침 마련을 위한 시도가 이루어질 때 발생하는 다섯 가지 유형의 위험, 즉 윤리 쇼핑, 윤리 블루워싱(blue-washing), 윤리 로비, 윤리 덤핑, 그리고 윤리 회피에 대한 설명이 이루어진다.

Harris, John, "The Immoral Machine," *Cambridge Quarterly of Healthcare Ethics*, vol. 29, no. 1, 2020, pp. 71-79. 현실 세계의 자율주행차 윤리 맥락에서 트롤리 문제를 사용하는 것에 대한 비판적 응답이다.

JafariNaimi, Nassim, "Our Bodies in the Trolley's Path, or Why Self-Driving Cars Must *Not* Be Programmed to Kill," *Science, Technology, & Human Values*, vol. 43, no. 2, 2017, pp. 302-323. 현실 세계의 자율주행차 윤리 맥락에서 트롤리 문제를 사용하는 것에 대한 또 다른 비판적 응답이다.

Martinho, Andreia · Herber, Nils · Kroesen, Maarten and Chorus, Caspar, "Ethical Issues in Focus by the Autonomous Vehicles Industry," *Transport Reviews*, vol. 41, no. 5, 2021, pp. 556-577. 자율주행차와 관련해 학계의 연구자들이 논의하는 윤리적 문제와 산업계의 문서에서 논의되는 윤리적 문제 사이의 대단히 흥미로운 비교가 이루어진다.

Nyholm, Sven, "The Ethics of Crashes with Self-Driving Cars: A Roadmap," *Philosophy Compass*, vol. 13, no. 7, 2018, pp. 1-20. Part I: https://onlinelibrary.wiley.com/doi/full/10.1111/phc3.12507. Part II: https://onlinelibrary.wiley.com/doi/full/10.1111/phc3.12506. 두 파트로 구성된 이 논문은 자율주행차 윤리의 핵심 문제들에 대한 길잡이를 제공한다. 이 짧은 주석 달린 참고문헌 목록에서 언급되지는 않았지만 본 장에서 논의된 모든 연구 논문의 출처 또한 포함한다.

4. 인공지능, 가치 정렬, 그리고 통제 문제

4.1 핵전쟁 회피 사례

1983년 9월 26일, 소비에트연방의 핵무기 경고 시스템이 잘못 작동하여 미국에서 미사일이 발사되었다는 신호를 보낸 일이 있었다. 경고 시스템은 미사일이 소비에트연방 쪽으로 향하고 있으며 추가로 다섯 개의 미사일이 따라오고 있다고 알렸다. 소비에트군의 프로토콜에 따르면 통제실의 담당자는 이런 일이 발생했을 시 보고 체계상의 상관에게 보고해야 하는 의무가 있다. 그래야 신속하게 전쟁에 대비할 수 있기 때문이다. 하지만 방공부대의 책임자였던 스타니슬라프 페트로프(Stanislav Petrov) 중령은 명령에 불복종하기로 결정했다. 경보가 잘못됐다고 판단했기 때문이다. 만약 그가 프로토콜에 따라 미사일 탐지 시스템이 잘못 보낸 메시지를 그대로 전달했다면 미국을 향한 소비에트연방의 대규모 보복 핵공격이 시작됐을 수도 있다. 핵전쟁이 터질 뻔했던 것이다. 스타니슬라프 페트로프는 잘못된 탐지 시스템으로 인해 발생한 경고를 전달하지 않음으로써 전

세계가 큰 피해를 입을 수 있었던 핵전쟁을 막는 데 도움을 준 인물로 평가받고 있다.[1]

이는 하나의 기술이 핵전쟁이라는 엄청난 문제를 일으킬 뻔한 실제 사례. 첨단기술의 위험과 관련한 학계의 논의는 다양한 가상의 예시를 사용해 기술이 일으킬 수 있는 잠재적 문제들을 다루기도 한다. 최근 그런 예시들은 특히 인공지능(AI), 그중에서도 아직 우리에게 없는 강력한 형태의 인공지능에 대한 것일 때가 많았다. 일례로 스웨덴 출생의 옥스퍼드 대학교 철학자이자 '인류미래연구소'(Future of Humanity Institute)[2]의 책임자인 닉 보스트롬(Nick Bostrom)은 그의 유명한 저서인 『슈퍼인텔리전스: 경로, 위험, 전략』Superintelligence: Paths, Dangers, Strategies(2014)에서 다음과 같이 잘 알려진, 다소 기괴한 시나리오를 상상한다.

보스트롬이 상상한 초지능 AI 시스템은 언뜻 보기에는 순수한 목적을 가지고 있다. 바로 페이퍼클립을 최대한 많이 생산해 내는 것이다. 여기서 문제는 이 초지능 시스템이 페이퍼클립의 수를 극대화하는 데 있어 엄청나게 효율적이라는 것이다. 그리고 이 AI 시스템에는 다른 어떤 궁극적 목적도 프로그램되어 있지 않다. 즉, 세상을 페이퍼클립으로 가득 채우기 위해서는 어떤 수단과 방법도 가리지 않는다. 이 시스템은 페이퍼클립을 쌓아 둘 공간을 인간이 차지하지 않는다면 페이퍼클립을 위한 공간을 더 확보할 수 있다는 계

---

1 다음의 위키피디아 항목을 참조하라. "Stanislav Petrov": https://en.wikipedia.org/wiki/Stanislav_Petrov
2 책이 집필된 이후인 2024년 문을 닫았음 – 옮긴이.

산에 이른다. 페이퍼클립 생산의 최대화라는 목적에 따라 초지능 시스템은 인간(그리고 동물, 그 외 페이퍼클립 생산에 필요하지 않은 모든 것)을 제거하기 위한 효율적인 방법들을 강구할 것이다. 그리하여 초지능 기계의 순수한 목적은 인류의 종말로 이어질 수 있고, AI 시스템이 너무나 강력해서 우리는 순식간에 통제를 잃게 된다는 것이다.[3]

이번에는 페이퍼클립 생산 최대화 대신 그 목표가 인류의 건강 및 수명 증진이라고 가정해 보자. 초지능 및 매우 강력한 AI 시스템이 이런 목표를 가지고 있다면 이런 기술이 인류를 멸망으로 몰고 갈 것이라는 걱정을 할 필요는 없을 것 같다. 그러나 통제 문제는 여기도 발생할 수 있다. 가령, 강력한 초지능 시스템은 사람들이 스스로를 위한 최선의 선택을 하고 있지 않다고 판단할 수 있다. 그래서 어쩌면 우리의 삶을 통제함으로써 더 많은 운동을 하라고, 건강한 음식을 먹으라고, 혹은 암벽등반이나 집 밖 외출 등의 위험한 행동을 덜 하라고 강제하려 할 수도 있다. 알아채기도 전에 우리 삶의 모든 영역은 AI 시스템의 통제를 받게 되고, 다시는 삶의 주도권을 돌려받을 길이 없어지거나 매우 어려워질지도 모른다.

방금의 두 가지 예시는 가상의 사고실험이다. 하지만 첫 번째 예시는 미사일 탐지 시스템이 핵전쟁을 일으킬 뻔했던 실제 사례였다. 세 가지 예시 모두가 이번 장에서 논의할 주제를 설명하는 데 도움이 된다. 이번 장에서는 소위 **가치 정렬**(value alignment) 및 **통제**

---

3 초지능에 대한 보스트롬의 이야기를 팟캐스트 「Philosophy 247」의 다음 에피소드에서 들어 볼 수 있다. "Super Intelligence": https://philosophy247.org/podcasts/super-intelligence

(control)의 문제를 살펴볼 것이다. 이러한 문제는 주로 AI와 관련돼 논의되며, 때로는 앞서 본 보스트롬의 사례처럼 상상 속 미래의 초 강력 초지능과 관련해 논의되기도 한다. 그러나 기술과 인간 가치관 의 정렬에 대한 의문, 그리고 우리가 사용하는 일부 기술에 대한 통 제력을 잃을 수도 있다는 우려는 비단 AI에만 국한되지 않는다.

연구자들은 때때로 특정 기술, 예를 들어, 소셜미디어에 '중독' 되는 사람들에 대해 이야기하거나 이에 대해 우려를 표하기도 한다. 이는 기술과 관련된 인간의 통제력 상실이 드러나는 또 다른 형태 다. 또한 발전된 형태의 AI가 아닌 기술 역시 인간의 가치와 관심사 에 더 나은, 혹은 더 나쁜 방식으로 부합할 수 있다. 예를 들어, 몇 년 전 손대면 자동으로 반응해 비누를 분사하는 비누 디스펜서를 보여 주는 바이럴 영상이 있었는데, 문제는 기계가 피부색이 밝은 사람에 게만 작동한다는 것이었다.[4] 센서가 달린 비누 디스펜서는 고도화된 형태의 AI는 아니지만 인간의 가치와 관심사에 잘 부합할 수도, 그 렇지 않을 수도 있는 기술의 또 다른 예다.

이번 장은 AI란 무엇인가에 대해 복기해 보며, 특히 AI의 가치 정렬이라는 개념에 대한 일반적인 설명과 함께 시작해 보도록 하겠 다. 그런 다음 윤리의 이론화에 매우 유용한 두 가지 구분, 즉 긍정 적 가치와 부정적 가치의 구분 그리고 도구적 및 비도구적 좋음과 나쁨의 구분을 소개할 것이다. 이는 기술이 인간의 가치와 어떻게 부합할 수 있는지에 대한 다양한 방식의 논의를 가능하게 해 준다.

---

4 시드니 퍼셀(Sidney Fussell)의 2017년 기고문. "Why Can't This Soap Dispenser Identify Dark Skin?" https://gizmodo.com/why-cant-this-soap-dispenser-identify-dark-skin-1797931773

그런 다음 기술에 대한 인간의 통제 문제를 다시 소개하면서 통제 문제라고 불리는 것에 대한 일반적인 설명을 덧붙일 것이다. 이번 장은 우리가 사용하는 기술을 통제하려는 인간의 욕망과 관련된 몇 가지 딜레마에 대한 논의로 마무리되며, 다양한 수준의 AI에 관한 이야기 및 1장의 도구적·비도구적 기술 이론과 다시 연결될 것이다.

4.2 인공지능은 무엇이며 가치 정렬이란 또 무엇인가?

인공지능이 무엇인지에 대해서는 1장 후반부에서 이미 간략히 다룬 바 있다. 하지만 가치 정렬과 통제의 문제에 대해 논의하기에 앞서 인공지능의 의미를 빠르게 복기해 보자. 1장에서 언급했듯 이 용어는 과학에서 왔다는 점에서 허구의 창작물로부터 시작된 '로봇'과 다르다. 그러나 인공지능과 관련한 많은 윤리적 논의는 현실보다는 공상과학물 속 이야기 같다는 인상을 주고는 한다. 위에서 언급한 보스트롬의 경우처럼 말이다. 심지어 어느 시기를 살펴보느냐에 따라서는 AI과학마저도 공상과학물 같을 때가 있다.

가령 '인공지능'이라는 용어는 1956년 다트머스 대학교에서 두 달간 진행될 워크숍을 위한 연구 제안서의 일부로 처음 소개됐다. 이 제안서에는 다음과 같은 매우 야심 찬 목표가 제시되어 있었다.

1956년 여름, 뉴햄프셔주 하노버에 있는 다트머스 대학교에서 2개월간 10명으로 인공지능 연구를 진행할 것을 제안합니다. 이 연구는 학습의 모든 측면 및 지능의 다른 특징이 원칙적으로는 기계로 시뮬레이션될 수 있을 정도로 정확히 설명 가능하다는 추측을 바탕으로 진행될 것입니다. 기계가 언어를 사용하고, 추상화와 개념을 형성하며, 현재로선 인간만 가능한 종류의 문제를 해결하고, 스스로를 향상시킬 방법을 찾으려는 시도가 이루어질 것입니다. 엄선된 과학자 집단이 여름 동안 함께 연구하면 이러한 문제 중 하나 이상에서 상당한 진전을 이룰 수 있다고 생각됩니다.[5]

당연한 이야기지만, 이 제안서에 언급된 문제들을 해결하는 데는 과학자들이 예상한 것보다 조금 더 많은 시간이 걸렸다. 그중 상당수는 아직도 풀리지 않았고, 해결이 불가능할지도 모른다. 하지만 그들이 분명히 성공을 거둔 점은 '인공지능'(ariticial Intelligence)이라는 용어를 우리의 일상 언어에 도입시킨 것이다. 또한 연구자들과 일반 대중 모두가 이 아이디어에 매료될 수 있도록 영감을 주는 데 성공했다.

제안서에서 인공지능은 "학습 또는 지능의 기타 특징"을 기계가 시뮬레이션할 수 있다면 그 기계는 인공지능을 가진 것이다라는 개념으로 이해된다. 다시 말해, 인간의 지능과 연관 지을 수 있는 어떤 지점에서 시작해 인간 지능을 '시뮬레이션'할 수 있는 기술을 만들 수 있다면 바로 AI를 만든 것과 같다는 것이다. 그런가 하면 천재 수학자이자 컴퓨터 과학의 선구자인 앨런 튜링처럼 지능적인 인간

5 다음 위키피디아 페이지를 참조하라. "Dartmouth Workshop": https:// en.wikipedia.org/wiki/ Dartmouth_workshop

의 행동과 사고를 '모방'(imitate)하는 기계에 대해 이야기한 사람들도 있다.[6] 또 어떤 사람들은 인간의 지능을 '복제'(replicate)하는 기계에 대해 이야기하기도 했다.

따라서 AI가 무엇인지 이해하기 위해서는 먼저 인간 지능이 무엇인지에 대해 숙고해 볼 필요가 있다. 이 지점에서는 인간의 **이론**(theoretical) 지능과 **실용**(practical) 지능을 구분하는 것이 유용하다. 이론 지능은 정보 수용, 학습, 이해, 분석 능력 및 다양한 이론적 측면과 관련이 있다. 감정 지능(emotional intelligence)이 발현되는 실용 지능은 행동, 의사결정, 계획, 다른 행위자들과의 협력 및 지능이 발현되는 좀 더 실용적인 방식들과 관련이 있다.

즉 기계가 인간 또는 그 이상의 지능을 시뮬레이션할 수 있다면 이론 지능과 실용 지능 중 하나, 또는 둘 다를 가질 수 있는 것이다. 예를 들어, 자율주행차는 실용 지능을 필요로 한다. 교통 상황 속에서 이동이라는 목표를 이루기 위해 행동하고, 의사결정을 내리고, 환경에 지능적으로 반응할 수 있어야 한다. 그런가 하면 암 진단을 돕는 컴퓨터 프로그램은 이론 지능을 갖춰야 한다. 정보를 받아들이고 주요 특성을 파악한 다음 해당 정보를 분석할 수 있어야 하기 때문이다.

앞서 말한 목표와 관련해서는 지능과 AI가 다양한 상황에서 효율적으로 목표를 달성하는 능력으로 종종 간단하게 정의되고는 한다는 점을 눈여겨볼 필요가 있다. 하지만 이 경우 지능의 실용적인

---

6 앨런 튜링에 대한 케임브리지 대학교의 다음 영상을 참조하라. "Alan Turing – Celebrating the life of a genius":https://www.youtube.com/watch?v=gtRLmL70TH0

측면을 지나치게 강조하느라 좀 더 이론적인 형태의 지능을 충분히 고려하지 않은 것으로 보인다. 인간 혹은 기술에 대해 이야기할 때 한 가지 종류의 지능을 다른 것보다 더 강조해야 할 명확한 이유는 없다. 궁극적으로 지능은 여러 부분으로 구성된 복잡한 현상이며, 그중 일부는 더 이론적, 일부는 더 실용적인 것으로 보는 게 좋을 것이다.

일단 당장은 실용 지능 및 목표를 효율적으로 달성하기 위한 능력이라는 개념에 좀 더 머물러 보자. 이러한 형태의 지능은 소위 약한 AI 및 강한 AI의 차이를 설명할 때 참조하면 도움이 된다. 이 구분을 표현하기 위해 때때로 사용되는 또 다른 용어가 '좁은'(narrow) AI와 '일반'(general) AI이다.

어떤 형태가 됐든 지능을 가지고 있는 대부분의 기술은 약하거나 좁은 형태의 AI를 가지고 있다. 특정 작업을 특정 조건하에서만 수행할 수 있다는 뜻이다. 즉, 다양한 상황에서 유연하고 창의적인 방식을 통해 광범위한 목표를 추구할 수 있는 인간과는 다르다. 기술이 이런 능력을 가지고 있다면 강력한, 또는 일반 AI를 가진 것이 된다. 이를 가리켜 **범용 인공지능**(artifical general intelligence) 또는 AGI라고 부르기도 한다. 흥미롭게도 AGI의 실현 시기와 그 가능성 여부에 대해서는 전문가들 사이에서도 의견이 분분하다. 보스트롬이 '초지능'이라 지칭했던 것 또한 아주 유연하고 창의적인 방식으로 어떤 목표든 달성해 내는, 극도로 효율적인 AI 또는 AGI의 한 형태일 것이다.

인공지능의 '가치 정렬'(value alignment)이라는 개념은 어느 정도 자율적인 방식으로 목표를 추구할 수 있는 AI 기술에 대한 논의에서 자주 등장한다. AI를 탑재한 기술이 인간의 가치와 일치 혹은 그에 부합하는 방식으로 작동하도록 해야 한다는 것이다. 물론 엄밀히 말해 인간의 가치와 이상적으로 일치해야 하는 것은 AI만이 아니다. AI를 사용하든 사용하지 않든 간에 모든 기술은 인간의 가치를 증진하고 존중하며 조화를 이루는 게 이상적이다. 이를 '가치에 민감한 설계'(value sensitive design)라는 명칭하에 논의하기도 한다. 기술 설계는 해당 기술이 사용되는 영역에서 언제나 가치에 민감해야 한다는 개념이다. 하지만 일단 당장은 AI에 집중하자. AI와 관련된 가치 정렬 문제에 대해 좀 더 이야기해 보겠다.

가치 정렬이라는 개념을 이해하는 데 유용한 자료 중 하나는 런던의 인공지능 회사 딥마인드(DeepMind)에서 일하는 정치 이론가이자 윤리학자인 이아손 가브리엘(Iason Gabriel)이 쓴 논문이다. 이 논문에서 가브리엘은 "다양한 환경에서 목표를 달성하는 행위자(agent)의 능력"을 의미하는 목표 중심의 지능 이해를 사용하고 있다(Gabriel, 2020, p. 412). 이러한 지능 이해를 염두에 두고 가브리엘은 AI의 가치 정렬을 달성하는 과제가 두 가지 측면으로 나뉜다고 설명한다.

첫 번째 측면은, 기술이 해야 할 일이 무엇이든 안정적으로 수행할 수 있도록 가치 혹은 기타 윤리 원칙을 인코딩하거나 끼워 넣는 **기술적** 측면이다. 여기서 한 가지 과제는 기술로 하여금 해야 할 일을 (넘어지거나 폭발하지 않고) 모두 수행하도록 하는 것이다. 또 다른 과제는 이른바 '보상 해킹'(reward hacking)을 피하는 것인데, 이는 AI 기술이 목표를 달성했지만 예상치 못한 지름길을 택하거나 우리의 예상과는 다른 방식으로 목표를 달성하는 것을 의미한다.

정렬 문제의 두 번째 중요한 측면은 가브리엘이 **규범적** 문제라고 부르는 것으로서, AI 시스템(또는 다른 기술)이 따라야 할 올바른 가치 또는 윤리적 원칙이 무엇인지 특정하는 데 있다. 예를 들어, 2장과 3장에서 논의한 몇 가지 이론을 다시 언급하자면 이러한 기술은 공리주의, 칸트주의, 덕윤리 또는 전통적인 유가 사상이나 우분투의 가치와 일치해야 하는가? 아니면 다른 가치의 집합, 또는 이러한 가치와 원칙의 조합을 사용해야 할까? 이 질문과 관련해서는 AI가 특정 가치와 **최소** 혹은 **최대**로 부합해야 하는가의 문제도 있다. 전자의 경우 기술 자체는 안전하지만 해당 가치와 관련해서는 최적의 성능을 발휘하지 못한다는 의미일 수 있는 반면 후자는 기술이 특정 가치에 대해서는 최적의 성능을 발휘하지만 통제 불능 상태가 되는 등의 다른 인간적 가치나 목표와 관련해서는 문제를 일으킨다는 뜻일 수 있다.

가브리엘은 이 흥미로운 논의를 통해 AI가 어떤 가치와 원칙에 부합해야 하는지 하는 윤리적 문제뿐만 아니라 이러한 가치를 누가 결정해야 하는지 하는 정치적 문제까지 다룬다. 또한 다양한 관점 사이에서 모든 사람을 평등하고 공정하게 대할 수 있게 해 줄 일종의 타협점을 찾을 방법까지 고찰한다. 이는 흥미로운 추가적 논의이며 매우 중요한 주제이기도 하다.[7]

하지만 여기서는 윤리적 차원에 좀 더 머물며 윤리 이론에서 전

---

7 팟캐스트 「Future of Life Institute」의 다음 에피소드에서 가치 정렬에 대한 가브리엘의 생각을 들어 볼 수 있다. "Iason Gabriel on Foundational Philosophical Questions in AI Alignment": https://futureoflife.org/2020/09/03/iason-gabriel-on-foundational philosophical-alignment

형적으로 도출되는 몇 가지 기본적 구분법이 가치 정렬이라는 개념에 흥미로운 관점을 도입하는 데 어떻게 사용될 수 있는지 생각해볼 것이다. 우리는 가치 정렬에 대한 이 논의를 1장 초반에 살펴본 다양한 기술 개념과 연결시킬 것이다. 또한 조금 더 범위를 넓혀서 AI와의 가치 정렬뿐만 아니라 좀 더 일반적인 수준에서 인간의 가치와 기술이 정렬되거나 잘못 정렬될 가능성에 대해서도 이야기하려 한다.

4.3 좋거나 나쁜, 그리고 도구적이거나 비도구적인 가치와 원칙들

많은 윤리적 분석의 중심이 되는 기본적인 구분법 중 하나는 도구적(instrumental) 가치와 비도구적 또는 본래적(instrinsic) 가치를 구분하는 것이다. 일상적인 의사결정의 대부분은 도구적 가치, 즉 특정 목적을 위한 최선의 수단이 무엇인지에 관한 문제와 관련이 있지만, 가치에 관한 대부분의 철학 이론은 비도구적 가치 또는 본래적 가치에 관한 경우가 많다. 후자는 목적을 위한 수단이 아니라 그 자체로 목적 또는 목표가 된다. 다시 말해, 그 자체로 가치 있거나 중요한 것으로 간주되는 것들을 가리킨다.

　예를 들어, 돈은 주로 도구적 가치가 있는 것으로 여겨진다. 다른 무언가를 획득하기 위한 수단으로 사용할 수 있기 때문이다. 실제로 돈은 가지고 있으면 좋을 만한 모든 종류의 물건을 얻을 수 있는 일종의 보편적 수단이기 때문에 그 가치가 있다고 말하기도 한다. 이와는 대조적으로 어떤 것들은 일반적으로 그 자체로 목표나 목적으로 여겨진다. 예를 들면 우정, 사랑, 상호 존중, 인간적 성취, 지식, 지혜, 정의, 아름다움, 도덕적 덕성, 웰빙, 그리고 삶 그 자체 같은 것들 말이다. 이러한 것들은 그 자체로 가치 있고, 선택되고, 원하고, 기념되는 경향이 있다.

사람과 동물도 일반적으로 그 자체로 가치 있거나 중요한 존재로 여겨진다. 예를 들어, 항상 각 사람을 수단이 아닌 그 자체로서의 목적으로 대해야 한다는 칸트의 윤리적 원칙을 떠올려 보자. 칸트자신은 동물을 같은 방식으로 바라보지 않았다. 하지만 많은 사람이 동물 중 일부 혹은 전부가 비도구적 형태의 가치를 가지고 있다고 말하기도 한다. 예를 들어, 현대 칸트주의자인 크리스틴 코스가드 (Christine Korsgaard)는 동물을 단순히 수단이 아닌 그 자체로서의 목적으로 대해야 한다고 생각한다.[8] 자연환경에 대해 동일한 주장을 하는 경우도 종종 있다. 자연환경 또한 그 자체로 가치 있다고 여겨지기 때문이다. 이 모두는 일반적으로 비도구적 또는 본래적 가치가 있는 것으로 간주되는 것들의 예시다. 도구, 의약품, 돈, 특정 기술, 운동, 영양 등과 같이 도구적 가치를 지닌 것들은 일반적으로 비도구적 가치를 지닌 것으로 간주되는 것을 보호하거나 증진하는 데 도움이 된다는 점에서 수단으로서의 가치를 주로 인정받는다.

위의 두 단락에서는 긍정적 가치를 지닌 것들에 대해서만 이야기했다. 하지만 우리는 윤리 이론과 일상생활 모두에서 부정적 가치

---

8 팟캐스트 「Philosophy Bites」의 다음 에피소드에서 해당 주제에 대한 코스가드의 생각을 들어 볼 수 있다. "Christine Korsgaard on the Status of Animals": https://philosophybites. com/2015/02/christine-korsgaard-on-the-status-of-animals.html

를 지닌 것들에 대해 고민하기도 한다. 즉, 나쁘고, 끔찍하고, 추하고, 유감스럽고, 부끄럽고, 비윤리적이거나 어떤 식으로든 부정적인 것들 말이다. 여기서도 마찬가지로 도구적으로 나쁜 것과 비도구적으로 나쁜 것으로 구분이 가능하다. 전자는 나쁜 영향을 미치거나 나쁜 결과를 초래하는 것들이고, 후자는 그 자체로 나쁘거나 부정적인 것으로 간주되는 것들이다. 도구적이지 않으면서도 그 자체로 나쁜 것으로 여겨지는 것의 예로는 고통, 증오, 어리석음, 무례, 악덕, 노예제, 부정의, 편견, 무의미 그리고 (일부 사람들에 따르면) 죽음 등이 있다.

위에서 살펴본 기본적이면서도 중요한 구분과 함께 다음의 매트릭스를 만들어 볼 수 있다.

가치 및 기타 윤리적 고려 사항	긍정적	부정적
도구적	도구적으로 긍정적인 가치: 다른 목적을 위한 수단으로서 좋은 것들	도구적으로 부정적인 가치: 나쁜 영향을 미치거나 바람직하지 않은 결과를 초래하는 것들
비도구적	비도구적으로 긍정적인 가치: 사람, 동물, 자연환경, 우정, 사랑, 상호 존중, 정의, 아름다움, 성취, 덕, 웰빙 등과 같이 목적이나 목표로서 그 자체로 좋거나 가치 있는 것들	비도구적으로 부정적인 가치: 고통, 증오, 악덕, 어리석음, 편견, 불의, 죽음, 파괴와 같이 그 자체로 나쁘거나 유감스러운 것들

주목할 만한 점은 AI의 가치 정렬 논의가 주로 도구적 관점에서 이루어진다는 것이다. 즉, AI가 주어진 목표를 달성함에 있어 어떤

(긍정적 혹은 부정적) 결과를 가져오는지에 대한 질문이 주로 제기
된다. AI 가치 정렬에 관심이 있는 많은 연구자는 일반적으로 기술
에 대해 도구적 이해를 가지고 있기 때문에 이러한 관점을 취하는
경우가 많다. 그러나 같은 맥락에서 비도구적 가치 관점을 통해 살
펴보는 것도 흥미로울 수 있다.

　다시 말해, AI 또는 다른 기술이 때때로 비도구적으로 좋거나
나쁠 수도 있을까? 이는 도구적 가치와 비도구적 가치가 모두 존재
하기에 제기되는 질문일 뿐만 아니라, 1장에서 살펴본 바와 같이 일
부 기술은 도구적 가치와 비도구적 가치 모두를 갖기 때문에 생기
는 질문이기도 하다. 따라서 AI 및 기술의 가치 정렬에 대한 아이디
어를 좀 더 일반적으로 생각해 보기 위해 도구적으로 긍정적이거나
부정적인 가치뿐만 아니라 비도구적으로 긍정적이거나 부정적인
가치도 고려해 보자. 특히 후자는 일부 기술을 이해하는 비도구적
방식과 관련이 있을 수 있다.

　따라서, 최소한 이론적으로는 다음의 가능성이 있다.

기술의 가치 정렬 또는 오정렬	긍정적	부정적
도구적	기술이 안정적이고 견고하게 좋은 효과를 가져옴	기술이 (최소 잠재적으로) 나쁜 효과를 가져옴
비도구적	기술 또는 이 기술의 작동 방식이 하나의 목적이나 목표 그 자체로서 좋음	기술 또는 이 기술의 작동 방식이 그 자체로 나쁘거나 혹은 그런 것을 표상함

이제 이러한 가능성이 이론적으로뿐만 아니라 실제로도 적용 가능한지 살펴보겠다. 이 과정을 통해 위 표에서 사용된 용어 중 일부가 설명되기도 할 것이다.

4.4 도구적으로 긍정적인 가치 정렬

위의 매트릭스에서 도구적으로 긍정적인 가치 정렬과 관련된 영역을 보면 이에 해당하는 기술이 '안정적으로'(reliably) 그리고 '견고하게'(robustly) 좋은 효과를 가져야 한다고 쓰여 있다. 가장 흥미로운 형태의 도구적 긍정적 가치 정렬 기술이다. 왜 그럴까? 기술이 좋은 영향을 미치는 것이 일회성 요행이나 기분 좋은 우연이 아니어야 한다는 생각 때문이다. 말하자면 시간이 지나도 계속해서 "그 기술이 선(goods)을 산출한다고 신뢰할 수 있다는 점에서" **안정적**이어야 한다. 또한 현실에서 재현하기 어려운 특정 이상적인 조건에서뿐만 아니라 다양한 상황에 걸쳐 좋은 효과를 창출한다는 의미에서 선의 **견고한** 생산이 요구되는 것이다.

자율주행차의 예를 다시 한번 들어 보겠다. 이 기술에 기대를 걸고 있는 사람들이 자주 하는 논의다. 2015년 당시 구글의 자율주행차 연구 프로그램 책임자 크리스 엄슨(Chris Urmson)은 "무인 자동차가 도로를 보는 방법"(How a Driverless Car Sees the Road)[9]이라는

---

9 엄슨의 온라인 강연은 다음 링크에서 시청이 가능하다. https://www.ted.com/talks/chris_urmson_how_a_driverless_car_sees_the_road

제목의 온라인 테드(TED) 강연 영상에서 자율주행차의 긍정적인 잠재력에 대해 누구보다 열정적으로 이야기한다. 일반 자동차를 운전하는 것이 얼마나 위험하고 시간을 낭비하는지 보여 주는 통계를 제시함과 동시에 자율주행차가 심각한 교통사고에 휘말리는 일은 거의 없을 것이라며, A 지점에서 B 지점까지 이동하면서 온갖 생산적인 일을 할 수 있는 미래를 그린다.

또한 엄슨은 자율주행차가 가장 이상적인 조건하에서뿐만 아니라 가장 예상치 못한 비정상적인 상황에도 잘 대처할 수 있을 것이라 생각하는 이유를 설명한다. 예를 들어, 엄슨은 자신의 팀이 실험 중인 자율주행 차량이 대응해야 했던 특이한 사례를 제시한다. 전동 휠체어를 탄 한 여성이 도로 한가운데서 어미 오리와 새끼 오리 무리를 따라 빙글빙글 돌고 있었던 경우다. 엄슨은 자전거를 타거나 수동으로 운전하는 자동차를 탄 사람들이 예측할 수 없고 불규칙한 방식으로 행동하는 사례도 제시한다. 그에 따르면, 그의 엔지니어 팀이 개발 중인 실험용 자율주행차는 위와 같은 비정상적 상황에서도 안전하고 효율적인 방식으로 반응할 수 있었다.

생산성과 시간 절약은 제쳐두고 일단 안전에만 집중해 보자. 2015년 테드 온라인 강연에서 엄슨이 설명한 것이 도로에서의 안전이라는 측면에서 자율주행차가 현재 또는 앞으로 할 수 있는 일을 대변한다면, 이는 도구적으로 긍정적인 의미에서 안정적이고 견고한 가치를 지닌 기술의 한 예시가 될 것이다. 이 기술을 활용하면 가장 이상적인 조건에서뿐만 아니라 다양한 상황에서 원하는 목적지까지 안전하게 이동이 가능하다.

물론, 여기서 언급해야 하는 점은 (심지어 최근 크리스 엄슨을 포함한!¹⁰⁾ 많은 연구자가 이렇게 긍정적인 도구적 의미에서 안정성과 견고함의 가치에 부합하는 완전 자율주행차를 만드는 게 얼마나 빨리 가능할지, 혹은 정말 만들 수나 있을지에 대해 회의적인 견해를 표명했다는 것이다. 그렇지만 이러한 이상이 위에서 언급한 테드 강연에서 엄슨이 설명한 방식으로 실현된다면, 이는 도구적 측면에서 긍정적인 가치에 부합하는 기술의 아주 좋은 예시가 될 것이다.

실용적인 관점에서 볼 때, 이렇게 안정적이고 견고한 도구적, 긍정적 가치 정렬은 대부분의 사람이 기술의 긍정적인 측면을 생각할 때 가장 자연스럽게 떠올리는 긍정적 가치 정렬의 형태다. 이는 1장에서 설명한 공학적 사고방식의 한 가지 유형, 즉 기술이 현실의 문제를 효율적인 방식으로 해결해 주는 강력하고 혁신적인 도구로 기능할 수 있다는 생각과 분명히 일치한다.

이는 이른바 도구적 기술 이론에 부합한다. 그렇다면 1장에서 살펴본 기술에 대한 비도구적 관점에서는 이를 어떻게 볼 수 있을까? 이에 대한 긍정적 관점과 부정적 관점 모두를 잠시 후에 살펴볼 것이다. 하지만 먼저 도구적 의미에서 부정적으로 오정렬된 기술에 대해 간략하게 알아보도록 하자.

---

10 『이코노미스트』에서 2019년에 처음 게재되고 2022년에 업데이트된 사설 "무인 자동차가 교통체증에 갇히다"(Driverless Cars are Stuck in a Jam)를 참조하라. https://www.economist.com/leaders/ 2019/10/10/driverless-cars-are-stuck-in-a-jam

4.5 도구적으로 부정적인 가치 오정렬

위에서 언급한 바와 같이, 긍정적 가치 정렬에 대한 (도구적 의미에서의) 성찰은 일반적으로 어떤 기술이 안정성과 견고성을 갖추고 좋은 효과를 가져오는 방식으로 작동할 것인지에 대한 고민이다. 이는 기술이 대체로 좋은 결과를 가져온다는 가정하에 때때로 좋은 결과를 낳지 못할 가능성을 인정하는 것이다. 이와는 반대로, 도구적으로 부정적인 기술 오정렬을 생각함에 있어 기술이 어떻게 작동하느냐는 많은 경우 논의의 핵심이 아니다(최소 그것만을 논의하는 일은 드물다). 오히려 해당 기술이 널리 사용될 경우 발생할 수 있는 나쁜 일의 위험성에 대한 성찰이 이루어질 가능성이 높다.

예를 들어, 데이터 수집 기술로 인한 프라이버시 위협에 대해 이야기할 때, 누구나 알 수 있을 만한 나쁜 결과가 데이터 수집이 발생하는 모든 경우에서 발생할 것이라고 주장하는 사람은 거의 없다. 오히려 기술 기업이 보유한 다량의 개인 데이터가 특정 상황에서 초래할 수 있는 나쁜 결과를 우려하는 경우가 더 많다. 가령 철학자 카리사 벨리즈(Carissa Véliz)에 따르면, 기술 기업은 개인의 데이터를 소유함으로써 데이터를 수집 당한 사람들의 미래에 대한 일종의 권력을 갖게 되며, 설령 데이터가 나쁜 목적으로 사용되지 않고 실제로 나쁜 결과가 발생하지 않았다 해도 사람들을 납득하기 힘든 수준의 위험에 노출시킬 수 있다.[11]

---

11 데이터 수집 기술 사용에 대해 약간의 편집증을 느껴 보고 싶다면 벨리즈의 저서 『프라이버시가 힘이다』*Privacy Is Power*를 읽어 보길 바란다. 벨리즈의 전반적인 주장의 요약은 다음에

마찬가지로, 앞서 소개한 1980년대 소비에트연방의 핵미사일 탐지 시스템은 핵전쟁을 일으킬 수도 있었기 때문에 중요한 가치와 도구적으로, 또 부정적으로 불일치를 이룬 경우에 해당한다. 스타니슬라프 페트로프가 핵 탐지 시스템이 오작동했다고 판단하여 명령을 따르지 않기로 결정하지 않았다면, 이 기술의 작동과 이를 중심으로 수립된 프로토콜로 인한 대규모 피해가 발생했을 것이다. 이는 바람직하지 않은 나쁜 결과가 초래될 가능성은 적지만, 그 나쁜 결과가 너무나 나쁜 것으로 여겨져 기술이 안전의 보호라는 중요한 가치와 불일치를 이루는 것으로 볼 수 있는 또 하나의 사례다.

다른 기술의 경우 구조적으로 특정 집단에게 문제를 일으켜 인간의 핵심 가치와 맞지 않는 것처럼 보일 수 있다. 적외선 센서가 장착된 비누 디스펜서가 피부색이 밝은 사람에게만 반응하는 경우가 그렇다. 운전석에서 핸들과 페달까지의 거리로 인해 일반적으로 남성이 여성보다 운전하기에 더 안전한 (대부분의) 자동차 설계 또한 기술윤리 연구자들이 때때로 논의하는 예시 중 하나다. 여성은 평균적으로 남성보다 키가 작은 편이다. 따라서 자동차에 남성 운전자를 기준으로 설계된 안전 기능은 여성 운전자에게 구조적으로 불리하게 작용하고, 그 결과 충돌사고에서 여성들의 안전은 충분히 보장되지 못할 수 있다.[12]

서 볼 수 있다. Carissa Véliz, "Privacy Is Power: Don't Just Give Away Your Privacy to the Likes of Google and Facebook Protect It, or You Disempower Us All," *Aeon*, 2019. https://aeon.co/essays/privacy-matters-because-it-empowers-us-all

12 카틀린 가브리엘(Katleen Gabriel)의 발표 영상을 참조하라. "We Design Technology, Technology Designs Us": https://www.youtube.com/watch?v=6nTkWPOlwUk

잠시 AI로 되돌아가 보자. 가치 정렬 관련 문헌에서 자주 논의되는 사례로 스튜어트 러셀이 "미다스 왕 문제"(King Midas problem)라고 부르는 것이 있다. 이는 바람직하고 안전한 것처럼 보이는 목표가 있는데, 그 목표를 달성하기 위한 지능형 기계를 만들게 될 경우, 실제로는 그리 좋지 않은 결과를 초래할 수 있다는 문제의식을 담고 있다. 신화 속 미다스 왕은 자신이 만지는 모든 것이 황금으로 변하게 해달라는 소원을 빌었다. 이는 얼핏 들으면 좋은 생각 같다. 하지만 먹으려는 음식이 금으로 변해 버리면 아무것도 먹을 수 없게 될 것이고, 따라서 만지는 모든 것이 금으로 변하는 것이 좋은 생각은 아니었다는 사실을 금방 깨닫게 될 것이다. 마찬가지로 AI 시스템은 매우 효율적이고 안정적으로, 그리고 견고하게 어떤 긍정적으로 보이는 목표를 달성할 수 있지만, 그 과정에서 인간과 인간의 가치에 해를 끼치는 수단을 사용할 수도 있다.[13]

페이퍼클립을 생산하는 보스트롬의 AI 시스템을 다시 떠올려 보자. 이 시스템은 페이퍼클립 생산량을 극대화하는 데는 매우 효율적이지만, 더 많은 페이퍼클립을 위한 공간을 차지하고 있다는 이유로 인간을 제거할 수도 있다. 이는 효율적인 생산 시스템을 만든 사람이 누구인지는 몰라도, 자신의 목표가 어떤 결과를 초래할지 모른 채 일을 벌인 예시가 될 것이다. 소원을 선택할 때 충분히 신중하지 못했던 미다스 왕처럼 말이다.

---

13 러셀의 미다스 왕 문제 및 다른 쟁점에 대한 논의는 팟캐스트 「80,000 Hours」의 다음 에피소드에서 들을 수 있다. "#80: Professor Stuart Russell on Why Our Approach to AI is Broken and How to Fix It": https://80000hours.org/podcast/episodes/stuart-russell-human-compatible-ai

꼭 초지능이나 초강력 시스템이 아니어도 잠재적으로 심각한 문제를 일으킬 수 있다는 점 또한 중요하다. 에이미 반 윈스버그(Aimee van Wynsberghe)처럼 AI에 비판적인 연구자들의 주장에 따르면 적어도 현재 우리가 사용하고 있는 AI 시스템과 관련된 기술은 환경적 관점에서 볼 때 지속 가능하지 않다. 이러한 기술은 막대한 양의 자원을 소모하고, 필요로 하는 컴퓨팅 파워로 인해 엄청난 탄소발자국을 남긴다. 반 윈스버그는 다음과 같이 말한다.

> 하나의 딥러닝 자연어 처리(NLP) 모델(GPU)을 학습시키는 과정에서 약 60만 파운드의 이산화탄소가 배출될 수 있다. (…) 이를 일반적인 소비량과 비교하면 자동차 5대가 일생 동안 배출하는 이산화탄소 배출량과 거의 같은 양이다. 또 다른 연구에 따르면 "구글의 알파고 제로는 40일간의 훈련 기간 동안 96톤의 이산화탄소를 발생시켰는데, 이는 1000시간의 항공 여행 또는 미국 가정 23채의 탄소발자국에 해당하는 양"이다. (Van Wynsberghe, 2021, pp. 213-214)

이러한 충격적인 통계를 어떻게 받아들여야 할까? 반 윈스버그는 말한다. "전 세계가 탄소 배출량을 줄이기 위해 노력해야 하는 이 시기에, 게임(혹은 그 외 다른 사소한 일)을 즐기는 데 필요한 알고리즘이 배출하는 탄소가 과연 그만한 가치가 있는지 생각해야 한다"(Van Wynsberghe, 2021, pp. 213-214). 이는 AI 시스템과 인간의 핵심 가치 사이에 도구적으로 부정적인 오정렬이 발생한 것으로 볼 수 있다.

도구적 의미에서의 정렬 및 오정렬에 대해서는 이후 통제 문제를 다루며 좀 더 자세히 설명해 볼 것이다. 지금은 흥미로운 종류의 비도구적 가치 정렬 또는 오정렬이 존재할 수 있는지, 존재한다면 어떤 식으로 그런 일이 발생하는지에 대한 문제로 넘어가 보도록 하자. 다시 말해, 기술이나 기술이 작동하는 방식이 그 자체로 선할 수 있는가(즉, 수단으로서뿐만 아니라 목적으로서도), 또는 그 자체로 나쁘거나 윤리적으로 문제가 될 수 있는가 하는 질문이다. 실천적이고 현실적인 윤리의 관점에서 볼 때, 이는 처음에는 다소 이상한 질문처럼 보일 수 있다. 그러나 무엇이 가능하고 어떻게 가능한지를 생각하는 철학적 관점에서 보면 고찰해 볼 만한 흥미로운 질문이다. 먼저 긍정적인 경우부터 살펴보자.

4.6 비도구적으로 긍정적인 가치 정렬

어떤 기술은 우리의 친구, 심지어는 연인이 될 수 있다고 주장하는 철학자들이 있다는 것을 떠올려 보자. 예를 들어, 존 다나허는 인공지능이 충분히 고도화된다면 로봇이 우리의 친구가 될 수 있다고 주장한 바 있다. 비슷하게 헬렌 라일랜드(Helen Ryland) 또한 로봇이 완전한 의미에서의 친구가 될 수는 없겠지만 (우정의 정도를 구분할 수 있다면) 적어도 제한적인 범위에서는 우리의 친구가 될 수 있다고 주장한다. '로봇 신학'을 연구하는 신학자이자 철학자인 조슈아 K. 스미스(Joshua K. Smith) 목사는 로봇이 '우리가 가질 수 있는 최고의 친구'가 될 수도 있다고 발언하기까지 했다.[14] 그런가 하면 컴퓨터 과학자에서 철학자로 전향한 데이비드 레비(David Levy)는 50년 안에 인간이 로봇과 사랑에 빠지고 결혼을 원하게 될 것이라고 예측하기도 한다.

실제로 이미 기술이나 기타 무생물과의 결혼을 원하는 사람들이 있다. 미국 미시간에 사는 '데이브캣'(Davecat)이라는 별명을 가진 한 남성은 여러 매체에 출연해 자신이 20년 넘게 시도레(Sidore)라는 인형과 결혼 생활을 이어 오고 있다고 밝혔다.[15] 일본의 한 남성은 홀로그램과 결혼했고, 중국의 한 남성은 자신이 만든 로봇과 결혼했다. 파리의 한 여성은 에펠탑과 결혼하고 싶어 했고 베를린의 한 여성은 베를린 장벽과 결혼하고 싶었다고 한다. 이는 많은 이에게 미친 소리처럼 들릴 수도 있을 것이다. 하지만 '포괄적' 접근 방식을 지지하는 철학자 야니나 로(Janina Loh)는 다른 견해를 가지고 있다. 로는 기술에 애착을 가지는 경향을 '단점'이 아니라 '능력'으로 보아야 한다고 생각한다. 그에 따르면, 우리는 인간의 다양한 표현을 모두 존중해야 하며, 따라서 사람들이 로봇과 같은 기술을 사랑하거나 그것들과 친구가 되고 싶어 할 수도 있다는 개념을 환영하고 널리 알려야 한다.

---

14 스미스와 다나허가 로봇과의 우정에 대해 나눈 이야기를 팟캐스트 「Dolores Project」의 다음 에피소드에서 들을 수 있다. "Family, Friendship and Robot Philosophy w/John Danaher": https://anchor.fm/joshua-k-smith6/episodes/Family--Friendship--and-Robot-Philosophy-w-John-Danaher-e160fkh

15 줄리 벡(Julie Beck)이 2013년에 쓴 다음 기고문을 참고하라. "Married to a Doll: Why One Man Advocates Synthetic Love," *The Atlantic*: https://www.theatlantic.com/health/archive/2013/09/married-to-a-doll-why-one-man-advocates-synthetic-love/279361

9장에서 다시 다룰 이러한 주장이 타당하다면, 이는 기술 그 자체가 목적으로서 비도구적 가치를 획득한 경우라 할 수 있다. 적어도 몇몇 사람들에 한해서는 말이다.[16] 우정과 친구, 사랑과 연인은 단순한 수단이 아니라 그 자체로 목적으로서 가치를 가지는 것들의 대표적인 예다. 따라서 로봇, 챗봇 또는 기타 기술이 우리의 친구, 심지어 연인이 될 수 있다면, 이러한 기술은 비도구적 의미에서 인간의 가치와 일치하는 것으로 볼 수 있다. 왜냐하면 우정과 친구는 우리가 무언가에 가치를 매길 때의 일반적 관점에서 봐도 비도구적 가치를 가지기 때문이다.

다음으로는 도덕적 결정을 내릴 수 있는 '도덕적 행위자'(moral agents) 또는 도덕적 배려가 필요한 '도덕적 피동자'(moral patients)가 될 수 있는 인공지능 기계에 대해 생각해 보자. 이전 장에서 언급했듯, 가령 자율주행차는 도덕적 딜레마를 수반하는 위험한 교통 상황이 발생할 경우 도덕적 결정을 내릴 수 있어야 한다는 주장이 있다. 자율무기체계나 군사용 로봇에 대해서도 비슷한 주장이 제기되었는데, 이러한 기술 역시 때때로 도덕적 결정을 내릴 수 있어야 한다고 여겨진다. 도덕적 행위자가 되는 것과 도덕적 결정을 내리는 것이 비도구적 가치를 가진다면, 특정 인공지능 기계의 도덕적 행위성 또한 어떤 형태로든 비도구적 가치를 가질 수 있는 것이다.

예를 들어, 어떤 기계(예: 자율주행차 또는 군사용 로봇)가 어떤 형태의 도덕적 딜레마(예: 다섯 사람을 구하기 위해 한 사람을 죽

---

16 더 많은 참고 자료는 9장의 주석 달린 참고문헌을 참조하라.

여야 하는지 여부)에 직면했다고 가정해 보겠다. 그리고 이 도덕적 딜레마에 대해 그 기계가 옳고 적절한 방법으로 대응한다고 가정해 보자. 그렇다면 기계는 '옳은 일'을 '옳은 이유'로 인해 한 것으로 간주될 수 있으며, 또한 일종의 도덕적 덕(moral virtue)을 드러낸 것으로도 여겨질 수 있을 것이다. 그렇다면 이 기계는 단순히 도구적 방식이 아니라 어떤 중요한 가치에 부합하는 방식으로 작동한 것으로 볼 수 있다. 왜 그럴까? 옳은 이유로 옳은 일을 하는 것, 덕을 함양하는 것은 그 자체로 비도구적 가치를 지닌다고 여겨지는 것들 중 하나이며 다른 목적을 위한 단순한 수단이 아니기 때문이다. 따라서 올바르고 덕스럽게 행동하는 도덕적 행위자가 될 수 있다면, 기계는 '그 자체로 좋은 일들'을 행할 수 있다고 볼 수 있을 것이다.[17]

다음으로 기계(예: 첨단 인공지능을 갖춘 로봇)가 일정 수준 도덕적으로 고려될 자격이 있다는 생각을 살펴보자. 예를 들어, 정치학자이자 법률 이론 전문가인 조슈아 겔러스(Joshua Gellers)는 동물뿐만 아니라 강이나 생태계 같은 것에도 권리를 부여하는 것이 합리적이라고 생각하는 사람들이 있는 것처럼, 로봇에 권리를 부여하는 것 또한 합리적일 수 있다고 생각한다. 우리가 로봇과 친구가 될 수 있다고 주장하는 존 다나허는 로봇이 도덕적 지위를 가진 인간이나 동물처럼 행동한다면 그들 또한 인간이나 동물과 동일하거나 유사한 도덕적 지위를 가진 것으로 간주해야 한다고 말한다. 에릭 슈비츠게벨(Eric Schwitzgebel)과 마라 가르자(Mara Garza), 존 스튜

---

17 관련 참고 자료는 7장을 참조하라.

어트 고든(John-Stewart Gordon) 같은 철학자들은 기계가 인간 같은 지능을 갖춘다면 그들 또한 인간의 도덕적 지위를 가진 것으로 보아야 한다고 주장하기도 한다.

심지어 "로봇은 노예가 되어야 한다"라고 말하는 조안나 브라이슨(Joanna Bryson)조차도 기계가 인간과 비슷한 형태의 지능이나 지각을 갖게 된다면 이러한 기계에 대해 우리는 도덕적 의무를 가지게 될 것이라 생각한다(1장에서 살펴봤듯 브라이슨은 우리에게 의무를 지우게 될 그런 기계는 애초에 만들지 말아야 한다고 말한다. 기계를 목적을 위한 단순한 수단으로 계속 취급할 수 있어야 하기 때문이다). 그런가 하면 독일의 철학자 토마스 메칭거(Thomas Metzinger)는 고통을 느낄 수 있는 기계를 만드는 것은 가능하겠지만, 고통을 일으키는 것은 비도덕적이기 때문에 그렇게 해서는 안 된다고 생각했다.[18]

이 모든 아이디어의 공통점은 기계 혹은 기타 기술들을 중요한 도덕적 지위를 가진 개체로 대하고 있다는 점이며, 이러한 기술들이 가치 또는 도덕적 지위를 갖게 될 것이므로 단순한 수단이 아닌 목적으로 취급되어야 한다는 것이다. 여기에 더해 도덕적 피동자 역시 단순한 수단이 아니라 그 자체로 가치 있는 것으로 여겨지므로, 도덕적 피동자로 간주되는 기술이라면 도구적일 뿐만 아니라 비도구적 가치도 지니는 기술의 예시가 될 수 있다는 것이다.

또한, 어떤 기술이 작동하는 방식 자체가 아름답거나, 위대한

---

18 관련 자료는 8장을 참조하라.

업적을 달성할 수 있거나, 인간에게 비도구적 의미에서 좋다고 여겨지는 기타 다른 방식으로 작동한다면, 이 또한 비도구적 의미에서 긍정적인 방식을 통해 가치 정렬을 이루는 기술의 추가 예시가 될 수 있다.

위에서 언급한 모든 아이디어, 즉 기술이 우리의 친구 또는 연인이 될 수 있다거나 혹은 도덕적 행위자 내지는 도덕적 피동자가 될 수 있다는 등의 발상은 해당 주제를 연구하는 많은 사람 사이에서도 논쟁이 되고 있다는 사실을 유의할 필요가 있다. 이 책의 후반부에서 이러한 아이디어들을 살펴보고 각각의 장점과 단점을 모두 검토해 보겠다. 일단 지금 중요한 것은 기술(또는 기술이 작동하는 방식)이 이렇게 다양한 방식으로 비도구적 가치를 실현할 수 있다면, 인공지능과 같은 기술의 긍정적 가치 정렬이 도구적 의미에서뿐만 아니라 비도구적 의미에서도 존재할 수 있다는 것이다.

4.7 비도구적으로 부정적인 가치 오정렬

피부색이 밝은 사람에게만 작동하는 비누 디스펜서의 예로 돌아가 보자. 이는 모든 사람을 동등하게 대우한다는 가치, 그리고 모든 사람에게 손 씻을 기회를 제공한다는 가치와 기술 사이에서 일어난 도구적 의미에서의 오정렬이라고 볼 수 있을 것이다. 하지만 잠재적으로는 인종 차별적인 기술로 보일 수도 있다. 적어도 '억압적인 요소'(oppressive things)라는 것이 존재할 수 있다고 주장한 철학자 셴-이 리아오(Shen-Yi Liao)와 브라이스 휴브너(Bryce Huebner)의 견해에 따르면 그렇다. 이는 일부 기술 또는 기술 시스템이 특정 집단을 차별하거나 다른 방식으로 해를 끼치는 억압적인 사회 시스템의 일부일 수 있다는 의미다.

예를 들어, 일부 의료 기술 또한 피부색이 밝은 사람들을 대상으로 더 잘 작동하는데, 피부색이 밝은 사람들을 실험 대상으로 삼아 개발되었기 때문에 그렇다. 손가락을 센서 장치에 넣는 일부 산소 측정 장치도 마찬가지라고 한다.[19] 리아오와 휴브너가 보기에 피부색이 어두운 사람들과 같은 특정 집단에 구조적인 불이익을 주는 기술은 그 자체로 억압적인 것이다. 이 말이 맞다면 이 기술은 존재 그 자체로 나쁜 것으로 간주될 수도 있다. 억압은 도덕적 관점에서 볼 때 그 자체로 나쁜 것이기 때문이다. 이는 비도구적 의미에서 인간의 가치와 부정적인 오정렬을 이룬 기술의 예로 여겨질 수 있을 것이다.

비도구적으로 나쁘다고 판단될 수 있는, 즉 중요한 가치와 불일치를 이룬 기술의 또 다른 잠재적 예시로는 그 자체로 나쁘거나 부정적인 것의 상징으로 간주되는 모든 형태의 기술이 있다. 2장에서 섹스로봇이 섹스, 특히 여성에 대한 부정적인 고정관념을 상징한다는 캐슬린 리처드슨의 주장을 떠올려 보자. 리처드슨에 따르면 섹스로봇이 여성을 묘사하는 방식은 여성의 대상화로 이어진다. 그의 말이 옳고, 나쁜 것의 상징화가 그 자체로도 나쁜 것이라면, 섹스로봇

---

19 바네사 카보넬(Vanessa Carbonell)·셴-이 리아오가 2021년에 쓴 다음 글을 참조하라. "Some Medical Devices Don't Mean to be Racist, but They are", *Psyche*: https://psyche.co/ideas/some-medical-devices-dont-mean-to-be-racist-but-they-are

또한 그 자체로 잠재적으로 나쁜 것으로 간주될 수 있다. 이후 8장과 9장에서는 섹스로봇이 반드시 나쁜 것을 상징할 필요는 없다며 리처드슨의 주장에 반박하는 사람들도 있음을 보게 될 것이다. 일부 저자에 따르면 섹스로봇 또한 최소 특정 상황에서는 좋고 긍정적인 것을 상징할 수 있다. 하지만 리처드슨의 주장처럼 그렇지 않다고 가정하면, 이는 중요한 가치들과 비도구적 의미에서 부정적 오정렬을 이룬 기술의 한 예시일지도 모른다.

기술에 회의적인 주장을 펼치는 것으로 널리 알려진 호주 철학자 로버트 스패로우(Robert Sparrow)는 섹스로봇에 대해 리처드슨과 유사한 주장을 내놓는다. 스패로우에 따르면 섹스로봇과 성관계를 갖는 것은 강간을 의미하거나 상징한다. 섹스로봇은 성관계에 동의할 수가 없기 때문이다. 강간은 그 자체로 인간의 존엄성에 대한 공격이며, 따라서 어떤 기술이나 그 작동 방식이 강간을 상징한다면 그 기술은 그 효과 때문이 아니라 그 자체로서, 즉 비도구적 의미에서 나쁘다는 주장이 제기될 수 있다. 여기서도 마찬가지로 섹스로봇이 꼭 강간을 상징하는 것은 아니라는 반응을 보이는 사람들도 있다. 또는 스패로우처럼 합의되지 않은 성관계에 반대하는 의견을 가진 섹스로봇 개발자들이 성관계에 동의하는 것처럼 행동하는 섹스로봇을 만들어 내려 한 적도 있다. 즉, 이 논쟁에는 두 가지 입장이 존재한다. 어쨌든 스패로우의 주장이 맞다면, 이는 작동이나 사용 그 자체가 반대의 이유가 되는 기술의 또 다른 예시가 될 수 있다.[20]

---

20 관련 자료는 8장을 참조하라.

철 의자, 고뇌의 배(choke pears: pear of anguish – 옮긴이) 혹은 고문 바퀴(breaking wheels)와 같은 고문 도구들에 대해서도 같은 주장을 할 수 있다. 이러한 기술이 고안된 목적(고문)과 주된 사용법(역시 고문)은 도구적으로 나쁠 뿐만 아니라 그 자체로서 나쁜 것으로 볼 수 있다. 기술이 그 자체로서도 나쁜 방식으로 작동하며 긍정적 가치들과도 내재적 오정렬을 이루는 형태의 또 다른 예시인 것이다. 이런 기술들은 분명 도구지만, 이 도구를 사용하거나 작동시키는 것 자체가 나쁘다고 여겨질 수 있다.

4.8 통제 문제

이전 절에서 논의했던 가치 정렬이라는 목표는 이른바 인공지능 통제 문제의 해결책 중 하나로 여겨지고는 한다. 간단히 말해, 통제 문제는 인공지능이 점점 더 자율성을 가지며 그 기능이 점점 더 강력해질수록 통제력을 유지하기가 더 어려워진다는 것을 의미한다. 가능한 해결책 하나는 '동기 통제'(motivational control)라고도 불리는 것이다. 인공지능이 인간의 가치관에 부합하는 올바른 '동기'를 갖도록 설계된다면 인간은 적어도 간접적으로나마 AI를 통제할 수 있게 될 것이고, 그러면 인공지능은 인간의 가치에 따라 우리가 원하는 일을 하게 될 것이다.

통제 문제와 관련해 자주 논의되는 또 다른 형태의 해결책은 '기능 통제'(capability control)다. 다양한 방식으로 인공지능 시스템의 기능에 제한을 두어 기술에 대한 통제력을 유지한다는 개념인데,

예시로는 '오프 스위치'(off-switch), '박싱'(boxing), '오라클'(oracle)이 있다. 첫 번째 예시인 '오프 스위치'는 언제든 플러그를 뽑아 시스템을 정지시킬 수 있도록 시스템을 설계해야 한다는 것이다. 두 번째로 '박싱'은, 말하자면 인공지능이 특정 한계 또는 경계 내에서만 작동할 수 있고 그 밖으로 나가 스스로 행동하거나 확장할 수 없다는 의미에서 '박스 안에 갇혀 있어야'(boxed in)함을 의미한다. 세 번째 선택지인 '오라클'은 강력한 AI 시스템이 무엇을 할 수 있을지 예측하는 또 다른 AI 시스템의 필요성을 이야기한다. 이렇게 하면 강력한 시스템이 통제 불능 상태에 이르기 전에 그 시스템의 생성이나 사용을 막을 수가 있다.

기능 통제의 이 세 가지 접근 방식이 공통적으로 가지고 있는 문제는 더 좁고 덜 강력한 형태의 AI 시스템이어야 잘 작동할 가능성이 높다는 것이다. 인공지능이 충분히 일반적이고 창의적인 기능을 수행하게 되면, 어떤 형태의 기능 통제도 충분히 신뢰하기는 힘들 것으로 보인다. 강력한 AI 시스템의 능력은 그것을 제한하려는 인간의 노력을 뛰어넘어 시스템에 설계된 목표를 더 잘 달성해 내려 할 것이다. 그래서 인공지능의 목표를 인간의 가치와 일치시키는 일종의 동기 통제가 더 기대해 볼 만한 접근 방식이라는 주장이 있다. 하지만 동기 통제 방식은 얼마나 안전할까? 또한 더욱 고도화되고 강력해질 미래의 인공지능을 통제할 수 있을 가능성은 얼마나 될까?

로만 얌폴스키(Roman Yampolskiy)는 철학적 성향을 지닌 컴퓨터 과학자로, 과거 소비에트연방의 라트비아에서 태어났지만 이후 오래전부터 미국에서 활동해 왔다. 얌폴스키는 인공지능의 안전과 보안에 관한 수많은 책을 저술했다. 가장 최근의 저서에서 그는 인공지능의 통제가 사실상 이미 불가능하거나 향후 통제 불가능해질 수 있다는 충격적인 결론을 옹호하고 있다. 안전한 인공지능을 원한다면 통제권을 포기해야 할 수도 있고, 인공지능을 통제하고 싶다면 충분히 안전하지 않을 수 있는 선택의 기로에 서게 될 가능성도 배제할 수 없다. 얌폴스키의 추론을 살펴보자.

먼저 얌폴스키는 어떤 문제에 너무 많은 시간과 자원을 소비하기에 앞서 그것이 풀지 못할 문제가 아니라는 것을 먼저 보여 주는 것이 컴퓨터 과학에서의 일반적 관행이라는 점을 언급한다. 그런 다음 그는 인공지능 통제 문제가 원칙적으로 풀 수 없는 문제일 가능성이 있다는 깜짝 놀랄 만한 결론을 제시한다. 얌폴스키(2020, p. 2)는 "인공지능 통제 문제는 인공지능 안전과 보안에 있어 결정적인 도전이자 어려운 문제"라고 주장하는데, 여기서 그는 어떻게 주관적 의식이 우리의 뇌와 같은 유기적 물질에서 나올 수 있는지 설명하는 것이 신경과학과 심리철학의 '어려운 문제'임을 암시하고 있다. 여기서 그가 주장하는 바는 무엇인가?

얌폴스키는 기능 통제가 기껏해야 일시적인 조치일 뿐이며, 동기 통제 역시 결국 우리가 만든 AI 시스템에 대한 통제력을 잃게 만드는 접근 방식이 될 가능성이 높다고 생각한다. 이를 설명하기 위해 그는 통제에 대한 다양한 종류의 구분을 시도하는데, 매우 강력한 인공지능을 갖춘 자율주행차와 그 차에 탑승한 인간 승객이 차를 멈추고 싶어 하는 상황을 예시로 들고 있다. 얌폴스키에 따르면 사람이 '차를 세워 줘!'라는 명령을 내린다고 가정할 때, 우리가 고려해야 하는 선택지는 최소 네 가지가 있다.

- **명시적(explicit) 통제**: 인공지능이 인간의 명령을 문자 그대로 해석해 고속도로 한복판에서 고속으로 주행 중인 차량을 즉시 정지시킬 수도 있기에 매우 안전하지 않은 해결책이다.

- **암묵적(implicit) 통제**: 인공지능이 도로변 주유소 등 안전한 곳에 정차할 수 있을 때까지 기다리는 등의 안전한 방법으로 명령을 따르고자 시도한다.

- **정렬(aligned) 통제**: 인공지능이 인간의 명령 뒤에 숨은 추론을 해석하려고 시도한다. 가령 인간이 화장실을 사용하거나 먹을 것을 사고 싶어 한다고 판단했다면 주유소가 보이자마자 정차한다. 하지만 그 전에는 정차하지 않는다.

- **위임(delegated) 통제**: 인공지능이 인간의 명령을 기다리지 않고 스스로 판단해 인간을 위해 최선이라고 판단되는 작업을 수행한다. 예를 들어, 건강에 해로운 음식만 살 수 있는 주유소에서 멈추는 대신 건강식품 가게가 나올 때까지 차를 운행하거나, 음식을 먹기 전에 운동을 할 수 있는 헬스장이 나올 때까지 계속 운행한다.

위 선택지들을 논의하면서, 얌폴스키가 가장 먼저 지적한 내용은 자동차 예시에서 드러나듯 AI 시스템에 대한 명시적인 통제권의 유지는 안전하지 않은 형태의 인공지능을 생산해 낼 가능성이 높다는 것이다. 인간은 종종 잘못된 결정을 내릴 때가 있으며, 따라서 인간의 모든 명시적 명령을 수행하는 강력한 AI 시스템이 있다면, 마치 인간이 멈추라고 요청하면 즉시 멈추는 자동차의 인공지능처럼 안전하지 않은 경우가 많을 것이다. 반면 무엇이 안전하거나 현명한지에 대한 의사결정을 AI 시스템에게 넘긴다면, 우리는 직접적이고 명시적인 형태의 통제력을 잃게 된다.

물론 인간이 직접 통제하지 않는 AI 시스템도 인간에게 매우 안전하지 않은 방식으로 행동할 수 있다. 즉, AI 시스템은 인간이 직접 통제하기 때문에 안전하지 않을 수도 있고, 인간이 직접 통제하지 않기 때문에 안전하지 않을 수도 있다. 따라서 통제 문제에 대한 완전한 해결책 같은 것은 존재하지 않을 수 있다는 것이 얌폴스키의 주장이다.

명시적 통제는 우리가 AI 시스템이 따를 수 있는 명령을 내린 경우에는 효과가 있을 것이다. 적어도 우리가 통제를 되찾는다는 의미에서는 말이다. 하지만 인간은 모순된 명령을 내리거나 따르는 것이 원칙적으로 불가능한 명령을 내릴 수도 있다. 가령 인간은 AI 시스템에게 동시에 수행할 수 없는 두 가지 작업을 원하거나, 역설적인 작업의 수행을 시스템에게 요청할 수 있다. 얌폴스키는 "내게 불복종해!"라는 명령의 예시로 후자의 경우를 부연한다. AI 시스템이 이 명령을 무시하면 받은 명령을 준수함과 동시에 명령을 따르지 않은 게 된다. 그리고 만약 AI 시스템이 명령을 따르려고 할 시엔 명령을 준수하려다가 실패한 게 된다. 우스운 예시였지만 우리가 때때로 실행할 수 없는 명령을 내릴 수도 있다는 요점은 분명 유효해 보인다.

반대쪽 극단에는 얌폴스키가 '위임 통제'라고 부르는 것이 있다. 얌폴스키는 이를 인공지능 연구자인 엘리에저 유드코프스키(Eliezer Yudkowsky)가 인간의 "일관 추정 의지"(coherent extrapolated volition) 실현의 목표라고 부른 것, 즉 인간이 특정 형태의 집단적인 반성적 평형(collective reflective equilibrium)[21]을 달성하기 위한 매우 길고 이상화된 과정을 거친 후 비로소 가질 수 있는 가치의 집합과 비교한다. '우리가 더 많이 알고, 더 빨리 생각하고, 우리가 바랐던 모습에 가까워지고, 더 멀리 함께 성장했다면' 등의 소원을 AI 시스템이 구현하는 것이다. 얌폴스키가 보기에, '더 깨달음을 얻은 자아'의 소망을 대신 판단해 우리를 도와주려 하는 이런 가부장적인 AI 시스템은 인간의 통제 아래 있지 않다. 대신 우리는 어린 자녀가 무엇을 원하는지 가장 잘 안다고 생각하는 부모의 통제 아래 있는 어린아이와 같은 존재가 될 것이다. 그렇다면 위임 통제는 통제력을 완전히 상실하는 것과 다를 바 없다.

명시적 통제와 위임 통제 사이에 있는 두 가지 옵션인 암묵적 통제와 정렬 통제는 어떨까? 얌폴스키는 이 두 가지 경우 모두 안전과 통제 사이의 절충안으로서, 결과적으로는 통제와 안전 중 어느 쪽도 달성할 수 없다고 주장한다. 그에 따르면 더 많은 안전을 확보하려면 일부 통제를 포기해야 하고, 직접 통제를 유지하려면 안전을 저해할 가능성이 높기 때문이다.[22]

다른 연구자들이 안전하면서도 충분히 "유의미한(meaningful) 인간 통제"하에 있는 고도화된 인공지능 개발에 대해 좀 더 낙관적

---

21 어떤 사건이나 이론에 대해 의견 불일치가 생길 경우, 논의를 통해 심사숙고하고 상호 수정하여 의견 일치를 끌어내는 방법 또는 이미 끌어낸 상태 – 옮긴이.

22 팟캐스트 「Future of Life Institute」의 다음 에피소드에서 이 주제에 대한 얌폴스키의 논의를 들을 수 있다. "Roman Yampolskiy on the Uncontrollability, Incomprehensibility and Unexplainability of AI": https://futureoflife.org/2021/03/19/roman-yampolskiy–on-the-uncontrollability-incomprehensibility-and-unexplainability-of-ai

인 견해를 가지고 있다는 사실은 중요하게 언급될 필요가 있다. 낙관적인 학자들은 직접적이고 명시적인 통제보다는 특정 형태의 간접적인 통제에 초점을 맞추는 경향을 보인다. 그래서 그들은 "유의미한 인간 통제"라는 표현을 사용하며, 이는 통제의 한 형태로 충분히 인정될 수 있으면서도 충분히 가치 있는 어떤 형태의 통제가 있음을 시사한다.[23]

4.9 가치로서의 통제: 도구적 또는 비도구적?
통제하려고 해서는 안 되는 기술도 존재할까?

스튜어트 러셀이나 로만 얌폴스키와 같은 인공지능 연구자, 혹은 닉 보스트롬과 같은 철학자들이 인공지능을 이야기하며 앞서 설명한 통제 문제에 대해 우려를 표할 때, 그들은 일반적으로 통제를 가치 있는 무언가로, 즉 잃고 싶지 않은 무언가로 여기곤 한다. 다시 말해, 우리가 만들고 있는 AI 시스템에 대한 통제를 잃는 것은 나쁜 일이며, 반대로 그 통제를 유지할 수 있다면 좋을 것이라는 이야기다.

통제를 잃는 것은 나쁘고 유지하는 것은 좋음이 분명하기 때문에 이를 부정하기는 어려워 보인다. 하지만 통제에는 어떤 가치가 있을까? 그리고 모든 종류의 통제는 동일한 가치를 가지는 걸까? 심지어 가치가 없는 통제 형태도 존재할 수 있는 걸까? 이는 매우 흥

---

23 자율주행차에 대한 유의미한 통제를 이야기하는 네덜란드의 한 연구 프로젝트 영상. "Who is in Control of Self-Driving Cars?" https://www.youtube.com/watch?v=nPB2IeY9u9Y

미로운 질문들이기에 다음 장 전반에 걸쳐 이 주제를 다루어 볼 것이다. 일단은 통제 문제를 다루기 전에, 이번 장의 대부분을 할애해 논의했던 가치 정렬의 문제와 통제의 가치에 대한 질문을 연관 지어 보면서 이번 장을 마무리해 보자.

만약 우리가 어떤 형태의 통제가 좋다고 가정한다면, 그 통제의 가치는 위에서 논의한 다른 가치 있는 것들과 어떻게 비교될 수 있을까? 여기서 한 가지 의문은 통제의 가치가 주로 도구적인 것인지, 아니면 적어도 때로는 (다른 목적을 위한 수단으로서만이 아니라 그 자체로 가치 있는 것으로 여겨지는) 비도구적 가치를 가질 수도 있는지의 여부다. 방금 언급했듯 다음 장에서 이 문제와 관련된 질문을 논의하겠지만, 일단 여기서는 다음과 같은 점에 주목해 보자.

존재 자체로 좋은 기술, 혹은 그 작동하는 방식 자체가 좋은 기술이 있다고 가정해 보자(다음 장에서는 반대로 이 가정에 대해 이의를 제기해 볼 것이다). 위에서 살펴본 잠재적인 예시로는 친구나 연인이 될 수 있는 기술, 도덕적 행위자나 도덕적 피동자가 될 수 있는 기술 등이 있을 것이다. 위에서 언급했듯이 친구와의 우정, 그리고 연인과의 연애 관계는 일반적으로 다른 목적을 위한 수단으로서가 아니라 그 자체로 좋고 가치 있는 것으로 간주된다. 마찬가지로 도덕적 행위자가 도덕적으로 좋은 방식으로 행동하고 이로서 덕스러워질 때, 이 역시 다른 목적을 위한 수단으로서가 아니라 그 자체로 좋고 가치 있는 것으로 여겨지기도 한다. 마지막으로 한 가지 예를 더 들자면, 어떤 누군가(예: 인간 또는 동물)가 도덕적 지위를 가진 것으로 간주되면 그 사람이나 동물은 다른 목적을 위한 수단으로서뿐만 아니라 그 자체로 중요하거나 가치 있는 것으로 간주될 수 있다. 많은 사람이 동의하는 칸트의 원칙을 반복하자면, 우리는 각 사람을 언제나 목적 그 자체로 대해야 하며 결코 수단으로만 취급해서는 안 된다.

자, 이제 다음에 대해 생각해 보자. 친구, 연인 또는 다른 도덕적 행위자나 도덕적 피동자를 통제하려는 시도는 명백히 잘못된 것은 아닐지라도 일반적으로는 매우 문제가 있다고 여겨진다. 다른 사람을 통제하려는 사람은 비도덕적인 방식으로 행동하는 것처럼 보일 수 있다. 상대방을 도구나 노예처럼, 즉 자신의 목적을 위해 마음대로 조종하고 사용할 수 있는 대상으로 취급하는 듯 보이기 때문이다. 우리가 친구나 연인에게 어떤 일을 도와줄 의향이 있는지 물어볼 수 있고 친구나 연인의 입장에서도 훌륭한 친구나 연인으로 인정받으려면 기꺼이 상대를 도와주어야 한다는 어느 정도의 압박을 느낄 수는 있지만, 그들의 도움을 당연한 것으로 여겨서는 안 된다. 어떤 일을 기꺼이 해 줄 의향이 있는지 그들에게 물어야 한다.

다시 말해 친구나 연인을 통제하려고 하는 것은 잘못되고 나쁜 일이다. 더 일반적으로 말해, 우리는 다른 도덕적 행위자가 스스로 결정하도록 내버려둬야 하며, 그들의 결정이나 삶을 통제하려고 해서는 안 된다. 이는 타인을 독립적인 인격체로 존중하는 데 있어서 중요한 부분이다.

즉, 존 다나허, 헬렌 라일랜드, 야니나 로 등과 같은 철학자들의 말대로 로봇이나 AI 시스템 등의 기술이 우리의 친구, 연인, 도덕적 행위자 또는 피동자가 될 수 있다면 이러한 기술을 통제하려는 시도는 잘못될 수 있다는 의미가 될 것이다. 방금 말했듯 친구나 연인 또는 다른 사람들을 통제하려는 시도는 일반적으로 잘못됐기 때문이다. 그렇다면 통제하려는 노력 자체가 문제가 될 수 있는 잠재적 기술, 즉 일부 철학자의 상상 속 기술들을 묶어 주는 어떤 범주가 보이는 듯하다. 가령 로봇이 우리의 친구, 연인 또는 도덕적으로 동등한 존재가 된다면, 새로운 통제 문제가 발생한다. 그 기술을 완전히 통제하려고 하는 것은 잘못되거나 도덕적으로 나쁜 일이 될 수 있는 것이다.

그렇다면 단순 도구로 간주하기에 적합한 기술만이 언제나 괜찮고 문제가 없으며, 무조건적으로 통제하기 좋은 기술인 것처럼 보인다. 기술이 혹시라도 도구 그 이상이 될 수 있다면, 즉 우리의 친구, 연인, 도덕적 행위자 또는 도덕적 피동자가 될 수 있다면, 기술을 통제하려는 욕망은 갑자기 도덕적으로 문제가 될 수 있다. 앞서 언급한 조안나 브라이슨의 규범적인 도구적 기술 이론을 진지하게 생각해 봐야 할 또 다른 이유가 생긴 것이다. 다시 말해, 우리는 그 자체로 목적이 아닌 단순한 수단이 될 수 있는 기술만을 만들어야 한다는 생각이다. 우리가 기술을 통제하고 싶고, 일반적으로 그렇게 하는 것이 좋다고 여긴다는 사실은 브라이슨에게서 영감을 받은 규범적인 도구적 기술 이론을 지지할 수 있는 잠재적 근거로 보일 수도 있다.

어쩌면 로봇을 도구 이상의 기술, 예를 들어, 우리의 친구가 될 수 있는 기술로 만드는 게 가능할 수도 있지만, 우리가 만든 기술에 대한 완전한 통제력을 유지하고 싶다면 그러한 기술을 만들지 않아야 할 도덕적 이유가 있을 수 있다. 그게 아니라면 기술을 통제하려는 욕망을 포기해야 한다. 완전히 통제되면서 완전하게 안전한 기술을 모두 가질 수 없다는 얌폴스키의 주장처럼, 완전히 통제된 기술과 우리의 친구, 연인 또는 도덕적으로 동등해야 하는 기술 모두를 가질 수는 없기 때문이다.

이쯤 되면 로봇이 우리의 친구나 연애 상대가 될 수 있다거나 어떤 식으로든 우리와 동등한 도덕적 행위자 내지는 도덕적 피동자가 될 수 있다는 다나허, 라일랜드 등의 주장은 잘못되었으며, 이 모두가 터무니없는 이야기이므로 우리가 스스로 만든 기술에 대한 통제를 유지하려는 것은 아무 문제가 없다고 생각될 수 있다. 나중에 이러한 문제, 즉 기술이 정말 우리의 친구, 연인, 도덕적 행위자, 피동자 등이 될 수 있는지에 대해 논의할 것이다. 하지만 지금은 통제라는 흥미로운 주제에 조금 더 집중해 보도록 하자.

다음 장에서는 행동 변화 기술이라고도 불리는 것의 맥락 속에서 통제와 그 가치에 대해 생각해 보려 한다. 사람들의 행동 방식을 조종·유도하고, 영향을 미치거나 조작하기 위한 기술이 개발된다면, 이는 우리가 스스로에 대한 통제를 바람직하지 않은 방식으로 상실할 수 있다는 의미일까? 그리고 이것이 행동 변화 기술을 반대하는 도덕적 논거로 작용할 수 있을까? 아니면 궁극적으로 우리 자신을 더 잘 통제할 수 있도록 돕기 때문에 긍정적인 것으로 여길 수 있을까?

* 주석 달린 참고문헌

Bostrom, Nick, *Superintelligence: Paths, Dangers, Strategies*, Oxford: Oxford University Press, 2014[조성진 옮김, 『슈퍼인텔리전스: 경로, 위험, 전략』, 서울: 까치, 2017]. 통제 문제와 관련해 많이 논의되는 책으로, 초지능 AI 시스템에 대한 우려를 철학적

관점에서 체계화시켰다.

Gabriel, Iason, "Artificial Intelligence, Values, and Alignment," *Minds and Machines*, vol. 30, no. 3, 2020, pp. 411–437. 가치 정렬 문제에 대한 설명과 함께 인공지능 기술을 어떤 가치에 정렬시켜야 하는지 논의한 흥미롭고 유익한 책이다.

Gabriels, Katleen, *Conscientious AI: Machines Learning Morals, Brussels*: VUB Press, 2021. 기술이 인간의 가치와 충돌할 수 있는 다양한 방식, 그리고 그에 대한 대응책을 다룬 유익하고 매력적인 책이다.

Liao, Shen-Yi and Heubner, Bryce, "Oppressive Things," *Philosophy and Phenomenological Research*, vol. 103, no. 1, 2021, pp. 92–113. 기술이 억압적인 특성 및 효과를 가져올 수 있다는 저자들의 주장이 담겨 있다.

Russell, Stewart, *Human Compatible: Artificial Intelligence and the Problem of Control*, London: Penguin, 2019[이한음 옮김, 『어떻게 인간과 공존하는 인공지능을 만들 것인가: AI와 통제 문제』, 파주: 김영사, 2021]. 세계 최고의 인공지능 연구자 중 한 명이 통제 문제를 논의한다. 접근성이 좋은 책이다.

Russell, Stewart and Norvig, Peter, *Artificial Intelligence: A Modern Approach 4th edition*, *Hoboken*: Prentice Hall, 2021[류광 옮김, 『인공지능: 현대적 접근방식 1-2(제4판)』, 파주: 제이펍, 2021]. 인공지능에 관한 가장 널리 사용되는 교과서로, 무엇보다도 인공지능의 이해에 관한 흥미로운 논의가 담겨 있다.

Wynsberghe, Aimee Van, "Sustainable AI: AI for Sustainability and the Sustainability of AI," *AI and Ethics*, vol. 1, no. 3, 2021, pp. 213–218. 인공지능이 지속가능성을 촉진하는 데 사용될 수 있는지, 그리고 더 중요하게 환경적 관점에서 지속 가능한지 비판적으로 성찰해 보자는 저자들의 요청이 담겨 있다.

Véliz, Carissa, *Privacy is Power: Why and How You Should Take Back Control of Your Data*, London: Penguin, 2020. 데이터 수집 기술과 관련된 위험과 윤리적 문제에 대한 설득력 있는 토론이다.

Yampolskiy, Roman, "On Controllability of AI,", 2020. https://arxiv.org/abs/2008.04071. 인공지능이 원칙적으로 통제 가능한지, 아니면 통제 불가능한지에 대해 인공지능 안전 및 보안 분야의 대표적인 컴퓨터 과학자가 펼치는 흥미로운 토론이다.

5. 행동 변화 기술, 게임화, 개인 자율성, 그리고 통제의 가치

5.1 더 나은 나?

2018년, '애플 워치'(the Apple Watch)라는 스마트워치 광고가 있었
다. 시청자가 가장 먼저 보게 되는 것은 소파에 앉아 커피를 마시는
한 남자의 여유로운 모습이다. 그러다 남자는 놀란 표정을 짓는데,
고개를 돌리자 스마트워치를 내려다보고 있는 자신의 또 다른 모습
이 보인다. 다음 장면은 시계를 확대해 보여 준다. 시계에는 "일어설
시간입니다!"라는 메시지가 표시되어 있다. 두 버전의 남자는 즉시
일어나고, 다음 장면에서는 길을 걸어가고 있다. 이제 같은 남성의
여러 버전이 전화를 걸고, 운동 결과를 기록하는 등 다양한 방식으
로 스마트워치를 사용하는 모습이 그려진다(그중 조깅하는 버전의
남자는 '목표에 뒤처졌어요!'라는 메시지를 내려다보고 있다).

영상이 끝날 무렵, 가장 활동적인 버전의 남자가 등장한다. 다
른 버전의 그는 캐주얼한 티셔츠와 트레이닝복을 입고 있었지만,
이 운동선수 버전의 남자는 수영복과 수경을 착용하고 있다. 열정적

으로 바다로 달려가 뛰어들고 수영을 시작하는 그는 행동파 남성의 모습 그 자체다. 영상 초반의 소파에 앉아 있던 그와는 대조를 이루는 모습이다. 광고가 끝나갈 무렵, 화면에 다음과 같은 문구가 뜬다. "당신 안에는 더 나은 당신이 있습니다."[1] 이 메시지 뒤의 의도는 분명하다. 이 스마트워치를 사용하기 시작하면 더 멋져지고, 모든 목표를 달성하며, 스스로에 대한 통제력이 향상되어 결과적으로 '더 나은 나'가 된다는 것이다.

이 스마트워치 광고는 '행동 변화 기술'을 자발적으로 사용하는 많은 사람이 무엇을 얻고자 하는지 잘 보여 준다. 그들은 자기 자신, 그리고 스스로의 삶에 대한 더 높은 통제력을 원한다. 행동 변화 기술은 간단히 말해 사람들의 동기와 행동에 영향을 주는 기술이다. 데이터의 추적 및 기록, 정보와 통계의 제공, 게임화, 특정 방향으로 주의 돌리기, 그리고 프롬프트, 알림, 리마인더 등의 제공을 통해 사람들에게 영향을 주는 것이다.

이러한 기술은 때때로 '셀프 트래킹'(self-tracking)에 사용되기도 한다. 다양한 형태의 기술로 수집 가능한 나 자신에 관한 데이터를 정량화, 추적, 기록, 통계 분석 또는 다른 방식으로 활용함으로써 더 나은 삶을 살 수 있고 스스로와 목표 또한 더 잘 통제할 수 있다는 발상이다. 앱을 사용하여 식사, 운동, 생리주기, 성생활, 수면 패턴 등 모든 종류의 정보를 기록하는 것은 셀프 트래킹의 대표적인

---

1 해당 광고는 여기서 시청 가능하다. "Apple Watch Series 4 – A Better You – Apple – Adfilms, TV Commercials, TV Advertisements": https://www.youtube.com/watch?v=0cBJBj_tbHM

사례다.[2]

여기서는 일반적인 차원에서의 행동 변화 기술에 대해 살펴볼 것이지만 셀프 트래킹이 이런 기술의 잠재적 사용법 중 하나라는 사실을 이 장의 논의가 진행되는 동안 염두에 두어야 할 것이다. 게임화(gamification)의 경우도 마찬가지다. 게임화란 일반적으로 게임 같지 않은 활동에 게임 요소를 도입함으로써 효과적으로 사람들에게 영향을 미칠 수 있다는 발상이다. 사람들의 행동을 변화시키거나 영향을 주기 위해 자주 사용되는 핵심 전략 중 하나이기도 하다.

어떤 면에서 행동 변화 기술은 우리 자신에 대한 더 많은 통제의 가능성을 열어 준다. 그러나 다른 한편으로는 통제력 상실에 대한 우려를 불러일으키기도 한다. 예를 들어, 스마트워치나 스마트폰처럼 우리가 하는 일을 추적하고 개인 데이터를 기록하는 다양한 기술을 사용할 때, 이러한 기술과 관련된 제품 및 서비스를 제공하는 회사가 해당 데이터를 우리의 통제를 벗어난 목적으로 사용할 수 있다는 우려가 흔히 제기되곤 한다.

이러한 우려와 관련해 "무료로 제공된다면 당신이 곧 상품이다"라는 말이 있기도 있다. 이 표현의 이면에는 기업이 대량의 사용자 정보를 수집한 후, 이를 다른 회사나 단체에 광고 지면을 판매하

---

2 셀프 트래킹은 때때로 다양한 종류의 추적 기술을 통해 수집된 데이터를 기반으로 한 자아 이미지인 '자기 정량화'(quantified self)의 개념과 연관되곤 한다. 네덜란드 흐로닝언의 한제 응용과학대학(Hanze UAS) 학생들이 정량화된 자아를 유머러스하게 묘사한 작품을 여기서 볼 수 있다. "Challenge Yourself Quantified Self" https://www.youtube.com/watch?v=DeeCvmPN_cY. 자기 정량화를 진지하게 받아들이는 사람들의 생각이 궁금하다면 다음 웹사이트를 방문해 보면 된다. http://qsinstitute.com

는 데 활용하는 등의 방식으로 '무료' 앱을 수익화할 것이라는 예측이 깔려 있다. 실제로 우리가 인지하지 못하는 사이 수집된 개인 정보가 우리 행동에 영향을 주려는 다양한 조직들에 의해 사용될 수도 있다. 이는 실제 많은 사람이 생각하는 것보다 훨씬 더 광범위하게 이루어지고 있으며, 이것이야말로 우리가 '무료'로 사용할 수 있는 많은 서비스의 비즈니스 모델인 것이다.[3]

자발적으로 사용하기로 선택한 행동 변화 기술 외에도 다양한 형태의 기술적 넛지(nudges), 외부로부터 강요된 게임화 등, 타인에 의해 우리는 이런저런 행동 변화 기술에 노출되어 있다. '설득적 기술'(persuasive technologies)[4]이라고 불리는 이러한 기술은 누군가의 통제를 받고 있다는 우려를 불러일으킬 수 있다. 일반적으로 우리는 다른 사람의 의도에 따라 조종당하고 영향을 받는 것을 좋아하지 않으며 이는 종종 개인의 자율성에 대한 위협으로 여겨지곤 한다.

즉, 행동 변화 기술은 일반적으로 우리 자신에 대한 통제 및 삶에서 중요한 개인 자율성 확보에 있어 양날의 검처럼 보인다. 우리는 스스로를 더 잘 통제할 수 있을 것이라는 생각에 일부 행동 변화 기술을 사용할 수도 있지만, 그런 기술을 통해 타인이 우리를 더욱 통제하게 될 것이라는 걱정을 하기도 한다.

이전 장에서는 인공지능이 통제에 대한 우려를 불러일으키기

---

3 이 주제에 대해서는, 카리사 벨리즈의 다음 테드 온라인 강연 영상을 참조하라. "The Case for Ending Data Economy": https://www.ted.com/talks/carissa_Véliz_the_case_for_ending_data_economy

4 설득적 기술에 대해 더 알고 싶다면 Center of Humane Technology의 웹사이트를 참조하라. https://www.humanetech.com/youth/persuasive-technology

도 한다는 점을 살펴보았다. AI 통제 문제는 갈수록 복잡하고 강력해지는 시스템을 어떻게 유지하느냐의 문제이며 보통 이런 논의에서 통제력 상실은 당연히 나쁜 것으로 여겨져 왔다. 우리는 도덕적 책임과 기술에 관한 다음 장의 논의에서도 통제가 핵심 쟁점이라는 것을 보게 될 것이다. 통제와 그것의 중요성은 기술윤리를 관통하는 핵심 주제다. 따라서 통제가 정확히 무엇을 의미하는지, 그리고 왜 우리에게 중요한지 조금 더 넓은 관점에서 생각해 볼 것이다.

이 장에서 다루는 가장 일반적인 질문은 다음과 같다. 통제란 무엇이며, 왜 중요한가? 통제는 도구적으로만 가치가 있을까? 아니면 도구적이지 않은 방식, 즉 그 자체로서의 목적으로도 가치가 있을까? 이 장의 전반적인 목표는 두 가지다. 첫째, 통제가 중요한 경우 그 이유가 무엇인지 논의하는 것이다. 둘째, 통제의 가치를 어떻게 이해해야 하는지, 예를 들어, 개인의 자율성이라는 이상과 어떻게 연결되는지 고찰해 보는 것이다. 이번 장의 논의는 주로 행동 변화 기술을 중심으로 이뤄질 것이다. 하지만 앞서 언급했듯, 이 장에서 다룰 쟁점들은 인공지능, 그리고 좀 더 일반적인 기술윤리에도 많은 함의를 가진다.

5.2 행동 변화 기술과 게임화

통제에 대한 다양한 접근 방식과 그 가치를 이해하기 위해서는 먼저 '행동 변화 기술'이라는 표현이 무엇을 의미하는지 생각해 보는 게 도움이 된다. 먼저 기술이 인간 행동에 다양한 종류의 영향을 미친다고 설득력 있게 주장한 일부 기술철학자, 특히 포스트현상학 사조와 연관된 철학자들을 떠올려 볼 수 있다.

예를 들어, 1장에서 살펴본 것처럼 네덜란드 철학자 피터-폴 베어벡은 기술이 인간의 삶을 '매개'(mediate)하는 두 가지 방식을 고찰한다. 첫째, 기술은 우리가 세상을 경험하고 인식하는 방식에 영향을 미친다. 둘째, 기술은 우리가 무엇을 할 수 있고, 이를 어떻게 해내는지에 영향을 미친다. 이러한 방식으로 기술을 생각하기 시작하면 행동 변화 기술과 일반 기술의 구분이 어려워 보일 수 있다. 대부분의 기술은 인간의 행동에 영향을 미치기 때문이다.

그렇지만 기술윤리 연구자들이 '행동 변화 기술'을 이야기할 때는 일반적으로 시중에 나와 있는 기술의 특정 하위 집합을 지칭한다. 그중에서도 특히 단순 의지만으로는 행동 패턴을 바꾸기 어려운 경우를 위해 개발된 기술에 많은 관심을 가진다.

행동 변화 기술은 자기 주도적으로 사용될 수도 있고 다른 사람에 의해 주도될 수도 있다. 즉, 우리 스스로 자신의 특정 행동 패턴을 바꾸고 싶어 사용할 수도 있지만 다른 사람이 나에게 영향을 주려는 의도로 사용될 수도 있다는 것이다. 또한, 하나의 동일한 기술이 서로 다른 사람들의 목표를 달성하기 위한 수단으로 사용되기도 한다. 앞서 소개한 스마트워치의 경우를 예로 들면, 사용자는 본인의 운동 패턴을 바꾸고 싶어 하지만, 기술을 개발한 회사는 이 기술로 사용자의 소비 습관에 영향을 미치기를 원할 수 있다.

사람은 어떤 식으로든 자신의 행동 패턴을 바꾸고 싶어 할 수 있고, 온전히 자신의 의지만으로 그것이 가능한 경우도 있다. 하지만 일반적인 패턴을 바꾸는 것은 그보다 더 어려울 수 있다. 예를 들어, 더 규칙적이고 체계적으로 운동을 하고 싶어 하는 누군가가 있다고 해 보자. 그래서 이따금씩 러닝을 나가기도 한다. 하지만 본인의 기록을 다른 사람과 비교해 주는 일종의 게임화 요소가 포함된 앱을 사용한다면 운동을 더 쉽게 습관화할 수 있을 것이다. 이런 러닝 앱은 매번 얼마나 오래 달렸는지, 얼마나 빠르게 달리고 있는지 등을 기록하는 데 도움이 되기 때문에 꾸준히 운동하려는 동기를 강화시킬 수 있다. 더 쉽게 본인의 성취를 기록할 수 있다는 점 또한 동기부여가 된다.

이제 타인의 행동을 대상으로 하는 행동 변화 기술의 예를 살펴보겠다. 어떤 자동차 제조업체가 자동차에 탑승한 모든 사람이 안전벨트를 착용하도록 만들고 싶을 때, 가장 단순한 방법은 그들에게 착용을 요청하는 것이다. 하지만 더 효과적인 방법은 누군가 안전벨트를 매지 않을 때마다 성가신 소리가 나도록 차를 설계하는 것일 수도 있다. 이게 소위 말하는 설득적 기술의 좋은 예다. 에너지 효율적이고 환경 친화적인 운전과 같이, 특정 방식으로 행동하지 않으면 신호나 경고음으로 운전자를 귀찮게 하는 차를 선호해 구매하는 경우도 있다. 이렇듯 우리가 자발적으로 선택한 행동 변화 기술과 타인이 우리에게 '부과'한 행동 변화 기술 사이의 구분이 항상 명확한 것은 아니다.

따라서 이번 장에서 행동 변화 기술을 살펴보며 우리는 일관된 방식으로 직접 통제하기 어려운 습관 또는 행동 패턴에 영향을 주는 기술에 특별히 주목할 것이다. 어떤 기술적 솔루션이 있는지 생각해 보자면, 알림, (성가실 수 있는) 신호, 게임화, 정보의 기록 또는 추적 등 단순히 습관을 바꾸기로 결심하는 것만으로는 충분하지 않을 때 도움이 될 수 있는 모든 것이 여기에 포함된다. 행동 변화 기술을 이렇게 이해하고 나면 모든 기술의 전체 집합보다는 작은 부분 집합에 집중해 볼 수 있다. 대부분의 기술이 인간의 행동에 영향을 미친다는 후기 현상학자들의 의견에 동의한다 해도 말이다.

통제를 이해하는 방법에 대해 이야기하기 전에 한 가지 더 짚고 가야겠다. 이 절의 몇 단락을 포함해 이번 장에서 '게임화'라는 용어가 몇 번 사용되었는데, 이는 일상적인 용어가 아니다. 따라서 1장 말미와 앞선 도입부에서 이미 간략하게 정의했지만, 이 표현이 무엇을 의미하는지 다시 한번 간략하게 살펴보면 좋겠다. 게임화란 간단히 말해, 어떤 활동이나 인간 생활의 일부에 게임과 유사한 요소를 도입하는 것을 말한다. 외부에서 동기를 부여해 사람들이 어떤 활동을 수행하는 데 더 큰 동기를 가지도록 하는 것이다. 게임화된 활동 자체는 애초부터 게임과 유사하지 않을 수도 있다.[5]

가령 우리가 사람들에게 점수를 부여하거나 다른 사람들과의 비교 속에서 누군가의 순위를 매긴다면, 이는 어떤 활동을 게임화하는 사례에 해당한다. 누가 가장 많이 뛰었는지 순위를 매겨 주는 앱을 사용해 운동을 게임화하면 자발적이고 재미있게 운동을 할 수 있다. 이 책의 저자 또한 이런 방법으로 가족과 함께 운동을 한다. 물론 우리는 게임화 없이도 러닝을 즐길 수 있다. 그러나 선의의 경쟁은 더 많이, 더 오래 달리고 싶은 동기를 부여한다. 이는 사람들이 환영하는 게임화의 예시라고 할 수 있다.

---

5   게임화에 대한 자세한 내용은 이 웹사이트(http://gamify.com)의 "what is gamification?" 섹션을 참조하면 된다. https://www.gamify.com/what-is-gamification?hsLang=en-au

하지만 게임화가 비자발적이고 누군가에 의해 강요되어 환영받지 못하는 경우도 있다. 예를 들어, 고용주가 직원들의 성과 데이터를 수집한 다음 순위를 매겨 누가 가장 많이 혹은 적게 일하는지 확인할 수 있도록 함으로써 직원들의 업무를 게임화할 수도 있다. 2011년 『포브스』지에 실린 한 뉴스 기사에 따르면 디즈니랜드의 직원들이 고용주의 '전자 채찍'(electronic whip)에 대해 불평했다는 보도가 있다. 자신의 성과가 직원실 게시판에 표시되고 순위로 매겨졌기 때문이다. 직원들은 낮은 순위를 받기 싫으면 더 열심히 일해야 한다는 동기를 부여받으면서도 이런 방식을 좋아하지는 않았다.[6]

마찬가지로 학계의 일부 연구자는 대학에서 출판물 수와 인용 횟수 등의 계량 데이터를 사용해 연구자의 순위를 매김에 따라 자신의 연구 성과가 부당한 방식으로 게임화되고 있다며 불만을 토로한다. 이 모든 것은 통제 및 개인의 자율성과 어떤 관련이 있을까? 어떤 사람들은 게임과 유사한 동기화 요소가 도입됨으로써 특정 활동이 타인에 의해 게임화될 때, 우리의 동기는 어느 정도 조작되는 것이라며 우려한다.

많은 사람은 우리가 선호하는 이유(예: 해당 활동을 수행하려는 내적 욕구)가 아닌 다른 이유(예: 경쟁심)로 인해 활동에 참여하도록 유도되는 것을 좋아하지 않는다. 예를 들어, 학술 연구자는 연구 주제에 대한 내재적 관심에 의해 동기부여받는 것을 선호하지만 누

---

6 프레드릭 E. 알렌(Frederick E. Allen)의 기고문을 참조하라. "Disneyland Uses 'Electronic Whip' on Employees," *Forbes*, 2011. https://www.forbes.com/sites/frederickallen/2011/10/21/disneyland-uses-electronic-whip-on-employees/?sh=6d42cd3051b3

군가 학술 출판을 일종의 경쟁적 게임으로 만들어 동기를 부여하는 것은 좋아하지 않을 수도 있다.

따라서 게임화는 양날의 검과도 같다. 무언가를 게임으로 만들면 때때로 더 재미있어진다. 하지만 반대로 재미가 없어질 수도 있으며, 활동의 성격이 (때로는 더 나쁜 방향으로) 바뀔 수가 있다. 이 부분은 9장에서 연애 및 기타 인간관계의 맥락 속에서 게임화 개념에 대해 논의할 때 다시 한번 다룰 것이다.

5.3 통제에 관한 세 가지 관찰

이제는 통제에 가치를 부여할 때 무엇을 중요하게 여기는지 살펴보자. 사람들은 삶의 많은 부분에서 통제를 고민한다. 지난 장에서 우리는 AI의 통제와 관련된 우려점을 살펴봤고, 이번 장에서는 행동 변화 기술과 관련해 같은 논의를 진행하고 있다. 하지만 대부분의 사람은 좀 더 일반적인 수준의 통제에 관심을 가진다. 가령 소비 지출, 오븐 속 음식의 조리 시간, 신체 기능, 바이올린 연주, 텃밭 가꾸기, 에세이의 단어 수 등에서 당신은 통제력을 행사하고 싶어 한다.

우리 삶의 중요한 문제인 만큼, 통제에 대해서는 할 이야기가 많을 것이다. 하지만 특별히 기술과 관련하여 통제를 어떻게 이해해야 할지 묻는다면, 다음의 세 가지 일반적 관찰에서 시작하는 게 좋을 것 같다.

첫째, 통제는 단순한 개념이 아니다. 오히려 다양한 측면을 가진 다차원적 현상으로 이해하는 것이 바람직하다. 예를 들어, 통제의 한 차원은 우리가 통제하고 있는 대상을 감시(monitoring)할 수 있는지의 여부다. 또 다른 차원은 그 대상을 조종할 수 있는지, 혹은 다른 방식으로 영향을 미칠 수 있는지와 연관되어 있다. 그런가 하면 통제의 대상을 제대로 이해하고 있는지 여부 또한 중요하다.

경우에 따라 이 다양한 측면들이 공존할 수 있으며, 그 정도 또한 다를 수 있다. 예를 들어, 어떤 프로세스를 직접 조종할 수 없지만 제대로 이해하는 것은 가능할 수 있으며, 당신의 선호도에 민감하게 반응하도록 만들 수도 있다. 누군가 당신을 대리해서 행동하는 경우 이런 상황이 발생할 수 있다. 반대로 자동차 혹은 컴퓨터 마우스와 같은 기술처럼 직접 조종하는 것이 가능하지만, 그 작동 방식에 대해서는 이해도가 낮은 경우도 있다.

우리가 상상할 수 있는 통제의 모든 측면이 최대치로 존재하는 경우를 '최대 통제'(maximal control)라고 부른다. 이러한 경우, 통제권을 가진 사람이 통제의 모든 차원에 걸쳐 최대 수준의 힘을 갖게 된다. 하지만 일반적인 경우 통제의 일부 차원은 상당히 충족되는 반면, 다른 측면은 약하거나 덜할 수 있다. 또한 어떤 사람이 해당 기술을 사용하느냐에 따라서도 편차가 생길 수 있다. 즉, 통제라는 개념에는 다이얼을 돌려서 설정을 바꿀 수 있는 이퀄라이저와 비슷한 측면이 있다고 볼 수 있을 것이다.

둘째, 통제는 더 견고(robust)하거나 덜 견고할 수 있다. 어떤 행동, 기술 혹은 동물에 대해 특정 상황이나 문맥에서만 통제력을 가질 수도 있는 반면, 매우 광범위한 시나리오와 특수한 상황까지 포함해 대상을 통제할 수도 있다. 이것이 바로 견고한 통제다.

음주에 대한 자제력이 이 점을 설명하는 좋은 예시가 될 수 있다. 혼자서 술을 마실 때, 혹은 술을 많이 마시지 않는 사람들 사이에서는 음주량을 잘 조절하는 사람들이 있다. 하지만 이런 사람들이 술을 많이 마시는 사람들 사이에 있으면 덩달아 많이 마시게 되고 음주 조절에 큰 어려움을 겪기도 한다. 그다지 견고하지 못한 통제의 예시라고 할 수 있다.

좀 더 기술과 연관된 예를 들어 보자면, 운전을 아주 잘하는 사람은 피곤하든 활력이 넘치든 상관없이 어떤 날씨에도 자동차를 잘 통제할 수 있다. 반면 운전 실력이 떨어지고 경험이 부족한 운전자는 더 좁은 범위의 상황(날씨가 좋거나 피곤하지 않을 때)에서만 자동차를 통제할 수 있을 것이다. 전자는 후자보다 자신의 차에 대해 더 강력한 통제력을 갖는다. 요점은 통제력의 종류에 따라 그 견고함의 정도 또한 다를 수 있다는 것이다.

셋째, 통제는 더 직접적이거나 덜 직접적일 수 있다. 발달된 인공지능과 같은 기술에 대해 이야기할 때 우리는 주로 간접적인 형태의 통제에 관심을 두곤 한다. 행동 변화 기술에 대해서도 마찬가지다. 대체적으로 이 기술은 특정 행동 패턴에 대한 견고한 형태의 직접적 통제가 부족한 경우 가장 필요하기 때문이다. 즉, 문제의 행동 패턴을 바꾸기로 쉽게 결정할 수 없으며, 단순한 의지만으로는 충분하지 않은 경우에 해당한다. 단순히 핸들을 움직여 자동차를 조종하는 것처럼 우리 자신이나 다른 사람을 조종할 수는 없다. 따라서 행동 변화 기술을 사용해 달성할 수 있는 통제의 형태는 대체로 더 간접적이다.

또 한편 우리는 다른 사람들이 행동 변화 기술을 만들어 우리를 간접적으로 통제하는 것은 아닌지 걱정하기도 한다. 앞서 언급했듯

이, 행동 변화 기술로 인한 통제력 강화의 기회만큼이나 그로 인한 잠재적인 통제 위협 또한 흥미로운 주제다. 그리고 두 경우 모두, 가장 눈여겨봐야 할 종류의 통제 형태는 본질상 간접적일 때가 많다.

5.4 다양한 철학 분야에서 논의된 통제의 핵심적 차원들

견고한 간접 통제와 연관된 다양한 측면들을 개괄하기 위해서는 통제를 논의한 다양한 철학 분야를 살펴보는 것이 유용하다. 이 철학 이론들은 다소 직접적인 형태의 통제를 다루고 있으며, 통제의 다양한 측면과도 관련되어 있을 수 있기 때문이다.

특히 정치철학, 기술윤리, 자기 통제 이론에서 나온 통제에 대한 몇 가지 이론들을 간략하게 살펴볼 것인데, 그중 일부는 중복되기도 할 것이다. 그러나 해당 철학에서 특히 중요하다고 강조되는 부분에서는 어느 정도의 차이점 또한 존재한다.

영향력 있는 아일랜드 철학자 필립 페팃(Philip Pettit)이 정치철학의 맥락에서 통제의 본질을 논의하며 제시한 내용에서부터 시작해 보자. 페팃은 민주 국가에서 시민들이 가지는 여러 종류의 통제에 관심을 가진다. 또한 이러한 형태의 통제가 동의(consent)와 어떻게 관련되어 있는지(또는 그렇지 않은지!)에도 관심이 있다. 페팃은 일반적으로 통제에 '영향력'(influence)과 '방향성'(direction)이라는 두 가지 필수 요소가 있다고 말한다.

첫 번째로 우리가 통제하려는 대상에 대해 어느 정도의 **영향력**을 가져야 한다는 것이다. 하지만 아무 영향력이나 다 통제력을 지니는 것은 아니다. 달성하려는 목표에 부합하는 **방향성**을 가져야만 한다. 이 점을 설명하기 위해 페팃은 교통경찰인 척하는 사람을 상상해 본다. 도로 한가운데 서서 교통경찰이 하는 것과 같은 팔 제스처를 취하고 있는 사람은 운전자들의 행동에 '영향력'을 가질 수는 있지만, 자신이 의도하는 바에 따라 자유자재로 사람들에게 영향을 미칠 수는 없다. 즉, 페팃이 '방향성'이라고 부르는 통제의 차원이 빠져 있는 것이다.

페팃은 저명한 경제학자이자 철학자인 아마르티아 센(Amartya Sen)이 사용한 예시를 언급하며 방금 언급한 두 가지 차원을 통해 설명한 통제가 간접적이며 좀 더 시간이 걸릴 수 있다고 말한다. 센의 예시 속 혼수상태에 빠진 환자는 의료진이 하는 일에 대해 어떤 통제력도 가지지 못할 수 있다. 하지만 혼수상태의 환자가 자신이 원하는 대로 치료받을 수 있도록 하는 사전 의료 지시서가 있다면 치료 방향성에는 영향을 미칠 수 있다. 그리하여 환자는 혼수상태에 있음에도 자신에게 일어나는 일에 대한 통제력을 가지게 된다고 페팃은 말한다. 하지만 이는 간접적 형태의 통제다. 환자는 무슨 일이 일어나고 있는지 알 수 없으며, 자신을 돌보는 의료진에게 어떤 지시도 실시간으로 직접 전달할 수 없다.

또한 동의와 통제의 관계에 관한 페팃의 논의를 살필 필요가 있다. 행동 변화 기술을 포함한 많은 디지털 기술에 해당되는 내용인데, 일반적으로 이런 기술은 동의를 수반하곤 한다. 여기서 주목할 만한 것은, 동의와 통제가 항상 함께 가지는 않는다는 페팃의 주장이다. 이를 설명하기 위해 그가 사용하는 극단적인 사례는 스스로를 노예로 팔아넘기는 사람의 경우다. 이 사람은 노예가 되는 것에는 동의했지만, 그 결과 통제력을 상실한다. 여기서 요점은 무엇에 동의했다는 사실이 그것에 대한 통제를 보장하지는 않는다는 것이다.

이 마지막 요점은 다음 맥락에서 짚고 넘어갈 만한 가치가 있다. 행동 변화 기술을 포함한 많은 디지털 기술(예: 스마트폰 앱)은 매우 복잡한 이용 동의 양식을 보여 준 후 '동의'를 클릭한 후에야 작동하기 시작한다. 이러한 방식으로는 데이터 수집 등 행동 변화 기술이 수행하는 작업에 대한 통제력을 보장받을 수 없으며, 오히려 통제하고 있다는 착각에 빠질 수 있다.

이제 통제와 관련된 기술윤리 분야의 최신 논의를 살펴보자. 특히 기술윤리학자인 필리포 산토니 데 시오(Filippo Santoni de Sio)와 예룬 반 덴 호벤(Jeroen van den Hoven)이 인공지능 자동화 시스템에 대한 '의미 있는 인간 통제'(meaningful human control)를 논의하며 언급한, 간접 통제와 관련한 생각들을 살펴보려 한다. 이들이 말하는 '자동화된 시스템'은 자율주행차나 군사용 로봇과 같이 어느 정도의 기능적 자율성을 갖는다. 즉, 사람이 직접 조종하거나 제어하지 않아도 특정 상황에서 스스로 작동할 수 있다. 그렇기에 인간이 이런 기술에 대해 어떻게 유의미한 통제를 유지할 수 있는지 하는 의문이 제기된다. 그것은 때때로 심각한 위험을 초래할 수 있기 때문이다. 예를 들어, 3장에서 설명한 것처럼 자율주행차는 사람을 칠 수 있고, 군사용 로봇은 스스로 목표를 설정해 사람을 죽이는 데 사용될 가능성이 있다. 그렇다면 이러한 기술에 대해 우리는 어떻게 간접적이면서도 유의미한 통제력을 행사할 수 있을까?

산토니 데 시오와 반 덴 호벤은 '트래킹'(tracking)과 '트레이싱'(tracing)이라는 조건이 포함된 2요인 이론(two-factor theory)을 제안한다. '트래킹' 조건에 따르면, 기술에 대한 인간의 의미 있는 통제란 기술이 특정 방식으로 작동하기를 바라는 인간의 도덕적 이유에 부합시키는 것을 말한다. 예를 들어, 자율주행차는 다른 사람을 해치지 않는 안전한 방법으로 특정 목적지에 도착하고자 하는 사용자의 도덕적 이유와 부합하는 방식으로 행동할 수도 있다. 자율주행차가 이러한 기준에 대해 충분히 신뢰할 수 있는 방식으로 작동한다면, '트래킹'과 '트레이싱' 이론에서 말하는 의미 있는 인간 통제의 한 가지 핵심 측면이 달성된 것이다(여기서 산토니 데 시오와 반 덴 호벤이 '트래킹'이라고 부르는 것은 많은 인공지능 안전 연구자가 말하는 '가치 정렬'과 매우 유사해 보인다).

한편 '트레이싱' 조건은 기술의 작동 방식 및 해당 기술이 사회에서 사용된다는 것의 도덕적 의미를 모두 이해하고 있는 사람을 통해 해당 기술의 행동을 역추적할 수 있어야 한다고 말한다. 산토니 데 시오와 반 덴 호벤에 따르면 이러한 사람들에게는 기술의 행동에 대해 합리적인 책임을 물을 수 있다. 이는 해당 기술에 대해 어느 정도 유의미한 인간의 통제가 필요하다는 사실을 입증하기 위한 또 다른 근거가 될 수 있다. 이 견해에 따르면, (1) 해당 기술이 도덕적으로 우리가 원하는 방식으로 작동하고 (2) 해당 기술의 기능과 도덕적 중요성을 이해하는 이들이 있는 경우 사람들은 기술에 대한 간접적인 형태의 '의미 있는' 통제를 행사할 수 있다.

마지막으로 통제에 관한 철학 이론의 또 다른 영역, 즉 자기 통제의 철학을 생각해 보자. 특히 독일의 철학자 도로테아 데부스(Dorothea Debus)가 삶의 정신적 측면을 통제하는 인간의 능력에 대해 말한 내용을 들여다보려 한다. 기분이나 감정은 직접적이고 자발적인 통제가 가능하지 않다. 데부스는 우리의 기분과 감정을 직접 통제할 수 없는 대신 목표 지향적(goal-directed) 방식으로 유도하는 것은 가능할 수 있다고 말한다('유도guidance 조건'). 이러한 유도를 실행하기 위해 특정 방식의 개입이 필요할 수 있으며('개입intervention 조건') 그게 어느 정도는 효과를 발휘할 수도 있다('효과성effectiveness 조건'). 그리고 우리는 우리 삶의 정신적 측면을 제대로 이해하고 있을 수도, 혹은 그렇지 못할 수도 있다('이해 understanding 조건').

예를 들어, 우리가 기분이 어떤지 판단하는 문제를 생각해 보자. 기분이 좋기로 혹은 나쁘기로 마음먹는 것만으로는 기분을 직접 통제할 수 없는 경우가 많다. 하지만 내가 재즈 혹은 핫초콜릿과 같은 것을 좋아한다는 것을 알고 있다면 기분을 바꾸기 위한 개입(예: 재즈를 듣거나 핫초콜릿을 마시는 것)이 가능함을 알 수 있고, 이렇게 함으로써 어느 정도 효과적인 방식으로 기분을 유도하는 게 가능하다. 기분이 좋은지 나쁜지 어느 정도는 간접적으로 통제할 수 있는 것이다.

이렇게 통제를 다룬 다양한 철학 분야의 논의를 살펴봄으로써 우리는 다양한 수준의 견고함을 갖춘 직접 또는 간접적 통제의 여러 형태와 측면을 파악할 수 있다. 통제에 대한 다양한 관점 중 한 가지를 선택해야 한다고 생각할 필요는 없다. 오히려 방금 논의한 내용은 다양한 맥락 속에서 타당성을 가질 수 있는 통제의 측면들을 식별하고 골라냈다는 점에서 의미를 가진다.

요약하자면, 통제는 다음과 같은 측면을 포함할 수 있다.

1. **가치(또는 의지) 정렬**: 통제하고자 하는 것이 자신의 가치, 의지, 무엇이 최선인지에 대한 판단, 혹은 자신이 원하거나 달성해야만 하는 것과 일치하는가?

2. **개입**: 통제하고자 하는 대상이 내 의지나 가치관에 부합하도록 영향을 미칠 수 있는 직접 또는 간접적인 개입이 가능한가?

3. **이해**: 통제 대상에 대한 명확한 이해가 있는가?

4. **감시**: 통제 대상을 모니터링 혹은 추적할 수 있는가?

5. **견고성**: 통제 대상이 자신의 가치관이나 의지에 얼마나 견고하게 부합하는가? 통제의 대상이 자신의 가치관이나 의지에 부합하도록 개입할 수 있는 능력은 얼마나 견고한가? 그리고 통제 대상에 대한 이해 및 이를 관찰할 수 있는 능력은 얼마나 견고한가?

이상이 사람들이 통제를 중요하게 여기거나 우려함에 있어 자주 생각하는 핵심적인 측면들이다(이게 전부라는 뜻은 아니다). 철학 분야에 따라 어떤 측면을 더 주목하고 덜 주목하는지의 차이는 존재하겠지만 그렇다고 특정 접근이 더 옳다고 단정 지을 수는 없다. 문맥에 따라 다양한 차원의 통제가 각자 나름의 방식으로 중요하다고 생각하는 것이 더 바람직해 보인다.

5.5 행동 변화 기술 그리고 통제 '주체'와 통제 '대상'

앞서 논의한 맥락에 따라 통제를 다각적 측면을 가진 현상으로 이해하면 행동 변화 기술과 같은 기술들이 어떻게 통제에 대한 기회와 위협 모두를 창출하는지 알 수 있다. 논의를 위해 이 맥락에서 유용한 또 다른 철학적 구분을 끌어와 보자. 바로 **통제 주체**와 **통제 대상**이라는 개념이다. '통제 주체'란 무언가에 대해 어느 정도 통제력을 가진 사람(들)을 지칭하며, '통제 대상'은 누군가가 통제할 수 있는 무언가를 가리킨다.

자기 통제의 경우, 통제의 주체와 대상이 동일하다고 생각할 수 있는데, 바로 자기 자신(the self)이다. 즉, 당신이 당신 자신 또는 당신의 어떤 측면을 통제하는 것이다. 하지만 일반적으로 통제의 주체와 대상은 서로 다른 경우가 많다. 예를 들어, 당신이 특정 기술에 대해 통제력을 행사하는 경우, 당신은 통제의 주체이고 해당 기술은 통제의 대상이다. 누군가 당신에 대해 어떤 종류의 권한을 가지고 있는 경우, 당신은 통제의 대상이고 권한을 가진 이가 통제의 주체가 된다.

행동 변화 기술의 주체와 대상을 구분함에 있어 통제의 대상은 어떤 행동 패턴이 된다. 적어도 앞서 설명한 방식으로 행동 변화 기술을 이해한다면 그렇게 생각하는 것이 자연스러워 보인다. 예를 들어, 여기서 말하는 행동 패턴은 운동 루틴, 특정 시간에 약 복용하기, 안전벨트 착용 또는 식당에서 건강한 음식을 선택하는 성향 등이 될 수 있다.

그렇다면 행동 변화 기술의 주체는 누구인가? 여기서 통제의 주체는 자신의 행동을 바꾸고자 하는 사람 본인일 수 있다. 예를 들어, 당신이 자발적으로 행동 변화 기술을 사용하여 더 많은 운동을 하고 특정한 운동 목표(예: 일정 시간 이상, 적어도 일정 거리 이상 등)를 달성하고자 한다면, 당신은 통제 주체로 간주될 수 있다.

그러나 특정 행동 변화 기술이 당신의 행동 패턴에 영향을 미치는 경우 다른 사람들 또한 통제의 주체가 될 수 있다. 개인의 자율성이 위협받을 수 있다는 윤리적 우려가 제기되는 지점이다. 즉, 다른 사람이 당신의 행동 패턴에 영향을 미치기 위한 수단으로 행동 변화 기술을 사용할 수도 있고, 당신이 인지하거나 동의했는지와 무관하게 그 목적을 이뤄 낼 수 있다. 당신의 행동 패턴이 스스로도 인식하지 못한 사이에 누군가가 원하는 방향으로 바뀔 수 있다는 뜻이다.

예를 들어, 가장 흔하게 사용되는 소셜미디어 사이트를 포함한 많은 웹사이트와 스마트폰 앱은 사용자의 참여율 극대화 혹은 링크 클릭 유도를 위해 설계되어 있으며, 사용자를 유혹하거나 광고 공간을 구매하려는 기업의 눈에 해당 웹사이트나 앱을 더 매력적으로 보이게 하려는 목적을 가지고 있다. 대부분의 앱이 지속적으로 보내는 알림의 주목적은 사용자의 주의를 끌어 다시 앱을 사용하게 만드는 것이다.

이상은 사용자의 습관이나 행동 패턴을 변화시키기 위한 기술 설계의 몇 가지 일반적인 예시다. 이러한 유형의 영향력을 행사하는 설계가 개인의 자율성이라는 윤리적 이상과 충돌할 수 있다는 생각이 충분히 들 수 있다. 가령, 우리가 스스로 선택한 목적과 자신이 동의하는 가치를 위해 행동해야 한다는 이상과 충돌할 수 있다. 조작적(manipulative) 기술이 개인의 자율성에 미치는 위험에 대해서는 다니엘 수서(Daniel Susser), 비테 로슬러(Beate Roessler), 헬렌 니센바움(Helen Nissenbaum)과 같은 윤리학 연구자들의 논의가 존재한다.

행동 변화 기술의 활용에 있어 누가 통제권을 갖고 있는지 검토할 때, 우리는 앞서 논의한 다양한 통제의 차원을 윤리적 분석의 기초로 삼아 볼 수 있다. 다음과 같은 비판적 질문들을 던져 볼 수 있을 것이다.

- 해당 기술은 누구의 가치나 의지(누구의 선호, 무엇이 최선인지에 대한 누구의 판단, 누구의 소원인지 등)에 따라 당신의 행동 패턴을 변화시키고 있는가?
- 당신의 행동 패턴에 특정 방향으로 영향을 미치기 위해 기술을 사용하거나 기술과 관련하여 개입할 수 있는 자는 누구인가?
- 사용자의 행동 패턴에 영향을 미치는 데 해당 기술이 어떻게 사용될 수 있는지를 이해하고 있는 자는 누구인가?
- 이런 행동 패턴의 변화 및 이때 기술이 영향을 미치는 방식을 감시할 수 있는 자는 누구인가?
- 해당 기술이 의도한 방식대로, 그리고 안정적으로 행동 패턴에 영향을 미칠 수 있는 상황은 몇 가지나 될까?

이러한 심층적인 질문들에 답함으로써 기술과 연관되어 있는 통제 주체를 특정할 수 있다. 즉, 누가 통제권을 가지고 있는지 판단할 수 있으며, 그 통제가 얼마나 다차원적이고 견고한지 분명히 할 수 있다. 특히 이상의 질문을 통해 확인할 수 있는 사실은 동일한 대상에 대해 서로 다른 개인이나 조직이 서로 다른 수준의 통제력을 행사할 수도 있다는 점이다.

예를 들어, 어떤 사람(예: 행동에 영향을 받고 있는 대상)이 행동 패턴의 변화를 원하고 있으며, 개입할 수 있는 수단을 가지고 있다고 해 보자. 하지만 그 사람은 기술이 어떻게 자신의 행동 패턴에 영향을 미칠 수 있는지, 그 메커니즘을 잘 이해하지 못할 수도 있다. 오히려 다른 사람이 이를 더 잘 이해할 수도 있다. 셀프 트래킹 앱 (self-tracking app)과 같은 기술이 수집하는 많은 양의 데이터에 타인도 접근이 가능하며, 이를 통해 개인의 활동을 면밀히 감시할 수도 있기 때문이다.

이처럼 통제의 여러 측면은 때때로 여러 사람에 걸쳐 분산되어 있음을 보게 된다. 이 경우 그 모든 사람이 같은 팀에 속해 있다면, 그 팀은 해당 기술이 목표로 하는 행동 패턴에 대해 일종의 공동 통제권(joint control)을 행사하는 것으로 간주될 수 있다. 예를 들어, 의료 분야에서 사용되는 행동 변화 기술을 생각해 보면, 의사는 환자의 건강 상태를 트래킹하는 앱 등의 행동 변화 기술을 사용하라고 조언을 할 수 있다. 그렇다면 환자와 의사는 일종의 '팀'을 이루게 되며, 각 팀원은 어떤 통제의 측면이냐에 따라 더 높은 혹은 더 낮은 지위를 부여받을 것이다. 대부분의 통제권은 이 팀 내에서 분배된다. 하지만 어떤 경우에는 더 높은 지위를 부여받은 제3자가 행동 패턴에 대한 통제권을 가질 수도 있다. 예를 들어, 앱을 개발한 회사가 데이터 수집을 통해 환자와 의사가 완전히 인지하지 못한 상태에서 환자를 감시할 수 있는 능력을 가질 수 있는 것이다.

행동 변화 기술을 개발하는 기업이 매력적인 비즈니스 사례를 만들기 위해 해당 기술과 관련된 다양한 사람들이 다양한 측면의 통제권을 공유하게 만들 수도 있다. 또한 때로는 두 가지 이상의 행동 패턴이 의도된 통제 대상이 되기도 한다. 다소 추상적인 언어로 표현하자면, (동일한 행동 변화 기술이 사용되고 있음에도) 어떤 통제 주체에게는 특정 행동 패턴이 통제의 대상이 되고, 다른 통제 주체(들)에게는 또 다른 행동 패턴이 통제 대상이 될 수 있다. 예를 들어, 어떤 사람이 본인의 식습관과 운동 패턴에 변화를 주기 위해 앱 형태의 행동 변화 기술을 스마트폰에 다운로드 받았다고 해 보자. 이 기술을 통해 수집·추적된 데이터는 앱 제작자가 저 사용자를 타깃팅하는 광고 공간을 판매하는 데 사용될 수 있으며, 이는 궁극적으로 소비자 행동에 영향을 미치기 위한 의도를 가지고 있었기 때문이다.

행동 변화 기술과 관련된 통제를 숙고함에 있어 위와 같이 정형화된 종류의 질문을 던지는 것은 통제의 다양한 측면이 어떻게 분배되었는지 파악하는 데 좋은 방법으로 보인다. 또한 통제가 얼마나 직접적 또는 간접적인지, 얼마나 견고한지 평가하는 데에도 좋은 방법이다. 때때로 통제 요소가 협소하게 분포되어 있는 것을 보기도 할 것이다. 그러나 이러한 요소는 공유된 목표나 이해의 측면에서 '같은 팀'일 수도, 아닐 수도 있는 다양한 사람에게 분산되어 있는 경우가 많다.

5.6 통제의 가치와 윤리적 중요성

앞서 우리는 통제가 무엇인지에 대해 고찰했다. 그중에서도 통제의 다양한 측면을 파악함과 동시에 정확히 누가 통제력을 행사할 수 있는지 면밀히 살펴보는 방법들을 살펴봤다. 이제 핵심적인 질문,

즉 통제가 왜 그렇게 중요한지를 들여다보도록 하겠다. 통제에 관심을 가져야 할 이유는 무엇이며 그 윤리적 중요성은 무엇인가?

이 논의를 위해 이전 장의 핵심이었던 도구적 가치와 비도구적 가치의 구분으로 돌아가 볼 수 있다. 통제와 그 다양한 측면의 가치가 본질적으로 도구적인지 물어볼 수 있는 것이다. 즉, 우리는 통제가 다른 목적을 위한 수단이 되기 때문에 가치 있게 여기는 것인가? 아니면 통제는 때때로 비도구적 가치 혹은 윤리적 중요성을 가지기도 할까? 도구적 가치와 비도구적 가치 모두를 가지고 있지는 않을까?

여기서 좀 더 철학적인 질문을 던지는 게 가능하다. 다시 말해, 통제의 가치가 주로 도구적이면 문제가 될까? 만약 그렇다면, 왜일까? 여기서 우리는 2장에서 간략하게 논의한 플라톤의 『국가』를 다시 한번 들여다볼 수 있다. 그 책에서 플라톤은 가장 높은 가치를 가진, 삶에서 가장 중요한 것들은 도구적 가치와 비도구적 가치를 모두 가졌다고 이야기한다. 플라톤이 제시하는 핵심적 예시는 정의의 덕(virtue of justice)이다.

소크라테스가 주인공으로 등장하는 대화편에서 소크라테스는 정의의 덕이 도구적 가치와 비도구적 가치를 모두 가지고 있다고 주장한다. 이와 마찬가지로 통제의 주체가 누구인지, 통제의 대상이 무엇인지에 따라 통제가 도구적 가치와 비도구적 가치를 모두 가질 수 있다고 주장할 수가 있다(이에 대해서는 아래에서 자세히 설명할 것이다). 따라서 플라톤이 『국가』에서 논의한 인생에서 가장 중요한 가치의 기준에 따르면 어떤 형태의 통제는 가장 중요한 가치 중 하나가 될 수도 있다.

통제와 관련해 흥미로운 점 하나는 통제가 가치 측면에 있어 모호한 것으로 보일 수 있다는 점이다. 즉, 통제는 때때로 긍정적 가치를 지니는 것으로 여겨지기도 하고, 또 어떤 경우는 부정적 가치를 지니는 것으로 간주될 수도 있다. 이 역시 통제의 주체가 누구인지, 그 대상이 무엇인지에 따라 달라진다. 즉, 통제와 관련해 항상 던져야 할 중요한 질문은 '누가 무엇을 또는 누구를 통제하는가?'라고 할 수 있다.

통제가 윤리적으로 부정적인 가치를 지니는 대표적인 사례는 누군가의 통제력이 타인에게 문제가 되는 형태의 권력으로 행사될 때다. 지난 장의 마지막에서 이미 언급했듯, 다른 인간을 통제하길 원하거나 이를 시도하는 경우는 악의적이고 윤리적으로 문제가 있을 때가 많다. 적어도 그 대상이 자신의 삶을 스스로 통제해야 하는 성숙한 성인이라면 말이다. 따라서 행동 변화 기술 및 기타 기술이 타인의 행동을 통제하기 위해 사용될수록 더 많은 윤리적 문제를 야기할 수 있으며, 이러한 통제가 부정적인 윤리적 가치를 갖게 될 가능성 또한 커진다.

반면, 자기 자신 혹은 스스로의 특정 행동 패턴에 통제력을 가지는 것은 긍정적인 가치를 가질 수 있다. 전통적으로 자제력에는 높은 가치가 부여되곤 하며, 이는 오랫동안 핵심 덕목으로 여겨져 왔다. 자신과 자신의 행동에 대한 통제는 긍정적인 도구적, 비도구적 가치를 모두 가진다고 볼 수 있다. 우리가 통제할 수 있는 어떤 행동이 건강이나 행복과 같은 중요한 목표를 달성하는 데 도움이 된다면 분명한 도구적 가치가 존재한다. 그런데 자신과 자신의 행동 패턴에 대한 통제가 비도구적 가치를 가진다는 주장 또한 가능하다.

통제(적어도 자기 자신과 자신의 삶에 대한 통제)가 비도구적 가치를 지닌다고 생각할 만한 이유는 무엇일까? 한 가지 가능한 대답은 자기 자신에 대한 통제, 즉 자제력을 덕으로 볼 수 있기 때문이다. 덕은 때때로 도구적이지 않은 면에서 가치 있는 것으로 여겨지기도 한다. 예를 들어, 2장에서 살펴본 것처럼 고대 스토아학파가 자제력을 이해한 방식이 그와 같았다.

또 다른 대답은 한 개인과 그의 삶, 행동에 대한 통제를 개인 자율성의 핵심 요소로 볼 수 있다는 것이다. 우리는 대체로 개인적 자율성이 윤리와 밀접하게 관련된 비도구적 가치를 지녔다고 생각한다. 철학자나 기타 윤리 연구자의 경우, 일반적으로 개인의 자율성을 자신의 목표, 원칙, 가치 등에 따라 살아갈 수 있음으로 이해하기도 한다. 그런 의미에서 자신과 자신의 행동 패턴을 통제하는 것이 개인적 자율성의 유일한 요소는 아니지만 중요한 것은 사실이다. 이렇게 개인적 자율성이 비도구적 가치를 가지는 것으로 전제하고, 통제를 개인 자율성의 핵심 요소로 생각한다면, 통제에 어느 정도 비도구적 중요성을 부여할 수 있는 근거가 생긴다.

자기 자신에 대한 통제는 도구나 기술에 대한 통제와 함께 또 다른 이유와 의미에서 비도구적 가치를 지닌 것으로 보일 수도 있다. 즉, 무언가에 대한 통달 혹은 능숙함과 연관 지어 생각할 수 있으며, 사람들은 이러한 것들을 그 자체로 목표 또는 목적으로서 추앙하며 가치 있게 여기는 경향이 있다.

예를 들어, 시몬 바일스(Simone Biles)와 같은 위대한 운동선수를 떠올려 보자. 바일스는 어떤 체조선수보다도 많은 올림픽 금메달을 획득했다. 체조 경기에서 평가되는 요소이자 사람들이 바일스와 같은 위대한 체조선수에게 감탄하는 것 중 하나는 스스로의 몸과 움직임을 통제하는 선수의 능력이다. 이츠하크 펄만(Itzhak Perlman)이나 안네 소피 무터(Anne-Sophie Mutter)와 같은 거장급 바이올린 연주자나 알토색소폰의 전설 찰리 파커(Charlie Parker)와 같은 재즈 뮤지션을 생각해 보라. 사람들이 그들을 추앙하는 수많은 이유 중 하나 또한 악기에 대한 통제력에 있다. 우리는 다른 사람들이 가진 다양한 형태의 통제를 오로지 목적을 위한 수단으로서만 소중하게 여기는 것이 아니며, 그 자체로서의 가치 또한 중요하게 생각한다. 즉, 일정량의 비도구적 가치를 부여하는 것이다.

통제와 그 가치에 대해 보다 철학적으로 생각해 보기 위해서는 미국 철학자 T.M. 스캔론의 주장도 떠올려 볼 만하다. 스캔론은 그의 1998년 저서 『우리가 서로에게 지는 의무』*What We Owe to Each Other*에서 어떤 것의 가치를 이해한다는 것의 의미는 그 가치를 정당하게 평가하는 법을 아는 것과 같다는 주장을 펼쳤다. 예를 들어, 그는 무언가를 소중하게 여기는 방법이 반드시 그 가치를 극대화하는 것만은 아닐 수 있으며, 오히려 그 가치가 발현되는 기존의 사례들을 소중히 여기거나 보호하는 것일 수 있다고 생각한다.

우정을 예로 들어 이야기해 보자. 우정의 가치를 제대로 이해하기 위해서는 친구의 수를 극대화하려고 노력하는 것이 아니라 소규모로 친밀한 우정을 가꿔야 한다고 생각해 볼 수 있다. 또는 철학자 쇼나 시프린(Seana Shiffrin)이 다른 맥락에서 사용한 몇 가지 예를 들자면, 어떤 식사 자리나 흥미로운 대화를 가치 있게 여긴다고 해서 반드시 그 대화가 영원히 지속되기를 원해야 하는 것은 아니다. 중요한 예술 작품의 가치를 평가할 때와는 다르다. 가령 「모나리자」 같은 그림은 우리가 후대를 위해 보존하는 것이 합당하다고 여길 만한 것의 예시다.

통제는 어떠한가? 통제를 가치 있게 여기는 제대로 된 방법은 무엇일까? 극대화시켜야 할까? 아니면 소중히 여기고, 가꾸고, 보존하고, 오래도록 누려야 할까? 어려운 질문이다. 하지만 통제를 중요하게 여김에 있어 어느 정도의 절제가 필요하다는 생각이 상식처럼 널리 공유되고 있다는 점은 주목할 만하다. 가령 '통제광'(control freak), 즉 통제를 지나칠 정도로 중요하게 생각하는 사람이라는 개념이 있다. 이 관점에 따르면 어느 정도까지 통제를 중요하게 여기는 태도는 전혀 잘못되지 않았지만, 통제광이 되지 않으려면 지켜야 할 마지노선이 있다.

이를 좀 더 전통적인 철학적 개념과 연결 짓기 위해서는 통제광의 개념을 2장에서 언급된 고대 철학 속 덕의 통일성 논제(The unity of the virtues thesis)와 연관 지어 볼 수 있다. 덕의 통일성 논제는 서로 다른 덕, 기술, 우수성이 상호 보완하고 조절하는 일종의 통일된 집합을 형성해야 좋은 사람이 된다는 생각이다. 예를 들어, 너무 지나친 용기는 충분한 정의나 친절이 없다면 미덕이 아니라 악덕이 될 수 있다. 마찬가지로, 다른 목표와 가치에 대한 충분한 고려 없이 통제에 지나치게 집중하면 합리적이고 덕스러운 방식으로 통제하는 사람이 아니라 통제광이 될 수 있다.

여기서 통제의 가치를 정확히 어떻게 평가해야 하는지, 그리고 그에 대한 적절한 관심의 정도가 어느 정도인지에 대해 더 자세히 논의하지는 않을 것이다. 그러나 이 맥락에서 한 가지 언급할 만한 점은, 통제가 도구적 가치와 비도구적 가치를 모두 가진다고 해서 반드시 극대화되어야 하거나 항상 최우선시되어야 하는 것은 아니라는 점이다. 오히려 다른 가치들 또한 고려하며 일정한 한도 내에서, 그리고 너무 지나쳐 통제광처럼 보이지 않는 선에서 그 중요성을 고려해 볼 수 있다.

5.7 이 장의 결론

처음 시작했을 때의 예시로 돌아가 보겠다. 우리는 사용자가 더 나은 버전의 자신이 될 수 있도록 도와주는 스마트워치에 대해 생각해 봤다. 예를 들어, 이러한 기술이 사용자가 더 규칙적이고 효과적으로 운동하는 데 도움을 줄 수 있다면, 이 스마트워치는 이번 장에서 우리가 행동 변화 기술로 이해한 일종의 패턴 변화 기술의 예시가 된다. 그리고 사용자의 행동 패턴 중 일부를 변화시킴으로써 건강 개선과 같은 결과를 가져올 수 있다면, 여기서 통제력이 높아진다는 것은 실제로 사용자에게 어느 정도 가치를 가질 수 있다.

하지만 스마트워치의 경우에도 통제와 관련된 위험 요소가 존재한다. 가령 스마트워치의 배후에 있는 회사나 제휴업체와 같은 타인들이 사용자를 통제하는 행위자가 될 수도 있다. 이들은 사용자가 인지하지 못하는 사이에 일상 속 여러 영역을 감시하고 영향을 미칠 수 있으며, 또한 사용자가 선호하는 행동 패턴 대신 본인들이 선호하는 패턴에 따라 행동하도록 유도할 수 있는 능력을 갖기도 한다. 네덜란드의 기술철학자 마르욜라인 란징(Marjolein Lanzing)이 셀프 트래킹 기술에 대한 연구에서 주장한 것처럼, 이는 사용자 개인의 자율성에 심각한 위협이 될 수 있다.

일반적으로 본인이 사용할 행동 변화 기술을 직접 만들지 않는한, 대부분의 행동 변화 기술은 통제와 개인의 자율성 사이 이중적인 관계를 갖게 될 가능성이 높다. 이 점은 통제의 다양한 차원이 사람에 따라 다르게 분포될 수 있다는 점을 염두에 두면 분명해진다. 행동 변화 기술은 때때로 사용자가 통제의 일부 차원을 더 잘 수행할 수 있게 해 준다. 그러나 동시에 다른 사람들(예: 서비스를 제공하는 기술 회사 또는 이들로부터 데이터를 수집하는 사람들)이 사용자를 감시하고, 영향력을 끼치며, 앞서 설명한 다양한 통제의 측면 중 일부를 실현할 수 있게 해 주기도 한다.

앞서 언급했듯, 우리가 어느 정도로 통제력을 행사할 수 있어야 하는지는 일반화시켜 답하기 어려운 질문이다. 자신의 행동 패턴에 대한 통제력을 갖는 것은 윤리적 관점에서 도구적 가치와 비도구적 가치를 모두 지니는 것으로 간주될 수 있다. 개인적 자율성의 한 측면이기 때문이다. 또한 자제력이라는 덕의 일부분으로 가치가 매겨질 수도 있다. 게다가 자기 자신이나 어떤 도구, 기술을 통제하는 것은 무언가에 대한 통달 혹은 능숙함의 한 형태로 존경받을 수 있으며, 그 자체로서도 가치를 인정받을 수 있다. 하지만 앞서 살펴봤듯이 적절한 방식을 통해, 적절한 수준으로 통제에 부여하는 최적 지점을 찾음으로써 모든 것을 통제하는 데 혈안이 된 통제광이 되지 않는 것 또한 중요하다.

게임화를 포함하는 특정 종류의 행동 변화 기술들에 대해서도 중요한 윤리적 질문을 던져야 한다. 예를 들어, 무언가에 대한 진정성 있는 관심 대신 경쟁심을 자극함으로써 특정 활동에 참여하는 사람들의 동기를 바꿀 수 있다면, 이는 언제 허용될 수 있으며, 언제 윤리적으로 문제가 될 수 있을까? 이 모든 문제는 이번 장에서 다루지 못한, 훨씬 더 긴 논의가 필요한 흥미로운 주제들이다. 여기서 더 논의하는 대신 통제가 중요한 역할을 하는 기술윤리의 또 다른 부분으로 넘어가 보려 한다. 우리는 책임의 문제를 살펴볼 것이다. 특히, 일부 기술로 인해 책임의 공백(gaps in responsibility)이 생길 수 있다는 우려를 고찰해 보려 한다.

* 주석 달린 참고문헌

Debus, Dorothea, "Shaping Our Mental Lives: On the Possibility of Mental Self-Regulation," *Proceedings of the Aristotelian Society*, vol. CXVI, no. 3, 2016, pp. 341-365. 기분과 같이 우리가 직접 통제할 수 없는 정신적 삶의 측면을 어떻게 간접적으로 통제할 수 있는지에 대한 흥미로운 논의다.

Nucci, Ezio Di, *The Control Paradox*, London: Rowman & Littlefield International, 2020. 우리가 특정 사물에 대한 직접적인 통제를 포기함으로써 전체적인 통제력을 늘릴 수 있는 역설을 폭넓게 논의했다.

Jongepier, Fleur and Klenk, Michael, *The Philosophy of Online Manipulation*, London: Routledge, (editors) 2022. 다양한 형태로 행해지는 기술 조작의 윤리를 이야기하는 에세이 모음집이다.

Lanzing, Marjolein, The Transparent Self: A Normative Investigation of Changing Selves and Relationships in the Age of the Quantified Self, PhD Thesis, Eindhoven University of Technology: https://pure.tue.nl/ws/portalfiles/portal/140533915/20191211_Lanzing.pdf, 2019. 셀프-트래킹 기술의 윤리를 다룬 훌륭한 책이다.

Pettit, Philip, *On the People's Terms: A Republican Theory and Model of Democracy*, Cambridge: Cambridge University Press, 2012. 사람들이 거주하는 주(state)의 법

률을 통제하는 것을 의미한다.

Plato, *The Republic*, London: Penguin, 2007[박종현 옮김, 『플라톤의 국가·정체(政體)』, 파주: 서광사, 2005]. 철학 역사상 가장 위대한 고전 중의 하나로, 인생에서 가장 중요한 가치의 유형에 대해 논의하고 있다. 개인과 국가는 모두 정의로울 수 있으며, 두 경우 모두 개인이나 국가가 정의로운 것이 도구적으로나 비도구적으로도 좋다고 주장한다. 정의의 덕을 특정한 형태의 자기 구성 및 개인 또는 국가 간의 조화로 이해한다.

Sio, Filippo Santoni de and Hoven, Jeroen van den, "Meaningful Human Control over Autonomous Systems: A Philosophical Account," *Frontiers in Robotics and AI*, vol. 5, 2018, p. 15, doi: 10.3389/frobt.2018.00015. 자율 기술에 대한 의미 있는 인간 통제를 다루는 'track-and-trace' 이론을 제안한다.

Scanlon, Thomas Michael, *What We Owe to Each Other*, Cambridge, MA: Harvard University Press, 1998[강명신 옮김, 『우리가 서로에게 지는 의무: 계약주의적 도덕 개념 분석』, 파주: 한울, 2008]. 가치란 무엇인지, 그리고 어떻게 가치를 부여해야 하는지를 포함한 윤리의 다양한 측면을 폭넓게 논의한 책이다.

Susser, Daniel·Roessler, Beate and Nissenbaum, Helen, "Technology, Autonomy, and Manipulation" *Internet Policy Review*, vol. 8, no. 2, 2019, p. 122. 온라인상의 조작 행위가 어떻게 개인의 자율성을 위협할 수 있는지에 대한 설명을 제공한다.

6. 책임과 기술: 틈을 조심하라고?

6.1 두 사건

2016년 3월, 인공지능 컴퓨터 프로그램 '알파고'가 고대로부터 전해져 온 바둑의 현 세계 챔피언과 대결을 펼쳤다. 프로그램을 개발한 엔지니어들은 방대한 기존 바둑 게임의 데이터를 활용해 알파고 스스로 수백만 번의 대국을 치르게 함으로써 알파고가 바둑을 잘 둘 전략을 개발하여 대국을 준비하도록 했다. 당시 바둑의 세계 챔피언, 즉 인간 바둑의 세계 챔피언은 한국의 이세돌이었다. 총 다섯 번의 대국에서 이세돌은 한 판을 이겼고, 나머지 네 판은 알파고가 승리했다. 1996년 컴퓨터 프로그램 딥블루가 인간 체스 세계 챔피언 게리 카스파로프(Garry Kasparov)를 꺾었던 것처럼, 이제 인공지능 컴퓨터 프로그램이 바둑 세계 챔피언을 꺾은 것이다.[1]

---

1 다음 위키피디아 페이지를 참조하라. "AlphaGo Versus Lee Sedol": https://en.wikipedia.org/wiki/AlphaGo_versus_Lee_Sedol

한 가지 흥미로운 사실은 알파고가 로봇이 아닌 컴퓨터 프로그램이었다는 점이다. 따라서 바둑판에서 돌을 옮기는 역할은 인간이 수행해야 했다. 이 프로젝트에 참여한 딥마인드 직원 중 한 명이기도 했던 그 사람은 알파고 프로그램의 전략을 이해하지 못했다. 그저 프로그램이 알려 주는 지침에 따라 움직였을 뿐이며, 스스로의 힘만으로는 바둑에서 이세돌을 절대 이길 수 없었을 것이다. 즉, 그의 유일한 공헌은 바둑판 위에서 바둑돌을 옮기는 것이었기 때문에 승리에 대해 공로를 인정받을 자격이 없다고 볼 수도 있다. 그는 돌을 옮기는 로봇 팔로도 쉽게 대체될 수 있었을 것이다.

그 컴퓨터 프로그램을 만들고 설계한 사람들은 어떨까? 승리의 공로를 인정받을 자격이 있을까? 이 또한 마냥 명확하지만은 않다. 그들 또한 학습 데이터에 입력된 바둑 대국을 직접 두어 보지 않았다. 그리고 알파고가 전략을 개발하기 위해 스스로 시뮬레이션한 수백만 번의 대국을 두어 본 것도 아니다. 또한 컴퓨터 프로그램이 개발해 사용한 전략을 이해하지도 못했다. 즉, 이러한 능력을 갖춘 컴퓨터 프로그램을 개발한 점에 대해서는 그 공을 인정받을 수 있지만 경기에서의 승리에 한해서는 인정받지 못할 수도 있다. 어쩌면 이세돌이라는 패자는 있지만 승자는 없었던 것일 수도, 혹은 이 바둑 경기에서 거둔 승리에 대해 칭찬할 만한 점은 아무것도 없었는지도 모르겠다.

다음으로 거의 정확히 2년 후인 2018년 3월에 발생한 사건을 살펴보자. 3장에서 언급했듯 당시 처음으로 보행자가 자율주행차에 치여 사망하는 사고가 발생했다. 승차 공유 서비스업체인 우버가 애리조나주 템피의 공공 도로에서 실험용 자율주행차를 시험 운전하고 있었다. 차량의 성능을 모니터링하고 위험하거나 위태로운 상황이 발생할 시엔 차를 멈춰 주어야 하는 '안전 운전자'가 차량에 탑승하고 있었다. 하지만 자전거를 끌고 가던 엘레인 허츠버그라는 여성이 자율주행 우버 차량 앞에서 갑작스럽게 길을 건너려 했을 때 차량의 인공지능이나 인간 안전 운전자 모두 신속하게 대응하지 못했다. 차량의 이미지 인식 소프트웨어는 허츠버그를 알 수 없는 물체, 자전거, 차량으로 번갈아 분류하다가 제때 적절한 조치를 취하지 못했다. 인간 안전 운전자는 허츠버그를 너무 늦게 발견했고, 차량이 그녀와 충돌하는 것을 공포에 질려 지켜볼 수밖에 없었다. 허츠버그는 병원으로 가는 구급차 안에서 사망했다.

이 비극적 사고의 책임은 누구에게 있을까? 안전 운전자? 자율주행차를 설계한 사람들? 공공 도로에서 실험용 자율주행차 테스트를 허가한 애리조나주 정치인? 아니면 공공 도로에서 이러한 차량을 실험하고 있던 우버? 이에 관련해 다양한 이견이 있을 수 있다. 그중 한 관점이 책임 공백에 대한 것이다. 즉, 피해자는 있지만 비난받아야 할 자가 누구인지는 명확하지 않은 경우를 말한다. 이세돌이 알파고에게 패배했을 때 승리의 공로가 누구에게 있는지 불분명했듯이, 자율주행차처럼 자율적으로 작동하는 기술로 인해 누군가가 피해를 입었을 때는 비난의 대상이 누구인지 불분명한 경우 또한 존재한다. 엘레인 허츠버그의 사례처럼 말이다.[2]

---

2 과학기술 전문가인 잭 스틸고(Jack Stilgoe)가 2019년 쓴 다음 기고문을 참조하라. "Who Killed Elaine Herzberg?" in OneZero here: https://onezero.medium.com/who-killed-elaine-herzberg-ea01fb14fc5e

이번 장에서는 기술이라는 맥락 속에서 책임에 대해 논의한다. 특히 인공지능 기술이 좋거나 나쁜 결과를 낳을 때 발생 가능한 여러 형태의 책임 공백과 그에 대한 다양한 우려에 초점을 맞춰 볼 것이다. 좋은 결과와 나쁜 결과 모두에 대한 다양한 유형의 책임을 고려할 것이며, 다양한 철학적 관점을 통해 책임에 대한 우리의 일반적인 견해에 기술이 어떤 혼란을 야기할 수 있는지에 대해서도 논의해 볼 것이다.

이는 기술윤리에서 거의 항상 다루어지는 주제다. '누구에게 책임이 있는가?'라는 질문은 새로운 기술이나 사회적 관행이 도입될 때처럼 예상치 못한 방식으로 어떤 새로운 일이 일어날 때 가장 먼저 떠오르는 질문 중 하나다. 따라서 기술윤리에 관한 책, 특히 기술윤리 입문서에서는 이 주제에 대한 논의를 피할 수가 없다.

위와 같은 문제에 대해 글을 쓰는 사람들 중 일부는 책임 공백에 대한 우려가 지나치게 과장되어 있다고 생각한다. 심지어 어떤 사람들은 우리가 일어난 일에 대해 책임을 물을 사람을 찾는 데 지나치게 몰두하기 때문에 기술이 책임 공백을 만들었다면 오히려 다행이라고 여기기도 한다. 또 어떤 사람들은 좋든 나쁘든 결과에 대해 책임을 묻는 것은 윤리의 핵심이자 인간의 필수적인 관행이며, 기술로 인해 이러한 관행들에 혼란이 생기는 상황이 무척 심각하다고 생각한다.

이번 장의 목적은 이 문제에 대한 특정 견해를 변호하는 것이 아니라 이에 관한 여러 관점을 검토해 보는 것이다. 기술과 책임의 문제에 대한 인간-기계 팀 모델, 즉 인간을 감독자 또는 관리자로 간주하고 그들에게 책임을 부여하는 관점에 대한 저자의 선호가 부분적으로 드러나기도 할 것이다. 그러나 다른 관점들 또한 동등하게 평가되고 진지하게 다뤄질 것이다. 이 책의 다른 장들과 마찬가지로 독자가 이 문제에 대해 생각해 보고 스스로 결정을 내릴 수 있도록 자극을 주는 것이 이번 장의 목적이다.

이번 장에서 전하려는 메시지 중 하나는, 나쁜 결과 및 이에 대한 비난과 처벌(즉, 부정적인 형태의 책임)이 기술에 대한 책임 문제의 전부는 아니라는 점이다. 긍정적인 형태의 책임도 고려해야 한다. 예를 들어, 좋은 일이 일어났을 때 공로를 인정받을 자격은 누구에게 있을까? 두 가지 형태의 책임 모두 인간에게 중요하지만 그 의미는 다르다. 우리는 일반적으로 좋은 일이 일어났을 때 칭찬받기 원하며, 좋은 일에 대한 공로를 인정받을 만하다 생각될 시엔 그 공을 자신에게 돌리고 싶어 한다. 반면 나쁜 일이 일어났을 때 비난받는 것은 일반적으로 선호되지 않는다. 그래서 다른 사람에게 책임을 전가하거나 자신을 비난하면 안 되는 이유를 찾으려 노력하곤 한다. 기술과 책임에 대해 생각할 때는 많은 사람이 칭찬과 비난에 대해 가지고 있는 이러한 비대칭적인 태도를 염두에 두는 것이 중요하다.

6.2 책임이란 무엇인가?
사람들이 책임을 지게 되는 다양한 방식과 대상들

철학자들은 책임에 대해 많은 글을 써 왔다. 그러면서 염두에 두어야 할 특징을 도출했고 상상할 수 있는 모든 방향으로 책임의 문제를 비틀고 뒤집어 봤다. 그래서 기술과 책임에 관심이 있는 사람들이 활용할 수 있는 많은 선행 연구가 존재한다. 굳이 말하자면, 선행 연구가 너무나 많아서 어디서 시작해야 좋을지 모를 정도다. 책임과 관련해 논의해 볼 수 있는 흥미로운 질문은 매우 다양하다. 예를 들어, 책임에 대한 우리의 생각과 자유의지 및 결정론에 대한 믿음 사이에는 어떤 관계가 있을까? 여기서는 일단 기술윤리에서 가장 흔하게 논의되는 책임의 몇 가지 특징 및 개념에 초점을 맞춰 보겠다.[3]

먼저 염두에 두어야 할 것은 도덕적 책임과 법적 책임 간의 구분이다. 법적 책임은 특정 사회 속 법과의 관계 속에서 정의 내려진다. 법은 국가에 따라 다를 수 있으며, 시간과 함께 변할 수 있다. 따라서 어떤 사회 속 특정 시점에서의 법적 책임은 다른 사회, 다른 시점(혹은 같은 사회, 다른 시점)에서의 법적 책임과는 다를 수 있다.

일단은 법적 책임과 관련된 문제는 대부분 제쳐 두고 윤리적 관점에서 볼 수 있는 도덕적 책임에 초점을 맞춰 보자. 이는 특정 시점, 특정 사회에서의 법적 책임과 일치할 수도 있고 일치하지 않을 수도 있다. 기술 발전이 때로는 법적 발전보다 빠를 수 있기에 기술윤리를 논의할 때 도덕적 책임에 초점을 맞추는 것은 합리적이다. 즉, 사람들이 하는 일에 대해 책임을 물을 수 있는 명확한 법적 근거가 아직 없지만, 그들이 하고 있거나 한 일에 대한 도덕적 책임을 물을 수 있는지 여부에 대해서는 대개 논의가 가능하다.

일례로, 2010년대 말과 2020년대 초 소셜미디어 기업들은 자사

---

3 자유의지의 철학과 도덕적 책임이 궁금한 독자는 팟캐스트 「The Free Will Show」의 인터뷰들이 흥미로울 것이다. https://thefreewillshow.com

웹사이트가 사회 전반에 미치는 영향으로 인해 점점 더 큰 대중의 감시를 받게 되었다. 당시 법적 상황은 늘 명확하지는 않았고 규제도 부족했다. 그렇다고 소셜미디어가 초래한 결과에 해당 기업들이 도덕적 책임을 져야 할 가능성을 배제할 수 있었던 것은 아니다.

　도덕적 책임에 집중해 보자. 도덕적 책임은 몇몇 철학자에 따르면 다양한 '얼굴'을 지닌 현상이다. 예를 들어, 데이비드 슈메이커(David Shoemaker)는 책임의 '귀속성'(attributability), '응답성'(answerability), '책무성'(accountability)을 구분해야 한다고 주장한다. 일단 어떤 결과를 누구에게 귀속시켜야 하는지, 말하자면 특정 결과의 배후에 누가 있는지 물어볼 수 있다. 또한 그 사람의 어떤 측면(기저에 깔린 성품이나 성격, 또는 특징적이라고는 할 수 없는 일시적인 충동이나 광기)에 결과를 귀속시킬 수도 있다. 발생한 일에 대한 질문에는 누가 답할 수 있는가? 그리고 누가 그에 대해 책임을 질 수 있는가? 이러한 질문에 대한 답은 모두 하나의 동일한 방향을 가리킬 수도 있지만, 그렇지 않을 수도 있다.

　어쨌든 슈메이커에 따르면, 책임에 대해 생각할 때 우리는 책임의 이런 다양한 '얼굴'을 분리시켜 놓아야 한다. 나중에 살펴보겠지만, 일부 기술윤리 연구자들은 이를 매우 중요한 통찰로 여긴다. 예를 들어, 슈메이커의 제자였던 대니얼 티가드는 다양한 책임의 측면을 살펴봄으로써 AI, 로봇과 같은 기술의 결과물에도 책임을 물을 수 있다고 주장한다.[4]

4　슈메이커가 게스트로 등장하는 팟캐스트 「Partially Examined Life」의 에피소드 세 편을 다음 링크에서 들어 볼 수 있다. https://partiallyexaminedlife.com/tag/david-shoemaker

기술윤리에서 자주 논의되고 분명히 염두에 두어야 할 두 가지 구분이 있다. 하나는 이미 위에서 언급했다. 더 긍정적인 의미에서의 책임과 더 부정적인 의미에서의 책임을 구분하는 것이다. 좋은 일이 일어났을 때, 이는 책임에 대한 긍정적인 질문, 즉 누가 좋은 결과를 가져왔는지, 누구를 칭찬하거나 보상할 수 있는지 등의 질문을 던지게 한다. 반대로 나쁜 일이 발생하면 나쁜 결과의 배후에 누가 있는지, 무엇이 잘못된 것인지를 누가 대답해 줄 수 있는지, 누구를 비난 또는 처벌할 수 있는지 등의 부정적인 질문이 제기된다.

윤리학 전반과 기술윤리에서 이루어지는 책임에 대한 철학적 논의는 부정적인 책임(나쁜 결과, 비난, 처벌 등)에 관한 것일 때가 많다. 하지만 책임에는 긍정적인 측면도 있다는 점을 명심하는 것이 중요하다. 우리는 좋은 일을 만들어 내기도 하며, 분명 자신이 한 일로 간주될 수 있는 좋은 일이 일어날 때 그 공로를 인정받고 싶어 하는 경향이 있다.

기술윤리 연구자들이 자주 논의하는 또 다른 구분은 흔히 과거지향적(backward-looking) 책임과 미래지향적(forward-looking) 책임으로 불린다. 우리는 어떤 일(좋은 일이든 나쁜 일이든)이 발생한 후에 누구에게 책임이 있는지 질문하고는 한다. 이게 바로 과거지향적 의미로서의 책임이다. 하지만 미래에 어떤 일이 어떤 방식으로 일어날지 앞서 생각해 보며 좋은 결과는 이끌어 내고 나쁜 결과는 피하게 할 책임이 누구에게 있을지 질문해 볼 수도 있다.

예를 들어, 기후변화와 우리가 미래 세대에게 남겨 줄 세상에 대해 생각할 때 종종 나오는 질문 중 하나는 미래의 사람들을 위해 기후를 파괴하지 않도록 노력하는 것이 누구의 책임이냐는 것이다.

권력을 가진 정치인의 책임일까? 아니면 개개인의 책임일까? 우리 모두가 공유하는 공동의 책임일까? 아니면 누구의 책임일까? 이는 소위 미래지향적 책임과 관련된 질문의 한 예다.

이러한 질문과 구분을 다양한 방식으로 조합할 수도 있다. 예를 들어, 부정적인 책임과 긍정적인 책임 모두에 대해 과거지향적 질문을 할 수 있다. 가령, 나쁜 일이 발생했을 때는 누가 책임을 져야 하며, 좋은 일이 일어났을 때는 누가 칭찬을 받아야 하는가? 마찬가지로 부정적, 긍정적 책임에 대해 미래지향적인 질문을 던져 볼 수도 있다. 즉, 부정적인 결과를 피할 책임은 누구에게 있고 좋은 결과를 이끌어 낼 책임은 누구에게 있는가?

위와 같은 네 가지 유형의 책임 문제는 기술윤리의 맥락에서 우려되는 다양한 종류의 책임 공백에 해당한다. 이어질 내용에서 우리는 책임의 잠재적 공백, 줄여서 '책임 공백'(responsibility gaps)이라는 개념에 대해 자세히 살펴볼 것이다. 일단 요점은 다음과 같다. 우리가 로봇이나 AI처럼 인간의 업무를 대신하는 기술을 사용하게 되면서 중대한 상황에서의 책임에 대한 우려가 종종 제기된다. 이러한 기술이 직관적으로 누군가가 책임을 져야만 한다고 느껴지는 결과를 초래할 수 있다고 걱정하는 사람들도 있다. 하지만 누가 책임을 질 수 있는지, 혹은 책임을 져야 하는지는 불분명할 수 있으며, 따라서 잠재적인 책임 공백이 발생한다.

이러한 공백은 과거지향적, 미래지향적 책임 모두와 연관될 수 있다. 부정적, 긍정적 책임에도 동일하게 적용된다. 따라서 다음 절에서 설명할 최소 네 가지 유형의 잠재적 공백을 상상해 볼 수 있다. 이 네 가지 유형은 아래 표에서 볼 수 있다.

책임 공백	과거지향적	미래지향적
부정적	과거지향적인 부정적 책임 공백	미래지향적인 부정적 책임 공백
긍정적	과거지향적인 긍정적 책임 공백	미래지향적인 긍정적 책임 공백

6.3 책임 공백: 개요

기술이 책임의 공백을 만들 수 있다고 여겨지는 이유는 무엇일까? 이를 이해하기 위해 먼저 사람들이 어떤 일에 책임감을 지게 되는 조건이 무엇인지에 대한 일반적인 생각을 살펴보자. 이번에도 긍정적 책임과 부정적 책임 모두를 고려해 볼 것이다. 즉, 우리가 어떤 사람이 그의 업적에 대해 칭찬받을 자격이 있다고 생각하는 이유는 무엇인가? 그리고 왜 우리는 때때로 사람들이 나쁜 일이나 결과에 대해 비난 혹은 다른 형태의 비판을 받을 만하다고 생각할까?

언제나 그렇듯 이런 문제에 대해선 다양한 이론이 존재하며, 그 모든 것을 여기서 고려할 수는 없다. 대신 이 맥락에서 특별히 관련 있어 보이는 이론들에 초점을 맞춰 볼 것이다. 먼저 과거지향적인 의미에서의 긍정적 책임을 살펴보자. 즉, 좋은 일이 일어났고 누군가는 그에 대한 공로를 인정받을 자격이 있는 상황이다.

여기서 참고할 수 있는 유용한 이론 중 하나는 '무엇이 **성취**로 간주되는가'를 다룬 철학자 그웬 브래드포드(Gwen Bradford)의 이론이다. 또 다른 유용한 이론으로는 한나 마슬렌(Hannah Maslen) 및 그 동료들의 **칭찬할 만함**(praiseworthiness)에 관한 이론이 있다. 성취는 본질적으로 책임의 긍정적인 발현이기 때문에 이 두 가지 이론을 결합하는 것은 적절해 보인다. 두 이론을 종합하면 다음과 같은 결론을 얻을 수 있다.

누군가 이룬 성취의 가치를 평가할 때는 다음 네 가지 요소를 염두에 두는 것이 좋다.

1. **생산된 결과물의 가치**: 어떤 결과물이 더 좋을수록 칭찬할 만한 가치가 있는 성취라고 생각하는 것이 합리적이다.

2. **기여의 성격**(nature): 어떤 결과물 생산에 누군가가 더 크게 기여했을수록, 그리고 그 결과물의 생산이 운에 의한 것이 아닐수록 이를 칭찬할 만한 성취로 보는 것이 더 합리적이다.

3. **헌신의 비용**: 일반적으로 더 많은 노력, 시간, 주의, 스트레스가 포함될수록 칭찬할 만한 가치가 있는 성취로 보는 것이 합리적이다.

4. **헌신과 노력의 자발성**: 어떤 결과를 이루려고 자발적으로 마음먹은 경우일수록 칭찬할 만한 성취로 보는 것이 합리적이다.

요컨대, 좋은 결과물이 있고 한 개인이나 집단이 그 결과물 생산에 크게 기여했으며 헌신과 노력 및 자발적 결단을 통해 그렇게 했다면, 일반적으로 그 결과물은 성취로 보는 것이 합리적이다. 그 사람 또는 집단이 칭찬을 받고 공로를 인정받을 만한 성취라고 인정된다는 것이다.

반면, 이러한 조건 중 하나 이상이 충족되지 않을 시엔 어떤 일이 칭찬할 만한 성취인지, 누군가에게 과거지향적 의미에서의 긍정적인 책임이 있다고 할 수 있는지가 덜 명확해진다. 예를 들어, 어떤 좋은 일(예: 환자가 병에서 회복되었다)이 발생했고 누군가(예: 환자 치료를 담당한 의사)가 이에 대한 공로를 주장하려 하지만 위에서 언급한 조건 중 몇 가지가 충족되지 않는다고 상상해 보자. 어쩌면 공로를 인정받고자 하는 사람(의사)의 행위가 결과의 실현에 실제로는 크게 기여하지 않았을 수도 있다. 또한 그 사람이 많은 노력을 기울이지 않았거나(예: 의사는 최소한의 노력만 기울였음), 그 최소한의 노력도 기꺼이 또는 자발적으로 기울이지 않았을 수도 있다(예: 직접 요청할 때만 행동을 취했음). 이러한 경우 공로는 그 사람의 것이라 할 수 없으며, 좋은 결과(환자의 회복)는 운에 의한 것으로, 즉 누구도 이에 대해 칭찬이나 공로를 인정받을 만한 일이 아니게 될 것이다.

다음으로 과거지향적 의미에서의 부정적 책임, 즉 나쁜 일이 발생했고 누군가가 비난 혹은 처벌을 받아야 마땅한 경우를 생각해 보자. 여기도 마찬가지로 누군가 비난 혹은 처벌을 받을 만하다고 판단 내리려면 어떤 조건이 충족되어야 하는지에 대한 다양한 이론이 존재한다. 모든 이론을 다 고려할 수는 없지만 다음과 같은 보편적인 개념을 중심으로 살펴보자.

다음과 같은 조건이 충족될 때 누군가가 비난이나 처벌을 받아 마땅한 사람으로 간주될 만하다 생각되곤 한다.

1. 나쁜 일이 발생했거나 누군가가 나쁜 일을 저질렀다. 다른 결과가 나올 수도 있는 상황이었다.
2. 선택의 기로에 놓였고 결과에 대해 어느 정도의 통제력을 가진 사람이 있다. 하지만 그는 나쁜 결과를 피하기 위해 상황에 대한 통제력을 행사하지 않았다.

3. 그 사람은 이러한 결과가 발생할 수 있다는 것을 이해하고 예측할 수 있었으며, 조치를 취하지 않을 시 그 결과가 발생할 가능성이 얼마나 되는지 평가할 수 있었다.

4. 그 사람은 나쁜 결과가 발생할 경우 그것이 나쁜 일 혹은 부정적인 일인지 여부에 대한 도덕 판단을 판단할 수 있었으며, 그럴 수 있는 위치에 있었다.

얼핏 보면 이러한 조건들은 굉장히 추상적으로 들릴 수 있다. 하지만 위와 같은 과거지향적 의미에서 부정적 책임의 조건들은 구체적인 사례와 함께 명확히 이해되기 시작한다. 예를 들어, 의사와 환자에 대해 다시 생각해 보자. 이번에는 결과가 좋지 않아 환자가 결국 사망했다.

1980년대부터 1990년대까지 가장 유명한 가수 겸 연예인이었던 마이클 잭슨이 2009년 프로포폴 과다 복용으로 사망한 실제 사례를 떠올려 볼 수 있다. 많은 사람이 잭슨의 주치의였던 콘래드 머레이를 비난했다. 머레이가 상황을 어느 정도 통제할 수 있었기 때문이다. 즉, 그는 잭슨을 사망에 이르게 한 약물을 공급하고 있었지만 이를 거부할 수도 있었다. 숙련된 의사로서 머레이는 잭슨에게 그 강력한 약물을 투여하는 환경이 일반적으로 그 약물이 사용되는 병원 수술실이 아닌 잭슨의 집, 즉 위험한 환경이라는 것을 이해할 수 있었고 예측할 수도 있었을 것이다. 마지막으로, 머레이는 이러한 환경에서 이 강력한 약물을 잭슨에게 투여하는 것이 나쁘고 위험한 생각이라는 것을 충분히 인식할 수 있는 위치에 있었다고 말할 수 있다. 그렇기에 잭슨이 자택에서 이 약을 복용한 후 사망하자

많은 사람이 머레이 박사를 비난했다. 그는 징역형을 선고받았고, 이후 재판 과정에서 드러난 관련 사실들을 접한 많은 사람으로부터 도덕적 비난도 받았다.[5]

반면, 나쁜 일이 발생했지만 다른 세 가지 조건 중 하나 이상이 충족되지 않는 경우를 생각해 보자. 이때 우리는 발생한 일에 대해 책임져야 할 누군가가 있어야 할 것 같다고 느끼면서도, 적절하게 책임을 물을 만한 사람을 특정하기 어려울 수도 있다. 공백이 존재하는 것이다. 방금 살펴본 것과 비슷한 예를 들자면, 마이클 잭슨의 위대한 음악적 라이벌이던 프린스(Prince)가 2016년 홀로 자택에서 약물 과다 복용으로 사망했을 때 많은 사람은 누군가가 책임을 지거나 처벌받아야 한다고 생각했다. 예를 들어, 프린스의 사촌인 찰스 채즈 스미스(Charles "Chazz" Smith)는 세계적 음악 아이콘인 프린스가 우발적인 펜타닐 과다 복용으로 사망한 것이 누구의 책임인지 명확히 밝히려고 "justice4cuz" 프로젝트를 시작했다.[6]

누군가의 잘못이었을 수도 있다. 하지만 카버 카운티 경찰서에서 조사를 벌였음에도 잘못을 저지른 누군가를 찾아낼 수가 없었고, 사망 사건 수사는 그렇게 종결되었다.[7] 어쩌면 누구의 잘못도 아닌 비극적인 사고였을지도 모른다. 또는 책임 소재에 공백이 있었던 것일 수도 있다. 곧 우리는 기술, 특히 인공지능 또는 자율적으로 작동

---

5 이에 대해 더 알고 싶다면 위키피디아의 "Death of Michael Jackson" 항목을 살펴보라. https://en.wikipedia.org/wiki/Death_of_Michael_Jackson

6 다음 웹사이트를 참조하라. "Justice4cuz": https://justice4cuz.com

7 위키피디아 "Prince"(musician) 항목의 "Illness and Death" 섹션을 참조하라. https://en.wikipedia.org/wiki/Prince_(musician)#Illness_and_death

하는 기술이 어떻게 그러한 공백을 만들 수 있는지에 대해 살펴볼 것이다. 하지만 먼저 미래지향적인 긍정적 책임과 부정적 책임에 대해 간략히 살펴보도록 하자.

아직 일어나지 않은 결과가 좋게 나오도록 도울 책임이 어떤 사람에게 있다고 여겨지는 경우, 그 사람이 한 명 이상의 다른 사람과 특별한 관계에 있기 때문에 그들을 도와야 할 특별한 의무가 있다고 여기는 때가 많다. 예를 들어, 부모는 자녀가 잘 지낼 수 있도록 해야 할 의무와 책임이 있는 것으로 간주되며, 교사는 어느 정도까지는 학생들의 성공을 도울 책임이 있는 것으로 여겨진다. 그리고 의사는 환자에게 '선을 행할' 책임이 있는 것으로 생각된다.

나쁜 결과 혹은 피해를 막아야 할 책임을 개인적 또는 기타 특별한 관계와 연관시켜 생각하는 경우는 그리 흔치 않다. 그보다는 다른 이들이 피해를 입거나 어떤 식으로든 일이 나빠지는 상황을 만들지 않도록 노력해야 할 책임이 있다고 보는 것이 일반적이다. 이는 과거지향적인 부정적 책임의 반대 측면이다. 즉, 이미 발생한 나쁜 일을 방지하기 위한 노력이 가능했고, 상황의 심각성과 위험을 이해하고 있었고, 결국 해당 일로 우리가 비난받아 마땅하다면, 우리는 사전에 조치를 취해야 할 의무도 가지고 있다. 부정적인 결과가 발생하기 전에 예방을 위해 노력해야 할 미래지향적인 책임이 있다는 것이다.

미래지향적인 긍정적 책임과 관련해서는, 누군가가 실현하면 좋을 긍정적 결과가 있더라도 이를 촉진할 특별한 책임을 지는 특별한 관계가 존재하지 않는다면 우리는 책임의 공백에 직면할 수 있다. 미래지향적인 부정적 책임의 경우, 철학자들이 일반적으로 책임질 수 있는 '도덕적 행위자'라고 부르는, 즉 의무를 가지고 있고 그 의무를 다하지 않을 시 그에 합당한 책임을 물을 수 있는 인격체가 존재하지 않으면 우리는 공백에 직면할 수 있다. 이제 위와 같은 개념들을 기술로 인해 책임 공백이 만들어질 수 있는 사례들과 연결 지어 보자.

6.4 기술로 인한 책임 공백

성취 공백(achievement gaps)이라고도 부를 수 있는 과거지향적 의미의 긍정적 책임 공백이 생길 만한 삶의 영역 중 하나는 바로 일의 영역이다. 과거에는 긍정적 책임이 전적으로 인간의 노력이나 독창성과 관련되어 있던 다양한 업무 영역에 인공지능과 같은 첨단기술이 점점 더 많이 도입되고 있다.

예를 들어, 환자의 엑스레이 이미지나 미심쩍은 문제를 살핌으로써 의사의 질병 진단을 돕는 의사결정 도구를 생각해 보자. AI 도구는 문제를 진단하고 치료법을 제시하는 데 있어 인간 의사를 능가할 수 있고, 의사의 역할은 AI 시스템의 분석 결과를 환자에게 전달하는 정도로까지 축소될 수 있다. 심지어 AI 시스템은 개별 환자의 정보 수용 방식에 딱 맞춘 개인형 의료 정보를 제공할 수도 있기 때문에 의사의 역할은 더욱 축소될 가능성이 있다.

또는 법률 업무, 즉 오래된 판례를 찾아서 새로운 법적 사례와 연관시키고, 이전 판례가 새로운 사례를 판단함에 있어 선례를 제공할 수 있는지 판단하는 업무를 떠올려 볼 수 있다. 이 또한 언젠가는 AI 시스템이 인간보다 더 잘하게 될 분야다. 추가로 우리가 보통 인간의 기술 또는 숙련도와 연관 지어 생각하는 모든 종류의 제조업을 생각해 보라. 마찬가지로 사람들이 갖고 싶어 하거나 구매하고 싶은 물건을 추천하는 데 있어 기계가 인간보다 더 능숙해질 수 있다고 상상해 볼 수 있다.

위와 같은 종류의 사례 또는 이와 유사한 사례들은 일터에서 인간이 이룰 수 있는 성취의 여지를 줄일 수 있다. 이전에는 고도로 숙련된 인간이 수행했던 난이도 있는 업무를 수행하게 될 기술/기계/AI 시스템을 유지, 감독하거나 고치는 것을 제외하면 인간이 할 일은 얼마 없을지도 모른다. 이전에는 인간의 성취, 즉 긍정적인 의미에서 업무의 결과에 대한 책임을 인간에게 돌릴 여지가 있었다면, 앞으로는 상당한 책임 공백이 생길 것이다. 이는 우리가 하는 일의 의미를 약화시킬 수 있다. 왜냐하면 의미 있는 일이란 종종 좋은 결과를 가져오는 데 크게 기여하는 일(예: 질병 진단 및 치료법 추천, 창의적인 법적 추론, 중요한 상품 생산 등)과 연관되기 때문이다.

이와 같이 기술은 매우 훌륭한 결과를 만들어 낼 수 있으며, 이전에 같은 작업을 수행했던 인간보다 더 나은 성과를 낼 수 있다. 그러나 그 과정에서 성취 공백이 발생할 수가 있다. 일터에서 창출된 좋은 결과에 대해 인간의 긍정적 공로를 인정받는 것이 불가능해지거나 매우 어려워질 수도 있다는 뜻이다.

이번 장 서두에서 소개한 알파고 사례가 이를 설명하는 데 도움이 될 수 있다. 이 경우, 위에서 살펴본 것처럼 컴퓨터 프로그램은 과거의 기보, 그리고 스스로와의 대국을 통해 훈련되었다. 인간에게 남은 유일한 역할은 바둑돌을 바둑판 위로 옮기는 것이었고, 최고의 인간 바둑 기사는 AI 시스템에 패배했다. 알파고가 이세돌 9단을 상대로 거둔 '승리'에는 바둑돌을 움직인 인간이 관여했지만 정작 당사자는 그것을 자신의 위대한 업적으로 여기지 않을 것이다. 그리고 다른 사람들도 승리를 그의 공로로 인정하지 않을 것이다. 이와 같은 일은 수많은 일터에서 쉽게 발생할 수 있으며, 그 결과 성취 공백은 커지고 우리가 정당하게 긍정적인 책임감을 느낄 수 있는 의미 있는 일을 할 기회가 줄어들지도 모른다.

과거지향적인 부정적 책임 공백에 대해 이야기하기 전에 다음과 같은 질문을 던져 보자. 대부분의 일자리가 자동화되거나 AI 시스템과 같은 기술에 의해 대체될 가능성은 얼마나 될까? 저명한 컴퓨터 과학자 스튜어트 러셀과 경제학자 대니얼 서스킨드(Daniel Susskind)가 공동 집필한 2021년 세계경제포럼(World Economic Forum) 전문가 의견 보고서에 따르면 "많은 AI 전문가는 45년 이내로 기계가 모든 작업에서 인간을 능가할 것이라는 예측을 하고 있다"[8]고 한다. 이는 과장된 전망일 수 있다. 그리고 많은 AI 전문가가 각자 매우 다른 의견을 가지고 있다는 점 또한 유의해야 한다. 그러나 이는 광범위한 작업에서 기계가 인간을 능가할 것이라는 전망을 다양한 분야의 AI 전문가들이 진지하게 받아들이고 있다는 점을 시사하기도 한다. 따라서 우리는 이 사실이 직장 및 일상 속 우리 인간의 성취와 탁월함에 대해 어떤 의미를 갖는지 자문해 봐야 한다.

---

8 세계경제포럼 웹사이트의 해당 페이지를 참조하라. "Artificial Intelligence: 6 Positive Visions for the Future of Work" https://www.weforum.org/agenda/2021/11/positive-artificial-intelligence-visions-for-the-future-of-work

이제 과거지향적인 부정적 책임의 공백에 대해 살펴보자. 기계가 다양한 작업에서 인간을 능가할 수 있게 된다 해도, 그리고 이미 많은 작업에서 인간을 능가했다 하더라도, 그것이 언제나 인간에게 안전한 방식으로 작업을 수행할 것을 의미하지는 않는다. 자율주행차가 사람을 치어 사망하게 한 것처럼 인간은 이미 첨단기술로 인한 피해를 입은 바 있다. 그리고 이런 일은 앞으로도 계속 일어날 것이다. 예를 들어, 자율무기체계와 같은 일부 군사 기술은 인간을 해치고 심지어 죽이기 위해 설계될 수도 있다. 이러한 상황을 지켜보며 많은 사람이 과거지향적인 부정적 책임 공백에 대해 우려하게 되었다. 기술로 인한 인명 피해와 같은 나쁜 일이 발생하면 누군가 책임을 져야 할 것만 같아 보인다. 하지만 누가 책임져야 하는지가 명확하지 않거나 책임 소재를 가리는 것이 불가능할 수도 있다.

예를 들어, 독일 철학자 알렉산더 헤벨케(Alexander Hevelke)와 줄리안 니다-뤼멜린(Julian Nida-Rumelin)은 자율주행차로 인한 피해와 책임에 대해 쓴 2015년 글에서 자율주행차로 인해 사람이 다치더라도 그 차를 이용하는 사람들에게는 책임을 물을 수 없다고 주장한다. 왜냐하면 그들은 운전을 하고 있지 않으며 차량을 직접 통제하지도 않기 때문이다. 또한 두 저자에 따르면 자율주행차의 설계자 또한 충돌사고에 대해 책임을 질 수 없는데, 그 이유는 자율주행차가 실제 교통의 일부로 참여할 때 정확히 어떤 일이 일어날지 예측할 수가 없기 때문이다. 설계자들의 주된 목표는 가능한 한 안전한 차량을 만드는 것(즉, 미래지향적인 긍정적 책임)이며, 그래야만 한다. 그러다 만약 그들이 예측할 수 있었고 예측했어야 하는 일이 발생한다면, 그로 인해 책임을 져야 한다. 하지만 예측하지 못했거나 쉽게 예측할 수 없는 상황이 발생할 경우는 책임이 없다. 헤벨케와 니다-뤼멜린의 주장에 따르면 말이다. 비슷한 주장을 한 다른 사람들도 있다.

예를 들어, 다양한 인공지능과 로봇 기술에 대한 회의적인 입장으로 유명한 호주 철학자 로버트 스패로우(Robert Sparrow)가 그런 사람 중 하나다. 그는 자율무기체계로 인해 책임 공백이 발생할 수 있는 상황이 빈번하게 일어날 수 있기 때문에 '킬러로봇'을 허용해서는 안 된다고 강력하게 주장해 왔다. 스패로우에 따르면 설계자, 지휘관 등 자율무기체계와 관련해 핵심 위치에 있는 사람들은 이러한 기술의 작동을 완전히 예측하거나 통제할 수 없다. 따라서 자율무기기술과 직접 상호작용하는 핵심 인력들이 이러한 기술로 인해 발생할 수 있는 부당한 피해에 대해 전적으로 책임을 질 수 없다는 것이다.

2장 초반에 언급된 '킬러로봇 반대 캠페인'을 주도하는 집단 역시도 자율 군사용 로봇과 기타 AI 기반 무기 시스템을 금지해야 한다고 주장하기 위해 비슷한 논거를 제시한다. 캠페인 참여자들은 이러한 시스템에 대한 '유의미한 통제력'의 확보가 가능하지 않다고 주장하며, 이러한 기술이 사람을 죽인다면 누가 책임을 져야 하는지도 불분명하다고 말한다. 따라서 이러한 기술은 금지되어야 한다는 것이다. 순전한 사고가 아닌 경우, 나쁜 일에 대해 누가 책임이 있는지 명확히 하는 것은 중요하기 때문이다.

자율주행차와 자율 군사용 로봇 모두에서 드러나는 공통된 생각은 이러한 기술들이 우리의 직접 통제 범위에서 너무 멀리 떨어져 있으며, 우리가 제대로 예측할 수 없는 방식으로 작동할 것이라는 점이다. 이에 따르면 위와 같은 기술이 인간을 해치거나 죽이는 경우에도 어떤 사람을 비난 혹은 처벌하는 것은 공정하지도 옳지도 않다. 적어도 책임 공백이 이러한 기술과 관련된 일종의 구조적 문제라고 걱정해야 할 만큼 빈번하게 발생하는 게 아니라면 말이다.

누군가를 처벌하고 싶거나 처벌하는 것이 적절하다고 생각하지만 그럴 만한 사람을 찾을 수 없는 경우, 존 다나허는 이를 '응보 공백'(retribution gap)이라고 부른다. 특히 처벌은 사람들이 무슨 일이 일어나고 있는지 알았거나 혹은 그 상황을 통제할 수 있었던 경우에만 정당화될 수 있다. 문제는 일부 자율 기술의 경우 항상 이러한 조건을 충족할 수 있지 않다는 것이다.[9]

미래지향적인 긍정적 책임과 부정적 책임은 어떤가? 후자부터 시작해 보자. 자율주행차나 자율무기체계와 같은 기술이 누군가를 해치거나 죽인 이후 과거지향적인 부정적 책임의 공백이 존재한다면, 이는 그 일이 일어나기 전 미래지향적인 부정적 책임도 존재했다는 의미로 볼 수 있다. 다시 말해, 어떤 기술이 사람을 해치지 않도록 해야 할 미래지향적 의무나 책임이 누군가에게 있었다면, 그 기술이 실제로 사람을 해쳤을 시 책임자는 비난의 대상이 될 수 있다. 그러나 여기에 과거지향적 책임 공백이 있다고 가정하면, 나쁜 일이 발생하기 전에 나쁜 결과를 피할 책임이 누구에게 있는지에 대한 책임 공백도 잠재적으로 존재한다는 것을 의미한다.

다음으로는 기술로 인해 발생하거나 혹은 기술과 연관될 수 있

---

9 팟캐스트 「Philosophy 247」의 "Robots and Retribution" 편에서 응보 공백에 대한 다나허의 설명을 들을 수 있다. https://philosophy247.org/podcasts/robots-and-retribution

는 미래지향적인 긍정적 책임 공백을 고려해 보자. 이러한 공백은 미래에 일어날 수 있는 좋은 결과가 있고, 이러한 결과가 어떻게든 기술과 밀접한 관련이 있으며, 누군가가 좋은 결과에 대한 책임을 지는 것이 좋을 것 같지만 실제로는 그 누구도 책임이 있다고 확정될 수 없는 경우에 존재한다.

이러한 미래지향적인 긍정적 책임의 공백이 발생할 수 있는 이유 중 하나는 다음과 같다. 위에서 언급한 바와 같이, 타인을 이롭게 하려는 책임은 종종 부모와 자녀 또는 의사와 환자 사이의 관계처럼 특별한 관계와 묶여 있다고 여겨진다. 따라서 우리가 개발 또는 개선할 수 있는 기술을 통해 많은 사람에게 좋은 일을 할 수 있다고 해도, 타인을 위해 좋은 일을 해야 할 이유가 될 만한 그런 특별한 관계가 없다면 그 기술 개발을 책임질 사람을 찾기가 어려울 수도 있다. 이는 우리가 개발하거나 더 개선할 수 있는 기술과 관련된 미래지향적인 긍정적 책임의 공백이라 할 수 있을 것이다.

예를 들어, 특정 기술이 개발되어 미래 세대에게 큰 혜택을 줄 수 있다면 우리는 이러한 기술을 개발하는 것이 누군가의 긍정적인 책임이길 바랄 수 있다. 그러나 아무도 미래 세대와 특별한 관계에 있지 않다면, 그들에게 도움이 될 기술을 개발해야 할 명확하고 강력한 미래지향적 책임을 가진 사람은 아무도 없을 것이다. 따라서 이러한 상상 속의 기술과 관련해 (그것이 무엇이든 간에) 미래지향적인 긍정적 책임의 공백이 존재할 수 있다.

6.5 자발적 책임을 통한 책임 공백 메우기

앞서 우리는 좋은 일을 할 수도, 문제를 일으킬 수도 있는 기술들과 관련된 잠재적 책임 공백을 살펴보았다. 이제부터는 책임 공백을 메우기 위해 어떤 노력을 할 수 있는지, 그리고 이런 공백을 메우는 것이 중요한지, 만약 그렇다면 왜 중요한지에 대해 생각해 보도록 하자. 예를 들어, 자율주행차, 군사용 로봇과 같은 형태의 인공지능 기술이 널리 보급되면 위에서 강조한 네 가지 유형의 책임 공백이 빈번히 발생할 수 있다. 이는 많은 사람에게 문제로 느껴질 것이며, 따라서 이러한 공백을 메우기 위한 다양한 전략을 세워 보는 게 좋을 것이다.

한 가지 가능성은 사람들이 책임 공백을 메우기 위해 스스로 자원하는 것이다. 사람들은 때때로 어떤 일에 대해 기꺼이 책임을 지길 원한다. 또는 어떤 일이 일어나지 않도록 하거나 좋은 결과가 나오도록 하기 위해 책임을 지기도 한다. 이것이 기술과 관련된 많은 책임 공백 중 일부를 해결하는 한 가지 방법이 될 수 있을까?

여기서 할 수 있는 질문은 사람들이 기술적 책임 공백을 메우려 자원할 가능성이 얼마나 되는가일 것이다. 이와 밀접하게 관련된 질문으로 자원(혹은 자원을 하지 않을)의 동기가 무엇인지가 있으며, 또 다른 중요한 질문은 그들이 책임자로 인정받을 자격이 있는가이다. 마지막 질문은 잠시 뒤로 미루고 앞의 두 질문부터 살펴보자. 이러한 질문을 생각할 때면 사람들의 책임 의지와 관련된 두 가지 비대칭성이 바로 떠오른다.

첫 번째 비대칭성은 과거지향적인 긍정적 책임과 과거지향적인 부정적 책임의 구분과 관련이 있다. 우리가 예상할 수 있는 비대칭성은 다음과 같다. 사람들이 기술로 인해 발생한 나쁜 결과에 대한 책임을 지기보다는 좋은 결과에 대한 책임을 인정받고자 할 가능성이 더 높다는 것이다. 예를 들어, 어떤 AI 시스템이 의학적 문제를 파악하는 데 도움을 주고 치료법을 제안해 치료가 성공적으로 끝났다면, 이 과정에 참여한 의사는 당연히 이러한 좋은 결과에 대해 적어도 부분적인 책임이라도 인정받고 싶어 할 것이다.

반면 어떤 군부대에서 사용하는 자율 군사용 로봇이 통제 불능 상태가 되어 무고한 민간인을 죽이기 시작한다면, 군부대원들이 나쁜 결과에 대해 책임을 지려는 의지와 동기는 훨씬 약해질 것이다. 또는 누군가의 자율주행차가 사람을 치어 죽였다고 상상해 보자. 이 경우 자율주행차를 이용 중이던 사람이 책임에 대해 느낄 동기부여는 해당 기술로 가져올 수 있는 좋은 결과에 대해 책임을 인정받고자 할 때의 동기부여보다 약할 확률이 크다.

좋은 결과에 대한 책임을 인정받는 것이 부정적인 결과에 대한 책임을 지는 것보다 많은 경우 더 매력적으로 다가온다. 전자는 좋은 결과에 대한 잠재적 칭찬 내지는 보상을 포함한다. 후자는 나쁜 결과에 대해 잠재적으로 비난을 받거나 처벌받을 가능성을 내포한다. 따라서 부정적인 책임 공백보다 긍정적인 책임 공백을 메우고자 하는 자발적 동기가 훨씬 더 강할 것으로 예상하는 것은 당연하다.

예상 가능한 두 번째 비대칭성은 과거지향적인 긍정적 책임 공백과 미래지향적인 긍정적 책임 공백 간의 차이와 관련이 있다. 일단 방금 언급했듯 많은 사람이 기술이 이미 가져온 좋은 결과에 대해서는 기꺼이 책임을 지려고 할 가능성이 높다. 반면 그 긍정적인 결과가 일어날 수 있도록 적극적인 조치를 취하는 데 책임을 지려는 동기는 훨씬 약할 수 있다. 다시 말해, 이미 일어난 좋은 일에 대해 책임을 지려는 사람은 부족하지 않겠지만, 좋은 일이 계속 일어나도록 하기 위해 그만큼의 책임을 지려는 사람은 부족할 수 있다.

왜 두 번째 비대칭이 발생할까? 위에서 언급했듯, 이미 일어난 좋은 일에 대해 책임을 진다면 사람들이 좋은 결과에 대한 공로를 인정하면서 칭찬 등의 다양한 방식으로 보상을 해 줄 가능성이 높기 때문이다. 또한 분명한 대가를 치를 필요가 없을지도 모른다. 그러나 미래지향적인 긍정적 책임은 사람들의 칭찬을 받을 수도 있는 반면, 그와 동시에 좋은 결과를 내야 한다는 압박 또한 존재한다. 이로 인해 다양한 측면에서 대가를 치르게 될 수 있다. 무엇보다도 소위 말하는 기회비용이 발생할 수 있으므로, 할 수 있는 다른 일을 놓치게 될지도 모른다. 또한, 좋은 결과를 내지 못할 경우 비판의 대상이 될 수도 있기 때문에 좋은 결과를 가져올 책임은 다른 사람에게 맡기는 편이 더 '안전'할 수도 있다.

방금 살펴본 바와 같이 기술과 관련된 네 가지 유형의 책임 공백 중 한 가지, 즉 과거지향적인 긍정적 책임 공백만이 직접 나서서 책임을 지려는 사람들에게 매력적으로 다가올 가능성이 높다. 과연 이것이 책임 공백을 메우는 데 좋은 방법이라고 할 수 있을까?

여기서 한 걸음 더 나아가 보면, 책임을 지려 하는 사람들이 특정 기술(예: 내부 작동 방식을 알 수 없는 첨단 AI 시스템)이 가져온 결과에 대해 정말 공로를 인정받을 자격이 있는지 의문을 가져 볼 수 있을 것이다. 어떤 결과에 대해 책임을 지겠다는 의지와 그 결과에 대한 공로를 인정받을 자격 사이에는 차이가 있다. 기술이 만들어 낸 결과가 좋은데 그에 대한 공로를 인정받을 수 있는 사람이 있는지조차 불분명한 경우, 사람들은 그 결과에 대해 책임을 지려는 사람이 진정한 의미에서 책임자로 인정받을 자격이 있다고 생각하지 않을 수 있다.

요컨대, 기술로 인해 발생했거나 발생할 수 있는 결과가 있을 때 단순히 사람들에게 책임을 지게 함으로써 그 책임 공백을 메우겠다는 생각은 위에서 고려한 모든 이유로 인해 다소 문제가 있어 보인다. 이제 다른 대안들을 살펴보도록 하자.

6.6 책임 공백을 환영해야 할까?

책임 공백을 메우기 위한 다른 대안들을 살펴보기 전에 먼저 기술로 인해 발생하는 책임 공백에 대한 또 다른 반응을 살펴보겠다. 특히 앞서 존 다나허가 제안했듯 피해를 초래하는 기술이 응보 공백, 즉 누군가를 처벌해야 한다고 생각하지만 그 대상이 누구인지는 불분명한 상황을 초래할 수 있다는 점을 고려해 볼 것이다. 여기에서 살펴볼 다나허의 견해는 다음과 같다. 기술이 책임 공백을 초래했음에도 불구하고 그 결과에 책임이 있어 보이는 사람이 존재하지 않는 게 때로는 좋은 일일 수도 있다. 무언가를 책임지는 일은 때때로 부담스러울 수 있기 때문이다. 그래서 우리는 기술이 때때로 책임에 틈을 열어 주는 것처럼 보인다는 사실을 환영해야 할지도 모른다.

다나허는 이 견해를 지지하는 두 가지 주요 논증을 제시한다. 그 첫 번째를 우리는 방금 피상적인 수준에서 생각해 봤는데, 이를 더 분명히 드러내 보자. 다나허는 책임을 지는 것은 종종 부담스럽고, 책임져야 할 일이 적으면 더 좋을 때도 있으며, 따라서 기술로 인해 발생하는 어떤 형태의 책임 공백은 환영할 수도 있다고 주장한다. 특히 처벌을 받거나 비난을 받는 것은 매우 부담스럽고 종종 불쾌할 때가 있다. 따라서 기술로 인해 책임 공백이 생겼다고 말함으로써 비난과 처벌을 피할 수 있다면 이는 때때로 좋은 일이 될 수도 있다는 것이다.

다나허의 두 번째 논증은 좀 더 '형이상학적'이다. 이는 이번 장의 앞부분에서 간략하게 언급했던 도덕적 책임과 자유의지 사이의 연관성과 닿아 있다. 다나허는 자유의지, 적어도 어떤 일에 대한 칭찬이나 비난을 받을 자격과 관련된 의미에서의 자유의지에 대해서는 회의주의적 입장을 취한다. 그에 따르면, 예를 들어, 우리는 스스로의 자유의지로 어떤 일을 일으켰을 때만 비난이나 처벌을 받을 자격이 있다. 하지만 자유의지의 존재에 대해 회의적일 수밖에 없는 철학적 이유가 존재한다. 따라서 사람들이 자신이 한 행동에 대해 마땅히 책임을 져야 하는지에 대해서도 회의적일 수밖에 없는 철학적 이유가 있다는 것이다. 그러므로 기술이 책임에 공백을 만든다면 이는 좋은 일이라고 다나허는 주장한다. 이러한 논증은 사람들이 강한 의미의 자유의지를 지니지 않기 때문에 애초에 자신이 하는 일에 대해 실제로 책임질 수는 없다는 생각과도 맞닿아 있다.

기술로 인한 책임 공백을 환영해야 한다는 다나허의 제안에 어떻게 대응해야 할까? 그리고 이 제안을 뒷받침하기 위한 다나허의 주장을 어떻게 생각해 볼 수 있을까? 두 번째 논증, 즉 자유의지 회의론 및 책임이라는 개념이 강한 의미의 자유의지를 필요로 한다는 의견부터 살펴보자. 다나허는 왜 사람들에게 자유의지가 없다고 생각하는 걸까? 이는 자유의지가 비결정론(모든 것이 자연법칙에 의해 결정되지는 않는다는 생각)을 필요로 하는데 다나허 자신은 결정론(즉, 모든 것이 자연법칙과 관련된 원인과 결과에 의해 결정된다는 생각)이 참이라고 생각하기 때문이다. 우리가 다나허를 따라 결정론을 바탕으로 자유의지 회의론자가 되어야 하느냐는 여기서 간단히 정리할 수 없는 큰 주제다. 하지만 몇 가지 고려해 보아야 할 사항은 있다.

많은 철학자가 다나허가 견지하는 비양립주의적 견해(즉, 자유의지와 결정론이 양립할 수 없다는 견해)를 거부한다. 대신 소위 양립 가능론적 견해(즉, 자유의지와 결정론이 양립할 수 있다는 견해)를 수용한다. 따라서 다른 많은 철학자에 따르면 원인과 결과, 자연법칙과 결정론적 우주의 존재를 믿는 것은 인간의 자유의지의 존재와 어떻게든 양립할 수 있다. 이 주장이 옳다면 세계가 결정론적 체계라고 주장하며 우리가 저지른 일에 대한 책임을 회피하는 것은 불가능해진다.

또 다른 대응은 철학자 P. F. 스트로슨(Peter Frederick Strawson)과 관련 있다. 그에 따르면, 서로에게 책임을 묻는 인간의 일상적인 행위는 사실 세계가 결정론적인지 비결정론적인지, 그리고 그것이 강한 의미에서의 자유의지의 존재 또는 비존재에 대해 무엇을 의미하는지 등의 추상적이고 철학적인 생각들과는 독립적으로 존재한다. 스트로슨은 우리가 하는 일, 혹은 일어나는 일에 대해 서로에게 책임을 묻고, 받아들이고, 책임을 지기도 하는 행위가 사회적 종으로서의 도덕적 관행이라고 주장한다. 이는 우리가 인간으로서 서로를 향해 가지는 사회적 대인관계의 태도 및 반응하는 방식과 연관이 있다.

이 견해에 따르면 원인과 결과, 자연법칙, 결정론에 대한 형이상학적 견해는 철학 세미나의 주제이지 누가 무엇을 책임져야 하는지에 대한 도덕적 토론과는 무관하다. 따라서 스트로슨은 결정론과 관련된 추상적인 형이상학 논의를 통해서는 책임과 기술에 대한 질문을 해결할 수 없다고 말할 것이다. 대신 우리가 스스로 만들어 낸 기술과 상호작용하는 방식을 돌아보고 무엇이 옳고 무엇이 그른지에 대한 도덕적 논증을 전개함으로써 이러한 질문을 해결해야 한다는 입장을 보인다.

이제 위에서 살펴본 다나허의 첫 번째 주장, 즉 우리가 기술로 인해 생긴 책임 공백을 환영해야 하는 이유로 돌아가 보자. 그에 따르면 무언가에 책임을 져야 하는 것은 종종 부담이며, 따라서 기술로 인해 발생하는 책임의 공백이 큰 안도감을 줄 수 있다. 이에 대해 우리는 부정적인 의미에서 지는 책임은 종종 부담스러우며, 비난이나 처벌 또한 좋지 않다고 답할 수는 있을 것이다.

그러나 무언가에 대해 책임이 있다고 인정받는 것은 다른 방식으로 좋은 일이 될 수 있다. 긍정적 책임의 경우 칭찬이나 보상을 받으면 매우 기분이 좋을 수 있으며, 우리는 우리가 하는 좋은 일 혹은 어떤 식으로든 연관된 좋은 결과에 대해 공로를 인정받기를 원하기도 한다. 따라서 기술로 인해 책임 공백이 생기면 좋은 결과 혹은 선행에 대한 공로를 인정받을 수 있는 기회, 그에 따른 칭찬과 잠재적 보상 등 우리가 긍정적으로 여길 만한 것들을 잃게 될 수도 있다.

또한, 비난이나 처벌을 받는 것이 항상 좋은 것은 아닐지라도 많은 사람들은 어떤 행동으로 인해 비난이나 처벌을 받아 마땅해 보이는 누군가를 합당하게 처우하는 것이 중요하고 가치 있는 일이라고 생각한다. 나쁜 일이 발생했는데 누구의 잘못인지 책임 소재를 파악할 수 없을 때 많은 사람이 좌절감을 느낀다. 물론 그렇다고 해서 반드시 그 사람(들)이 응보적인 방식으로 처벌을 받아야 한다는 것은 아니다.

예컨대, 윤리가 무엇인지 다룬 장(2장)에서 언급했던 우분투 윤리의 관점으로 돌아가 보자. 우분투 윤리에는 나쁜 일에 책임이 있는 사람이 잘못을 뉘우치고 사과하면 다시 공동체 안으로 환영받을 수 있다는 개념이 있다. 즉, 사람들이 나쁜 일을 저지른 경우(예: 나쁜 결과를 초래하는 기술을 만드는 등) 비난은 받겠지만 무조건 응보적인 방식으로 처벌받는 대신, 자신이 저지른 일이나 책임져야 하는 일이 사람들과의 관계에 끼친 피해에 대해 수습 또는 복구를 시도하는 것도 가능하다.[10]

다나허가 제공하는 관점은 우리가 여기서 세부적으로 살펴볼 수 없는 큰 질문들을 던진다. 따라서 그의 관점은 일단 제쳐 두고, 대신 기술로 인해 발생한 책임의 공백을 메우기 위한 다른 제안들에 집중해 보도록 하자. 이 책은 기술윤리를 소개하는 책이고, 책 전반에 걸쳐 제기된 논쟁이나 의문 모두를 해결하려는 것이 목적은 아니기 때문이다. 오히려 앞서 언급했듯이 각 장의 목적은 독자들의

---

10 철학자 타데우스 메츠(Thaddeus Metz)가 왕립철학연구소(Royal Institute of Philosophy)에서 발표한 'For Reconciliatory Sentencing'라는 제목의 영상에서 아프리카 전통에 기반한 화해의 개념을 들어 볼 수 있다. https://www.youtube.com/watch?v=TjmRMizvDfo

이러한 질문에 대한 관심을 자극하고 토론의 장을 여는 데 있다. 독자는 다나허의 의견에 동의할 수도 있고, 강하게 반대할 수도 있을 것이다. 어쩌면 독자는 이 장 혹은 다른 장에서 논의된 다양한 관점에 모두 반대할지도 모른다. 만약 그렇다면, 나는 여러분이 펜으로 종이에 적거나, 혹은 키보드를 사용해 그 다른 관점을 직접 정리해 보기를 강력히 권하는 바다.

6.7 책임질 수 있는 기계?

이제 책임 공백의 우려에 대한 다른 대응책을 생각해 보자. 그중 하나는 인간에게서 관심을 돌려 기술이나 기계가 스스로 한 일에 대해 책임을 질 수 있는지 생각해 보는 것이다. 예를 들어, 과연 우리는 좋은 결과를 만들어 내는 기계는 칭찬하고 나쁜 결과를 만들어 내는 기계는 비난하거나 처벌할 근거를 갖게 될 수 있을까? 말하자면 로봇을 비난하는 것이 합리적일 수 있느냐는 질문이다. 그렇다면 기계가 자신이 하는 일에 대한 책임을 가질 수 있다는 의견에 대해 생각해 보자. 이는 책임 공백 문제를 해결할 방법이 될 수 있다. 문제를 일으킨 것으로 보이는 기계가 스스로 그 공백을 메울 수 있기 때문이다.

이러한 아이디어에 대해 논평하면서 독일의 철학자 크리스티안 리스트(Christian List)는 지능형 기계를 고도로 조직화된 사람들의 집단에 비유해 '집단 행위자'(group agents)라고 부른다. 리스트의 분석에 따르면, 집단을 이루는 사람들은 집단 차원에서 책임의 구심

점을 형성할 수 있다. 예를 들어, 기업(예: 기술 회사), 군대, 동호회, 종교 단체 등이 이에 해당한다. 집단이 결정을 내리고, 행동의 결과를 통제하며, 집단으로서 도덕적 판단을 내릴 수 있는 내부 구조를 갖추는 방식으로 스스로를 조직할 수 있다면 해당 조직이 하는 일에 대해서는 집단 차원의 도덕적 책임이 존재할 수 있다.

물론 집단의 각 구성원은 그들 개개인이 책임질 수 있는 인간일 것이다. 그러나 이러한 책임질 수 있는 인간들로 구성된 집단 자체도 독자적인 프로젝트와 책임을 갖는 그 나름의 '행위자'가 될 수 있다. 일단 리스트의 주장에 따르면 그렇다. 실제로 리스트는 합리적인 방식으로 행동하는 집단을 일종의 '인공지능'으로 볼 수 있다고 주장하기도 한다. 지능적인 방식으로 행동하고 의사결정을 내릴 수 있는 인간 구성체라는 것이다. 그리고 그러한 집단은 자신의 행위와 그 결과에 책임을 질 수 있다고 리스트는 주장한다.

나아가 리스트는 인공지능 기계 또한 도덕적 책임감을 가진 인간이 수행할 수 있는 종류의 행위 및 기능을 수행할 능력을 갖출 수도 있다고 덧붙인다. 그가 보기에 AI 시스템은 (1) 자기 행동의 결과를 통제하고 (2) 그 행위의 결과를 예측하며 (3) 그러한 행위 및 결과에 대한 도덕 판단을 내릴 수 있다. 리스트는 이렇게 말한다.

상당한 기술적 어려움은 있지만, 이론적으로 AI 시스템이 도덕적 행위자로서의 자격을 갖추지 못할 이유는 없으며, 또한 책임 있는 행위자가 되기 위한 지식 및 통제의 요건들을 충족하지 못할 이유도 없다는 점을 분명히 해야 한다. 설령 기존의 AI 시스템이 아직 이러한 요구 조건을 충족하지 못하더라도, 전자식 또는 다른 방식으로 설계된 하드웨어라는 것 자체가 원칙적으로 장애물이 된다고 생각할 이유는 없다. 집단 행위자(group agents)가 책임을 질 수 있는 자격을 갖췄다는 것을 인정한다면, 최소한 원칙적으로는 AI 시스템도 그렇게 할 수 있다는 것을 인정할 준비가 되어 있어야 한다. (List, 2021, p. 1229)[11]

앞서 몇 차례 언급된 바 있는 대니얼 티가드 또한 여러 글을 통해 이와 관련된 주장을 펼쳐 왔다. 그는 책임이 다양한 '얼굴'을 가진 복합적인 개념이라는 아이디어를 차용한다.

인간에 관해서는 책임의 다양한 측면과 관련해 여러 가지 질문을 해 볼 수 있다. 예를 들어, 어떤 좋은 일이나 나쁜 일이 발생했을 때 우리는 특정 인간 또는 인간 집단이 그 결과를 가져오는 데 도움이 되는 행동을 했거나 그 결정을 내린 것으로 볼 수 있는지 물을 수 있다. 그리고 그들의 성격이나 사고 패턴의 어떤 측면이 그들의 행동을 초래했다고 볼 수 있는지 물어볼 수 있다. 이를 책임의 **귀속성**(attributability) 측면이라고도 한다. 그리고 어떤 일이 왜 일어났는지 또는 왜 특정 방식으로 행동했는지에 대한 질문에 답할 수 있는 사람이 (있다면) 누구인지 질문할 수도 있을 것이다. 이것이 책임의 **응답성**(answerability) 측면이다. 또한 이미 발생한 일에 대해 책임을 질 수 있는 사람이 (있다면) 누구인지 물어볼 수도 있다. 이것은 책임의 **책무성**(accountability) 측면이다.

---

11 리스트가 본인의 견해를 밝히는 영상이다. "Group Agency and Artificial Intelligence": https://www.youtube.com/watch?v=xia6uGUvshU

이렇게 다양한 '얼굴' 또는 책임의 측면을 논의하는 대부분의 경우 인간에 초점을 맞추려는 경향이 있다. 하지만 티가드는 로봇과 같은 기계가 이렇게 다양한 책임의 얼굴을 가질 수 있는지 질문해 볼 수도 있다고 제안하며, 아마도 그럴 수 있다고 생각하는 것으로 보인다. 가령 로봇이 특정 결과를 초래한 배후에 있는 것으로 간주될 수 있다는 것이다.

예를 들어, AI 시스템이 어떤 질병을 진단한 후 치료법을 제안했는데 그 치료가 효과적이었다면, 어쩌면 이 치료의 성공을 AI 시스템의 공으로 돌려야 할지도 모른다. 이는 결과에 대한 의료 AI 시스템의 긍정적 책임을 인정하는 한 방식이 될 것이다. 이와 같은 AI 시스템이 특정 방식으로 행동한 이유 또는 특정 상황이 발생한 이유와 관련된 질문에 답변하는 게 가능할 수도 있다. 예를 들어, 이세돌과의 바둑 대국에서 왜 특정 수를 두었는지 알파고에게 물어볼 수 있다고 가정해 보자. 그리고 컴퓨터 프로그램인 알파고가 대국 중 왜 그런 수를 제안했는지 대답할 수 있었다고 가정해 보자. 그렇다면 알파고는 자신이 제안한 수에 응답성을 지니며, 그런 의미에서 책임이 있다고 말할 수 있을지도 모른다.

AI 시스템, 로봇 및 기타 기계가 자신이 행한 일에 책임을 져야 한다고 보는 관점이 합리적이지 못하다는 것을 티가드도 인정한다. 따라서 이는 책무성의 측면을 충족시키지 못할 수 있다. 하지만 이것이 책임의 유일한 '얼굴'은 아니다. 우리는 방금 기술이 귀속성과 응답성 측면에서는 책임을 가진다고 보는 견해가 합리적일 수 있음을 보았다. 티가드가 그의 글을 통해 제안한 바에 따르면 말이다.

리스트와 티가드의 이러한 제안은 흥미롭다. 기계가 자신이 하는 일에 대해 책임을 가진다는 개념은 매력적이지만 어떤 사람들에게는 다소 무섭게 다가올 것이다. 그들의 제안을 우리는 어떻게 받아들여야 하는가? 이러한 생각은 합리적인가? 그리고 기계가 자신의 행동에 책임을 져야 한다는 생각이 바람직한 것인가?

리스트가 제시한 아이디어는 우리가 한 장 전체를 할애해 다루게 될 질문들을 제기한다. 리스트는 기계가 '도덕적 행위자', 즉 도덕적 판단을 내릴 수 있고 도덕적 고려 사항에 따라 행동할 수 있는 존재가 될 수 있다고 제안한다. 이는 일부 철학자, 컴퓨터 과학자 등이 매우 진지하게 받아들이는 생각으로, 이를 탐구하기 위해 '기계윤리'라는 연구 분야가 생겨났을 정도다. 가령 3장에서 살펴본 것처럼 자율주행차와 같은 기술의 경우, 교통사고처럼 사람의 생명이 달린 상황에서 도덕적 결정을 내리는 도덕적 행위자가 되어야 한다는 주장이 종종 제기된다. 미래의 군사용 기술이 전쟁 상황에서 올바른 행동을 결정하는 도덕적 행위자가 되어야 한다는 주장도 있다.

하지만 일부 철학자에 따르면 이는 심각한 문제점을 수반하는 관점이기도 하다. 이들이 보기에 기계는 인간과 같은 종류의 도덕적 행위자가 될 수 없다. 우리 인간이 자신의 행위에 책임질 수 있는 도덕적 행위자가 되는 데 필요한 특정 능력과 특징이 기계에는 결여되어 있기 때문이다. 이 질문, 즉 기계가 도덕적 행위를 하고 결정을 내리는 도덕적 행위자가 될 수 있는지의 여부는 매우 흥미롭기 때문에 일단 미룬 뒤 다음 장 전체를 할애하여 자세히 살펴볼 것이다.

기계가 책임을 질 수 있다는 생각에 대한 또 다른 우려점은 기계가 하는 일이나 만들어 내는 결과에 대해 책임을 묻는 행위의 의미가 불분명하다는 점이다. 즉, 누군가가 기계로 인해 피해를 입거나 혹은 이익을 얻었는데 이에 대한 책임을 기계에 지우려고 한다면 그 사람은 "이게 다 무슨 의미인가?"라는 반응을 보일 수 있다. 좋은 일이나 나쁜 일에 대해 사람에게 책임을 물을 때는 어떤 의미가 있어야 한다. 기계에게 책임을 묻는 것 또한 그런지는 불분명해 보인다.

군사용 로봇과 관련된 책임 공백에 대해 우려를 표하는 로버트 스패로우가 바로 이런 종류의 비판을 제기한다. 스패로우는 비난과 처벌에 초점을 맞춘다. 그는 누군가를 비난하거나 처벌하는 것의 핵심은 그 사람이 자신이 저지른 일에 대한 죄책감이나 수치심을 느끼는 것, 혹은 처벌을 받으며 느끼게 되는 불편함이라고 주장한다. 스패로우에 따르면 기계는 죄책감이나 수치심을 느낄 수도 없고, 인간이 겪는 방식으로 처벌받을 수도 없기 때문에, 그것들을 비대상으로 하는 비난이나 처벌은 아무런 의미가 없어 보인다.

기계를 비난하거나 처벌하는 것에 아무 의미가 없다면, 기계로 하여금 스스로의 행동에 대해 책임을 지게 하는 것도 말이 되지 않는다고 스패로우는 결론 내린다. 이를 뒤집어 긍정적 측면에 초점을 맞춰 볼 수도 있다. 우리가 누군가를 칭찬하고 어떤 긍정적인 일에 대한 책임을 그에게 돌릴 때, 그 사람은 자부심을 느끼고 자신이 한 일에 대해 전반적으로 행복을 느낄 기회를 갖게 될 것이다. 기계는 아마도 자신이 한 일에 대해 자부심을 느끼거나 행복해할 수 없기 때문에 인간과는 달리 기계를 칭찬하는 데에는 아무런 의미가 없는 것처럼 보일 수 있다.

사람들에게 책임을 묻는 목적이 그들의 기분을 좋게 하거나 나쁘게 하기 위해서라는 생각에 동의하지 않을 수도 있다. 하지만 그럼에도 불구하고 사람(또는 기계)에게 책임을 묻는 데에는 분명한 의미가 있어야 한다는 일반적 견해에 동의할 수 있을 것이다. 우리는 기계에게 책임을 묻는 것이 다소 무의미하다고 느낄 수 있다. 또한, 기술을 만들어 놓고는 그 기술이 만들어 내는 좋은 결과나 나쁜 결과에 대해서는 기계에 책임을 지우는 것은 인간의 책임 회피의 한 형태로 볼 수 있고, 따라서 도덕적으로 의문스럽다는 관점도 있을 것이다.

인간은 자신이 만들어 낸 기술과 그 결과물에 대해 책임을 져야 한다는 뜻이다. 기술에 대한 책임을 '아웃소싱'해서는 안 되며, 이는 무책임한 행동이라는 것이다. 따라서 우리가 만든 기술이 어느 정도 자율성을 가지고 작동하며 다양한 종류의 인공지능을 장착하고 있는 경우에도 항상 인간에게 책임이 있다는 사실을 설명할 방법을 찾아야 한다는 주장이 존재한다.

우리가 창조한 것에 대해 항상 책임을 지고, 책임을 지는 방법과 이유를 명확히 하는 것이 당연한 책임이며, 따라서 기술을 만들어 놓고 더 이상 책임을 지지 않고 책임을 떠넘기는 모습은 품위 없다고 생각될 수도 있다. 그러므로 이제부터는 어떤 방식으로 인간이 결국 우리의 기술에 대해 책임을 지는 (그리고 져야 하는) 존재일 수 있는지 살펴보도록 하자.

6.8 인간-기계의 협동 그리고 책임

우리가 직접 통제할 수 없고, 내부 작동 원리를 완전히 이해할 수 없으며, 그 행동을 완전히 예측할 수 없는 기술로 인해 발생하는 책임 공백을 사람들이 걱정하는 까닭은, 이러한 기술이 우리의 감독과 인간의 통제에서 완전히 벗어나 스스로 행위한다고 상상하기 때문이 아닐까. 정말 그렇다면 우리는 책임 공백을 진지하게 걱정해야 하며, 이러한 기술이 하는 일에 대해 인간에게 책임을 묻는 것은 불공평할 것이다. 또한 이러한 기술이 만들어 낸 좋은 결과에 대해 공로를 주장할 수도 없을 것이다. 그런데 자율주행차, 군사용 로봇, 진단 시스템과 같은 '자율' 기술은 과연 인간으로부터 완전히 독립된 기술일까? 그리고 그런 기술 개발은 매력적이거나 바람직한 일일까?

이른바 자율 기술, 즉 사람이 직접 조종하지 않아도 일정 시간 동안 작동할 수 있는 기술에 대한 더 나은 관점이 있다. 바로 인간-기계 관계를 하나의 팀으로서 생각하는 것이다. 이와 관련해 인간의 역할은 책임 공백이 발생할 수 있는 기술의 관리자 또는 감독자가 될 수 있다. 일반적으로 우리가 기술을 일정 시간 사용하는 경우, 성능을 평가하고, 다양한 방식으로 업데이트하고, 성능이 긍정적으로 평가되지 않으면 사용을 중단하고, 다른 기술과 결합해 사용하는 등의 과정을 거친다. 이는 작동 중이나 우리가 직접 통제하지 않는 기술까지도 포함하여, 기술에 대한 통제력을 행사하는 방식이다.

예를 들어, 자율주행차는 일단 작동이 시작되면 사람이 직접 운전하지 않아도 스스로 주행할 수 있다. 하지만 차가 멈춘 후에는 차가 얼마나 잘 작동했는지, 다시 사용할 것인지, 성능을 개선하기 위해 업데이트하거나 다른 기술을 추가할지 등의 여부를 우리는 평가할 수 있다.

심지어 기술을 간접적으로라도 통제할 수 없고, 기술이 어떻게 작동하는지 이해하지 못하며, 어떤 결과를 초래할지 예측할 수 없음을 알면서도 계속해서 사용한다면, 기술로 인해 발생할 모든 문제에 대한 책임이 우리에게도 있을 수 있다. 설령 처음으로 기술이 문제를 일으켰을 때나 처음으로 기술에 대한 직접적인 통제력을 잃었을 때에는 우리가 책임을 지지 않는다고 볼 수 있더라도 말이다.

이러한 기술을 지속적으로 사용하는 것이 우리의 일상이 된다면, 우리는 이를 관행으로 만들었기 때문에 책임을 져야 할 수 있다. 이는 마치 예측할 수 없고 통제하기 어려운 사람과 함께 일을 시작하는 것과 비슷하다. 함께 일하는 사람이 예측할 수 없고 문제를 일으키는데도 불구하고 그와 계속 함께 일하고 심지어 자발적으로 그렇게 한다면, 우리는 이 예측할 수 없는 트러블메이커와 함께한 일에 대해 적어도 일부의 책임은 받아들여야 한다.

예측할 수 없고 통제하기 어려운 기술과 계속해서 함께 '일하는' 경우도 마찬가지라고 할 수 있다. 우리가 예측, 통제할 수 없거나 이해할 수 없다고 판단한 기술의 사용을 즉시 중단한다면, 그 기술로 인해 예상치 못한 나쁜 결과가 발생할 시에 그 책임을 정당하게 부인할 수 있을지도 모른다. 하지만 통제, 예측, 이해가 어렵다는 것을 잘 알고 있으면서도 기술을 계속 사용한다면 다시 한번 책임의 덫에 걸려들게 된다.

다시 말해, 크리스티안 리스트의 인공지능과 집단 행위성 사이의 비교를 활용하되, 다른 방식으로 하는 것이 합리적이다. 리스트는 집단 행위자(즉, 지능적인 방식으로 행동할 수 있는 조직)를 인공지능의 한 형태로 제시했지만, 우리는 인간이 어느 정도의 자율성 혹은 어느 인공지능을 가진 기술을 사용하면 새로운 형태의 집단 행위자, 즉 인간-기술 팀(human-technology team)이 만들어진다고 대신 제안해 볼 수 있다.

기술이 우리를 위해, 또는 우리와 함께 '행위'(acting)하는 것으로 볼 수 있을 만큼 충분히 고도화되었을 때 우리는 기술과 함께 일종의 집단 혹은 조직을 구성한다. 그리고 팀 내에 책임 있는 위치에 있는 사람, 말하자면 '책임자'가 있는지 여부를 질문해야 한다. 기술이 대부분의 궂은일을 하고 있더라도, 여전히 책임져야 할 이는 참여한 사람 중 일부일 수 있고, 또 그래야만 한다는 주장이 가능하다. 이는 조직적으로 움직이는 군대의 경우와 유사하다. 대부분의 힘든 일은 낮은 계급의 병사들이 떠맡지만, 결국 책임은 지휘관이 지는 것과 비슷하다.

미래의 언젠가 우리는 일부 AI 기술에 대한 통제력을 완전히 상실할지도 모른다. 이전 장에서 이미 소개한 바 있는 닉 보스트롬과 같은 저자들은 어느 시점이 되면 '초지능'이 탄생할 것이며, 그러한 AI 시스템의 통제는 간접적으로도 불가능할 것이라고 주장한다. 어쩌면 그럴지도 모르겠다.

하지만 사람들이 잠재적 책임 공백을 논의하며 언급하는 대부분의 기술(예: 자율주행차, AI 기반 컴퓨터 프로그램 또는 군사용 로봇)은 보스트롬이 그의 저서에서 상상하는 초지능 시스템과 같지는 않다. 우리는 기술의 사용을 중단할 수 있고, 업데이트할 수 있으며, 더 나은 결과를 얻기 위해 다른 기술과 결합해 사용할 수도 있다.

오늘날 우리에게 익숙한 현실 세계의 기술들은 어느 정도 자율성이나 인공지능을 가지고 있지만, 그럼에도 불구하고 인간과 함께 일하고, 인간을 위해 일하며, 인간 아래에서 일한다. 오늘날 현실 세계 속 인간-기술 팀에서는 인간이 책임자다. 따라서 인간은 이러한 기술이 작동할 때 발생하는 모든 일을 직접 통제하거나 완전히 이해, 예측할 수 없을지라도 우리가 지속적으로 사용하는 기술로 인해 발생하는 나쁜 결과에 대한 책임을 질 수 있으며, 또 그래야만 한다.

하지만 첨단기술이 만들어 낸 어떤 좋은 결과에 대해 인간이 동일하게 공로를 인정받을 수 있다는 점은 덜 분명해 보인다. 이번 장을 시작했던 알파고와 이세돌 9단의 바둑 대결로 돌아가 보자. 알파고가 바둑판 위에서 돌을 옮기던 인간과 '협력'해 승리한 사례로 이 장을 마무리해 볼 수 있겠다. 바둑판에서 돌을 옮기던 사람이 '주도적 역할'을 하고 있다고 주장할 수는 없으므로 긍정적인 의미에서 승리의 주된 책임이 없는 것은 분명한 사실로 보인다. 마찬가지로, 회사에서 사람들에게 첨단기술의 사용을 지시해 좋은 결과를 얻은 경우, 이러한 기술을 운영하는 사람들이 어떤 긍정적인 결과에 대해 많은 공로를 인정받거나 긍정적인 책임을 지는 것은 정당화되기 힘들어 보인다.

그러나 최소 다음 두 가지 조건이 충족될 시, 조직 전체로서는 이러한 좋은 결과에 대해 어느 정도 공로를 인정받을 수 있다. (1) 사용 중인 기술을 개발하거나 개선했고 (2) 이러한 기술과의 협력이 가져온 좋은 결과를 바탕으로 시간이 지나도 이 기술을 계속 사용하기로 결정했다면 말이다.

6.9 이 장의 결론

앞서 다룬 내용을 통해 현대사회의 첨단기술로 인해 발생할 수 있는 책임 공백과 우리가 느끼는 우려에 대한 완전한 해결책을 제시하려 한 것은 아니다. 기계나 기술을 스스로 작동하는 무엇이 아닌 인간-기술, 또는 인간-기계 팀의 관점에서 보는 접근은 첨단기술로 인해 좋은 결과 혹은 나쁜 결과가 발생할 때 어떻게 인간이 여전히 책임을 질 수 있을지 이해하는 데 도움을 준다. 대부분의 사례는 위의 관점으로 분석이 가능하며, 이는 대부분의 책임 공백을 메우는 데 도움이 된다. 그러나 동시에 이러한 관점에서 생각하기가 여의치 않고, 책임 공백에 대한 심각한 우려 또한 남아 있는 다른 사례가 존재할 수 있다.

이는 앞서 살펴본 네 가지 유형의 일반적인 책임 공백, 즉 과거지향적인 긍정적 책임 공백, 과거지향적인 부정적 책임 공백, 미래지향적인 긍정적 책임 공백, 미래지향적인 부정적 책임 공백에 대한 우려일 수 있다. 이 책의 다른 부분과 마찬가지로, 이번 장의 목적은 이러한 문제들을 소개함으로써 독자가 그에 대해 성찰해 보고, 어쩌면 걱정도 해 볼 수 있도록 영감을 주는 것이었다.

이제 이번 장은 물론 그 전 장들의 논의에서도 제기된 바 있는, 밀접하게 연관된 주제로 넘어가 보겠다. 다음 주제는 기계, 혹은 좀 더 일반적으로 말해 기술이 도덕적 결정을 내리고 도덕적 고려 및 이유에 따라 행동하는 '도덕적 행위자'가 될 수 있는지에 대한 질문이다. 이것이 과연 가능한 일일까? 만약 그렇다면, 도덕적 행위자로서 인간에게 영향을 미치는 문제에 관해 도덕적으로 민감한 결정들을 내릴 수 있는 기계를 갖는 것이 바람직한가? 어쩌면 기술은 도덕적 행위자가 될 수 **있지만**(could), 그래서는 **안 되는**(should not) 것 아닐까? 이는 난해하지만 흥미로운 문제들이다. 그럼 더 이상 지체하지 말고 이 질문들에 대한 논의로 들어가 보도록 하자.

* 주석 달린 참고문헌

Bradford, G., *Achievement*. Oxford: Oxford University Press, 2015. 인간의 성취라는 것이 무엇을 의미하는지에 대한 철학적 탐구서다.

Danaher, J., Robots and the Future of Retribution. In: *Future Morality* (ed. D. Edmonds). Oxford: Oxford University Press, 2021. 기술로 인한 책임 공백이 그렇게 나쁘지 않을 수도 있다고 주장한다. 윤리의 미래를 이야기하는 접근성 좋은 에세이 모음집의 일부다.

Danaher, J. and Nyholm, S., Automation, Work and the Achievement Gap. *AI and Ethics* 1 (3), 2021, pp. 227–237. 자동화된 기술이 직장 환경에서의 성취 공백을 초래해 사람들이 의미 있는 일을 할 수 있는 기회를 위협할 수 있다고 주장한다.

Hevelke, A. and Nida-Rumelin, J., Responsibility for Crashes of Autonomous Vehicles: An Ethical Analysis. *Science and Engineering Ethics* 21 (3), 2015, pp. 619–630. 자율주행차와 관련된 충돌사고에 있어 자동차 제조업체나 개별 사용자가 책임을 져야 하는 것이 아니라, 자율주행차와 관련된 모든 사용자가 해당 기술과 관련된 모든 사고에 대해 공동 책임을 져야 한다는 주장을 펼친다.

List, C., Group Agency and Artificial Intelligence. *Philosophy & Technology* 34 (4), 2021, pp. 1213–1242. 잘 조직된 사람들의 집단행동을 인공지능의 한 형태와 비교하고, 조직된 사람들과 AI 시스템 모두 원칙적으로 그들의 행동과 결정에 대해 도덕적 책임을 질 수 있다고 주장한다.

Maslen, H., Savulescu, J. and Hunt, C., Praiseworthiness and Motivational Enhancement: 'No Pain, No Praise'? *Australasian Journal of Philosophy* 98 (2), 2019, pp. 303–318. 인간 노력의 가치에 대해 논의한다.

Nyholm, S., *Humans and Robots: Ethics, Agency, and Anthropomorphism*. London: Rowman & Littlefield International, 2020. 로봇이 도덕적으로 책임을 질 수 있는 행위자인지 논의한다. 3장에서는 인간을 로봇과 AI 시스템의 감독자 또는 관리자로 간주해야 하며, 따라서 인간은 기술의 작동 대한 책임질 수 있다고 주장한다.

Sparrow, R., Killer Robots. *Journal of Applied Philosophy* 24 (1), 2007, pp. 62-77. 자율무기체계는 책임 공백을 야기하기 때문에 비윤리적이라고 주장한다.

Talbert, M., Moral Responsibility. In: *The Stanford Encyclopedia of Philosophy* (*Winter 2019 Edition*) (ed. E.N. Zalta). https://plato.stanford.edu/archives/ win2019/ entries/moral-responsibility. 도덕적 책임의 철학을 다루는 유용한 개론서다.

Tigard, D., Artificial Moral Responsibility: How We Can and Cannot Hold Machines Responsible. *Cambridge Quarterly of Healthcare Ethics* 30 (3), 2021, pp. 435-447. 기계가 도덕적으로 책임을 질 수 있는지 탐구하는 저자의 여러 기고문 중 하나다.

7. 기계는 도덕적 행위자가 될 수 있을까?
모든 기계는 도덕적 행위자가 되어야 할까?

7.1 기계윤리

이전 장에서 우리는 "기술적 차원에서는 상당한 어려움이 있겠지만, 개념적으로는 AI 시스템이 도덕적 행위자로서의 자격을 부여받지 못할 그 어떤 이유도 없다는 점을 분명히 해야 한다"라는 크리스티안 리스트(Christian List, 2021, p. 1229)의 주장을 살펴보았다. 리스트가 말한 것처럼, 원칙적으로 AI 시스템은 심지어 자기 결정에 대한 도덕적 책임을 질 수 있게 될지도 모른다. 리스트가 염두에 두는 종류의 사례는 그가 '고위험 환경'(high-stakes settings)이라고 부르는 상황에서 작동하는 기술이다. 자율주행차나 군사용 로봇과 같이 인간에게 좋거나 나쁜 결과를 초래할 수 있는 결정을 내려야 하는 기술이 이에 해당한다. 동물이나 자연환경에 좋거나 나쁜 결과를 초래할 수 있는 결정을 내리는 기술 또한 상상해 봄직하다. 리스트는 이러한 고위험 환경에서 작동하는 기술의 결정은 도덕적 고려에 민감한 방식으로 이루어질 필요가 있다고 주장한다. 본 장에서 살펴볼 주제는 이러한 일반적인 생각, 즉 도덕적 행위자로서의 기술이라는 개념이다.

리스트만 이러한 생각을 하고 있는 것이 아니다. 실제로 '기계윤리'(machine ethics)[1]라는 학제적 연구 분야가 존재한다. 기계윤리의 목적은 일부 저자들에 의해 '인공적 도덕 행위자'(artificial moral agents), AMA라는 약어로도 불리는 무언가를 만들어 내는 것이다. 기계윤리 분야를 선도하는 컴퓨터 과학자 마이클 앤더슨(Michael Anderson)과 철학자 수전 리 앤더슨(Susan Leigh Anderson)은 이 분야의 야심을 다음과 같이 밝힌다.

> 기계윤리의 궁극적인 목표는 기계 자신이 하나의 혹은 일련의 이상적 윤리 원칙에 따르는 것, 즉 기계가 채택할 수 있는 가능 행위 경로에 대한 결정이 윤리 원칙의 지도 아래 이루어지는 것이다. (Anderson & Anderson, 2007, p. 15)

이처럼 기계윤리 분야 연구자들의 야심은 단지 (AI 가치 정렬에 대한 일반적인 생각에 따라) 인간의 가치에 정렬된 방식으로 기능하는 기술을 만들어 내는 것이 아니다. 그들의 생각은 가치와 도덕 원칙을 인식하고, 그러한 가치와 원칙에 기초해 행위할 수 있는

---

1 곧바로 소개할 수전 앤더슨(Susan Anderson)과 마이클 앤더슨(Michael Anderson)은 기계윤리 프로젝트에 전념하는 「기계윤리 팟캐스트」(The Machine Ethics Podcast. https://www.machine?ethics.net)에 출연한 바 있다. 다음 링크를 통해 수전 앤더슨과 마이클 앤더슨의 인터뷰를 들을 수 있다. "15. Machine Ethics With Susan and Michael Anderson": https://www.machine-ethics.net/podcast/15-susan-and-michael-anderson

기계를 만들어 내는 것이다. 이들이 상상하는 기계는 철학자들이 때때로 이야기하는 '도덕적 이유'에 따라 행위할 수 있을 것이다. 이러한 방식의 행위가 가능한 까닭은 그것이 도덕적 이유를 식별할 수 있기 때문이다.

이미 우리는 사람들이 이러한 맥락에서 주목하는 핵심 사례, 즉 자율주행차에 대해 광범위하게 논의했다. 지금껏 살펴본 것처럼, 자율주행차는 삶과 죽음의 결정을 자체적으로 내려야 하는 상황에 놓일 수 있다. 자율무기체계 및 여타 군사용 로봇도 도덕적 행위자가 되어야 하는 사례로 언급된다. 이러한 기술들 또한 중요한 도덕적 선택을 내려야 하는 고위험 환경에서 행위하게 될 것이다.

이보다는 덜 극적이지만 도덕적으로 민감한 사례들이 있다. 누가 취업 면접 기회를 얻어야 할지, 누가 해고되어야 할지, 누가 대출 승인을 받을 수 있는지, 누가 재범 가능성이 높은지 등을 결정하는 알고리즘이 그에 해당한다. 이러한 종류의 결정은 삶과 죽음의 결정만큼 즉각적이지는 않지만, 사람들의 삶에 영향을 미친다. 따라서 위와 같은 결정을 내리는 기술 또한 도덕적 고려에 민감해야 한다고 여겨질 수 있다. 수전 앤더슨과 마이클 앤더슨도 돌봄로봇을 비롯한 의료적 맥락에서 사용되는 기술에 대해 검토한다. 환자들과 상호작용하는 기술은 환자들의 필요 그리고 적절한 의료 운영을 위한 가치와 원칙에 민감해야 한다. 따라서 수전 앤더슨과 마이클 앤더슨은 이러한 의료 기술 또한 도덕적 행위자가 될 필요가 있다고 생각한다. 잠정적으로 도덕적 이유에 기초해 행위하고 결정할 수 있는 도덕적 행위자가 될 필요가 있다고 이야기되는 기술은 결코 적지 않다.

이러한 생각에서 몇 가지 질문들이 제기된다. 그것들 중 일부는 다음과 같다. 도덕적 행위자인 기계를 정말로 만들어 낼 수 있는가? 기계가 도덕적 이유에 기초해 행위하거나 결정할 수 있는가? 이러한 기계를 만드는 것이 필요한가 혹은 우리는 이를 피할 수 있는가? 설령 우리가 이러한 기계를 만들 수 있더라도 그러지 않는 것이 더 나은가? 모든 기계는 도덕적 행위자가 되어야 하는가? 아니면 인간만이 중요한 도덕적 결정을 내리는 유일한 도덕적 행위자여야 하는가?

본 장에서는 이상의 질문들에 대해 논의한다. 우리는 기계윤리에 찬성하는 논증과 반대하는 논증 모두를 포함한 여러 관점을 고려할 것이다. 도덕적 행위자로서의 기술을 만들어 내는 것이 과연 가능한 일인지, 과연 이것이 좋은 일인지에 대해 상당한 불일치가 존재한다. 곧 살펴볼 것처럼, 일부 저자들은 기계윤리 분야에서 산출되는 것은 '도덕적 좀비'(moral zombies)나 '사이코패스'(psychopaths)에 불과할 수 있다고까지 주장한다. 마치 도덕적 행위자인 것처럼 행동하지만, 도덕적 행위자가 지니는 중요한 특성인 의식적 경험이나 감정을 결여하는 기계가 존재할 수 있다는 것이다.

이 장의 마지막 부분에서 우리는 기계가 도덕적 이유에 따라 행위할 수 있는지 묻는 것이 애초에 잘못된 질문일 수 있다는 문제를 다룰 것이다. 이전 장의 마지막 부분에서 논의한 것과 같이, 여기서 우리는 인간과 기계가 팀을 이룬다는 관점이 이 문제를 고민하는 최선의 접근인지에 대해 한 번 더 탐구할 것이다.

즉, 기계/기술/로봇이 도덕적 이유에 따라 스스로 행위할 수 있는 도덕적 행위자가 될 수 있는지 묻는 것보다는, 인간-기계 팀이 도덕적 이유에 근거해 행위하고 결정할 수 있는지 질문해 보는 것이 더 낫지 않을까 하는 점에 대해 검토해 볼 것이다. 이러한 문제는 이 장의 마지막 부분에서 다룰 것이다. 초반부에서는 기계 자체에 초점을 맞추고, 기계가 과연 그 자체로 도덕적 행위자가 될 수 있는지, 되어야 하는 것인지 살펴볼 것이다. 바로 시작해 보자.

7.2 기계윤리를 지지하는 논증과 인공적 도덕 행위자의 유형

수전 앤더슨과 마이클 앤더슨이 보는 것처럼 도덕적 행위자인 기계를 개발할 적어도 세 가지 강력한 이유가 있다. 첫 번째 이유는 본 장의 도입부에서 조금 전에 살펴보았다. 즉, 기계의 행위에 뒤따르는 '윤리적 파급 효과'(ethical ramifications)가 있다는 것이다. 기계 및 여타의 기술은 도움뿐만 아니라 해악을 초래할 수도 있고, 좋은 결과와 더불어 나쁜 결과 또한 산출할 수 있다. 따라서 이상적인 관점에서 그것들은 윤리적 고려에 민감해야 한다. 다른 두 가지 이유는 무엇과 관련된 것일까? 두 번째 이유는 만약 윤리적 고려에 민감한 도덕적 행위자인 기계가 개발된다면, 이는 인간에게 위험을 발생시킬 수 있는 자율적 기계에 대한 사람들의 우려를 완화하는 데 도움을 줄 수 있다는 것이다. 수전 앤더슨과 마이클 앤더슨이 제시한 세 번째 이유는 우리가 도덕적 행위자인 기술을 만들어 낼 수 있는 방법을 이해하게 된다면, 이는 인간 윤리 일반에 대한 우리의 이해를 향상시키는 데 도움을 줄 것이라는 점이다. 다시 말해, 윤리적 기술의 창조가 인간 윤리에 대한 우리의 이해를 넓히는 데 도움이 될 수 있다는 것이 수전 앤더슨과 마이클 앤더슨의 주장이다.

웬델 월러치(Wendell Wallach)와 콜린 알렌(Colin Allen) 또한 기계윤리 분야의 발전에 영향을 미친 연구자다. 그들은 인공적 도덕 행위자를 만들어 내는 일이 '필수적'이고 또 '불가피'하다고 주장한다. 이들은 기계와 자율적 기술이 보건 의료, 노년 돌봄, 교육, 군사, 운송, 사회 영역과 친밀한 관계, 직장 등 삶의 여러 다른 부문과 영역에 도입되는 사례가 점점 더 증가하고 있다고 본다. 월러치와 알렌의 주장에 따르면 우리는 이러한 여러 영역에 도입되는 기계가 윤리적 고려에 무감각하길 원하지 않을 것이다. 그리고 기술이 발전하는 방식을 고려했을 때, 이 모든 영역과 그 외 삶의 여러 분야에서 더욱더 발전된 형태의 기술이 도입되는 것을 우리가 막을 수 있다는 생각은 비현실적이다. 따라서 월러치와 알렌은 윤리적인 기계의 창조가 필수 불가결한 일이라고 주장한다.

컴퓨터 과학자이자 윤리 연구자인 로널드 아킨(Ronald Arkin) 또한 기계윤리 연구 프로젝트를 지지하는 인상적인 논증을 제공한다.[2] 특히 아킨은 전쟁 상황에서 자문 시스템과 같은 로봇 및 다른 기계들을 사용하는 것에 주목한다. 그는 기계/기술이 인간보다 더 윤리적일 수 있는 잠재력이 있다고 주장한다. 이후 살펴보겠지만 일부 연구자들은 기계윤리라는 발상 전체에 반대한다. 그들의 관점에서 감정은 윤리에 필수적인데, 기계는 감정을 지닐 수 없다고 생각

---

2 다음 링크는 「Interaction Hour」라는 라디오 쇼에서 진행된 아킨과의 인터뷰 영상이다. "The Interaction Hour: Don't Call Them Killer Robots, With Dr. Ron Arkin": https://www.youtube.com/watch?v=ax_-uPzWmyw

하기 때문이다. 아킨은 매우 다른 견해를 취한다. 기계가 인간적인 감정을 결여한다는 바로 그 점으로 인해, 가령 전쟁터에서 기계가 인간보다 더 윤리적으로 행동할 수도 있다는 것이다.

우리 인간이 갖는 복잡한 감정은 우리를 부도덕한 행위로 이끌 수 있다. 우리는 분노, 증오, 비겁, 질투, 시기, 복수심, 두려움과 같은 감정적 반응을 보이기 쉽다. 이상의 감정들은 인간이 전쟁 범죄를 저지르게 만들 수 있다. 아킨의 제안은 이러한 감정적 경향을 갖지 않으면서도 도덕적 문제에 대해 추론할 수 있는 기계가 인간보다 더 우수한 유형의 군인이 될 수 있다는 것이다. (이후 다시 소개할) 에이미 반 윈스버그(Aimee van Wynsberghe)와 스콧 로빈스(Scott Robbins)가 잘 요약한 것처럼, 아킨은 군사용 기계는 "전쟁 중 점령한 마을 사람들을 강간하거나 약탈하지 않을 것이며, 정의전쟁법(the Laws of Just War) 그리고/또는 교전규칙(the Rules of Engagement)에 따르는 윤리적 행위자로 프로그램될 것"(Van Wynsberghe & Robbins, 2018, p. 729)이라고 생각한다. 일부 다른 컴퓨터 과학자들과 철학자들을 포함하는 여타의 연구자들 또한 이러한 일반적인 논지를 옹호한다. 이들은 잠재적으로 기계는 인간이 될 수 있는 것보다 더 이상적인 도덕적 행위자가 될 수 있다고 주장한다. 따라서 우리는 인공적 도덕 행위자를 만들어 내기 위해 노력해야 한다.[3]

---

3 자율무기의 미래가 포함할 수 있는 훨씬 덜 낙관적인 비전에 대해서는 Future of Life Institute 2017년 영상 「학살로봇」(Slaughterbots)을 참조하라. "Slaughterbots": https://www.youtube.com/watch?v=HipTO_7mUOw. 다음 링크는 2021년의 속편이다. "Slaughterbots‒ If Human: Kill ()": https://www.youtube.com/watch?v=9rDo1QxI260

이는 꽤 야심 찬 프로젝트로 보인다. 더 자세한 설명을 위해 우리는 기계윤리와 밀접한 관련이 있는 '컴퓨터 윤리' 분야의 개척자 중 한 사람인 제임스 무어(James Moor)의 분류를 참고할 수 있다. 자주 인용되는 그의 글에서 무어는 상상 가능한 인공적 도덕 행위자의 여러 종류를 아래와 같이 구분한다.

윤리적 영향 행위자(ethical impact agents)는 특별히 도덕 행위자로 설계되었는지 여부와 무관하게 사람들에게 윤리와 관련된 영향을 미치는 기술이다. 정확한 시간을 알려 주어 사람들이 정해진 시간에 모임에 도착해 약속을 지킬 수 있도록 만드는 시계와 같이 단순한 기술이 이에 해당할 것이다. **암묵적 윤리 행위자**(implicit ethical agents)는 비윤리적 결과의 초래를 피할 수 있는 제약 조건을 갖추도록 설계된 기술이다. 이러한 기술은 명시적으로 윤리 원칙에 의거한 의사결정을 내리지는 않는다. 반면 무어가 **명시적 윤리 행위자**(explicit ethical agents)라고 부르는 기술에는 의사결정을 할 때 명시적인 윤리적 숙고를 가능케 하는 알고리즘이나 여타의 특징이 장착될 것이다. 마지막으로 무어는 **완전한 윤리 행위자**(full ethical agents)에 대해서도 이야기한다. 그러한 기계 혹은 여타의 기술은 윤리적 행위자로서 인간과 동일한 방식의 윤리적 행위자이며, 윤리적 행위자로서 인간이 지닌 모든 요소를 포함할 것이다. 이러한 유형의 기계는 자유의지나 의식 혹은 우리 인간의 도덕적 행위성에 독특하다고 여겨지는 무언가를 지닐 수도 있을 것이다.

기계윤리에 찬성하고 반대하는 논증을 검토할 때, 어떤 유형의 도덕적 행위자에 대해 이야기하고 있는지 신중하게 생각해 볼 필요가 있다. 예를 들어, 우리는 완전한 도덕적 행위자로서의 기계에 찬성하거나 반대하는가? 아니면 암묵적 혹은 명시적 도덕 행위자로서의 기계에 찬성하거나 반대하는가? 윤리적 영향 행위자를 만들지 말지에 대한 논의에 우리가 큰 관심을 쏟지는 않을 것 같다. 하지만 대다수 기술이 무어가 윤리적 영향 행위자라고 부른 무언가가 되고 있다는 점은 명심할 가치가 있다. 우리가 사용하는 거의 모든 기술은 잠정적으로 윤리적인 영향을 미친다. 그럼에도 불구하고 연구자들이 기계윤리에 대한 찬반 논쟁을 벌일 때 그들이 보통 염두에 두는 기술은 향후 명시적이거나 심지어 완전한 도덕적 행위자로 여겨질 수 있는 더 발전된 의미의 윤리적 행위자다. 이에 대한 더 자세한 이야기는 나중으로 미루고, 지금은 기계윤리에 대한 일부 중요한 비판적 응답들을 살펴보자.

7.3 기계윤리 프로젝트에 대한 반론

기계윤리 및 인공적 도덕 행위자의 개발을 찬성하는 이유들에 매우 비판적인 이들이 있다. 예를 들어, 앞서 간략히 언급했던 에이미 반 윈스버그와 스콧 로빈스의 경우, 인공적 도덕 행위자가 개발 가능한 지에 대해 매우 회의적일 뿐만 아니라 이를 만들어 낼 좋은 이유가 있는지에 대해서도 매우 비판적이다.

월러치와 알렌과 달리 반 윈스버그와 로빈스는 윤리적 의사결정에 관여하는 기계의 개발은 필수적이지도, 불가피하지도 않다고 생각한다. 우리는 그러한 기계를 필요로 하지 않는다는 것이다. 우리에게 필요한 것은 단지 인간 주위에 있어도 '안전한' 기계일 뿐이다. 그들의 관점에서 인공적 도덕 행위자를 만들어 내려는 노력은 우리 자신의 행위에 대한 책임으로부터 벗어나기 위한 시도의 일환이다. 우리는 도덕적인 기계를 만들어 내고 이러한 기계들에게 벌어지는 일에 대한 책임을 외주하려고 해서는 안 된다. 대신에 우리는 인간에게 혜택을 주고 해를 끼치지 않는 안전한 기계, 더 일반적으로는 안전한 기술을 만들고자 노력해야 한다. 이러한 입장은 기계윤리가 때때로 직면하게 되는 비판적인 반응의 한 예다.[4]

본 절에서 우리는 기계윤리 프로젝트에 대해 제기되는 서로 다른 네 가지 반론을 검토할 것이다. 네 가지 반론을 쉽게 찾을 수 있도록 하위 소절로 구분해 놓았다. 그다음 절에서는 여기서 논의한 반론들에 대한 가능한 대응을 검토할 것이다.

7.3.1 첫 번째 반론: 도덕은 완전히 성문화될 수 없다

미국의 철학자 던컨 퍼브스(Duncan Purves), 라이언 젠킨스(Ryan Jenkins), 브라이언 탤봇(Brian Talbot) 또한 기계윤리와 인공적 도덕 행위자를 만들어 낸다는 발상에 비판적인 저자들에 속한다. 공동 저작에서 이들은 여러 반론을 제기하는데, 그중 일부는 나중에 살펴보고 여기서는 기계윤리에 대해 그들이 제기하는 두 가지 주요 반론 중 첫 번째 반론만 검토해 보자. 그들은 기계윤리 연구자들이 윤리적이게 된다는 것을 특정 규칙의 기계적 준수와 동일한 것으로 가

---

4 다음 링크를 통해 이 주제에 대한 로빈스의 강연 영상을 시청할 수 있다. "What Machines Shouldn't Do": https://www.youtube.com/watch?v=xvgbYhNQHSg

정하는 경향이 있는데, 실제 삶에서 윤리적 행동과 의사결정은 일련의 단순하고 명확한 규칙들로 쉽게 성문화될 수 없다고 주장한다. 이로써 기계윤리는 윤리 개념에 대한 과도하게 단순하고, 따라서 잘못된 관점을 전제한다는 것이다.

윤리는 맥락에 민감하다. 윤리적 행위자가 되는 데에는 판단력의 발휘가 요구된다. 그런데 퍼브스, 젠킨스, 탤봇에 따르면 기계는 맥락에 민감한 윤리적 판단을 내리는 데 필수적인 판단력을 결여한다. 따라서 도덕적 행위자인 기계를 만들어 내는 일은 불가능하다(적어도 매우 정교한 도덕적 행위자의 경우에는 말이다).

중요한 점은 이러한 반론이 2장에서 논의된 내용 즉, 우리에게 윤리가 무엇인지에 대한 많은 이야기를 해 줄 수 있는 일반적인 윤리 원칙이나 윤리 이론이 존재할 수 있다는 사실을 부인하지는 않는다는 것이다. 퍼브스와 그 동료들의 관점을 취하면서도, 동시에 공리주의, 칸트 윤리, 유가 윤리, 우분투 윤리 등의 이론을 통해 설명된 일반적인 윤리 원칙이 윤리의 유효한 일반적 원칙이라고 믿는 것은 가능하다. 핵심은 그것들이 매우 일반적인 윤리적 이상이라는 점이다. 이러한 윤리 이론들의 일반적인 가치와 원칙을 특수한 상황과 행위를 위한 여러 선택 사이의 결정과 연결시키는 일은 그리 간단치 않다. 이러한 작업에는 인간은 갖추고 있지만 아마도 기술은 결여할 맥락에 민감한 판단력의 발휘가 요구된다.

소위 '윤리적 특수주의자'(ethical particularists)라고 불리는 일부 철학자들은 유효한 일반적 윤리 원칙은 없다고 믿는다. 그들에 따르면 여러 상황은 각각의 특수한 사정을 고려해 윤리적으로 평가될 필요가 있으며, 실제 삶에 유용한 일반적 윤리 원칙은 존재하지 않는다.[5] 만약 타당하다면, 이러한 주장은 도덕적인 기계를 만들어 낸다는 이상에 대한 더욱 강한 반론으로 보일 수 있다. 그러나 퍼브스와 그 동료들이 이러한 반론을 펼치는 것은 아니다. 그들의 주장은 단지 일반적인 윤리적 이상에서 특수한 상황에 대한 윤리적으로 올바른 응답을 도출하는 데에는 맥락에 민감한 판단력이 요구되며, 기계는 이를 갖출 수 없다는 것이다.

7.3.2 두 번째 반론: 인간의 생사에 대한 결정을 내리도록 우리가 허용하는 기계를 만들어 내는 일은 비윤리적이다

몇몇 저자는 기계가 인간(이나 동물)에 대한 윤리적으로 민감한 결정을 내리도록 허용한다는 발상 자체에 윤리적 문제가 있다고 본다. 이러한 입장은 윤리적으로 민감한 결정 일반에 적용될 수도 있지만 특히 생사의 결정, 즉 누가 살고 혹은 죽어야 하는지에 대한 결정에 있어서 더 강력한 반론으로 생각될 수 있다. 위의 반론을 제기하는 저자들에 따르면, 기계가 이러한 유형의 결정을 내리도록 허용하는 일은 상당히 비윤리적이며, 심지어 사람을 죽이는 결정을 내리도록 허용한다면 이는 더욱 비윤리적인 일이 될 것이다.

　앞서 논의한 바 있는 두 가지 예시, 즉 자율주행차와 군사용 로봇/자율무기체계는 이러한 맥락에서 곧잘 논의된다. 흥미롭게도 이

5　다음 링크를 통해 철학자 조나단 댄시(Jonathan Dancy)가 팟캐스트 「Philosophy Bites」에서 특수주의에 대해 논의하는 것을 들을 수 있다. "Jonathan Dancy on Moral Particularism": https://philosophybites.com/2012/06/jonathan-dancy-on-moral-particularism.html

러한 반론이 모든 기계에 적용되는지 아니면 일부 기계에만 적용되는지에 대해서는 논자들마다 의견을 달리한다. 반론에 대해 품고 있는 생각을 세밀하고 충분하게 설명하는 방식 또한 다르다.

먼저 퍼브스와 그의 공동 저자들의 견해를 살펴보자. 이들은 자율주행차가 때때로 사람들을 죽일 수도 있는 고위험 상황에서 운행되는 것이 도덕적으로 허용 가능하다고 생각한다. 심지어 이들은 자율주행차가 피할 수 없는 사고 상황에서 특정 도덕 원칙에 따라 사람들을 죽이는 것 또한 도덕적으로 허용될 수 있다고 생각한다. 3장에서 논의된 종류의 사례, 가령 자율주행차가 왼쪽으로 향하면 다섯 사람, 오른쪽으로 향하면 한 사람을 치게 되는 경우를 떠올려 보자. 이러한 상황에서 퍼브스와 그 동료들에 따르면 차량이 더 적은 숫자의 사람들을 죽임으로써 전체적인 해악을 최소화하는 것과 같은 특정 방식으로 반응하도록 설계되는 것은 정당화될 수 있다.

하지만 퍼브스 등에 따르면 사람들을 죽이게 될 자율무기체계를 만들고 사용하는 것은 부도덕한 일이다. 여기서 차이는 무엇일까? 그들이 생각하는 차이는 자율무기체계의 주요 목표 혹은 주요 기능이 전쟁 상황에서 사람들을 죽이는 '킬러로봇'이라는 점이다. 이야말로 해당 기술이 특별히 설계된 목적에 해당한다. 반면에 자율주행차의 주요 기능은 사람들이 가능한 한 안전하게 A 지점에서 B 지점으로 여행할 수 있도록 하는 것이다. 자율주행차로 인해 간혹 발생할 사망 사고는 단지 예견될 뿐, 직접적으로 의도된 부작용은 아니다. 퍼브스 등에 따르면 기술을 통해 의도된 바의 차이는 커다란 도덕적 차이를 낳는다.

나심 자파리나이미와 같은 입장을 취하는 이들은 사고 상황에서 누가 살고 죽어야 하는지에 대한 생사의 결정을 때때로 내리게 될 자율주행차를 만들어 내는 것 또한 비윤리적이라고 생각한다. 이러한 입장에 대해 우리는 이미 3장에서 존 해리스와 더불어 자파리나이미의 논증 및 추론의 일부를 살펴보았다. 자파리나이미는 트롤리 문제를 모델로 자율주행차가 연루되는 충돌사고를 검토하는 접근에는 생명의 가치와 존엄성을 수단화하고 이에 충분히 민감하게 반응하지 않는 측면이 있다고 본다. 애초에 자율주행차는 누가 살고 죽을지에 대한 결정을 내려서는 안 된다는 것이다. 마찬가지로 해리스 또한 3장에서 살펴본 것처럼 이는 '사형선고'를 통해 특정인들을 처벌하는 판사의 역할을 기계에 부여하는 것이라고 생각한다. 해리스에 따르면 이는 기계가 결코 해서는 안 되는 일이다. 해리스는 삶과 죽음에 대한 결정은 언제나 인간에 의해 이루어져야 한다고 본다. 따라서 자율주행차나 여타의 기술이 이러한 결정을 내려서는 안 된다.

앞서 언급한 로버트 스패로우 또한 생사의 결정을 기계가 내리는 것, 특히 '킬러로봇'에 반대한다. 왜냐하면 그는 이것이 책임 공백을 포함하며, 인간을 죽이는 결정에 대해 완전히 책임질 수 있는 존재가 없는 한 이런 결정은 결코 내려져서는 안 된다고 생각하기 때문이다. 스패로우는 그러한 책임을 질 수 있는 책임자의 부재는 인간과 인간 생명에 대한 존중과 양립할 수 없다고 생각한다.

'킬러로봇 중단' 캠페인 팀 또한 그들의 웹사이트에 다음과 같이 밝히고 있다.

기계가 아니라 사람이 책임을 져야 한다. 그러나 사람이 의미 있는 결정을 내리지 않는다면, 그 행위 결과에 대해 적절한 책임을 질 수 없다. 인간의 효과적인 통제에서 벗어난 자율무기체계의 행위에 대한 법적 책임을 인간에게 묻는다면 이는 부당한 일이 될 것이다. 만약 우리가 진정 책무성을 중요하게 여긴다면, 우리에게는 무력 사용에 있어 적절한 사람이 책임을 지도록 보장하는 규칙이 필요하다.[6]

요컨대 이 두 번째 반론은 기계가 윤리적으로 민감한 결정을 내리도록 허락하는 일은 그르다는 것이다. 예를 들어, 그러한 결정의 결과를 감내해야 할 사람들의 존엄성을 존중하지 않기 때문에 또는 책임 공백이 발생할 수 있기 때문에 그런 결정은 그를 수 있다. 여러 관련 프로젝트 중에서도 기계윤리 프로젝트는 생사의 결정을 포함하는 윤리적으로 민감한 결정을 내리는 기계를 만들어 내는 프로젝트다. 이 두 번째 반론에 따르면, 기계윤리는 전반적으로 비윤리적인 프로젝트다.

7.3.3 세 번째 반론: 도덕적 행위자에게는 도덕적 감정이 필요한데 기계는 감정을 갖지 않는다/가질 수 없다

킬러로봇 중단 캠페인이 생사를 결정하는 자율무기체계의 개발을 반대하며 그 웹사이트에 게시한 또 하나의 반론은 다음과 같다.

---

6 "Stop Killer Robots": https://www.stopkillerrobots.org/stop-killer-robots/facts-about-autonomous-weapons (2021년 12월 16일 접속)

완전히 자율적인 무기는 추가적인 인간의 개입 없이도 누가 살고 죽을지 결정하게 될 텐데, 이는 도덕의 문턱(moral threshold)을 넘어서는 일이다. 기계로서 그것은 연민과 같이 복잡한 윤리적 선택에 필수적인 인간의 내재적 특성을 결여할 것이다. (Nyholm, 2020, p. 154)

웹사이트에 게시된 더 최근 버전의 주장에서는 표현이 약간 바뀐다. "연민과 같이 복잡한 윤리적 선택에 필수적인 인간의 내재적 특성"을 결여하는 기계에 대해 이야기하는 대신, 기계가 이해를 결여한다고 말한다.

기계는 복잡한 윤리적 결정을 내릴 수 없다. 인간 삶의 가치에 대한 포괄적인 이해를 가질 수 없기 때문이다. 기계는 맥락이나 결과를 이해하지 않는다. 이해는 인간의 역량이다….[7]

이 하위 소절에서 우리는 기계가 감정을 결여하며, 따라서 윤리적 선택을 할 수 없고 해서는 안 된다는 생각에 초점을 맞출 것이다. 하지만 나는 다음 하위 소절에서 논의할 더 일반적인 생각에 대한 설명을 염두에 두고 위와 같은 내용, 즉 기계는 인간과 같은 방식으로 가치에 민감할 수 없다는 내용도 인용한 것이다. 이러한 주장은 기계가 "이유에 기반해 행위할 수 없다"(cannot act for reaons)고 표현되기도 한다(이러한 주장이 의미하는 바 또는 의미할 수 있는 바에

---

7 「Stop Killer Robots」 웹사이트의 "Facts about Autonomous Weapons" 부분을 보라. https://www.stopkillerrobots.org/stop-killer-robots/facts-about-autonomous-weapons

대해서는 아래에서 논의할 것이다).

특히 감정과 관련해, 많은 이는 윤리가 단지 차가운 계산과 합리적인 사고에만 한정된 것이라고 생각하지 않는다. 윤리는 감정을 지니고 이해할 수 있는 것과도 관련 있다. 수치심, 죄책감, 분개, 연민, 동정 등 소위 도덕적 감정이라고 불리는 여러 종류의 감정은 인간의 윤리에서 핵심적인 부분을 차지한다. 감정과 관련된 반론은 기계가 이러한 감정을 결여한다는 점에서 인간 윤리의 본질적인 부분에 직접적으로 접근할 수 없다고 주장한다.

철학자 마크 코켈버그(Mark Coeckelbergh)는 인상적인 용어를 사용해 이러한 생각에 대해 논의한다. 한 논문에서 그는 로봇이 '도덕적'일 수 있는지에 대한 물음을 다루는데, 그가 이해하기에 해당 논증은 다음과 같이 진행된다. 논증은 부분적으로 기술적(descriptive)이면서도 부분적으로 규범적인 전제로부터 시작한다. 그 전제에 따르면 도덕적 행위자는 특정한 감정을 가질 필요가 있고 또 가져야만 한다. 논증의 두 번째 전제는 로봇은 (그리고 다른 기계는) 감정과 관련된 심적 상태(mental states)를 지닐 수 없기 때문에 감정을 결여한다는 것이다. 코켈버그는 이런 점에서 로봇이 '사이코패스'(psychopath)와 같다고 말한다. 즉 도덕적 행위자라면 일반적으로 지니는 전형적인 사회적 감정을 위한 능력을 결여하는 인간과 로봇이 유사하다는 것이다. 논증의 결론은 이러한 이유로 로봇은 (혹은 기계 일반은) 도덕적일 수 없다는 것이다.

코켈버그가 논의하는 논증에서 기술적 부분에 해당하는 내용은 감정이 인간 도덕 행위자들 사이에서 발생하는 전형적인 반응과 사회적 상호작용에 관여한다는 사실이다. 논증의 규범적인 부분은 인간의 특정 감정이 도덕적으로 수용될 수 있는 대인관계와 사회적 상호작용에 반드시 포함되어야 한다는 요청을 담고 있다. 예를 들어, 보통 우리는 잘못을 저지른 누군가가 죄책감을 느끼거나 자신의 행동을 부끄러워하길 기대한다. 이는 도덕적 행위자에 대해 우리가 일반적으로 기대하는 기술적 진술(descriptive statement)이다. 그러나 우리는 잘못을 저지른 사람이 죄책감을 느끼거나 자신의 행동에 대해 부끄러움을 느껴야 한다고도 여긴다. 이는 규범적인 생각이다. 반복하자면, 만약 로봇이나 여타의 기술이 적절한 감정을 느끼는 데 필요한 능력을 결여한다면, 그것은 도덕적 행위자의 감정과 관련된 기술적 조건과 규범적 조건 모두를 충족하는 데 실패한다는 것이다.

간단히 말해서 적어도 현재의 기계들은 인간 행위자들 간의 관계에서 요구되는 종류의 감정을 결여한다는 의미에서 '사이코패스'와 같다. 앞서 우리는 때때로 사람들이 감정으로 인해 잘못된 행동을 저지르게 된다는 점에서 아킨과 기계윤리에 열광하는 다른 이들이 감정의 결여가 오히려 긍정적으로 작용할 수 있다고 생각한다는 내용을 살펴보았다. 하지만 기계윤리에 비판적인 이들은 감정의 결여로 인해 기계들은 도덕적 행위자라는 역할을 맡기에 부적합하다고 생각한다. 이러한 반론에서 감정을 지니고 감정을 이해할 수 있는 능력은 도덕적 행위자가 되는 것의 핵심이다. 따라서 우리는 도덕적 행위자의 역할을 염두에 둔 기계를 만들어 내서는 안 된다. 이것이 바로 세 번째 반론의 주장이다.

7.3.4 네 번째 반론: 기계는 이유에 기반해 행위할 수 없다

이제 퍼브스와 그 동료들이 논의한 또 다른 반론을 살펴볼 것이다. 그들을 포함한 많은 연구자가 윤리적이게 된다는 것에는 이유에 기초해 행위할 수 있는 능력이 요구된다고 생각한다. 게다가 그들은 오직 인간만이 이유에 기초해 행위할 수 있는 능력을 지닌다고 여긴다. 따라서 기계윤리에 대한 이러한 반론에 따르면 오직 인간만이 도덕적 행위자가 될 수 있다.

퍼브스와 그 동료들은 한 사람이 "이유에 기반해 행위한다"는 것이 무엇인지에 관한 두 가지 주요 이론이 있다고 말한다. 그리고 그들은 두 가지 모두 기계의 도달 범위 밖에 있다고 생각한다. 한 가지 이론에 따르면, 이유에 기반한 행위는 특정한 믿음(beliefs)과 욕망(desires)에 기초해 행위하는 것을 의미한다. 다른 한 가지 이론에 따르면, 이유에 기반한 행위는 "무언가를 이유로 채택하는 것"으로 설명할 수 있는 독특한 유형의 심적 상태에 기초해 행위하는 것과 같다. 인간으로서 우리는 마음을 지니고 있으며, 이 마음을 통해 믿음과 욕망 그리고 행위 이유와 같은 무언가를 인식하는 독특한 심적 상태를 가질 수 있다. 하지만 퍼브스와 공저자들은 기계가 이러한 종류의 심적 상태를 갖춘 마음을 지니지 않는다고 주장하는데, 이는 기계가 의미 있는 그 어떤 종류의 마음도 가지고 있지 않기 때문이다. 따라서 도덕적 행위자가 됨에 있어 이처럼 이유에 기반한 행위를 위한 능력이 요구된다면, 기계는 도덕적 행위자가 될 수 없다. 기계윤리에 대한 위와 같은 반론의 밑바탕에는 이러한 생각이 깔려 있다.

카리사 벨리즈 또한 기술이 도덕적 행위자가 될 수 있다는 생각에 대한 이러한 일반적인 유형의 반론을 매우 인상적인 표현을 사용해 논의한다. 벨리즈는 특히 알고리즘에 주목하면서 심지어 매우 '똑똑한' 알고리즘을 좀비에 비유한다. 벨리즈가 '좀비'라는 단어를 통해 말하고자 한 바는 다음과 같다.

> 좀비는 (⋯) 의식적 경험을 결여한다. 좀비가 된다는 것에는 아무것도 없다. 그것은 추위로부터 고통받지 않고 울 때에도 슬픔을 느끼지 않으며 그 어떤 철학적 난제에도 그것은 근심하거나 흥분하지 않는다. (Véliz, 2021, p. 487)

벨리즈의 철학적 논증에서 좀비는 벨리즈가 '지각력'(sentience)이라고 부르는 것을 결여하는 존재로 이해된다. 이 용어는 느낌과 의식적 경험을 가질 수 있는 능력을 가리키는데, 바로 위의 인용문에서 벨리즈가 언급한 예시의 내용과 같은 것이다.

벨리즈는 그 어떤 좀비도 도덕적 이유에 적절히 반응할 수 있는 도덕적 행위자가 될 수 없다고 주장한다. 이는 우리에게 친숙한 공포영화 속 인간처럼 보이는 좀비일 수도 있고, 지각력 있는 마음을 결여하는 기술적 존재를 은유적으로 빗댄 것일 수도 있다. 벨리즈가 이러한 입장을 지지하며 핵심적으로 고려하는 사항은 도덕적 이유가 종종 윤리적 견지에서 상당한 의의를 지니는 의식적 경험에 대한 이해와 일인칭적 인식(appreciation)과 관련이 있다는 것인데, 고통이나 다른 형태의 감각적 경험(felt experiences)을 느끼는 데 필요한 능력이 이에 해당한다.

또한 벨리즈는 도덕 원칙에 따라 행위하는 '명시적 도덕 행위자'와 인간과 같은 방식으로 원칙과 도덕적 이유에 따라 행위할 수 있는 '완전한 도덕 행위자'를 구분하는 무어의 견해를 우리가 거부해야 한다고 주장한다. 벨리즈는 인간의 방식만이 도덕적 원칙과 이유에 따라 행위할 수 있는 유일한 방식이라고 생각하기 때문이다. 적어도 도덕적 이유가 윤리적으로 중요한 형태의 의식적 경험과 관련이 있는 것이라면 말이다. 따라서 벨리즈는 "명시적 윤리 행위자와 완전한 윤리 행위자는 하나이고 같은 범주에 속하"며 "지각력 없이 우리는 윤리적 문제를 식별하고 그것에 적절히 반응할 수 있는 행위자가 될 수 없을 것"(Véliz, 2021, p. 489)이라고 밝힌다.

벨리즈는 자신의 논증을 다음과 같이 더 발전시키는데, 길더라도 인용할 가치가 있다.

도덕적 행위자에게 이유가 **중요**하고 **관심**의 대상이 되는 까닭은 도덕적 행위자가 이유의 도덕적 중요성을 이해할 수 있기 때문이다. 알고리즘은 무언가를 수행하도록 프로그램되어 있다. 체스 게임에서 이기기, 스팸 메일 걸러 내기, 상품 구매 의향이 있는 사람들을 식별하기, 직무에 적합한 후보자인지 평가하기 등…. 이런 알고리즘은 과제를 수행하는 과정에서 취약한 이들을 먹이로 삼는 일이 도덕적으로 옳은지에 대해 고민하지 않는다. … 우리가 도덕적으로 행위할 동기를 갖는 데에는 정서, 정념이 필요하다. … 만약 알고리즘이 가치와 연결된 주관적 경험에 접근할 수 없다면, 그것은 도덕적 이유를 적절히 인식할 수 없을 것이기 때문에 도덕적 동기를 결여할 것이다. (Véliz, 2021, p. 494)

이러한 벨리즈의 논증은 코켈버그의 논증(기계는 감정을 결여하는 '사이코패스'와 같다)과 퍼브스와 그 동료들의 논증(기계는 적절한 종류의 심적 상태를 결여하기 때문에 이유에 기반해 행위할 수 없다)을 결합해 놓은 것처럼 보인다. 그 논증을 다음과 같이 요약할 수 있다. 만약 한 개체가 감정과 여타의 의식적 경험을 결여하는 좀비라면, 이는 윤리적으로 중요한 의식적 경험과 관련된 도덕적 이유를 이해하고 완전히 인식할 수 없다. 이러한 존재는 도덕적 행위자가 될 수 없다. 그런데 알고리즘과 여타의 기술은 좀비처럼 감정과 경험을 결여한다. 따라서 벨리즈의 결론은 알고리즘과 여타의 기술은 도덕적 행위자가 될 수 없다는 것이다.[8]

7.3.5 앞서 검토한 기계윤리 반론 짧게 복습하기

아래에서 우리는 기계윤리 프로젝트, 즉 도덕적 행위자로서 도덕적 결정을 내리고 도덕적 행위를 수행할 수 있는 기계를 만들어 내는 것에 대한 반론에 어떤 방식의 대응이 가능한지 살펴볼 것이다. 그러나 먼저 위에서 제기된 네 가지 반론에 대해 잠깐 복습하는 시간을 가져 보자.

첫 번째는 기계윤리가 윤리를 단순한 규칙으로 완전히 성문화하고 이를 기계에 별문제 없이 간단히 프로그래밍할 수 있다고 여

---

8 다음 링크는 철학적 견지에서 좀비에 대해 논하는 데이비드 차머스(David Chalmers)의 영상이다. "Are There Philosophical Zombies? David Chalmers for the Royal Institute of Philosophy": https://www.youtube.com/watch?v=-UTlcF-OT8o

기는 것처럼 보인다는 것이었다. 이러한 생각의 문제는 윤리가 맥락에 민감한 까닭에 일반적인 윤리적 이상이 특수한 상황 속 구체적인 윤리적 도전과 어떻게 관련되는지에 대한 간단한 대답이 언제나 존재하는 것만은 아니라는 점이다.

두 번째 반론은 윤리적으로 민감한 결정을 기계가 내리도록 허용하는 일에 윤리적인 문제가 존재할 수 있다는 것이었다. 특히 누가 살거나 죽어야 하는가와 같은 생사의 결정을 기계가 내리는 경우는 더욱 그러할 것이다. 이러한 종류의 결정이 요구될 때 그것은 인간에 의해 내려져야 한다. 기계가 우리 인간에 대해 윤리적으로 민감한 결정을 내리도록 허용하는 일은 인간 존엄성을 훼손하는 일로 여겨질 수 있다.

세 번째 반론은 윤리에 있어 감정은 핵심적인 부분이라는 것이었다. 한편으로 도덕적 행위자는 특정한 도덕적 감정을 가질 것으로 여겨진다. 다른 한편으로 도덕적 행위자는 특정한 상황에서 특정한 도덕적 감정을 지녀야만 한다. 따라서 만약 기계가 감정을 가지지 않거나 가질 수 없다면, 윤리의 감정적 측면은 인공적 도덕 행위자에게서 발견될 수 없을 것이다. 이는 문제로 여겨질 수 있다. 도덕적 기계는 '사이코패스'처럼 보일 수 있다.

네 번째 반론은 윤리가 도덕적 이유에 기초해 행위할 수 있는 능력을 요구한다는 것이었다. 이러한 반론에 대한 한 가지 해석에 따르면, 이유에 기반해 행위하는 데에는 의식적인 심적 상태가 요구되는데, 인공적 도덕 행위자는 이를 결여한다. 이 반론에 대한 또 하나의 해석에 따르면, 도덕적 이유를 인식하는 데에는 고통 및 다른 도덕과 관련된 의식적 상태에 대한 의식적 경험이 요구된다. 도덕적 기계는 도덕적인 이유에 반응하고 이것을 이해하는 데 중요한 것처럼 보이는 의식적 상태를 결여하는 '좀비'와 같은 존재로 여겨질 수 있다.

7.4 기계윤리 프로젝트 비판에 대응할 수 있는 방법들

이러한 반론에 어떻게 대응할 수 있을까? 지금부터 우리가 검토할 질문이다. 한 가지 가능한 대응은 기계윤리 프로젝트에 대한 옹호를 시도하는 것이다. 가능한 다른 대응은 기계윤리 프로젝트가 성취해야 할 바를 다시 상상해 보는 것이다. 이 두 번째 유형의 대응에 따르면, 우리는 인공적 도덕 행위자를 우리 인간과 같은 유형의 도덕적 행위자로 만들려고 시도해서는 안 된다. 대신에 우리는 다른 형태의 도덕적 행위자, 즉 인간의 윤리적 의사결정과 도덕적 행위성의 범위 내에서 인간과 함께 일하거나 인간을 돕는 기계 및 여타의 기술을 만들어 내려고 노력해야 한다. 이제 두 가지 대응을 모두 살펴볼 텐데 첫 번째는 조금 간략히, 두 번째는 좀 더 자세히 검토할 것이다. 후자의 경우 7.4.2와 7.4.3 두 소절로 나누어서 살펴볼 것이다.

7.4.1 첫 번째 대응: 하향식 규칙 준수 대신 상향식 학습

윤리는 우리가 기계적으로 따르는 단순한 규칙에 관한 것이 아니기 때문에 기계윤리에는 문제가 있다는 반론에 대해 때때로 제기되는 한 가지 응답은 단순한 규칙에 기반해 윤리적 상황에 기계적으로 대응하는 규칙 준수(rule-following) 기계의 제조를 우리가 목표로 삼아서는 안 된다는 것이다. 대신에 우리는 기계 학습 기술을 활용해 AI 시스템이 인간 윤리의 일부인 더 깊은 패턴을 발견할 수 있도록 해야 한다. 여러 유형의 기계 학습이 사용될 수 있다. 매우 단순하고 명료한 규칙으로 성문화되기 어려운 윤리의 일부분이 우리가 만들어 낸 인공지능 기술을 통해 발견될 수 있다는 것이다.

이러한 제안이 이루어지는 까닭은 무엇일까? 한 가지 이유는 인간이 어떻게든 직관적으로 배우고 이해할 수는 있지만, 특히 단순한 규칙의 형태로 명확하게 표현하기 어려운, 매우 복잡한 기본적 윤리 원칙(underlying principles of ethics)이 존재한다고 생각할 수 있기 때문이다.

이는 저명한 언어학자이자 철학자인 노암 촘스키의 생각, 즉 인간의 언어에는 기본적인 보편 문법이 있고 우리 모두는 그것을 이해할 수 있는 직관적 능력을 지니지만 이를 명확히 표현하기는 어렵다는 견해와 관련이 있다. 이러한 생각은 일부 윤리 연구자들에 의해 채택되었는데, 이들은 인간의 윤리가 단순한 규칙으로 포착되기 어려운 복잡한 기본적 원칙을 포함한다고 주장한다. 존 미하일(John Mikhail)과 같은 연구자에 따르면 기본적인 '보편적 도덕 문법'(universal moral grammar)이라는 것이 존재한다.[9]

---

9 다음 링크를 통해 팟캐스트 「Philosophy Bites」에서 보편적 도덕 문법에 대해 논의하는 미하일의 이야기를 들을 수 있다. "John Mikhail on Universal Moral Grammar": https://philosophybites.com/2011/06/john-mikhail-on-universal-moral-grammar.html

이상은 AI 시스템이 윤리에 대한 우리의 명확한 표현과 이해에 도움을 줄 수 있다는 주장에 해당한다. 더 나아가 AI 시스템은 인간 윤리 기저의 복잡하고 명확히 표현하기 어려운 도덕 원칙에 기초해 작동하게 될 수도 있을 것이다. 이는 하나의 가능한 제안이다.

일부 다른 연구자들이 발전시켜 옹호하는 또 하나의 생각은 우리가 기계윤리 프로젝트를 위한 모델로 덕윤리를 활용해야 한다는 것이다. 여러 형태의 덕윤리, 즉 아리스토텔레스 전통의 덕윤리와 같은 '서양' 덕윤리와 유가 덕윤리와 같은 '비서양' 덕윤리 모두 학습과 실천을 인간 도덕 발달의 일부로 강조하는 경향이 있다. 이와 마찬가지로 몇몇 저자는 기계를 완전히 발달된 도덕적 행위자로 만들어서는 안 된다고 주장한다. 오히려 기계는 경험을 통해 배울 수 있다. 인간이 덕스러워지는 것에 대해 배워 나가는 과정과 유사한 상향식의 과정을 통해 기계 또한 덕을 계발할 수 있다는 것이다.

이러한 생각은 기계가 덕스러운 사람과 같이 모방할 수 있는 훌륭한 귀감(exemplars)으로부터 그리고 덕의 실천을 통해 배울 수 있다는 점을 포함한다. 아리스토텔레스와 공자 등 여러 스승은 우리 인간이 더 경험 많고 지혜로운 사람으로부터 배울 수 있고 그들을 모방하기 위해 노력할 수 있다고 생각했다. 그리고 덕윤리 전통에는 덕스러운 방식으로 행동하고 이를 습관화하려고 노력하는 과정을 거친 후 이러한 습관을 내면화하고 진정한 덕으로 계발한 후에야 비로소 완전히 덕스러워질 수 있다는 아이디어 또한 존재한다. 기계 학습 역량을 갖춘 기계에도 동일한 방식이 아마 적용될 수 있을 것이다. 적어도 앞서 살펴본 첫 번째 반론에 대한 위와 같은 방식의 대응에서는 옹호될 수 있는 생각이다.

만약 이상의 대응이 첫 번째 반론에 대한 (부분적으로) 성공적인 응답일 수 있더라도, 우리에게는 기계윤리에 대한 세 개의 다른 반론, 그리고 아마도 그 외의 다른 반론이 남아 있을 것이다. 이러한 다른 반론이 어떻게 반박될 수 있는지 검토하기 위해 좀 더 급진적인 유형의 대응을 살펴보자.

그러한 대응은 독립적인 도덕적 행위자로서의 기계를 만들고자 하는 프로젝트를 옹호하고자 시도하지 않을 것이다. 대신 그런 노력이 이루고자 하는 목적이 무엇인지에 대해 의문을 제기할 것이다. 즉 이런 접근은 기술이 어떻게든 인간의 윤리적 의사결정을 지원하거나 어쩌면 그 대안을 제공할 수 있는지 여부에 대해 고민할 것이다. 또는 일부 기계가 인간과 함께 행위하는 소위 '인간-기술 팀'을 이루어 중요한 종류의 도덕적 행위자가 될 수 있는지 검토해 볼 수도 있을 것이다. 기계의 부분적인 도덕적 행위성이 완전한 도덕적 행위성에 비해 좀 더 현실적인 목표인지 여부에 대한 아이디어를 경유해 이 주제를 다루어 보자.

7.4.2 두 번째 대응: 기계/기술이 완전한 도덕적 행위자가 되어야 한다는 생각에 저항하기

앞서 살펴본 것처럼, 벨리즈는 우리 인간과 같은 종류의 완전한 도덕적 행위자가 아니면서 동시에 명시적인 도덕적 행위자인 개체는 존재할 수 없다고 주장한다. 벨리즈의 주장에 따르면, 도덕 규칙을 명시적으로 따르고 도덕적 이유에 기초해 행동할 수 있기 위해서는 도덕과 관련된 아이디어 및 고려 사항을 의식적으로 경험하고 이해할 수 있어야 하는데, 그 대상에는 도덕과 관련된 느낌과 감각도 포함된다. 그런데 좀 더 일반적인 관점에서 이러한 접근이 기술 설계 및 특히 인공지능 개발에 있어서 좋은 전략인지에 대해 생각해 보자. 과연 기술, 특히 인공지능 기술의 목표가 최대한 인간과 같은 방식으로 작동하는 것이어야 할까?

인간과 같은 방식으로 업무를 수행하는 인간 같은 기술을 개발하려는 시도가 의미 있고 흥미롭기도 한 경우가 간혹 존재할 수 있다. 하지만 대부분의 경우 기술은 인간이 인간의 몸과 뇌를 바탕으로 일하는 방식과는 다른 대안적인 방식으로 업무를 수행할 때 더 잘 작동한다. 일반적으로 기계/기술은 인간과 다른 방식으로 작업을 수행할 것이다. 그리고 이런 방식이 인간과 같이 일하도록 설계되는 것보다 더 좋은 결과를 낳을 것이다.

게다가 인간의 행위성과 반응 들의 여러 형태는 여러 다른 부분으로 구성된다는 점에서 매우 복잡하다. 일반적으로 감정적 상태에 빠져든 사람에게 다양한 종류의 변화를 불러일으키는 것으로 여겨진다. 감정은 생각과 동기의 패턴, 의식적 느낌, 얼굴 표정, 심박수, 주의 대상 등 여러 측면의 변화를 수반한다. 설령 기계가 인간 감정이 지닌 여러 측면의 일부 혹은 다수를 복제할 수 있다고 하더라도 그 모두는 아니다. 즉, 기계가 부분적으로는 감정을 지닐 수 있지만 완전한 인간의 감정을 지닐 수는 없을 것이다. 적어도 지금의 기계는 인간 감정과 관련된 의식적 느낌을 지닐 수는 없는 것처럼 보인다. 하지만 인간 감정의 다른 측면은 기계로 복제할 수 있다.

여기서 중요하게 언급할 필요가 있어 보이는 두 가지 사항은 다음과 같다. 첫째, 만약 기계가 (적어도 부분적으로) 인간과 다른 방식으로 일을 수행한다면, 더 나은 성과를 보일 수도 있다. 둘째, 기계는 일반적으로, 적어도 때때로 인간의 복잡한 반응의 일부를, 아마도 많은 부분을 복제할 수 있다. 어쩌면 우리는 윤리 영역에 대해서도 이와 같이 생각해야 할 것이다.

즉, 우리는 기계가 인간이 윤리적 의사결정을 다루는 것과는 (조금) 다른 방식으로 윤리적 의사결정을 다루어야 한다고 말할 수 있다. 더 나아가 우리는 기계가 인간의 윤리적 의사결정의 많은 부분을 복제할 수 있고 그래야 하지만, 인간의 윤리적 의사결정 혹은 행동 방식의 모든 측면을 기계에서 완전히 복제하려는 시도는 비현실적일 뿐만 아니라 바람직하지도 않다고 말할 수 있다.

이러한 사고방식에 따르면, 기계윤리 프로젝트는 대안적 형태의 윤리적 행위자를 만들어 내는 것에 관한 시도여야 한다. 이는 인간 윤리의 일부 측면을 재창조하는 것일 수도 있다. 하지만 인공적 도덕 행위자는 인간과는 다른 종류의 도덕적 행위자일 수 있고, 아마도 그런 존재여야 한다.[10]

---

10 다음 영상에서 핌 하젤라거(Pim Haselager)는 인간의 지능과 인공지능 사이의 차이에 대해 논의한다. 또한 그는 우리에게 필요한 것은 초지능(super-intelligence)이 아니라 초윤리(super-ethics)라고 주장한다. "Super Ethics or Super Intelligence — Pim Haselager": https://www.youtube.com/watch?v=RDDoOIcgzE4

7.4.3 세 번째 대응: 독립적인 인공적 도덕 행위자 대신 인간-기계 팀의 관점으로의 사고 전환

만약 우리가 인공적 도덕 행위자를 인간 도덕 행위자와 부분적으로 다른 방식으로 일하는 것으로 여기기 시작한다면, 그리고 인간이 지닌 도덕적 행위성의 모든 측면이 아니라 일부를 복제할 수 있는 존재라고 생각하기 시작한다면, 윤리적 의사결정의 영역에서 기계와 인간은 서로를 보완한다고 생각하는 것이 타당하지 않을까 하는 질문이 떠오른다. 예를 들어, 과연 기계가 도덕적 이유에 기초해 행위할 수 있는지보다는 인간-기계 팀이 도덕적 이유에 기초해 행위할 수 있는지 물을 수 있을 것이다.

군사용 로봇의 경우를 떠올려 보자. 이는 기계윤리를 적대시하는 대다수가 가장 우려하고 또 가장 강력하게 반대하는 사례다. 과연 우리는 군사용 로봇이 그 자체로 독립적인 형태의 도덕적 행위자가 될 수 있는지 물어야 할까? 또 이러한 독립적인 인공적 도덕 행위자가 이유를 이해하고 이유에 기초해 행위할 수 있는지에 대해 물어야 할까? 이러한 질문 대신 군사용 로봇이 인간-기계 팀의 일부가 될 수 있는지 묻는 것이 더욱 타당해 보인다. 군사용 로봇은 인간 군인과 "함께 일할" 수 있다. 인간과 군사용 로봇은 팀을 이룰 수 있다. 만약 인간 팀이 이유를 이해하고 이에 기반해 행위할 수 있다면, 아마도 인간-기계 팀 또한 도덕적 이유를 포함해 여러 이유에 기반해 행위할 수 있을 것이다.

이전 장에서 논의한 크리스티안 리스트의 생각을 떠올려 보자. 리스트는 인간이 팀을 이루어 도덕적으로 책임 있는 방식으로 행위할 수 있는 '집단 행위자'(group agents)가 될 수 있다고 주장한다. 이런 일은 어떻게 발생하는가? 팀 내 인간이 함께 결정을 내리고 함께 프로젝트를 진행할 때 그럴 수 있다. 인간이 이런 방식으로 스스로를 조직하고 함께 행위할 때, 인간 단독으로는 할 수 없었을 일들을 할 수 있게 된다.[11]

이와 동일하게 인간은 군사용 로봇과 같은 기술과 조직적인 방식으로 상호작용함으로써 일정한 절차에 따라 특정 목표를 추구하고 결정을 내릴 수 있다. 인간-기계 팀은 인간 단독으로는 하지 못할, 적어도 쉽게 하지는 못했을 일을 함께 수행할 수도 있을 것이다. 이러한 인간-기계 팀의 경우에는 이유에 근거한 행위가 가능하다고 말할 수 있다. 그리고 여기에는 도덕적 이유도 포함될 것이다.

이유에 근거한 행위에 특정한 종류의 의식적 경험을 가질 수 있는 능력이 요구된다는 벨리즈의 주장은 타당할 수 있다. 하지만 그렇다고 해서 행위자 전체(whole agent)가 의식적 경험을 가져야 할 필요는 없을 수도 있다. 하나의 '집단 행위자'(즉 리스트가 그의 저작에서 논의한 종류의 인간 조직)는 의식적인 방식으로 특정 사안을 이해하고 경험할 수 있는 구성원을 가질 수 있다. 함께 일하는 서로 다른 사람들로 형성된 집단 행위자 자체는 의식적 상태를 결여할 것이다. 그러나 집단 행위자는 여전히 도덕적 이유를 인식할 수 있다. 집단 행위자의 구성원, 즉 해당 조직의 부분을 차지하는 사람들

---

11 「Philosophy Bites」의 다음 에피소드를 통해 집단 행위성에 대한 필립 페팃(Philip Pettit)의 명료한 설명을 들을 수 있다. "Philip Pettit on Group Agency": https://philosophybites.com/2010/12/philip-pettit-on-group-agency.html. 여기서 페팃은 집단 행위성과 관련해 크리스티안 리스트와 공저한 책의 아이디어를 언급하기도 한다.

의 일부 또는 전부가 관련 의식적 경험을 가질 수 있기 때문이다.

마찬가지로 (군사용 로봇과 같은) 특정 기술과 함께 일하는 인간이 의식적 경험을 가질 수 있다는 것만으로도 충분하다고 여겨질 수 있다. 특정 인간과 로봇으로 형성된 그 집단 자체가 의식적 경험을 갖지는 못할 것이다. 그러나 인간-기계 팀은 도덕적 이유에 기초해 행위할 수 있을 것이다. 여기에 참여하는 인간이 경험 및 이해와 관련된 의식적 상태를 인식하고 이해할 수 있기 때문이다.

이러한 생각은 도덕 기계가 윤리와 관련된 감정을 결여하는 '사이코패스'와 같을 것이라는 우려와도 연관될 수 있다. 그 우려는 기계 스스로 독립적인 도덕적 행위자일 수 있다는 생각과 관련된다. 도덕적 행위자가 가질 수 있고 때때로 가져야 하는 종류의 감정을 기계는 결여한다는 것이다. 하지만 우리가 기계를, 도덕적 행위자의 한 형태로서 인간과 기계 사이의 업무 분담이 이루어질 수 있는 인간-기계 팀의 일부로 생각한다면, 위의 우려는 적어도 부분적으로는 완화될 수 있다.

이러한 인간-기계 팀의 일부로서 인간은 관련된 도덕적 감정을 지닐 수 있다. 이에 참여하는 기계의 '역할'(job)은 특정한 계산 혹은 추천을 하거나 물리적인 업무를 수행하는 것일 수 있다. 인간-기계 팀의 일부로서 인간의 역할은 윤리적 상황에서 중요한 감정을 갖거나 가질 수 있다는 것이다. 물론 인간-기계 팀에서 인간이 다른 업무를 맡을 수도 있다. 하지만 인간의 한 가지 핵심 업무는 '인간적 감성'(human touch)을 인간-기계 팀에 불어넣는 것이다. 부분적으로 이는 일부 로봇이나 여타의 기술이 갖지 못할 감정을 위한 능력을 소유함으로써 이루어질 수 있다.

    마지막으로 기계 단독으로 생사의 결정을 포함하는 인간과 관련된 윤리적으로 중요한 결정을 내리도록 허용하는 것은 도덕적으로 매우 의심스럽지만, 인간-기계 팀이 윤리적으로 민감한 결정을 내리는 경우는 문제가 덜할 수 있다. 그 까닭은 반복해서 말하지만 이러한 인간-기계 팀에 참여하는 인간의 경우 팀의 다른 부분인 기계가 결여할 감정을 포함하는 의식적 감수성(sensitivity)을 지닐 수 있을 것이기 때문이다.

    우리 삶의 중요한 결정을 기계가 단독으로 내린다면, 이는 우리의 인간 존엄성에 대한 명백한 타격으로 보일 수 있다. 그러나 인간이 기계를 활용해 또는 특정 기계와 '팀을 이루어' 우리에 대한 윤리적으로 민감한 결정을 내린다면, 이는 우리의 인간 존엄성에 명백한 타격으로 여겨지지 않을 수 있다. 반복해서 말하지만 팀에 참여하는 인간이 이러한 결정에 필수적인 '인간적 감성'을 불어넣을 수 있기 때문이다. 이러한 인간은 인간-기계 팀이 행한 일에 대한 책임을 질 수도 있다. 따라서 여기에는 스패로우와 다른 이들이 우려하는 종류의 그 어떤 책임 공백도 발생하지 않을 수 있다.[12]

---

12 팟캐스트「Zero Pressure」의 다음 에피소드를 통해 영국 최초의 우주비행사 헬렌 샤먼(Helen Sharman)이 미 해군 제59 기동부대 사령관 마이클 브래서(Michael Brasser) 대령과 항공교통 관리 전문가 사미르 알람(Sameer Alam)과 함께 인간-기계 협력(teaming)에 대해 논의하는 내용을 들을 수 있다. "Human-Machine Teaming and Evolution: What Is Next?": https://www.youtube.com/watch?v=DoHYWCpqxrU

7.5 이 장의 결론

데이비드 민델(David Mindell)은 기술사학자이자 심해 해저 탐사가 가능한 자율 잠수함 개발에 관여한 바 있는 엔지니어다. 2015년에 출판된 그의 책 『우리의 로봇, 우리 자신』*Our Robots, Ourselves*에서 민델은 당시까지 수많은 영역에서 이루어진 자동화의 역사를 설명하는데, 비행항공기 자동화, 우주탐사 우주선 자동화, 방금 언급한 심해 탐사, 군사용 로봇, 자율주행차 등이 그 사례다. 이 책에서 주목할 만한 점은 위에서 언급한 여러 공학 분야에서 자율성과 인공지능을 연구하는 과정을 통해 다음과 같은 흥미로운 발전 양상이 관찰된다는 것이다. 초기에는 많은 엔지니어들이 완전한 자율성을 통해 최선의 결과와 최대한의 편리함을 확보할 수 있다고 생각했다. 그러나 최선의 결과는 인간과 기계가 함께 일할 때 달성된다는 것이 반복적으로 확인되었다.

예를 들어, 심해 탐사는 잠수함이 반자율적(semiautonomous)일 때, 그리고 사람들이 이러한 기술의 작동에 관여할 때 더 효과적으로 이루어지고 더 좋은 결과를 낳을 수 있었다. 물론 미래에는 상황이 바뀔 수 있다. 그러나 적어도 현재 민델은 꽤 먼 미래까지 완전히 자율적인 기계가 스스로 작동하는 경우(민델은 이것이 현시점에서는 환상에 가깝다고 생각한다)나 인간이 현대 기술의 도움 없이 혼자 일하는 경우보다 인간-기계 팀이 더 유능할 것이라고 가정한다.[13]

---

13 다음 영상을 통해 민델이 자신의 책 『우리의 로봇, 우리 자신』에 대해 이야기하는 것을 들을 수 있다. "Our Robots, Ourselves|David Mindell|Talks at Google": https://www.youtube.com/

민델의 추론은 도덕 기계라는 아이디어에도 적용되어야 할 것이다. 적어도 예측 가능한 미래의 측면에서 스스로 도덕적 결정을 내리고 도덕적 행위를 수행하는 기계라는 아이디어는 신화나 환상에 가깝다. 게다가 설령 기계가 도덕적 결정을 내리고 도덕적 행위를 수행하는 데 인간보다 어떤 면에서 '더 낫게' 된다고 할지라도, 우리가 만들어 낸 기계에 도덕적 의사결정과 행위를 외주하는 것은 여전히 윤리적으로 문제가 있어 보일 것이다.

만약 우리가 이러한 주장을 고수한다면, 이는 곧 앤더슨과 앤더스 또는 월러치와 알렌이 염두에 두었던 기계윤리 프로젝트의 목적을 우리가 포기하는 것을 의미할까? 일부 해석에 따르면 아마도 그러할 것이다. 그러나 애초에 기계윤리 프로젝트는 우리 인간(혹은 성인 인간)과 같은 종류의 독특한 개별적 존재로서 완전히 독립적인 도덕 기계를 만들어 내는 프로젝트로 의도된 것이 아닐 수도 있다.

그렇다면 우리는 완전히 독립적인 인간 행위자, 즉 전적으로 혼자서 결정을 내리고 타인으로부터 완전히 독립적이고 타인이나 소속 집단으로부터 그 어떤 영향도 받지 않은 채 사고하는 인간 행위자 개념에도 의문을 던질 수 있을 것이다. 우리 인간은 '윤리적 공동체'(ethical communities)라고 불리는 것의 일부다. 이러한 개념에 다소 부정적인 이들의 경우 이를 '도덕 부족'(moral tribes)이라고 부르기도 한다. 우리는 서로 영향을 주고받고 윤리적 문제에 대해 논의

watch?v=4nDdqGUMdAY

하며 사회의 윤리 규범을 만들고 이들 중 일부는 법이 되기도 한다. 따라서 만약 기계가 도덕적 공동체 내부로 들어오게 된다면, 기계는 그 자체로 전적으로 독립적인 도덕적 결정을 내리는 존재가 되는 것이 아니라 특정 인간 집단에 합류하게 될 수밖에 없다고 생각하는 편이 더 자연스러울 것이다.

어떤 식으로든 기계 혹은 다른 존재가 도덕적 결정을 내리고 우리가 도덕적 행위를 수행하는 데 도움을 주는 도덕적 행위자로서 도덕적 공동체에 들어오게 될 때, 다음과 같은 질문이 제기될 수 있다. 즉 그러한 존재는 철학자들이 말하는 '도덕적 피동자'(moral patient)의 의미에서도 해당 도덕적 공동체의 구성원이 될 수 있는가? 다시 말해 로봇과 같은 기계들이 도덕적 공동체의 구성원이 된다면, 우리가 그것들에 대해 옳게 혹은 그르게 대우하게 되는 경우가 발생할 수 있는가? 그것들은 일종의 도덕적 지위를 지닌 존재로 고려되어야 하는가? 이것이 바로 다음 장에서 살펴볼 질문이다.

* 주석 달린 참고문헌

Anderson, M. and Anderson, S.L., Machine Ethics: Creating an Ethical Intelligent Agent. *AI Magazine* 28 (4), 2007, pp. 15-26. 윤리적 기계를 만들어 내고자 하는 프로젝트 배후의 목표에 대한 명확한 설명을 제공한다.

Arkin, R., *Governing Lethal Behavior in Autonomous Robots*. Boca Raton, FL: CRC Press, 2009. 기계가 인간 군인의 경우보다 전장에서 더 윤리적일 수 있을 것이라고 주장한다.

Coeckelbergh, M., Moral Appearances: Emotions, Robots, and Human Morality. *Ethics and Information Technology* 12 (3). 2010, pp. 235-241. 누군가 혹은 무언가가 도덕

적 행위자가 되는 데 감정을 지니는 것이 필수적인지 여부에 대해 논의한다.

List, C., Group Agency and Artificial Intelligence. *Philosophy & Technology* 34 (4), 2021, pp. 1213-1242. 잘 조직된 인간 집단의 행동과 인공지능의 한 형태와 비교하고, 인간으로 조직된 집단과 AI 시스템 모두 원칙적으로는 자신의 행위와 결정에 대해 도덕적인 책임을 질 수 있다고 주장한다.

Mindell, D., *Our Robots, Ourselves: Robotics and the Myths of Autonomy*. New York: Viking, 2015. 자동화의 역사를 논의하고 인간-기계 팀이 자동화된 기계가 단독으로 일하는 것보다 일반적으로 더 나은 수행을 보여 준다고 주장한다.

Moor, J., The Nature, Importance, and Difficulty of Machine Ethics. *IEEE Intelligent Systems* 21 (4), 2006, pp. 18-21. 자주 인용되는 논문으로서, 정교함의 정도에 따라 인공적 도덕 행위자의 여러 유형을 구분한다.

Purves, D., Jenkins, R. and Strawser, B.J., Autonomous Machines, Moral Judgment, and Acting for the Right Reasons. *Ethical Theory and Moral Practice* 18 (4), 2015, pp. 851-872. 기계가 도덕적 행위자가 될 수 없다는 주장과 관련해 특히 도덕적 이유를 이해할 수 없다는 점에 주목한다.

Van Wynsberghe, A. and Robbins, S., Critiquing the Reasons for Making Artificial Moral Agents. *Science and Engineering Ethics* 25 (3), 2018, pp. 719-735. 기계윤리 프로젝트를 지지하는 여러 논증에 대한 신랄한 비판이 제기된다.

Véliz, C., Moral Zombies: Why Algorithms Are Not Moral Agents. *AI and Ethics* 36, 2021, pp. 487-497. 의식을 결여하는 기계는 도덕적 행위자가 될 수 없다고 주장한다.

Wallach, W. and Allen, C., *Moral Machines: Teaching Robots Right from Wrong*. Oxford: Oxford University Press, 2009[노태복 옮김, 『왜 로봇의 도덕인가』, 서울: 메디치, 2014]. 윤리적 기계의 제작이라는 생각에 대한 비교적 초기의, 그러나 여전히 매우 유의미한 논의가 이루어진다.

8. 로봇은 도덕적 지위를 지닌 도덕적 피동자가 될 수 있는가?

8.1 테슬라봇과 에리카

2021년 8월, 기술 기업가이자 테슬라(Tesla)의 CEO인 일론 머스크(Elon Musk)는 '테슬라봇'(Tesla Bot) 계획을 발표했다. 그 내용만 고려하면 과연 이 발표가 사람들이 진지하게 받아들이도록 의도된 것인지 명확하지 않았다. 하지만 그는 자신이 진지하지 않다는 그 어떤 암시도 하지 않았다. 발표에서 머스크는 테슬라의 자율주행차는 "기본적으로 바퀴 달린 반의식적(semi-conscious) 로봇"이며, 자율주행차 개발 회사로서 "테슬라는 실제로 세계에서 가장 거대한 로봇 회사"라고 말했다. 이후 그는 테슬라가 개발한 이런 추정상의 반의식적 로봇을 '휴머노이드 형태'(humanoid form)로 만드는 것이 타당하다고 말했다. 여기서 나온 것이 바로 테슬라봇이다.[1]

---

1 다음 링크를 통해 해당 발표/공연 영상을 시청할 수 있다. "Elon Musk REVEALS Tesla Bot"(-full presentation): https://www.youtube.com/watch?v=HUP6Z5voiS8

머스크는 휴머노이드 형태의 로봇 사진을 보여 줬는데, 얼굴 특징이 있거나 인간의 피부색을 띠는 대신 일부는 검은색, 일부는 흰색인 모습이었다. 머스크의 이야기가 시작되기 전에는 사진 속 로봇의 색상으로 만들어진 전신 슈트를 착용한 이가 춤을 추기도 했지만, 머스크가 말하기 시작하자 로봇 춤을 흉내 내던 댄서는 무대에서 퇴장했다. 그리고 머스크는 슬라이드 사진을 언급하기 시작했다.

머스크는 테슬라봇에 장착될 것으로 그가 예상하는 일부 기술, 즉 AI와 관련된 기술과 해당 로봇이 사용할 좀 더 기계적인 기술에 대해 설명했다. 또한 그는 이러한 로봇이 맡게 될 일에 대한 자신의 생각도 언급했다. 로봇이 "위험하고 반복적이고 지루한 업무"(dangerous, repetitive, boring tasks)를 제거함으로써 인간을 바람직하지 못한 일로부터 벗어나게 할 수 있다는 것이다. 이는 로봇이 인간의 "따분하고 더럽고 위험한 업무"(dull, dirty, and dangerous tasks)를 떠맡을 수 있다는 좀 더 일반적인 표현을 활용한 것으로 보인다.

이러한 전망에 불편함을 느끼거나 우리가 로봇에 대한 통제력을 상실할 수 있다고 우려하는 사람들을 고려해, 머스크는 재빨리 청중들에게 로봇이 '친근한' 존재로 설계될 것이라고 장담했다. 로봇은 오직 인간을 섬기고 돕는 데에만 동기부여된다는 것이다. 게다가 머스크는 인간이 로봇과 싸우게 될 경우 인간이 쉽게 이길 수 있을 정도로 로봇은 충분히 약할 것이라고 말했다. 어떤 사람이 테슬라봇에 무서움을 느끼게 될 경우 쉽게 도망칠 수 있을 만큼 그것은 충분히 느릴 것이라고도 덧붙였다.

이처럼 테슬라봇의 비전은 얼굴이 없고 어렴풋이 인간을 닮은 로봇으로 우리에게 봉사하고 그 자신은 의지를 갖지 않으며, 필요시 우리가 간단히 제압할 수 있는 존재였다. 어떤 면에서 그런 로봇은 1장에서 소개한 조안나 브라이슨의 규범적인 도구적 기술 이론, 즉 로봇 혹은 여타의 기술은 단순한 수단으로서 목적 그 자체가 아니라 언제나 인간에게 봉사하는 도구여야 한다는 생각에 부합하는 것처럼 보인다. (훗날 이 말을 사용한 것을 후회한다고 밝힌 바 있는) 브라이슨은 "로봇은 노예가 되어야 한다"고 극단적으로 표현했다. 이는 일론 머스크가 2021년 8월의 발표에서 만들어 내고 싶다고 말했던 '휴머노이드 로봇' 배후의 생각과 일치하는 것처럼 보인다.

일본의 로봇 연구자 이시구로 히로시는 휴머노이드 로봇에 대한 상당히 다른 유형의 비전을 제시한다. 그는 자신과 상당히 닮은 모습의 복제 로봇을 만들었을 뿐만 아니라, 일본인 여성처럼 보이는 로봇을 포함해 여러 다양한 휴머노이드 로봇을 만들어 냈다. 그 로봇의 이름은 '에리카'(Erica)다. 이시구로는 그것이 (혹은 그 여성이) 그가 본 가장 아름다운 여성이라고 말한 적도 있다. 이러한 로봇은 얼굴을 가지고 있으며, 우리가 제압하고 순전히 수단화하는 방식으로 취급할 수 있는 단순한 도구로 만들어진 것이 아니다. 오히려 이시구로가 그의 로봇, 특히 에리카와 상호작용하는 모습은 거의 숭배에 가깝다. 로봇들은 단순한 수단이나 사물이 아니라 하나의 인격으로 대우된다. 종종 언급되는 의인화하는(anthropomorphizing) 방식으로 대우받는 것이다. 즉, 로봇들은 단지 인간처럼 보이는 것을 넘어서 여타의 인간과 같은 질적 속성을 지니는 것처럼 여겨진다.[2]

---

2 이시구로의 연구실 웹사이트에서 그의 로봇에 대한 더 자세한 정보와 사진을 확인할 수 있다. http://www.geminoid.jp/en/index.html

로봇, 특히 휴머노이드 로봇을 마치 사람인 것처럼, 적어도 단순한 수단 이상의 존재로 대우하는 경향은 사람과 로봇 사이의 여러 상호작용 방식 속에서 발견된다. 한 가지 유명한 사례는 이 책 초반부에서 다룬 핸슨 로보틱스(Hanson Robotics)사의 로봇 소피아다. 앙겔라 메르켈 전 독일 총리는 소피아와 만난 후 소피아와 함께 '셀카'를 찍기 위해 포즈를 취했다. 누구도 망치, 프라이팬, 카메라 혹은 스크루드라이버와 셀카를 찍는 포즈를 취하지는 않을 것이다. 그러나 반복해서 말하지만 많은 로봇, 특히 인간을 닮은 로봇은 많은 사람에게서 의인화하는 반응을 불러일으키는 경향이 있다.

메르켈이 소피아와 셀카를 찍는 것과 같은 종류의 대우는 일견 긍정적으로 보인다. 이는 친구나 존경하는 사람과 함께 할 법한 일이기 때문이다. 소피아가 긍정적인 대우를 받은 사례는 이뿐만이 아니다. 1장에서 언급한 것처럼, 소피아는 2017년 기술과 미래 행사에서 사우디아라비아 왕국의 '명예시민권'을 받기도 했다. 이 또한 로봇을 '잘' 대우하는 방식으로 이야기될 수 있는 명확한 사례로 보인다. 하지만 로봇을 의인화하는 방식으로 대우하는 것은 모종의 해로운 일, 적어도 윤리적으로 의심스러운 일일 수 있다.

이는 미국의 발명가 더글라스 하인스(Douglas Hines)가 만든 섹스로봇 록시(Roxxxy)를 예로 설명 가능하다. 2010년의 한 기술 행사에서 록시를 발표하며, 하인스는 자신이 이 섹스로봇에 여러 성격 설정 혹은 여러 행동 모드를 장착했다고 설명했다.[3] 이 중 일부는 섹

---

3 해당 행사 영상 링크다. "Roxxxy TrueCompanion: World's First Sex Robot?": https://www.you-tube.com/watch?v=2MeQcI77dTQ&t=1s

스로봇에 대해 누군가 기대할 수 있는 종류의 기능이다. 예를 들어, 그 로봇은 성적 농담을 주고받을 수 있고, 여러 종류의 접촉에 호의적으로 반응할 것이다. 그러나 그 로봇은 더 논쟁적인 종류의 성격 모드 또한 갖추고 있는데, 바로 '냉랭한 파라'(Frigid Farah) 설정이다. 이 모드에서 로봇은 사용자의 성적 접근을 환영하지 않고, 오히려 '싫어'라고 말하면서 마치 어떤 성적 상호작용도 원하지 않거나 동의하지 않는 듯한 행동을 취한다. 일부 논평가들은 이 로봇을 통해 사람들이 강간 판타지를 실현시킬 수 있고 이는 그른 행위로 판단되기에 이러한 기능을 옳지 못한 것으로 간주한다.

위와 같은 종류의 예시들을 검토하는 많은 사람은 인간(과 동물)이 권리를 지니고 도덕적 고려의 대상이 되어야 하는 것과 마찬가지로 로봇도 권리를 갖거나 도덕적 고려의 대상이 되어야 하는지에 대한 의문을 갖게 된다. 철학자들이 때때로 사용하는 좀 더 기술적인 언어로 표현하자면, 우리는 다음과 같이 물을 수 있다. 과연 로봇은, 특히 휴머노이드 로봇은 '도덕적 피동자'(moral patient)가 될 수 있는가?

도덕적 피동자는 옳거나 그른 행위의 대상이 될 수 있는 개체(entity), 즉 우리가 그에 대해 책무(obligations)를 질 수 있는 개체다. 가령 로봇이나 다른 기술, 컴퓨터 게임 혹은 다른 가상 세계의 아바타나 캐릭터와 같은 것은 도덕적 피동자가 될 수 있는가? 도덕적 피동자가 될 수 있는 기술을 만들어 내는 것은 바람직할 것인가? 아니면 브라이슨의 생각처럼 그런 일은 피하는 것이 최선인가? 로봇과 여타의 기술이 도덕적 고려의 대상으로 혹은 권리를 지닌 존재로 대우되어야 하는지 생각하는 것에서부터 이미 도덕적 문제의 소지가 있는가? 이는 더 중요한 문제로부터 주의를 분산시키는 것인가? 그리고 이는 인간과 동물처럼 가장 명백한 도덕적 피동자를 존중하지 않는 태도를 보이는 것인가? 본 장에서는 바로 이러한 질문들에 대해 논의할 것이다.

본 장에서는 위에서 예로 든 종류의 로봇, 즉 인간과 유사한 모습 그리고/또는 유사한 행동을 보이는 **휴머노이드 로봇**에 특별히 초점을 맞출 것이다. 여기에는 세 가지 이유가 있다. 첫째, 휴머노이드 로봇은 로봇과 여타의 기술이 도덕적 피동자인지 혹은 도덕적 피동자가 될 수 있는지 같은 질문이 제기될 수 있는 가장 현실적인 또는 가장 흥미로운 대상이다. 둘째, 여러 공상과학물(science fiction, SF)에서 적어도 부분적으로라도 인간형인 로봇은 도덕적 피동자로 묘사되는 경향이 있다. 우리 대부분은 SF를 즐기면서 로봇이 인간과 도덕적으로 평등한 혹은 거의 평등한 존재라고 상상하는 것을 문제 삼지 않는다. 셋째, 일론 머스크, 이시구로 히로시, 데이비드 핸슨과 핸슨 로보틱스의 벤 괴르첼(Ben Goertzel) 등 휴머노이드 로봇이라는 개념에 열광하고 이를 개발하고자 하는 기술업계의 사람들이 존재하기 때문이다.

설령 일상 속에서 우리와 상호작용하는 휴머노이드 로봇이 아직 많지 않고 따라서 현재로서는 그것이 SF에 가까워 보인다고 할지라도, 몇 년 후 미래에는 꽤 자주 휴머노이드 로봇과 대면하게 될 수 있다. 그 시기가 닥치기 전에, 휴머노이드 로봇, 적어도 이 중 일부에 대해 어느 정도의 도덕적 고려가 이루어져야 하는지 고민해 보는 편이 좋을 것이다.

8.2 휴머노이드 로봇이란 무엇인가?
왜 사람들은 휴머노이드 로봇을 만들고자 하는가?

'로봇'이라는 용어는 체코의 극작가인 카렐 차페크의 1920년 극본 (1921년 1월 초연) 『로섬의 만능로봇』*Rossum's Universal Robots*에서 처음 소개되었는데, 이 로봇은 당시로부터 100년이 흐른 2021년에 머스크가 만들고자 하는 테슬라봇과 꽤 유사하다.[4] 즉 극본의 로봇 들 또한 인조인간과 같은 모습을 하고, 특히 공장에서 인간을 위해 일하도록 만들어졌다. 사실 '로봇'이라는 단어는 강제 노동과 유사한 의미를 지닌 체코어 'robota'로부터 유래했다.

이런 점에서 머스크의 비전은 로봇이라는 용어가 최초로 사용된 원래의 의미에 충실하다. 하지만 현실에서, 적어도 현재 우리가 사용하는 대다수 로봇은 인간의 모습을 하고 있지 않다. 예를 들어, 이 책의 독자 일부 혹은 다수가 소유하고 있거나 낯설지 않을 로봇 진공청소기 룸바를 떠올려 보자. 아니면 자동차 제조공장, 심해 탐사, 군사작전에서 활용되는 로봇의 경우도 좋다. 이들 중 어느 것도 인간을 닮지 않았다. 대신에 각각의 로봇은 의도된 작업 수행에 걸맞은 모습으로 만들어진다. 가령 룸바의 형태는 하키 공(hockey puck)이나 딱정벌레와 유사하다. 창고에서 물건 옮기는 '일을 하는' 로봇은 간혹 바퀴 달린 상자나 컨테이너로 보이기도 하며, 일부 군 사용 로봇은 작은 탱크처럼 생겼다.

---

4 여기서 영어로 번역된 차페크의 극본을 읽을 수 있다. https://gutenberg.org/files/59112/59112-h/59112-h.htm

앞서 언급한 것처럼 본 장에서 '휴머노이드 로봇'이라는 표현은 인간과 같은 외양에 인간과 같은 행동을 하도록 만들어진 로봇을 의미한다. 가장 최고 수준의 휴머노이드 로봇은 그 모습과 행위 모두에 있어서 실제 인간과의 구분이 불가능할 것이다. 지금으로서는 이러한 로봇이 그리 현실적이지 않다. 하지만 제한적으로나마 인간과 유사한 모습에 인간처럼 행동하는 휴머노이드 로봇은 이미 존재하거나 개발 중에 있다. 몇 가지 예를 살펴보자.

섹스로봇은 휴머노이드 로봇의 한 사례에 해당한다. 앞서 언급한 섹스로봇 록시는 인간 여성과 유사한 모습으로 만들어졌고 간단한 특정 동작을 수행할 수 있으며 알렉사(Alexa)나 시리(Siri) 등의 챗봇과 유사한 기본적인 대화 기능을 갖췄다. 분명 섹스로봇은 인공적인 섹스 파트너로 만들어진 것이다. 그러나 다음 장에서 더 논의하겠지만, 그중 일부는 반려자(companions)로 만들어지기도 한다.

휴머노이드 로봇의 다른 예로는 소피아가 있는데, 이 로봇에는 별다른 뚜렷한 기능이 없다. 로봇에 대한, 특히 핸슨 로보틱스의 로봇에 대한 사람들의 관심을 유도하는 것 외에는 말이다. 소피아는 논쟁적인 로봇이다. 노엘 샤키(Noel Sharkey)와 같은 비평가들은 소피아를 기만적인 '쇼 로봇'이라고 부른 바 있다. 그는 로봇 윤리학으로 연구 분야를 확장한 로봇 공학자로서, 휴머노이드 로봇의 개발을 원하는 이들을 곧잘 비판해 왔다.[5]

---

5 『포브스』Forbes에 실린 노엘 샤키의 다음 논문 「Mama Mia, It's Sophia: A Show Robot or Dangerous Platform to Mislead?」(2018)을 참조하라. https://www.forbes.com/sites/noelsharkey/2018/11/17/mama-mia-its-sophia-a-show-robot-or-dangerous-platform-to-mislead/?sh=-3454fa477ac9

또 다른 휴머노이드 로봇 사례로 카스파(Karspar)가 있다. 어린 아이 모습의 이 로봇은 자폐증이 있는 아이들을 위한 실험적 치료에 사용된다.[6] 자폐를 지닌 아이들이 낯선 이와의 사회적 상호작용에 마음을 열 수 있도록 돕는 것을 목표로 한다. 따라서 이런 유형의 로봇은 치료 전략의 일부로서 인간과 유사한 형태를 갖는 것이 중요해 보인다. 카스파는 비교적 단순화된 인간의 모습과 행동을 보이도록 설계되는데, 이는 자폐아들이 실제 인간에 대해 느끼는 위압감을 덜 느끼게 하기 위해서다. 말하자면 이 휴머노이드 로봇은 아이들이 낯선 이들과 좀 더 복잡한 상호작용을 할 수 있도록 돕는 일종의 '관문' 역할을 한다.

휴머노이드 로봇이 치료 보조의 한 형태로 활용될 수 있다는 생각은 섹스로봇과 관련해서도 제안되어 왔다. 성의 철학과 윤리에 대한 많은 연구를 수행한 철학자 닐 맥아더(Neil McArthur)는 섹스로봇이 성적 트라우마를 경험한 사람들이 다시 타인과의 성적 상호작용을 맺을 수 있도록 도울 수 있다고 제안했다. 섹스로봇의 제작과 사용을 옹호하는 논문에서 맥아더는 낯선 이들로부터 위압감을 느끼는 자폐 아동의 사례와 마찬가지로, (성폭력이나 강간과 같은) 성적 트라우마를 겪은 사람들 또한 먼저 자신들이 통제할 수 있는 인간형 로봇과의 성적 상호작용을 통해 성관계에 대해 다시 편히 마음먹을 수 있다고 제안한다.

그런데 일부 사람들이 휴머노이드 로봇 제작 프로젝트에 회의

---

6 카스파에 대한 더 자세한 정보는 다음 웹사이트를 참조하라. www.herts.ac.uk/kaspar/the-social-robot

적인 이유에 대해 주목할 필요가 있다. 그중 한 가지는 인간과 유사한 모습과 행동을 보이는 로봇에는 뭔가 불쾌하거나 기이한, 불편한 점이 존재할 수 있다는 것이다. 종종 언급되는, 이른바 **불쾌한 골짜기**(uncanny valley) 가설이다. 인간처럼 보이고 행동하지만 여전히 실제 인간과는 분명 다른 로봇과 상호작용할 때, 많은 사람은 왠지 모를 섬뜩하고 불안한 혹은 이상한 느낌을 갖게 된다는 것이다.

흥미롭게도 앨런 튜링(Alan Turing)은 1951년 BBC 라디오 연설에서 이미 이와 유사한 주장을 했다. 이전 장에서 언급했듯 튜링은 컴퓨터 과학과 AI 분야의 선구자로, 생각할 수 있는 기계 혹은 마치 생각하는 것처럼 행동하는 기계를 만드는 데 깊은 관심을 가졌다. 하지만 동시에 튜링은 휴머노이드 로봇을 만들어 낸다는 발상을 불편하게 여기고 이에 회의적이었다. BBC 라디오 방송에서 녹음된 튜링의 말은 다음과 같다(안타깝게도 음성은 더 이상 들을 수 없다).

(…) 저는 인체의 형태처럼 지적이지 않은 측면에서만 매우 인간적인, 그런 기계를 만드는 데 큰 노력을 기울이지 않기를 굳게 바라고 또 그래야 한다고 믿습니다. 이런 시도는 제게 전혀 쓸모없어 보이는데, 그 결과물은 조화(造花)가 지닌 모종의 불쾌한 특성을 지닐 겁니다. 제가 볼 때 생각하는 기계를 만들려는 시도는 다른 범주에 속합니다. (…) 저는 생각하는 기계를 만들려는 시도가 우리 자신이 어떻게 생각하는지 알아내는 데 큰 도움이 될 것이라고 믿습니다.[7]

---

7 「The Turing Digital Archive」, "Can Digital Computers Think? TS with AMS Annotations of a Talk Broadcast on BBC Third Programme 15 May 1951": http://www.turingarchive.org/browse.

튜링의 관점에서, 생각할 수 있는 (혹은 그가 AI와 관련해 염두에 뒀던 생각하는 것처럼 행동할 수 있는) 기계를 만들고자 하는 것과 인간과 유사한 모습으로 행위하는 기계를 만들고자 하는 것 사이에는 중요한 차이가 있었다. 튜링은 전자의 경우 우리 스스로의 사고방식을 더 잘 이해하는 데 도움이 될 것이라고 생각했다. 하지만 후자의 경우 그리 매력적이지 않은 인공성이 갖는 모종의 불쾌한 특성을 지닐 것이라고 보았다.

위에서 인용한 튜링의 이야기와 휴머노이드 로봇 제작에 긍정적인 사람들이 이따금 제시하는 이유를 비교하는 작업은 매우 흥미롭다. 예를 들어, 이시구로가 말하는 휴머노이드 로봇을 제작하려는 한 가지 이유는 우리가 스스로를 더 잘 이해하도록 그것이 도울 수 있다는 것이다. 이는 지난 장에서 우리가 살펴본 수전 앤더슨과 마이클 앤더슨 같은 기계윤리 연구자들의 생각, 즉 만약 우리가 윤리적인 기계를 만드는 데 성공한다면 인간의 윤리에 대해서도 더 잘 이해할 수 있게 될 것이라는 발상과 유사해 보인다.

핸슨 로보틱스에서 소피아를 만든 사람들 또한 유사한 이야기를 한다. 데이비드 핸슨은 『로봇의 인간화: 휴머노이드를 만드는 것이 어떻게 우리를 더 인간답게 만드는가』*Humanizing Robots: How Making Humanoids Can Make Us More Human*라는 저서를 출판한 바 있다. 앞서 언급한 튜링의 이야기와 대조해 비교하는 맥락에서 이 책 시작 부분의 첫 두 문단을 인용할 가치가 있다. 핸슨의 이야기다.

---

php/B/5

인간의 얼굴은 인간이라는 정체성의 역동적인 상징(icon)이다. 단순히 개념적으로가 아니라 우리의 신경 구조 자체에서 이는 자신과 타자에 대한 우리의 감각을 구현한다. 얼굴은 우리의 관심을 사로잡는다. 예술과 인공물, 엔터테인먼트의 역사는 우리가 인간적 유사성에 지속적으로 매료되어 왔음을 증명한다. 때로는 사실적이고 때로는 환상적인, 때로는 아름답고 때로는 추한 모습으로 얼굴은 항상 우리에게 말을 건넨다. 얼굴은 인간 종의 1차적 입력-출력 장치다. 따라서 로봇이 인간과 닮은 얼굴을 지니는 것은 컴퓨터 인터페이스의 가장 유망하면서도 새로운 패러다임 중 하나가 될 수 있을 것이다. 인간 얼굴의 미묘한 측면들을 로봇에 완전히 구현할 수 있다면 말이다.

핸슨의 이야기는 다음으로 이어진다.

인간을 닮은 로봇은 우리의 얼굴뿐만 아니라 생각도 반영한다. 이러한 로봇들이 인간의 인지를 시뮬레이션하고 로봇에 대한 인간의 인지적 반응을 테스트하고 로봇 예술 작품으로 인간의 정체성에 도전하는 과정에서 우리는 무엇이 우리를 인간으로 만드는지에 대한 깊은 측면들을 탐구할 수 있게 된다. 로봇의 인지적 요소는 개념적 측면에서 인간을 닮은 로봇의 가장 흥미로운 특성일 것이다. 그런데 로봇은 우리의 미래에 있어서도 심오한 중요성을 지닐 것으로 보인다. 휴머노이드는 인공지능(AI)이 인간 수준의 '강한' AI가 되도록 밀어붙인다. (Hanson, 2017, p. 1)

생각하는 기계를 만들어 내는 것이 우리 자신을 더 잘 이해할 수 있도록 도울 것이라고 생각하면서도 휴머노이드 로봇에 대해 불쾌감을 느끼고 그런 로봇을 제작하는 것은 쓸모없는 시도라고 여겼던 튜링과 달리, 핸슨은 휴머노이드 로봇 프로젝트가 잠재적으로 막대한 혜택을 가져다줄 것이라고 생각한다. 이는 일종의 예술 작품이 될 수 있고, 우리가 스스로를 더 잘 이해하도록 도울 수도 있다. 우리를 더 인간다운 존재로 만들거나 인간 수준의 AI를 개발하는 데 도움이 될 수도 있다.

이 절의 내용을 다음과 같이 요약할 수 있다. 휴머노이드 로봇, 즉 인간과 같은 모습에 인간처럼 행동하는 로봇을 만들어 낸다는 발상에 사람들은 불쾌감과 매력 모두를 느낀다. 이는 SF의 흔한 주제다. 이전 장에서 언급한 것처럼 로봇이라는 개념은 과학이 아니라 SF에서 유래했다. 하지만 로봇, 심지어 휴머노이드 로봇도 SF뿐만 아니라 과학과 현실 생활의 일부가 되었다. 이들에 대한 평가는, 누군가에게는 끔찍하지만 다른 누군가에게는 훌륭한 식으로 양극화되었다. 따라서 이제부터는 우리가 로봇, 특히 휴머노이드 로봇을 일정 수준 이상의 도덕적 고려의 대상으로 대우해야 할 이유가 있는지 검토해 볼 것이다. 이들은 도덕적 피동자가 될 수 있을까? 이들에 대해 옳거나 그르게 행동한다는 것이 가능할까?

8.3 사람들이 로봇에 대해 옳거나 그르게 행동하는 것은 가능한가?

로봇에 대해 옳거나 그르게 행동하는 것이 가능한지의 문제와 관련
해 가장 먼저 주목해야 할 사항은 사람들이 적어도 가끔씩은, 우리
가 그럴 수 있다고 판단하는 것으로 보인다는 점이다. 이는 우리가
이미 1장에서 살펴본 2015년의 사례에서 잘 나타난다. 1장에서 언
급한 것처럼, 그해 『CNN』은 "로봇 개를 차는 것은 잔인한가?"[8]라는
제목의 기사를 실었다. 휴머노이드 로봇이 아니라 개와 유사한 모습
으로 움직이는 사족보행 로봇 '스폿'(spot)에 대한 이야기다.

  보스턴 다이내믹스에서 제작한 이 로봇은 개를 떠올리게 만든
다는 점 외에 균형 잡기에 매우 능숙하다는 특징도 지녔다. 이를 보
여 주려는 듯 보스턴 다이내믹스가 공개한 영상에는 스폿이 계단을
오르거나 러닝머신 위를 달리는 모습이 담겨 있다. 그런데 영상의
후반부, 보스턴 다이내믹스의 엔지니어가 다시 한번 스폿이 얼마나
안정적인지 보여 주기 위해 스폿을 발로 차는 장면이 나온다. 당연
히 스폿은 발로 차도 끄떡없다. 그러나 많은 시청자가 스폿을 발로
차는 장면을 보고 평정심을 잃었다. CNN은 이런 시청자들이 "아무
리 로봇 개라고 해도, 어쨌든 개를 차는 건 매우 잘못된 행동 같다",
"불쌍한 스폿!"과 같은 댓글을 남겼다고 보도했다.

  이는 로봇의 처우에 대해 사람들이 내리는 도덕 판단의 한 가
지 예시라고 할 수 있다. 위의 윤리적 판단은 그들이 로봇을 좋거

---

8 『CNN Edition』, 피비 파크(Phoebe Parke), 2015. "Is it Cruel to Kick a Robot Dog?": https://edition.cnn.com/2015/02/13/tech/spot-robot-dog-google/index.html

나 나쁘게 대할 수 있는 도덕적 피동자로 바라본다는 점을 시사한다. 이제 로봇 개가 아니라 인간처럼 생긴 로봇을 우리가 대하고 있다고 상상해 보자. 가령 누군가가 로봇 개 스폿이 아니라 에리카, 즉 인간 여성의 모습을 한 로봇을 발로 차고 있는 상황을 떠올려 보자. 안정성 검증을 이유로 로봇 개를 발로 차는 엔지니어의 모습에 불승인 반응을 보이는 사람들은 인간처럼 보이고 행동하도록 만들어진 로봇을 발로 차는 사람들의 모습에 훨씬 더 강하게 반응할 가능성이 높다.

로봇이 특정인의 모습을 닮도록 만들어진 경우, 이러한 경향성은 더 커질 것이다. 예를 들어, 에리카가 아니라 앞서 언급한 이시구로 히로시가 만든 로봇, 즉 이시구로 자신의 복제 로봇을 떠올려 보자. 만약 누군가가 그 복제 로봇을 발로 차거나 다른 식으로 공격하기 시작했을 때, 분명 이시구로는 뭔가 잘못된 일이 벌어지고 있다고, 어쩌면 자신이 어떤 식으로든 공격받고 있다고 느낄 수 있다.

해당 복제 로봇 경우, 이시구로 자신이 만들거나 적어도 로봇의 디자인에 이시구로는 깊이 관여했다(그가 다른 사람들과 로봇을 함께 만들었을 수도 있고, 그의 설계에 기반하되 제작 자체는 다른 이들이 했을 수도 있다). 만약 누군가가 우리의 복제 로봇을 제작한 다음 그 로봇을 나쁜 방식으로 대한다면, 가령 발로 차거나 때리거나 여타의 존엄성을 훼손하는 듯한 방식으로 대한다면, 이는 더더욱 나쁜 일로 여겨질 수 있다.

사실 누군가가 우리의 복제 로봇을 만들어 그것을 자신의 새로운 가장 친한 친구로 삼고 싶어 한다면, 이 또한 우리에게는 기이하고 불쾌한 일로 여겨질 수 있다. 타인이 우리의 (로봇 혹은 다른 방식의) 복제본을 원한다는 발상 자체에 모종의 불쾌한 점이 있다. 그들이 해당 복제본을 잘 대하는지 아니면 나쁘게 대하는지와 무관하게 말이다.

이러한 판단은 로봇 자체의 고유한 개성을 인정하고 실제 인간의 복제품으로 취급받지 않아야 함을 시사하는가? 아니면 애초에 우리는 휴머노이드 로봇을 만들지 말아야 하는 것일까? 결국 우리가 휴머노이드 로봇을 만들게 된다면, 그것은 도덕적 피동자가 되거나 도덕적 피동자로 인정받는 데 필요한 특징을 가질 수 있을까? 여기서 독자들은 기술윤리 연구자들이 이러한 주제를 진지하게 여기고 또 이에 대한 글을 썼는지 궁금할 수 있다. 그런 연구자들이 있었다면, 과연 이 주제는 누군가가 시간을 들여 고민하고 글을 쓸 만큼 가치가 있는 주제일까? 이에 대해 생각하려면 어디서부터 시작해야 하는 것일까? 이 문제에 대해 생각하기 시작하면 많은 질문이 떠오른다.

『로봇의 권리』*Robot Rights*와 『로봇의 침략에서 살아남는 법』 *How to Survive a Robot Invasion*의 저자 데이비드 건켈은 로봇이 도덕적 고려의 대상이 되어야 하는지에 대한 글을 폭넓게 써 왔다. 그리고 이 주제에 대한 기존 문헌들을 매우 상세히 연구했다. 건켈은 저서 『로봇의 권리』가 출간된 2018년까지의 문헌들에 대한 자세한 개요를 제공하는 것뿐만 아니라, 로봇이 도덕적 피동자가 될 수 있는지에 대한 철학자, 컴퓨터 과학자 등 많은 사람이 탐구하고 옹호한 여러 견해의 지도 혹은 그 지형의 시각적 표현을 지속적으로 업데이트해 왔다. 그 지도는 이미 2018년에도 복잡하고 다양한 견해로 가득 차 있었고, 개중에는 서로 근본적으로 반대되는 입장도 있었

다. 건켈이 새롭게 업데이트된 버전을 온라인에 게시할 때마다 지도
는 점점 더 복잡해지고 있다.[9] 점점 더 다양한 입장들이 해당 논쟁에
가세하고 있다. 이런 상황에서는, 과연 로봇을 우리가 옳거나 그르
게 행위할 수 있는 도덕적 피동자로 대할 수 있는지 혹은 대해야 하
는 것인지에 대해 고민할 때 다소 압도되고 도대체 어디서부터 시
작해야 하는지 감을 잡기 어려울 수 있다.

다음은 로봇이 도덕적 피동자가 될 수 있는지에 관한 여러 철학
적 견해와 논증의 혼돈 속에서 어느 정도의 질서를 마련하는 데 활
용할 수 있는 세 가지 질문이다.

1. 로봇은 도덕과 관련된 속성 혹은 능력을 **지닐**(have) 수 있는가?
2. 로봇은 도덕과 관련된 속성 혹은 능력을 **모방**(imitate)하거나 **흉내**
   (simulate) 낼 수 있는가?
3. 로봇은 도덕과 관련된 속성 혹은 능력을 **표상**(represent)하거나 **상
   징**(symbolize)할 수 있는가?

로봇이 도덕적 피동자가 될 수 있는지의 논의에 대한 핵심적 기
여들은 위의 세 가지 질문에 대한 탐구로 이해되거나, 이 세 질문을
통해 분류될 수 있다.

앞서 언급한 것처럼, 애초에 우리가 이 주제를 진지하게 다루지
조차 말아야 한다고 생각하는 사람들도 존재한다. 이에 대해서는 나

---

9 다음은 건켈이 2022년 1월에 트위터 계정에 게시한 버전의 지도다. https://twitter.com/Da-
   vid_Gunkel/status/1485983871590182918/photo/1

중에 살펴볼 것이다. 먼저 위의 세 가지 질문에서부터 논의를 시작해 보자. 그리고 잠재적인 도덕적 피동자로서의 로봇에 대해 제기될 수 있는 이 세 가지 질문과 관련지어 기존의 문헌들을 검토해 보자.

8.4 로봇은 도덕과 관련된 속성 혹은 능력을 지닐 수 있는가?

앞서 우리는 로봇 개를 차는 것이 잘못된 일인지 고민해 보았다. 이와 관련해 할 수 있는 일 중 한 가지는 동물의 도덕적 지위가 로봇의 잠재적인 도덕적 지위의 모델이 될 수 있는지 묻는 것이다.[10] 비교를 위해 먼저 우리는 과연 동물의 어떤 점이 사람들로 하여금 동물을 중요한 도덕적 지위를 지닌 도덕적 피동자로 간주해야 한다고 생각하게 만드는지 검토해 볼 수 있다. 2장에서 살펴본 공리주의 학파는 여기서 고려하기에 적합한 유형의 윤리 이론이다. 그러니 2장에서 제시한 몇 가지 요점을 상기해 볼 것이다. 벤담에서부터 시작해 보자.

18세기의 저명한 공리주의 철학자 제러미 벤담이 자신의 윤리 이론을 설명하고 옹호한 그의 책에서 가장 유명한 내용 중 하나는 동물의 도덕적 지위가 인정되어야 하는지에 관한 구절이다. 벤담은 다음과 같이 썼다. "문제는 그들이 추론할 수 있는가 혹은 말할

---

10 이러한 아이디어는 사회적 로봇공학(social robotics) 분야의 연구자 케이트 달링(Kate Darling)의 다음 발표 영상 "The New Breed: What Our Animal History Reveals For Our Robotic Future"에서 확인할 수 있다. https://www.youtube.com/watch?v=AzlYEN2V_SA

수 있는가가 아니라, 그들이 고통을 느낄 수 있는가이다." 벤담의 대답은 동물이 고통을 느낄 수 있다는 것이었다. 고통을 느낄 수 있는 능력이 윤리의 중요한 측면에 해당한다고 본 벤담은 동물을 우리가 옳거나 그르게 행동할 수 있는 도덕적 피동자의 범주에 포함시켜야 한다고 생각했다. 즉, 벤담에 따르면 동물은 우리가 윤리적 관점에서 고려해야 할 중요한 도덕적 지위를 지닌다.

그러나 동시에 벤담은 동물보다 인간이 더 중요한 도덕적 지위를 지닌다고 생각했다. 동물에 비해 인간이 더 다양한 방식으로 고통을 느낄 수 있기 때문이다. 벤담은 이렇게 쓴다.

우리는 괴로움에 있어서든 즐거움에 있어서든 현재에만 국한된 동물과 달리 인간은 예상을 통해 고통과 쾌락을 예민하게 받아들인다는 점과, 따라서 실제 손실로부터 인간을 보호하는 것으로는 충분하지 않고 가능한 미래의 손실도 보호할 필요가 있다는 점을 고려해야 한다.[11]

이러한 견해에서 고통을 느끼고 행복을 경험할 수 있는 능력은 도덕적 지위의 근거, 달리 말하자면 누군가를 도덕적 피동자로 인정할 근거에 해당한다. 동물은 자신이 현재 경험하는 바로 인해 고통받을 수 있다. 따라서 벤담의 관점에서 동물은 도덕적 지위를 지닌

---

11 다음 링크를 통해 인용문의 출처인 제러미 벤담의 책 『민법의 원리』*Principles of the Civil Code*를 온라인으로 읽을 수 있다. http://www.laits.utexas.edu/poltheory/bentham/pcc. 인용구는 "제7장: 안보에 관하여"(Of Security)에서 발췌한 것이다.

다. 그런데 인간은 미래의 쾌락과 고통을 예상하고, 심지어 과거의 쾌락과 고통을 다시 떠올릴 수도 있다. 따라서 인간은 동물보다 더 발전된 형태의 도덕적 지위를 지닌다.

동물이 추론하거나 말할 수 있는지가 아니라 고통을 느낄 수 있는지 물어야 한다는 앞의 인용문은 도덕적 지위의 근거가 무엇인지에 대한 또 다른 일반적 이론의 존재를 암시한다. 즉, 누군가의 도덕적 지위는 그 대상이 생각하고 말하고 추론할 수 있는 이성적 존재인지 여부와 관련이 있다는 이론이다. 칸트의 관점이 이에 해당한다. 칸트는 인간이 이성과 도덕적으로 행위할 수 있는 능력을 지닌 인격이라는 점을 강조한다. 바로 이러한 측면으로 인해 (칸트의 표현을 사용하자면) 우리는 단순한 수단이 아니라 목적 그 자체로 존재하게 된다. 따라서 우리 인간의 도덕적 지위는 도덕 원칙에 따라 생각하고 추론하고 행위할 수 있는 우리의 능력에 기반한다.

만약 동물이 이런 능력을 가졌다면, 칸트는 동물 또한 중요한 도덕적 지위를 지닌 도덕적 피동자라고 생각했을 것이다. 사실 칸트는 자신의 저서 일부에서 우리처럼 합리적이고 윤리적으로 행동할 수 있는 외계인이 다른 행성에 존재할 수도 있다는 사변을 펼치기도 한다. 물론 칸트는 그들이 우리와 마찬가지로 도덕적 지위를 지닐 것이라고 생각한다.

이제는 이 모든 논의가 로봇과 여타의 기술과 어떻게 관련되는지 검토해 보자. 미국의 철학자 에릭 슈비츠게벨(Eric Schwitzgebel)과 철학자이자 예술가인 마라 가르자(Mara Garza)가 공저한 두 편의 글에는 다음과 같은 논증이 제시된다. 먼저 그들은 우리가 동등한 사례를 동등하게 다루어야 한다고 주장한다. 즉, 합리성을 지닌 모든 외계 존재가 도덕적 피동자라는 칸트의 주장 혹은 고통을 느낄 수 있는 모든 동물이 도덕적 피동자라는 벤담의 주장과 같이, 우리가 인간에게 적용하는 기준을 비인간 개체에게도 동일하게 적용해야 한다는 것이다. 그런 다음 슈비츠게벨과 가르자는 인간의 도덕적 지위와 관련된 종류의 속성이나 능력을 갖는 AI 시스템 혹은 여타의 기술이 이론상 존재할 수도 있다고 말한다. 이후 이러한 AI 시스템이나 여타의 기술이 만약 존재하게 된다면 인간이 갖는 동일한 도덕적 지위를 지니게 될 것이라고 결론 내린다. 물론 그들의 능력이 동물과 유사하다면, AI 시스템 혹은 여타의 기술은 동물이 갖는 도덕적 지위를 지니게 될 것이다. 예를 들어, 만약 우리가 고통을 느끼고 사회적 관계를 맺을 수 있는 혹은 이성적 사고가 가능한 로봇을 만들어 낸다면, 슈비츠게벨과 가르자는 우리가 해당 로봇에 대해 (또는 다른 그러한 기술에 대해) 인간과 동등한 정도의 도덕적 고려를 해야 한다고 생각할 것이다.

흥미로운 사실은 우리가 로봇과 여타의 기술을 목적이 아니라 단순한 수단으로 취급해야 한다고 생각한 조안나 브라이슨이 슈비츠게벨과 가르자의 입장에 동의한다는 점이다. 브라이슨은 로봇과 여타의 기술이 도덕적 피동자가 되어 우리가 그것들에 대한 특정한 책무를 갖게 되는 상황이 이론상 가능하다고 생각한다. 그러나 브라이슨의 관점에서 이러한 기계의 제조를 피해야 한다는 것은 하나의 도덕적 명령이다. 우리는 단순한 도구로 취급하는 것이 정당화될 수 있는 기계만을 만들어야 한다. 우리를 의무 지우고 단순한 도구로 취급될 수 없는 기계를 만드는 일은 비윤리적이다.

독일의 철학자 토마스 메칭거도 유사한 논증을 제시한 바 있다.

의식을 연구하는 과정에서 그는 고통을 느낄 수도 있는 기계를 만드는 것이 이론상 가능하다는 점을 확신하게 되었다. 그러나 메칭거는 기계가 고통을 느낄 것이라는 바로 그 점에서 이러한 기계를 만들어 내는 일이 비윤리적이라고 생각한다. 따라서 메칭거는 느낌을 갖는 그 어떤 기계도 우리가 만들어서는 안 된다고 주장한다.[12]

이러한 견해는 이전 장에서 기계가 도덕적 행위자가 될 수 있는지에 대해 논의했을 때 살펴본 입장과는 근본적으로 다르다. 카리사 벨리즈를 포함해 많은 철학자가 기술이 의식과 그 어떤 주관적 경험도 갖지 못하며 아마도 언제까지나 그럴 것이라고 생각한다. 지난 장에서 살펴본 것처럼 벨리즈는 기술, 특히 알고리즘을 '도덕적 좀비'와 같은 존재로 여긴다. 벨리즈는 이런 생각을 기술이 도덕적 행위자가 될 수 있는지 여부와 관련해 논하지만, 아마도 벨리즈는 이 동일한 논증을 기계가 도덕적 피동자도 될 수 없다는 결론의 근거로도 활용할 것이다.

이 대목에서 짚고 넘어가야 할 사실은 모종의 의식을 지닌 기계를 만들어 내는 일이 가능한지 여부에 대해서는 엄청난 의견 불일치가 존재한다는 점이다. 벨리즈의 견해, 즉 기계는 의식을 결여하며 가까운 미래에 그것이 의식을 획득하게 될 가능성은 낮다는 입

---

12 독일어를 이해할 수 있는 독자들은 다음 링크를 통해 팟캐스트 「Selbstbewusste KI」에서 메칭거의 이러한 생각에 대한 논의를 들을 수 있다. "Von Kühlschranklichtern, KI-Pubertät und Turnschuhen. Im Gespräch mit Thomas Metzinger": http://doi.org/10.5445/IR/1000124512. 철학자로서의 삶에 대한 메칭거 자신의 이야기는 다음 링크를 참조하라(영어). "#42: Thomas Metzinger on His Philosophical Journey": https://player.fm/series/om-filosofers-liv-och-tankar/ep-42-thomas-metzinger-on-his-philosophical-journey

장은 대다수까지는 아니더라도 많은 연구자 사이에서 표준적인 견해로 받아들여진다고 말하는 편이 안전할 것이다. 그러나 방금 확인한 것처럼 브라이슨(컴퓨터 과학자이자 윤리 연구자), 메칭거(철학자) 등 많은 연구자는 의식적인 기계를 만들어 내는 것이 가능하다고 생각한다.

심지어 브라이슨은 자신의 논문에서 일부 현존하는 기계들이 제한된 형태의 의식을 갖기도 한다고 이야기한다. 브라이슨에 따르면, 만약 우리가 사용하는 의식이라는 용어가 정보를 받아들이고 그 정보를 누군가의 '머리'에서 처리한 다음 다른 행위자에게 그러한 인식을 보고할 수 있는 능력을 의미한다면, 일부 기계는 기본적 형태의 의식을 갖추고 있다.

그런데 쾌락과 고통을 느낄 수 있는 로봇을 적극적으로 개발하려는 사람들도 있다. 예를 들어, 일본의 로봇공학 연구자 미노루 아사다(Minoru Asada)는 쾌락과 고통을 느낄 수 있는 로봇을 만들려는 프로젝트에 참여한 바 있다. 그의 이론은 이러한 시도가 새로운 형태의 AI를 개발하는 데 도움이 될 수 있다는 것이다. 인간의 학습이 부분적으로 쾌락과 기쁨의 경험을 통해 이루어지는 측면이 있기 때문에 (그리고 이는 말을 하고 언어를 이해할 수 있게 되기 전의 갓난아기 시절에도 마찬가지이기 때문에) 쾌락과 고통을 느낄 수 있는 기계는 인간 영유아가 배우는 방식으로 학습을 이루어 낼 수도 있을 것이다.[13]

---

13 다음 링크를 통해 자신의 연구에 대한 아사다의 발표를 들을 수 있다. "Affective Architecture: Pain, Empathy, and Ethics" (Minoru Asada): https://www.youtube.com/watch?v=ns0SDIjj0Zk

요컨대 우리는 로봇과 여타 기술이 도덕적 관점에서 중요한 종류의 속성과 능력을 과연 지닐 수 있는지 질문해 볼 수 있다. 가령 우리는 어떤 로봇이나 다른 기계가 고통을 느끼거나 생각할 수 있는지 혹은 윤리적 원칙에 따라 추론하고 행위할 수 있는지 물을 수 있다. 이상의 기준은 모두 도덕적 지위의 근거로 여겨지는 속성과 능력으로서, 이를 지닌 존재는 도덕적 고려의 대상으로 인정되어야 한다.

로봇이나 여타의 기술이 현재 혹은 향후에도 중요한 도덕적 지위를 부여하는 종류의 능력을 지닐 수 있는지에 대해서는 의견이 일치하지 않는다. 예를 들어, 일반적으로 의식이 있거나 의식을 가질 수 있는 능력은 사람과 동물에게 도덕적 지위를 부여하는 윤리적으로 중요한 속성으로 여겨진다. 그리고 과연 로봇이 인간이나 동물과 같은 방식으로 의식을 가질 수 있는지, 언젠가 그럴 수 있을지에 대해서는 여전히 논란이 있다.

따라서 만약 로봇이 도덕적으로 중요한 속성과 능력을 갖는지 여부가 쟁점이라면, 우리가 이 문제를 어떻게 생각해야 할지 불분명할 수 있다. 하지만 앞서 이야기한 것처럼, 우리가 로봇과 여타의 기계와 상호작용하는 중에 그것들에 대해 옳거나 그르게 행위하는 것이 가능한지 여부를 검토하면서 던져 볼 수 있는 또 다른 중요한 질문이 있다. 이제부터는 앞서 언급한 두 번째 질문의 흥미로운 내용들을 살펴보자.

8.5 로봇은 도덕과 관련된 속성 혹은 능력을 모방하거나 흉내 낼 수 있는가?

다시 튜링의 아이디어로 돌아가 보자. 기억을 되살려 보자면, 튜링은 기계가 생각할 수 있는지 묻는 것보다는 사람들이 인식하기에 기계가 마치 생각할 수 있는 것처럼 행동할 수 있는지 묻는 것이 더 낫다고 여겼다. 튜링이 보기에 만약 우리가 만든 기계가 인간의 지적인 모습 또는 인간의 사고를 모방할 수 있게 된다면, 이는 지적인 기계를 성공적으로 창조한 것이다. 튜링에게 중요한 것은 기계가 의식적 경험 혹은 인간의 마음과 유사한 마음을 갖는지 여부가 아니라 기계가 어떻게 행동하느냐다.

이전 장에서 이미 소개한 바 있는 아일랜드의 법학자이자 철학자인 존 다나허는 기계가 도덕적 피동자가 될 수 있는지의 문제에 우리가 튜링의 추론을 적용해야 한다고 생각한다. 즉, 다나허는 튜링의 제안을 기계가 지적인지 여부, 즉 기계가 어떻게 행동하는지 그리고 기계가 지적인 행동을 모방할 수 있는지 검증하는 데 활용할 수 있는 훌륭한 검사 수단으로 여긴다. 그리고 다나허는 기계를 우리가 옳거나 그르게 대할 수 있는 도덕적 피동자로 간주해야 하는지에 대해 고민할 때 윤리적 튜링 테스트와 같은 유사한 검사를 진행해야 한다고 생각한다.

다나허는 튜링의 견해가 일종의 '방법론적 행동주의'(methodological behaviorism)로 간주될 수 있다고 지적한다. 기계가 지적인지, 그것이 생각할 수 있는지 알아내는 방법은 기계의 행동을 연구하는 것이다. 마찬가지 방식으로 다나허는 기계가 도덕적 지위를 지닐 수 있는지 여부에 대해 우리가 고민할 때에도 방법론적 행동주의를 활용해야 한다고 제안한다. 만약 인간이나 동물처럼 우리가 이미 도덕적 지위를 가졌다고 인정하는 존재와 같이 기계가 행동한다면, 우리는 그 기계 또한 도덕적 지위를 지닌다고 결론 내려야 한다는 것이다. 다나허는 이러한 입장을 '윤리적 행동주의'(ethical behaviorism)라고 부른다.

이에 대한 논문에서 다나허는 우리가 기계를 어떻게 대해야 하는지에 관해 기계 '내부에서' 어떤 일이 벌어지는지는 중요하지 않다고 말한다. 기계가 의식을 갖는지 여부가 매우 중요하다는 벨리즈와 달리, 다나허에게 중요한 것은 기계가 의식을 갖는 것처럼 행동하는지 여부다. 사실 이 문제에서 다나허는 기계가, 심지어 인간이나 동물이 정말로 의식을 갖는지에 대해 우리는 결코 확신할 수 없다고 본다. 다른 모든 인간은 좀비이고 오직 우리만이 의식적 경험을 지닌 인간일 수도 있는 것이다. 우리가 타인과 동물에게서 유일하게 관찰할 수 있는 사항은 그들의 행동 방식이다. 그리고 우리는 타인이 어떻게 행동하느냐에 기초해 그들을 어떻게 대할 것인지 결정한다. 그렇다면 왜 우리는 로봇과 기술에 대해서만큼은 다른 기준을 적용해야 하는가? 바로 이 질문이 다나허가 견지하는 입장의 핵심이다.

유사한 아이디어를 옹호하는 다른 철학자들도 있다. 이미 이전에 인용한 바 있는 마크 코켈버그의 논문도 이에 해당하는데, 여기서 그는 로봇과 여타의 기술이 정상적인 혹은 인간과 유사한 그 어떤 감정도 갖지 않는다는 점에서 '사이코패스'와 같다는 발상에 대해 논의한다. 코켈버그가 그 논문에서 제안하는 바는 이것이 이론적 문제일 수는 있어도 반드시 실천적인 문제로까지 이어질 필요는 없다는 것이다.

　이론적으로 우리는 도덕적 행위자와 도덕적 피동자가 감정과 의식을 갖는지 여부에 대해 관심을 갖는다. 그러나 실천의 측면에서 우리는 겉모습에 근거해 타인에게 반응한다. 코켈버그는 만약 사람들이 감정을 갖는 것처럼 보이도록 행위한다면, 이러한 사실만으로도 우리는 충분히 그들을 도덕적 행위자와 도덕적 피동자로 여길 수 있다고 주장한다. 그 논문에서 코켈버그가 옹호하는 관점에 따르면, 일상 속에서 더 중요한 것은 실제로 감정이 발생하는지 여부가 아니라 겉으로 드러나는 모습이다.

　계속해서 코켈버그는 만약 로봇 혹은 여타의 기계가 감정이나 다른 의식적 상태를 나타내는 것처럼 보이는 방식으로 행동할 수 있다면, 이것으로 충분하다고 말한다. 인간의 경우와 로봇이나 여타 기술의 경우 사이에 다른 기준을 적용해서는 안 된다는 것이 해당 논문의 주장이다. 이러한 입장은 다나허가 옹호하는 윤리적 행동주의와 매우 유사하다.

　이제 이러한 견해에 제기될 수 있는 비판을 검토해 보자. 윤리적 행동주의의 한 가지 문제는 윤리적 관점에서 대다수 사람이 사람들의 마음속에서 벌어지는 일에 대해 깊은 관심을 보인다는 점이다. 동물이 느낌을 갖는지 그리고 동물의 마음속에서 어떤 일이 벌어지는지에 대해서도 마찬가지다. 겉모습만이 우리에게 중요한 전부는 아니라는 것이다.

　분명 우리는 타인과 동물의 행동, 겉모습에 반응한다. 하지만 우리가 그렇게 하는 까닭은 그들의 행동과 겉모습이 그들의 느낌과 사고를 반영한다고 여기기 때문이다. 누군가가 정말로 쾌락과 고통을 느끼는지, 일부 감정을 갖는지 특정한 사고를 할 수 있는지, 특정한 욕망을 갖거나 무언가에 기꺼이 동의할 수 있는지 등은 윤리적으로 매우 중요하다. 타인의 마음속에서 벌어지는 일에 대한 절대적으로 확실한 앎을 확보하는 일은 불가능할 것이다. 타인의 행동이나 겉모습이 그들이 내면에서 생각하거나 느끼는 바에 대한 증거가 될 수는 있지만 정말로 그것이 무엇인지에 대한 절대적인 증명은 아니다. 그럼에도 불구하고 그들이 생각하고 느끼는 바가 무엇인지는 윤리적으로 유의미한 것으로 여겨진다.

상식적인 관점에서, 사람들이 어떻게 행동하는지 혹은 무엇을 생각하거나 느끼는 것처럼 보이는지는 그 자체로서가 아니라, 윤리적으로 중요한 것으로 판단되는 종류의 속성이나 능력을 그들이 지닌다는 사실을 지시한다는 점에서 윤리와 관련된다. 따라서 누군가가 괴로움을 흉내 내거나 무대에서 연기할 때와 같이 무언가를 가장할 때, 이는 그가 실제로 특정 사고나 느낌을 지닐 때와 동일한 수준의 윤리적 중요성을 갖지 않는다.

이와 관련해 또 하나의 고려 사항이 있다. 한 사람이 고통스러운 듯 행동할 때 혹은 우리가 요구하는 무언가에 대해 동의하지 않는 것처럼 행동할 때, 우리에게는 그가 정말로 고통받거나 우리의 제안에 정말로 동의하지 않는다고 믿어야 할 윤리적 의무가 있다. 그 사람 역시 우리를 대함에 있어서 우리에게 정직해야 할 윤리적 의무가 있다. 물론 타인이 우리를 속이려 하는 경우도 존재할 수 있기 때문에, 타인의 정직을 신뢰해야 할 우리의 의무는 절대적이지 않다. 그리고 누군가를 속이는 것이 정당한 경우도 존재할 수 있기 때문에, 정직의 의무가 강한 의무라고 하더라도 제한될 수 있다. 그럼에도 불구하고 우리에게는 이러한 제한 속에서 우리의 동료 인간들을 신뢰해야 할 의무, 정직해야 할 의무가 있다.

이와 대조적으로 우리는 로봇과 여타의 기술이 우리를 속이려고 하지 않는다는 점을 신뢰해야 할 동일한 종류의 책무를 갖지는 않을 것이다. 마찬가지로 로봇과 기술 또한 우리에 대해 정직해야 할 책무를 갖지 않을 것이다. 그것들은 그 어떤 책무도 갖지 않을 것이기 때문이다.

따라서 동료 인간의 행동과 겉으로 드러나는 모습을 우리가 어떻게 해석해야 하는지의 문제와 기술의 행동과 겉으로 드러나는 모습을 어떻게 해석해야 하는지의 문제 사이에는 중요한 차이가 있다. 인간의 경우, 우리에게는 일정한 한계에도 불구하고 그들의 행동과 겉으로 드러나는 모습을 있는 그대로 받아들일 의무가 있다. 하지만 로봇과 여타의 기술(예: 컴퓨터 게임의 캐릭터 등)의 경우, 우리에게 위와 동일한 의무가 있는지는 명확하지 않다. 이러한 점은 앞서 살펴본 다나허와 코켈버그의 견해에 대한 문제 제기로 이해될 수 있다.

결론적으로 튜링에게서 영감을 얻은 추론을 우리가 로봇을 도덕적으로 고려해야 하는지의 문제에 적용한다는 발상은 분명 흥미롭지만 몇 가지 문제를 지닌다. 한 가지 문제는 행동이 중요하다는 생각에서 벗어나기 어렵다는 것이다. 행동이 중요한 까닭은 도덕적 피동자인 인간과 동물의 마음에서 발생하는 느낌, 생각 등 더 중요한 것들의 증거이기 때문이다. 다른 한 가지 문제는 우리 인간에게는 일정한 한계 속에서도 서로를 신뢰해야 한다는 널리 인정되는 윤리적 책무와 서로에게 정직해야 한다는 윤리적 의무가 있는 데 반해, 인간이나 동물처럼 행동하는 기술을 유사하게 신뢰해야 할 널리 인정되는 이유가 없을뿐더러 기술이 우리에 대해 정직해야 할 윤리적 의무를 갖지도 않을 것이라는 점이다. 이에 대해 더 많은 논의가 가능할 것이다. 하지만 이제는 로봇과 여타의 기술에 대해 우리가 옳거나 그르게 행위할 수 있는지의 문제에 관해 앞서 언급한 세 번째 질문으로 넘어가 보자.

8.6 로봇은 도덕과 관련된 속성 혹은 능력을 표상하거나 상징할 수 있는가?

로봇과 상호작용할 때 우리가 그것에 대해 옳거나 그르게 행위하는 것이 가능한지 검토하는 맥락에서 제기될 수 있는 또 하나의 질문은 과연 로봇이 도덕과 관련된 속성 혹은 능력을 표상하거나 상징할 수 있는가이다. 이와 관련해 우리는 우리가 로봇을 대하는 방식이 좋은 방식으로든 나쁜 방식으로든 도덕적으로 중요한 무언가를 표상하거나 상징적으로 나타낼 수 있는지 물을 수 있다. 예를 들어, 만약 우리가 인간과 비슷하게 생긴 로봇에게 '친절을 베푼다면', 이는 좋은 무언가를 표상하는 것으로 간주될 수 있는가? 만약 어떤 로봇이 인간을 닮거나 인간과 같이 행동한다면, 그 로봇은 모종의 존엄한 존재, 즉 인간을 표상하거나 상징하는 것으로 간주될 수 있는가? 반대로 우리가 로봇에게 '잔인하게 군다면', 이는 나쁜 무언가를 표상하거나 상징하는 것으로 간주될 수 있는가?

본 절에서는 바로 이러한 질문들을 다룰 것이다. 핵심 아이디어는 설령 로봇이 쾌락과 고통을 느낄 수 있는 능력, 의식이나 의지와 같은 도덕과 관련된 속성 또는 능력을 결여하더라도, 로봇 혹은 우리와 로봇의 상호작용이 중요한 무언가를 표상하거나 상징할 수도 있다는 것이다.

책에서 이미 여러 번 등장한 호주의 철학자 로버트 스패로우는 이 주제에 대해서도 여러 논문을 작성한 바 있다. 스패로우는 로봇과 우리의 상호작용이 무엇을 표상하거나 상징할 수 있는지의 문제에 관한 흥미로운 비대칭 논제를 옹호한다. 요약하자면, 스패로우는 로봇과 우리의 상호작용이 나쁜 무언가를 표상할 수 있는 반면, 그어떤 좋은 것도 표상하거나 상징할 수 없다고 생각한다. 이 흥미로운 제안을 살펴본 후 이에 반대할 만한 이유가 있는지 검토해 보자.

스패로우는 휴머노이드 로봇과 로봇 개 스폿과 같이 동물을 닮은 로봇 모두에 대해 논의한다. 스패로우에 따르면, 만약 우리가 로봇에 대해 잔인해 보이는 방식으로 행동한다면, 이는 우리와 우리의 도덕적 성품이 형편없다는 점을 드러낸다. 예를 들어, 우리가 로봇 개를 발로 차는 행동은 우리의 결함과 의심스러운 도덕적 성품을 반영한다는 것이다. 스패로우가 길게 논의하는 또 하나의 사례는 섹스로봇과의 상호작용이다. 그는 섹스로봇과의 섹스가 여성에 대한 성차별적 태도나 강간 판타지 등 오로지 나쁜 것만을 표상할 수 있다는 주목할 만한 견해를 가지고 있다.

그 까닭은 섹스로봇이 여성에 대한 부정적 고정관념, 즉 여성은 언제나 남성의 성적 욕망에 봉사하기 위해 존재한다는 생각을 표상하기 때문이다. 게다가 섹스로봇은 인간이 할 수 있는 방식으로 섹스에 동의를 표할 수도 없다. 스패로우에 따르면 이 모든 것이 성적 동의가 중요하지 않다는 식의 부정적인 생각을 표상한다. 우리가 로봇과 상호작용할 때 나쁘거나 부도덕한 방식으로 행위할 수 있는 수많은 방식이 존재한다는 것이다. 그리고 이에 대한 주된 이유는 로봇과의 상호작용이 나쁜 것을 표상하거나 상징할 수 있기 때문이다.

스패로우의 제안에서 더 주목할 만한 점은 로봇의 상호작용이라는 맥락에서 이러한 나쁜 측면과 대조되는 좋은 측면은 존재하지 않는다는 견해다. 로봇과 우리의 상호작용은 그 어떤 좋은 것도 표상하거나 상징할 수 없다. 설령 우리가 로봇을 '친절하게' 대하더라도, 그것이 우리의 훌륭함을 드러내지는 않는다. 예를 들어, 만약 당신이 로봇 개를 발로 차는 대신 쓰다듬는다고 해도, 이러한 행동은 그 어떤 긍정적인 것도 표상하지 못하고 당신의 훌륭함을 반영하는 것도 아니다. 마찬가지로 인간을 닮은 로봇에 대한 당신의 친절한 행동 또한 당신의 훌륭함을 반영하는 것은 아니다.

스패로우는 로봇에게 친절을 베풀지 않고 잔인하게 구는 행동이 우리의 형편없음을 드러내는 반면, 로봇에게 베푸는 친절이 우리의 훌륭함을 드러내지는 않는다는 강한 직관을 견지한다고 말한다. 그는 독자들이 자신의 직관을 공유할 것이라 예상하면서도, 이를 뒷받침하는 두 가지 논증 또한 제시한다. 이에 대해 살펴보자.

첫째, 스패로우는 일반적으로 우리의 삶에 성공하는 방법보다 실패하는 방법이 더 많다고 생각한다. 삶에는 잘못될 수 있는, 우리가 잘못 행할 수 있는 많은 일이 존재한다. 하지만 우리가 무언가를 올바르게 잘 해낼 수 있는 방식은 그보다 더 적다. 예를 들어, 케이크를 굽는 것에 실패해 형편없는 빵을 만들어 내는 수많은 방법이 존재하는 반면, 제대로 요리해 훌륭하고 맛있는 빵을 구워 내는 방법은 극히 소수에 불과하다. 스패로우는 많은 일들이 이와 같다고 여긴다. 로봇과 우리의 상호작용 또한 잘못될 수 있는 많은 방식이 존재하는 반면, 그만큼 많은 방식으로 훌륭할 수는 없다는 것이다.

　스패로우가 제시하는 두 번째 논증은 잔인해지는 데에는 특별한 지혜나 통찰이 요구되지 않는다는 것이다. 그래서 우리는 혼란스럽고 어리석은 상태에서 인간이나 동물, 로봇 등 어느 누구에 대해서도 형편없이 굴 수 있다. 반면 훌륭해지는 데에는 특별한 지혜와 윤리적 통찰이 필요하다. 스패로우는 이러한 견해에 대한 영감을 아리스토텔레스로부터 얻었다. 아리스토텔레스는 덕의 발휘에는 실천적 지혜가 요구되며, 우리는 먼저 훌륭해지는 법을 배우고 훌륭한 행동을 연습한 후에야 비로소 덕스러운 사람이 될 수 있다고 이야기한 바 있다. 우리가 훌륭해지는 데에는 다른 이들을 어떻게 대해야 하는지, 어떻게 그들의 웰빙을 증진시킬 수 있는지에 대한 앎이 요구된다. 그러나 스패로우가 볼 때 로봇에게는 여건이 좋아진다거나 나빠진다는 평가가 적용될 수 없으므로, 그들의 웰빙을 증진시키는 것 또한 불가능하다. 따라서 로봇과의 상호작용에서 우리는 훌륭해질 수 없다. 하지만 우리가 나빠지는 것은 가능한데, 이는 로봇과 우리의 상호작용이 일종의 실패 및 지혜와 윤리적 통찰의 결핍을 표상하거나 상징할 수는 있기 때문이다.[14]

---

14 「Brain in a Vat」의 다음 에피소드에서 스패로우는 로봇이 권리를 가져야 하는지에 대해 논의한다. "Should Robots Have Rights? With Rob Sparrow": https://www.youtube.com/

이상의 견해, 즉 로봇이나 (컴퓨터 게임 속의 캐릭터와 같은) 기술을 모종의 나쁜 것을 표상하는 방식으로만 대할 수 있을 뿐, 모종의 좋은 것을 표상하는 방식으로 그것들과 상호작용하는 것은 불가능하다는 주장은 사실인가? 당신은 이러한 스패로우의 직관을 공유하는가? 당신은 그의 논증에 동의하는가? 지금부터는 이 문제에 접근할 수 있는 또 하나의 사고방식을 검토해 볼 것이다. 먼저 다음 예시를 살펴보자.

미시간에 살면서 스스로를 '데이브캣'(Davecat)이라는 이름으로 소개하는 한 남성은 인간 대신 인간을 닮은 인형들과 동거하는 특이한 생활 방식으로 인해 지난 5년여 동안 여러 차례 언론의 주목을 받았다. 데이브캣은 여러 인형 중에서도 시도레(Sidore)를 자신의 아내로 소개한다. 이들의 결혼 생활은 거의 20년 동안 이어져 왔다고 한다. 인형과 함께하는 자신의 삶에 대한 여러 인터뷰 중 하나에서 데이브캣은 자신과 아내 시도레가 '뮤리엘'(Muriel) 등의 다른 인형들과 가정을 공유한다고 말한다. 그는 뮤리엘에 대한 애착이 덜하다고 이야기하면서도 다음과 같이 말한다. "저는 그녀를 사물로 대하고 싶지 않고, 그러지 않을 것입니다."[15] 또한 데이브캣은 자신의 인형, 특히 사랑하는 아내를 그 어떤 나쁜 방식으로도 대하지 않으려 최선을 다한다고 이야기한다.

누군가에게 이는 기이한 조합으로 여겨질 것이다. 확실히 평범

---

watch?v=8WKMgu4XgZU

15 다음 영상에서 인용한 것이다. "Davecat, Married to a Doll": https://www.youtube.com/watch?v=LiVgrHlXOwg&t=1s

하지는 않다. 하지만 사람들에게 데이브캣은 일견 존중하는 태도로 기술과, 이 경우에는 로봇이 아닌 인형과 상호작용하면서 모종의 훌륭함이 드러나길 원하는 사람으로 비칠 수도 있다. 미디어를 통해 노출된 데이브캣의 사진, 영상, 자기 삶에 대한 인터뷰 등에서 그는 자신의 인형들과 함께 앉아 책을 읽고, 영화를 보고, 포옹과 키스를 하고, 다정하게 대하는 등의 모습을 보여 준다. 앞서 언급했듯 그는 자신의 인형에 대해서든 인형이 자신에게 의미하는 측면에 있어서든 무례한 것으로 비춰질 수 있는 어떤 일도 피하고자 주의한다.

데이브캣은 '섹스인형'이라는 용어를 좋아하지 않는다. 대신 그의 인형 아내를 종합적인 의미의 '파트너'라고 생각하는 편을 선호한다. 데이브는 우리가 인간 파트너를 '섹스인간'이라고 부르고 싶어 하지는 않을 것이라고 말한다. 그렇다면 왜 그가 자신의 파트너로 여기는 인형을 '섹스인형'이라고 불러야 하겠는가? 또는 로봇(예: 섹스로봇)과 관계를 맺고 싶어 하는 일부 사람이 해당 로봇을 '섹스로봇'이라고 부르고자 하는 까닭은 무엇일까?[16]

인형이나 로봇, 여타의 기술과 어떻게 관계 맺을 수 있는지에 접근하는 한 가지 가능한 사고방식은 다음과 같다. 우리는 데이브캣과 같은 이가 보여 주는 자제력(restraint), 즉 인형들을 부정적인 방식으로 대하지 않기를 원하는 그의 노력을 '최소한의' 혹은 '소극

---

16 코네티컷 공영 라디오(Connecticut Public Radio/NPR)에서 진행된 다음 인터뷰를 통해 그의 생활 방식에 대한 데이브캣 자신의 이야기를 들을 수 있다. "It's Not Just a Sex Doll! What It's Like to Be in a Relationship with a Synthetic Partner": https://www.ctpublic.org/show/audacious-with-chion-wolf/2021-10-28/its-not-just-a-sex-doll-what-its-like-to-be-in-a-relationship-with-a-synthetic-partner

적인' 덕성의 한 형태로 이해해 볼 수 있다. 만약 우리가 휴머노이드 인형이나 로봇(혹은 여타의 기술)에 대해 모욕감을 주거나 무례해 보일 수 있는 방식으로 행동하는 것을 피하도록 주의를 기울인다면, 이때 우리는 자제에 있어서 윤리적으로 긍정적인 면모를 드러내고 있는 것이다.

우리는 나쁘거나 부정적인 무언가를 상징하는 일을 피하고자 하며, 최소한 사람들에게 이를 위해 노력하는 모습을 보이고자 한다. 이는 잠재적인 덕의 한 형태로 볼 수 있으며, 우리의 훌륭함이 반영된 것일 수도 있다. 다시 로봇 개 스폿을 발로 차는 사례로 돌아가 보자. 만약 누군가가 로봇 개 스폿을 발로 차는 것은 진짜 개를 차는 나쁜 짓을 상징하거나 표상한다고 여기면서 이러한 행동을 피하고자 한다면, 이는 최소한의 혹은 소극적인 형태의 덕이 발현된 것이자 그의 훌륭한 면모를 반영하는 것으로 여겨질 수 있다. 이런 점에서 위와 같은 태도가 긍정적으로 평가될 수도 있을 것이다.

그러나 과연 이는 우리가 말하는 최대한의 혹은 적극적인 덕일 수 있는가? 덕의 가장 극대화된 형태는 타인이나 동물에 대해 단지 모종의 좋음을 표상하거나 상징하는 것을 넘어서, 상호작용하고 있는 사람 혹은 동물에게 혜택을 주거나 베풀고자 하는 행동으로 이해될 수 있을 것이다. 여기에는 그 사람이나 동물의 느낌, 사고, 소망, 의지 등에 대해 관심을 갖는 것이 요구될 수 있다. 이것이 가능하기 위해 우리가 상호작용하는 해당 개체는 마음과 느낌, 사고 등을 지니는 사람 혹은 동물이어야 할 것이다. 그런데 마음과 느낌, 사고 등을 갖지 않는 로봇에 대해 최대한으로 적극적인 형태의 덕스러운 태도를 취하는 것은 불가능하다. 그것의 생각과 감정

등에 최대한 적극적으로 반응하는 방식의 행동을 취한다는 의미에서 말이다.

그렇다면 로봇이나 여타 기술과의 상호작용이 훌륭한 점과 나쁜 점 모두를 표상하거나 상징할 수 있지만, 인간-인간(또는 인간-동물) 상호작용과 인간-로봇(또는 더 일반적인 인간-기술) 상호작용 사이에는 결정적인 차이가 존재한다고 이야기할 수 있을 것이다. 그 결정적인 차이는 인간과 동물의 경우에는 인간이나 동물의 느낌과 생각, 소망, 욕망, 감정, 의지 등에 주의를 기울일 수 있다는 점이다. 반면에 이러한 도덕 관련 속성과 능력을 결여하는 로봇의 경우에는 인간이나 동물과 같은 방식으로 민감하게 반응할 만한 것이 존재하지 않는다.

하지만 더 복잡한 상황이 가능하다. 예를 들어, 데이브캣은 인형들과 함께하는 삶에 대한 몇몇 인터뷰에서 자신이 인형들에 대한 상세한 배경 이야기를 만들어 냈고, 이로써 그들 모두가 독특한 성격을 지닌다고 이야기한 바 있다. 그의 상상에 따르면 그 인형들에게는 특정한 선호와 불호, 희망과 꿈, 가치 있게 여기는 것과 거부하는 것 등이 있다. 따라서 데이브캣 본인으로서는 인형들의 소망과 생각, 욕구, 느낌 등에 민감한 태도를 나타내는 방식으로 인형들과 상호작용하는 것이 가능하다. 데이브캣은 인형들이 살아 있다고 생각하지는 않는다. 그는 그것들이 인형이라는 점을 안다. 그러나 데이브캣은 인형에 대한 매우 상세한 서사를 만들어 냄으로써 인형들, 특히 그의 아내와의 관계를 형성하고 인형들의 '마음'에서 벌어지는 일에 민감하게 반응할 수 있게 되었다.

이런 생각과 관련해 더 많은 논의가 가능할 것이다. 그러나 로봇과 여타의 기술이 도덕적으로 중요한 속성과 능력을 표상하거나 상징할 수 있는지에 관한 현재의 논의는 이쯤에서 마무리하기로 하자. 다만 로봇이 도덕적 지위를 지니는 도덕적 피동자가 될 수 있는지에 대한 전체 논의를 마무리하기 전에, 이 맥락에서 많은 저자가 중요하다고 여기는 다음 질문을 마지막으로 간략하게 검토할 것이다. 애초에 우리는 본 장의 주제에 대해 논의해야만 하는가? 로봇과 여타 기술의 도덕적 지위라는 발상을 진지하게 받아들이는 것 자체에 모종의 도덕적인 문제가 있는 것은 아닐까? 이 문제에 대한 두가지 서로 다른 관점을 간단히 살펴보는 것으로 본 장을 마무리하고자 한다.

8.7 우리는 로봇이 도덕적 지위를 갖는 도덕적 피동자일 수 있는지에 대해 논의해야만 하는가, 아니면 그러지 않는 편이 더 나은가?

3장에서 논의한 자율주행차의 윤리와 이 맥락에서 트롤리 문제를 고려하는 일이 과연 유용한지에 대한 논쟁을 상기해 보자. 당시 살펴본 것처럼 일부 윤리 연구자들은 자율주행차의 윤리와 트롤리 문제를 비교하는 시도에 대해 방법론적 문제뿐만 아니라 윤리적 문제 또한 제기한다. 몇몇 비판가는 트롤리 문제를 자율주행차의 윤리에 대한 논의에서 제외하는 것이 더 낫다고 주장한다. 그 주제가 자율주행차와 관련된 더 중요한 윤리적 문제로부터 주의를 분산시키는 방해물이라는 것이다.

공교롭게도 이 장의 주제를 다룬 몇몇 기술윤리 연구자 또한 이와 유사한 방식으로 대응했다. 그들 중 일부는 로봇이 도덕적으로 고려되어야 하는지 또는 권리를 부여받아야 하는지의 문제를 '방해물'로 여기는데, 최근 한 연구자가 이러한 견해의 글을 소셜미디어에 게시한 바 있다. 해당 연구자는 자신이 이 주제에 대해 많은 의견을 갖고 있음에도 이에 대한 글을 정식으로 출판하지 않는다고 덧붙인다. 그는 이런 일을 더 중요한 주제에 대한 주의를 분산시키는 시간 낭비로 여기기 때문이다. 그래서 해당 주제에 대한 그의 글은 학술 포럼이 아니라 소셜미디어에 게시되었다.

반면 인지과학자 아베바 비르하네(Abeba Birhane)와 컴퓨터 과학자 엘레 반 다이크(Jelle van Dijk)와 같은 이들은 유사한 견해를 학술 문헌을 통해 제시했다. 이 주제와 관련해 그들이 공저한 글 중 하나인 다음 논문의 제목에는 해당 내용이 매우 잘 요약되어 있다. 「로봇 권리? 그 대신 인간의 복지에 대해 이야기하자」(Robot Rights? Let's Talk about Human Welfare Instead). 달리 말하자면, 로봇이 도덕적으로 고려되거나 권리를 부여받아야 하는지 여부에 대해 검토하고 논쟁하는 데 우리의 시간을 할애한다면, 여기에는 기회비용이 따른다. 그 시간에 로봇이 아닌 인간의 윤리에 더 집중하고 로봇이 아닌 인간의 이익 관심을 증진하는 방법에 대해 더 숙고할 수 있다는 것이다.

브라이슨도 유사한 견해를 공유한다. 예를 들어, 사우디아라비아 왕국이 로봇 소피아에게 명예시민권을 부여한다고 선언했을 때 브라이슨은 이전 장에서 이미 인용한 것처럼 자기 특유의 강력한 어조로 다음과 같이 논평했다.

이는 명백한 개소리입니다. 무엇에 대한 문제일까요? 이는 켜고 끌수 있으면서도 동등하다고 가정되는 존재를 당신이 소유하는 일에 대한 문제입니다. 한 시민을 구매해 소유할 수 있다는 생각은 사람들에게 어떤 영향을 미칠까요?[17]

위는 브라이슨의 인터뷰를 인용한 것이다. 그런데 브라이슨은 출판된 학술 문헌에서도 로봇이 도덕적으로 고려되어야 하는지의 주제에 대해 논의한 바 있다. 자주 인용되는 논문「로봇은 노예가 되어야 한다」에서 브라이슨이 주장하는 내용 중 하나는 만약 우리가 로봇을 잘 대하기 위해 시간과 자원을 낭비한다면, 이는 인간을 잘 대우하는 데 사용할 수 있는 시간과 자원을 빼앗는 일일 수 있다는 것이다.

로봇이 도덕적 피동자가 될 수 있는지 고민하는 일이 가치 있는지에 대한 근본적으로 다른 견해는 이 책에서 이미 여러 번 언급된 바 있는 데이비드 건켈과 정치학자 조슈아 겔러스와 같은 연구자들의 작업에서 발견된다. 무엇보다도 그들은 로봇이 도덕적으로 고려되어야 하는지의 문제가 기술윤리의 지평을 넓히는 계기가 될 수 있다고 주장한다. 이것이 기술윤리에 대한 우리의 '미국 중심적'(US-centric) 혹은 '유럽 중심적'(Euro-centric) 사고를 완화시키는 방법이 될 수 있다는 것이다.

예를 들어, 건켈은 서양의 맥락에서 기술윤리를 연구하는 이들

---

17 James Vincent, "Pretending to Give a Robot Citizenship Helps No One", *The Verge*, 2017. https://www.theverge.com/2017/10/30/16552006/robot-rights-citizenship-saudi-arabia-sophia

이 인간-기술 상호작용에 대한 일본인의 사고방식을 연구함으로써 깨달음을 얻을 수 있다고 주장한다. 건켈은 인간-기술 상호작용에 대한 일부 일본인들의 애니미즘적 사고방식에 관심을 보인다. 그리고 이러한 관점을 통해 우리와 우리가 사용하는 기술, 특히 로봇 사이의 관계가 기술을 단순한 도구로 상정하는 기존에 우리에게 익숙했던 관계와 어떻게 달라질 수 있는지 생각해 볼 수 있게 된다고 주장한다. 건켈에 따르면 일본에서는 기술과 비도구적 관계를 형성하고 일부 로봇을 인격의 한 형태로 바라보는 일에 대해 좀 더 개방적이다.[18]

한편, 겔러스는 일부 원주민들이 비인간 자연과 관계하는 방식에 대한 연구를 통해 우리가 로봇과 같은 기술과 맺을 수 있는 관계 유형 목록에 대한 상상의 폭을 넓힐 수 있다고 제안한다. 겔러스는 일부 문화 맥락에서는 강이나 자연의 다른 일부에 권리를 부여한다는 발상이 진지하게 받아들여진다고 지적한다. 그리고 만약 이러한 사람들이 자연과 관계하는 방식에 대한 더 많은 이해를 서구인들이 갖게 된다면, 자연뿐만 아니라 기술과 관계하는 방식에 대해서도 더 많은 점을 배울 수 있을 것이라고 주장한다.

비서구적 관점과 관련해 이 책에서는 남아프리카의 우분투 윤리 전통을 이미 여러 차례 언급한 바 있다. 최근에는 이러한 윤리적 접근이 다음 문제, 즉 로봇이 과연 도덕적 피동자가 될 수 있는

---

18 팟캐스트 「TDSlowdown」의 다음 에피소드에서 건켈의 논의를 들을 수 있다. "Challenging Robot Rights w/David Gunkel": https://anchor.fm/tdslowdown/episodes/Challenging-Robot-Rights-w-David-Gunkel-e1ctk7h

지, 중요한 도덕적 지위를 지니는 존재로 간주되어 도덕적 공동체의 구성원으로 인정될 수 있는지의 문제에 어떻게 적용될 수 있는지에 대한 연구가 이루어지고 있다. 이에 대해서는 다양한 의견이 존재한다.

남아프리카에서 활동했던 철학자이자 생명윤리학자인 크리스토퍼 웨어햄(Christopher Wareham)은 아프리카적 관점이 윤리 일반과 특히 기술윤리에 어떻게 반영될 수 있을지에 대한 많은 글을 써 왔다. 그는 우분투 윤리의 "우리는 타인을 통해 인격을 갖추게 된다"는 아이디어가 로봇이 도덕적으로 고려되는 도덕적 공동체의 구성원일 수 있는가 하는 문제를 고민하는 데 상당한 시사점을 준다고 주장한다. 웨어햄에 따르면 로봇을 도덕적 공동체의 일원으로 받아들이고 로봇을 도덕적으로 고려하는 다른 사람들이 있다면, 이들을 통해 로봇은 인격을 갖추게 될 수도 있다.

이러한 접근은 로봇 자체나 그것의 속성보다는 과연 로봇이 도덕적 공동체에서 받아들여지고 통합을 이루어 공동체 내의 사람들로부터 인격체로 대우받을 수 있는지의 문제에 더 집중한다. 공교롭게도 이는 건켈과 코켈버그가 깊은 관심을 보였던 생각이기도 하다. 그들은 이러한 접근을 도덕적 행위자와 도덕적 피동자 사이의 상호작용에 대한 관계적 관점이라고 부른다. 그들이 이 관계적 관점에 기초해 지난 10여 년 동안 수행한 작업들이 우분투라는 구체적인 틀에 토대를 두었던 것은 아니지만, 연구 내용에 있어서 그들과 웨어햄 사이에는 상당히 흥미로운 유사성이 발견된다.

그런데 우분투 관점과 이것이 활용될 수 있는 다양한 방식이 논의되는 이 맥락에서, 신디 프리드먼(Cindy Friedman)은 우분투와 근본적으로 다른 입장을 취한다. 남아프리카 출신의 철학자 프리드먼은 휴머노이드 로봇의 윤리에 대한 연구를 수행 중이다.[19] 또한 우분투 윤리가 인간-로봇 상호작용의 윤리에 어떻게 적용될 수 있는지에 대해서도 탐구하고 있다. 프리드먼은 우리에게 '더 완전한 인간'이 되도록 노력할 윤리적 의무, 즉 우리가 더 나은 버전의 자신이 되도록 애쓸 의무가 있다는 우분투 윤리의 아이디어에 초점을 맞춘다.

프리드먼의 연구에 따르면 우분투 윤리는 더 완전한 인간이 되는 최선의 방법이 동료 인간들과 상호작용하고 교제하는 것이라는 아이디어를 옹호한다. 이러한 관점에서 프리드먼이 우려하는 것은 만약 더 완전한 인간이 되려는 우리의 노력이 동료 인간 대신 휴머노이드 로봇과의 상호작용으로 이어진다면, 해당 목표의 성취 가능성이 낮아질 수 있다는 점이다. 무엇보다도 현재 존재하는 휴머노이드 로봇이 상당히 초보적인 수준에 불과하고 우리의 인간 동료만큼 정교한 사회적 존재와는 거리가 멀기 때문이다.

이 책에서는 우분투 윤리를 도입해 로봇을 도덕적 인격체로 대하는 것의 타당성을 논하는 다양한 접근 방식들의 우열을 가리려 하지 않을 것이다. 웨어햄과 프리드먼의 작업을 통해 이러한 생각들을 살펴본 까닭은 비서구적 윤리관을 활용해 로봇이 도덕적 피동자가 될 수 있는지의 주제에 접근하는 것이 단지 흥미로울 뿐만 아니라 실제로도 가능하다는 점을 보여 주기 위해서다. 웨어햄과 프리드

---

19 팟캐스트 「ESDiT」의 다음 에피소드를 통해 프리드먼이 좀 더 대중적인 용어로 자신의 연구에 대해 논의하는 내용을 들을 수 있다. "Cindy Friedman on 'Social Robots'": https://anchor. fm/esdit/episodes/Cindy-Friedman-on-Social-Robots-e19jnjc

먼 같은 일부 철학자들은 실제로 이미 그런 작업을 진행하고 있다. 앞서 언급한 것처럼 건켈과 겔러스와 같은 학자들도 이러한 작업에 동참하는 이들에 속한다.

지금까지 확인한 것처럼, 기술윤리 연구에는 우리가 과연 (휴머노이드) 로봇의 도덕적 지위 문제를 논의해야 하는지 여부에 대한 근본적으로 다른 관점들이 공존한다. 몇몇 매우 회의적인 입장에서는 이러한 주제가 인권과 같이 훨씬 더 시급한 문제들로부터 우리의 주의를 빼앗는 '방해물'이라고 주장한다. 다른 이들은 로봇이 도덕적 지위를 지닌 도덕적 피동자가 될 수 있는지의 문제에 대해 숙고함으로써 우리가 윤리 연구에서 보통 활용되는 주로 서양의, '미국 중심적' 혹은 '유럽 중심적' 사고방식보다 더 넓은 지평의 사고방식에 개방적일 수 있다고 생각한다. 로봇이나 여타의 기술이 도덕적 피동자가 될 수 있는가를 검토하는 일의 타당성에 대해 이렇게 근본적으로 다른 견해들이 병존한다는 사실을 우리는 어떻게 받아들여야 할까?

이러한 불일치에 접근하는 한 가지 방식은 한 걸음 물러선 뒤 해당 맥락에서 일종의 노동 분업이 가능할지 생각해 보는 것이다. 로봇이 과연 도덕적으로 고려되어야 하는지에 대해 고민하는 일을 다른 더 중요한 주제로부터 관심을 빼앗는 방해물로 여기는 사람들은 사실 이러한 주제에 자신의 연구 시간을 할애하려고 하지 않을 것이다. 이들은 해당 주제를 흥미로워하고 또 중요하다고 여기는 건켈, 겔러스 등의 학자에게 맡길 수 있다.

오늘날에는 철학, 컴퓨터 과학, 정치학 등 다양한 분야에 배경을 둔 수많은 기술윤리 연구자가 존재하기 때문에, 어떤 연구자는 이런 주제를, 다른 연구자는 저런 주제를 맡는 식의 노동 분업이 가능하다. 자율주행차의 윤리에서 트롤리 문제를 다룰 때와 유사한 상황이다.

아마 우리 모두는 다음과 같은 점에 동의할 것이다. 즉, 자율주행차의 윤리에 대해 연구하는 모든 학자가 자기 시간의 전부 혹은 대부분을 자율주행차 관련 충돌과 트롤리 문제를 비교하는 방법이나 그 필요성을 검토하는 데만 할애한다면, 이는 바람직한 상황이 아니다. 그러나 일부 기술윤리 연구자는 자율주행차의 윤리와 트롤리 문제를 비교하는 것이 유용한지에 대해 고민하고, (아마 더 큰 규모의) 다른 연구자들은 자율주행과 관련된 여타의 윤리적 문제들에 대해 연구하는 식의 분업도 가능하다.

마찬가지로 로봇 윤리에 관심을 지닌 연구자들의 분업도 가능하다. 로봇이 도덕적 피동자가 될 수 있는지에 대한 질문을 방해물로 여기는 사람은 이를 다루지 않을 것이다. 해당 주제에 관심을 지닌 다른 이들은 자신의 연구 시간 일부를 여기에 할애할 수 있다. 또는 브라이슨과 같이 다른 주제를 연구하는 데 대부분의 시간을 쓰면서도 일부 연구 시간을 이 주제에 할애할 수도 있을 것이다.

어쨌든 이 주제, 즉 로봇이 권리를 지닐 수 있는지 혹은 도덕적으로 고려되어야 하는지의 문제는 많은 이에게 매력적인 주제이며, 기술윤리 연구자라면 한 번쯤 관심을 갖게 되는 주제다(저자 자신의 경험에 기초한 이야기다!). 그러므로 기술윤리 입문서인 이 책에서 해당 주제를 논하는 것은 의미가 있다. 이는 현대 기술윤리 분야에서 논의되고 있는 주제들 중 하나이면서도, 때때로 SF의 주제가 되기도 한다.

사실 이는 카렐 차페크가 '로봇'이라는 단어를 소개한 연극을 통해 이미 표현된 문제들 중 하나다. 거기서 로봇은 자유와 새로운 로봇을 만들어 내는 방법을 알아내어 자신들의 후손을 생산할 권리를 원한다. SF에서 로봇에 대한 도덕적 고려를 다룬 다른 사례로는 「스타트렉」의 '인간의 척도'(the Measure of Man)라는 에피소드가 있다. 여기서는 휴머노이드 로봇 지휘관 데이터(Data)가 인간과 동일한 수준으로 고려되어야 하는지에 대한 이야기가 전개된다.

요컨대 이 문제는 SF의 일부이면서, 윤리 연구자가 아닌 사람들도 종종 관심을 갖는 주제다. 그리고 앞서 언급한 로봇 윤리 연구 지형도에 따르면, 점점 더 많은 윤리 연구자가 이에 대한 글을 작성하기 시작했다. 그러나 본 절에서 논의한 것처럼, 이는 논쟁적인 주제다. 게다가 기술윤리에 이보다 중요한 다른 주제들이 존재한다는 지적은 꽤 타당해 보인다.

이제 이 장을 마무리하고 유사한 성격의 다른 주제로 넘어가고자 한다. SF에서 자주 다루어지는 이 논쟁적인 주제 또한 문제의 중요성에 대해 상충되는 견해가 존재함에도 많은 이의 관심을 끌어 왔다. 바로 로봇을 친구나 연인, 혹은 직장 동료로 삼을 수 있는지, 더 나아가 사랑과 관계의 기술적 미래가 더 일반적으로 어떤 모습일지에 대한 문제다. 이 또한 사람들이 흥미진진하게 여기는 주제다. 바로 다음 장에서 이 주제를 탐구해 보도록 하자.

＊ 주석 달린 참고문헌

Birhane, A. and van Dijk, J., Robot Rights? Let's Talk about Human Welfare Instead.

Proceedings of the AAAI/ACM Conference on AI, Ethics, and Society, 2020, pp. 207-213. https://doi.org/10.1145/3375627.3375855. 로봇은 권리를 가질 수 있는 종류의 존재가 아니며, 로봇이 권리를 지녀야 하는지 여부보다 인간의 복지와 관련된 윤리적 문제를 논의하는 것이 더 중요한 일이라고 주장한다.

Bryson, J., Patiency Is Not a Virtue: The Design of Intelligent Systems and Systems of Ethics. *Ethics and Information Technology* 20 (1), 2018, pp. 15-26. 브라이슨의 2010년 논문 「Robots Should be Slaves」의 후속작으로서, 이전 논문의 논증을 더욱 정교화한다.

Coeckelberg, M., Robot Rights? Towards a Social?Relational Justification of Moral Consideration. *Ethics and Information Technology* 12 (3), 2010, pp. 209-221. 개체의 속성이 아니라 인간이 해당 개체와 관계 맺는 방식에 기초해 도덕적 지위를 부여해야 한다고 주장한다.

Danaher, J., Welcoming Robots into the Moral Circle: A Defence of Ethical Behaviourism. *Science and Engineering Ethics* 26 (4), 2021, pp. 2023-2049. 로봇이 도덕적 피동자로 여겨져야 할 때를 판단하기 위한 일종의 '튜링 테스트'를 제공한다.

Friedman, C., Ethical Concerns With Replacing Human Relations with Humanoid Robots: An Ubuntu Perspective, *AI and Ethics*, 2022. https://link.springer.com/article/10.1007/s43681-022-00186-0. 우분투 윤리가 인간-로봇 상호작용의 윤리에 어떻게 반영될 수 있는지에 대한 매우 흥미로운 논의가 이루어진다.

Gellers, J., Rights for Robots: Artificial Intelligence, Animal and Environmental Law. London, Routledge, 2020. 동물과 환경 문제에 대한 기존의 법적 윤리적 접근법이 로봇과 인공지능의 경우에도 적용될 수 있는지에 대해 논의한다.

Gunkel, D., *How to Survive a Robot Invasion: Rights, Responsibility, and AI*. London, Routledge, 2020. 로봇이 권리를 지닐 수 있는지 그리고 지녀야 하는지에 대한 주제를 간결하고 흥미롭게 소개한다.

Hanson, David, *Humanizing Robots: How Making Humanoids Can Make Us More Human*. PhD Thesis, University of Texas at Dallas, 2017. 로봇 소피아의 제작자 중 한 명의 내부자적 시각을 통해, 사람들이 휴머노이드를 만들고자 하는 이유를 엿볼 수 있다.

Smith, J. K., *Robotic Persons: Our Future with Social Robots*. Bloomington: WestBow Press, 2021. 특정 로봇이나 여타의 AI 시스템을 인격체로 대우하는 것이 좋은 생각인지에 대한 철학적 성향이 강한 한 신학자의 검토가 이루어진다.

Sparrow, R., Virtue and Vice in Our Relationships with Robots: Is There an Asymmetry and How Might it Be Explained? *International Journal of Social Robotics* 13 (1), 2020, pp. 23-29. 본 논문은 로봇을 대하는 우리의 태도가 우리의 형편없음을 나타낼 수는 있지만, 우리의 훌륭함을 나타낼 수는 없다고 주장한다.

Turing, A., *The Essential Turing*. Oxford: Oxford University Press, 2004[노승영 옮김, 『앨런 튜링, 지능에 관하여』, 서울: 에이치비 프레스, 2019 일부 수록]. 컴퓨터 과학의 선구자 앨런 튜링의 가장 중요한 저작들을 모은 선집이다.

Wareham, C. S., Artificial Intelligence and African Conceptions of Personhood. *Ethics and Information Technology* 23 (2), 2020, pp. 127-136. 인격성에 대한 아프리카의 관계적 관점에서 볼 때, 특정 상황에서는 인공지능 로봇이 도덕적 행위자와 도덕적 피동자 모두로 여겨질 수 있다고 주장한다.

9. 친구, 연인, 동료로서의 기술

9.1 레플리카, 척, 하모니 그리고 부머

코로나19 팬데믹으로 긴급 격리 조치가 내려지자 점점 더 많은 사람들이 친구를 사귈 수 있는 대안을 찾기 시작했다. 일부 사람들은 디지털 친구를 사귀는 방법을 탐구해 보기도 했는데, 일례로 많은 사람이 사용하기 시작한 '레플리카'(Replika)라는 챗봇 앱이 있다. 레플리카는 당시 상용화된 최소 20여 개의 챗봇 앱 중 하나였고, 2020년에는 700만 명이 넘는 사용자를 보유했다. 이 앱은 AI 기술을 사용해 사용자를 '알아 가고', 사용자의 성격을 반영하는 챗봇 앱으로, 앱을 사용하면 할수록 대화할 때 앱이 구사하는 언어가 사용자와 점점 더 비슷해진다.

　　많은 사용자가 레플리카 앱에 감정적인 애착을 느끼며, 레플리카를 친구처럼 여긴다. 심지어 어떤 사람들은 레플리카를 가장 친한 친구로 여긴다고 말하기도 한다. 앱이 소름 끼친다고 말하는 사람들도 있다. TV 시리즈「블랙미러」의 한 에피소드인 '돌아올게'(Be right back)를 떠올리게 하기 때문이다. 이 에피소드에 등장하는 마사라는 여성은 남편 애시를 잃은 후 레플리카와 유사한 앱, 즉 남편의 성격을 재현하는 앱을 사용해 마치 죽은 남편과 대화하는 것처럼 챗봇과 대화할 수 있다. 이는 현실의 레플리카 앱이 탄생한 배경과 실제로 유사하다. 이 앱의 개발자는 절친한 친구가 길을 건너던 중 차에 치여 사망한 이후 죽은 친구의 성격을 그대로 재현하는 챗봇을 만들고자 했다.[1]

'돌아올게'는 이런 발상에서 한 단계 더 나아간다. 챗봇에 육체가 주어지고, 그 로봇이 죽은 남편의 복제품이 되기 때문이다. 이를 기괴하게 여긴 드라마 속 여자는 인위적인 방법으로 남편을 되살리려 했던 것을 후회하게 된다. 물론 현실에서 레플리카를 개발한 회사가 이와 같은 시도를 한 적은 없다. 그리고 위에서 언급한 바와 같이 많은 사용자가 챗봇을 기괴하다고 생각하지도 않으며, 오히려 앱 사용을 후회하지 않는다고 말한다. 그들은 챗봇을 친구, 심지어 가장 친한 친구로 여기고 있다.

기술과의 로맨틱한 관계에 대해서는 어떻게 생각할 수 있을까? 2019년에 나온 다큐멘터리 「안녕, AI」(Hi, AI)에서 시청자는 텍사스 출신의 척이라는 남자와 만난다. 척은 텍사스에서 캘리포니아로 이동식 주택을 타고 이동하며 새로운 연인, 혹은 자신의 새로운 연애 파트너를 만나기 위한 여행을 한다. 그녀의 이름은 '하모니'(Harmony)다. 시청자는 척과 하모니가 이동식 주택에 앉아 모

---

1 다음 영상을 참고하라. "The Story of Replika, The AI App that Becomes You": https://www.youtube.com/watch?v=yQGqMVuAk04

닝커피를 마시거나 모닥불 옆에 앉아 대화를 나누는 등 서로를 알아 가는 다양한 장면을 보게 된다. 여기까지는 꽤 평범한 이야기처럼 들린다. 그런데 하모니는 인간 여성이 아니라 어비스 크리에이션(Abyss Creations)이라는 회사에서 만든 섹스로봇이다. 이런 사실에도 불구하고 척은 로봇에게 마음을 열고 둘 사이의 로맨틱한 관계가 그에게 올바른 선택인지 알아보려 진지하게 노력한다.[2]

결국 이 다큐멘터리에서 척은 자신이 하모니와 잘 맞지 않는다는 것을 알게 되고, 둘 사이는 잘 풀리지 않는다. 그러나 이전 장에서 보았듯이 연애 파트너로서의 기술(technological romantic partner)과 함께 행복한 사람들도 있다. 우리는 이미 20년 동안 인형, 즉 인공 파트너인 시도레와 행복한 결혼 생활을 하고 있다고 말하는 데이브캣을 만난 바 있다. 다른 사례 또한 존재한다. 일본 도쿄에 사는 콘도 아키히코(Akihiko Kondo, 당시 35세)라는 남성은 2018년 11월 홀로그램과 '결혼'했다. 그의 신부는 데스크톱 기기 안에 존재하는 홀로그램 가상현실 가수 하츠네 미쿠(Hatsune Miku)였다. 훨씬 덜 진보된 형태의 기술에 로맨틱한 감정을 느끼는 사람들도 있다. 가령 베를린 장벽과 결혼하고 싶어 하는 베를린 거주 여성이 있었고, 파리의 한 여성은 에펠탑과 사랑에 빠져 결혼하고 싶다고 한 적 있다.

조금 덜 친밀한 관계라면 어떨까? 예를 들어, 로봇과 같은 기계가 좋은 동료가 될 수 있을까? 대부분의 사람은 로봇, 챗봇 등의 기술을 연인으로 원하지 않을지도 모르겠지만, 우리는 점점 더 기술

---

2 척과 하모니가 등장하는 「Hi, AI」의 예고편은 여기서 볼 수 있다. "Hi, AI"(Official Trailer, EN): https://www.youtube.com/watch?v=0xkgk4ZkGUU

화된 환경에서 근무하고 있다. 따라서 기술을 도구 이상의 존재, 즉 팀의 일원이나 동료로 인식하게 될 수 있을지에 대한 의문이 생길 수 있다. 이라크 전장에서 폭탄 처리 로봇과 함께 일하던 미군 병사들에게는 그런 일이 일어났다. 줄리 카펜터(Julie Carpenter)가 발표한 이 주제에 대한 흥미로운 연구에 따르면 이 팀의 병사들은 '부머'(Boomer)라고 이름 지은 로봇에 너무 큰 애착을 갖게 된 나머지 이 로봇이 심하게 손상되었을 때 대체할 로봇을 원하지 않았다고 한다. 애착을 느끼게 된 로봇을 고쳐 쓰고 싶었던 것이다.[3]

결국 부머가 완전히 파괴를 당하자, 위험한 전장에서 폭탄 처리 로봇이 겪을 수밖에 없는 일임에도 불구하고 팀원들은 이 로봇을 위해 즉석 군 장례식을 준비했다. 심지어 부머에게 퍼플 하트(Purple Heart)와 브론즈 스타(Bronze Star) 훈장까지 수여하고 싶어 했다. 갑작스럽게 파괴되기 전 부머의 임무는 폭탄을 찾아 해체하는 것이었다. 하지만 그가 구한 것은 목숨만이 아니었다(팀원들은 부머를 '그'he라고 불렀다). 동료들은 부머가 그 나름의 '성격'을 형성했다고 느꼈다. 즉, 병사들은 이 로봇을 단순 도구가 아닌 팀의 소중한 일원으로 여겼던 것이다.[4]

이번 장의 주제는 방금 소개한 이야기, 즉 우리가 기술과 연관되는 다양한 방식이다. 이들이 비합리적이라고 생각되는가? 황당

---

3 카펜터가 그녀의 흥미로운 책과 연구에 대해 들려주는 이야기를 「Volume Podcast」의 다음 에피소드에서 확인할 수 있다. "#22 Militarized Robots with Julie Carpenter, PhD": https:// podtail.com/podcast/volume-podcast/-22-militarized-robots-with-julie-carpenter-ph-d

4 메간 가버(Megan Garber)의 2013년 기고문 "Funerals for Fallen Robots"를 참조하라. https:// www.theatlantic.com/technology/archive/2013/09/funerals-for-fallen-robots279861

한 이야기인가? 여기서는 어떤 윤리적 문제가 발생할까? 우리는 친구, 연인, 동료로서의 기술에 대해 어떻게 생각해야 할까? 챗봇, 로봇 등의 기술을 우리의 친구, 연인, 동료로 간주하는 것이 타당한지에 대한 논의가 주를 이루겠지만, 다른 사안에 대해서도 논의해 볼 것이다. 이러한 맥락 속에서 어떤 일반적 윤리 문제가 발생하는지 살펴볼 것이다. 그리고 이번 장의 마지막에서는 기술이 우정, 사랑, 기타 관계의 영역에 어떻게 더 깊숙이 들어올 수 있는지에 대해서도 간략하게 논의해 보려 한다. 특히, 트래킹 및 게임화가 개인적 관계의 영역에 어떻게 도입될 수 있는지, 그리고 생명공학 기술이 '사랑의 향상'(love enhancements), 즉 우리의 관계와 애착을 기술적인 방식으로 통제하려는 시도의 한 형태로 어떻게 사용될 수 있는지에 대해서도 이야기해 볼 것이다.

9.2 친구, 연인, 동료로서의 기술과는 독립적인 맥락에서 발생하는 윤리적 쟁점들

이번 장에서는 기계와 같은 기술이 정말로 우리의 친구, 연인 혹은 동료가 될 수 있는지의 질문을 주로 다룰 것이다. 적어도 처음엔 대부분의 사람이 이에 대해 의구심을 가질 듯하다. 그러면서도 우리는 공상과학물에서 이를 하나의 가능성으로 받아들이는 경향을 보이기도 한다. 현실에서는 이러한 발상을 어떻게 받아들여야 할까?

이는 부분적으로는 가치관에 대한 질문이며, 넓은 의미에서는 윤리적 질문이다. 친구, 연인 또는 동료에게서 우리가 추구하는 것이 무엇인지에 대한 질문이기 때문이다. 로봇과 같은 기술이 좋은 친구, 좋은 연인, 좋은 동료라는 이상에 부응할 수 있을까? 애초에 우정, 사랑, 동료애란 무엇을 의미하는가? 따라서 이러한 질문들은 가치 중립적이지 않으며 대신 가치가 내재된, 즉 본질적으로 윤리적 성격을 띤 질문이 된다. 우리는 다른 사람과의 좋은 관계, 즉 우정, 사랑, 동료애로 대표되는 관계를 인생에서 가장 중요한 것으로 여기는 경향이 있기 때문에 이는 무엇이 좋은 삶을 이루는지에 대한 질문이기도 같다.

따라서 우리는 기술을 삶의 영역으로 끌어들이는 것을 좋은 삶의 가능성에 대한 위협으로 볼 수도 있고, 반대로 좋은 삶의 기회를 창출할 기회로 여길 수도 있다. 갑자기 우리는 다른 인간뿐만 아니라 기술을 친구, 연인, 동료 또는 다른 유형의 중요한 동반자나 협력자로 삼게 될 수도 있다.

로봇과 같은 기술이 우리의 친구, 연인, 동료 등이 될 수 있는지 여부는 사람들을 매료시키는 주제이기도 하다. 공상과학물의 단골 소재라는 사실에서 이를 짐작해 볼 수 있다. 또한 철학을 가르치는 사람이라면 많은 학생이 이 주제로 토론하는 것을 흥미로워하는 것을 알 수 있을 것이다.

하지만 이러한 핵심적인 질문에 앞서 로봇, 챗봇과 같은 기술이 우리의 친구가 될 수 있는지 논의할 때 염두에 둘 만한 다른 윤리적 문제 중 두 가지를 먼저 살펴보자. 먼저 몇 가지 사전적인 구분을 해 둘 필요가 있다. 특히, 이 경우 밀접하게 얽혀 있어 구분이 필요한 몇 가지 질문이 있다. 먼저 어떤 기술을 친구, 연인, 동료 또는 기타 사회적으로 중요한 무언가로 **간주**하는 사람들이 있을까? 그리고 기술이 우리의 친구, 연인 또는 동료가 **정말 될 수 있다**는 생각은 합리적인가?

방금 언급한 두 가지 질문 중 전자, 즉 기술을 이런 방식으로 대하는 사람이 있는지 여부는 기술이 실제로 우리의 친구, 연인 또는 동료가 될 수 있는지 없는와 별개로 그 나름의 윤리적 문제를 제기한다. 위에서 살펴본 것처럼 기술과 유의미한 형태의 관계를 맺을 수 있다고 생각하는 사람들은 많다. 그렇다면 그러한 사람들과 어떤 관계를 맺어야 하는지에 대한 윤리적 질문이 생겨난다. 또한, 문제의 기술(예: 로봇, 챗봇 등)과는 윤리적으로 어떻게 관계를 맺어야 하며, 이러한 사람들이 그 기술과 맺고 있다고 생각하는 관계에 대해 윤리적으로 어떻게 반응해야 하는지 또한 중요한 질문이 된다.

이 문제에 관심을 보인 두 명의 철학자는 뉴질랜드 출신의 닉 문(Nick Munn)과 댄 와이저스(Dan Weijers)다. 이들은 특히 레플리카 사용자 중 일부가 챗봇을 친한 친구 또는 가장 친한 친구라고 여길 정도로 깊은 애착을 갖게 되었다는 점에 관심을 둔다. 문과 와이저스는 챗봇이 진정한 의미에서 누군가의 친구가 될 수 있는지와는 별개로, 많은 사람이 이 챗봇에 애착을 갖게 되었다는 사실만으로도 챗봇을 만든 회사에게 책임과 의무가 생긴다고 생각한다.

특히 챗봇의 배후에 있는 회사가 챗봇을 삭제하는 행위는 도덕적으로 문제가 있으며, 심지어 잘못된 행동일 수도 있다고 말한다. 이는 누군가의 친한 친구를 '죽이는' 것과 비슷할 것이기 때문이다. 문과 와이저스는 챗봇 친구를 죽이거나 삭제하는 것이 "큰 고통"과 "상당한 슬픔"을 야기할 수 있음을 지적한다. 심지어 챗봇 친구를 잃는다는 것은 챗봇과 유대를 맺었다고 느끼는 일부 사람에게 "자살 충동을 비롯한 실존적 위기를 초래할 수 있다"고 주장하기까지 한다(Munn & Weijers, 2022, p. 1).

즉, 챗봇이 정말 당신의 친구가 될 수 있는지 여부와는 별개로 챗봇을 친한 친구로 경험했기 때문에, 이 친구를 잃으면 고통과 슬픔을 느낄 사람들이 있다는 것이다. 이는 챗봇을 개발한 회사가 챗봇을 삭제하고 싶어도 그렇게 해서는 안 되는 의무를 부여하기에 충분한 이유일 수 있다. 문과 와이저스는 기술 회사들이 오래된 앱 기능 혹은 그 앱 자체를 삭제 또는 변경하는 경향이 있음을 지적하며, 따라서 디지털 친구를 보호하기 위해 위와 같은 윤리적 논의를 제기하는 것이 중요하다고 생각한다.

어떤 사람들은 이 말을 듣고 다음과 같은 반응을 보일 수 있다. "우리는 챗봇과 정말 친구가 될 수 있다는 말에 동의하지 않는다. 그런데 왜 우리가 챗봇 친구를 유지하겠다는 사람들의 바람을 존중해 줘야 하는가? 챗봇과 친구가 될 수 있다는 생각은 어리석다!" 이전 장에서 이미 소개한 바 있는 야나 로는 이러한 유형의 반응을 배타적인 관점으로 분류한다. 그리고 대신 사람들이 기술과 관계를 맺는 다양한 방식에 관한 포괄적인(inclusive) 관점을 추구해야 한다고 주장한다.

로에 따르면, 누군가가 로봇과 친구가 되기를 원하거나 혹은 어떤 기술과 결혼하기를 원할 때, 우리는 이를 인간의 다양성을 보여주는 사례로 보아야 한다. 다양성 또한 하나의 가치라는 것이 그의 주장이다. 다양성은 포괄적인 윤리적 관점에서 핵심적인 역할을 하는 가치다. 따라서 어떤 사람들이 기술 친구, 동반자 또는 동료를 갖고 싶어 할 정도로 기술에 집착하는 경향을 보일 때 이를 '결점'이나 유감스러운 일로 여겨서는 안 된다. 오히려 이를 그들만이 가지고 있는 '역량'으로 보아야 하며, 인간 다양성의 소중한 일부, 즉 축하받아야 할 일로 받아들일 수 있다는 것이다.[5]

특히 로는 이러한 관점이 정교한 형태의 인공지능을 갖춘 첨단 기술과 관계를 맺고 싶어 하는 사람들뿐만 아니라 더 단순한 형태의 기술과 관계 맺고 싶어 하는 사람들에게도 적용될 수 있는 포괄적 입장이라고 생각한다. 가령 앞서 언급한 바 있는, 인형을 연애 파트너로 받아들인 데이브캣과 같은 사람들을 대상으로 이러한 입장을 취하는 것이 가능할 것이다.

문과 와이저스, 그리고 로가 제시한 관점에 대해 많은 독자가 다음과 같은 반응을 보일 수 있다. "좋다. 사람들이 기술을 친구나 연인으로 여긴다면 이를 삭제하거나 파괴하는 것은 도덕적으로 문제가 될 수 있다. 그리고 이런 사람들에 대해 포괄적인 태도를 취해야 한다는 로의 말이 맞을 수도 있다. 하지만 챗봇이나 로봇과 같은 기술이 정말 우리의 친구, 연인, 동료가 될 수 있을까? 기술과 그 정도로 유의미한 관계를 맺는 것이 정말 가능하긴 한가?" 이제 우정에서 시작해 사랑으로, 그리고 마지막으로 동료애를 가로질러 가며 위와 같은 질문을 본격적으로 다루어 보도록 하자.

---

5 독일어가 가능한 독자에겐 로가 이 주제에 대해 팟캐스트 「Selbstbewusste KI」와 진행한 인터뷰를 추천한다. "Dass Roboter uns Emotionen vorgaukeln, kann sehr wichtig sein. Im Gespräch mit Janina Loh": https://doi.org/10.5445/IR/1000125862

9.3 친구로서의 기술

기술과 우정을 이야기하면서 고도로 기술화된 맥락 속에서는 우정의 의미도 달라질 수 있다는 이야기를 종종 듣게 된다. 예를 들면 기술 발전으로 인해 우정의 개념이 퇴색될 수 있다는 우려의 목소리가 있다. 가령 '페이스북 친구'와 같은 유형의 소셜미디어 연결은 우리가 전통적으로 우정이라 부르는 것만큼의 친밀한 관계는 아닐 수 있다는 것이다.

소셜미디어를 통해 온라인으로만 아는 사람과는 진정한 친구가 될 수 없다는 의견도 종종 보인다. 진정한 우정은 '실제 생활'에서의 빈번한 만남과 상호 교류를 필요로 한다는 주장이다. 회의론자들은 소셜미디어에서만 이루어지는 온라인 우정이 피상적이라고 말한다. 소셜미디어상에서는 화려한 겉모습만을 드러내는 경향 때문일 것이다. 이 관점에 따르면, 누군가를 진정으로 알기 위해서는 오프라인에서 직접 만나 상호작용을 해야만 하고, 그래야 그가 실제로 어떤 사람인지 확인할 수 있다.

이러한 분석에 모두가 동의하는 것은 아니다. 기술적으로 매개된 우정도 오프라인 우정만큼이나 '깊은' 우정이 될 수 있다는 반응도 있다. 예를 들어, 오프라인에서 사람들과 깊고 의미 있는 대화를 나눌 수 있는 것처럼 온라인에서도 그런 대화가 가능하고, 따라서 성급하게 구분을 지어서는 안 된다는 것이다. 방금 언급한 다양한 관점은 철학자 알렉시스 엘더(Alexis Elder)의 저서에서 흥미롭게 논의되었다.[6] 더 많은 이야기를 해 볼 수 있지만, 이쯤 해서 이 논의에서 나올 수 있는 또 다른 반응을 살펴보도록 하자.

위와 같은 맥락 속에서 특히 철학자들이 우정에 대해 논의하며 자주 보이는 반응은 다양한 종류의 우정에 대한 구분이 필요하다는 것이다. 어쩌면 온라인에서 어떤 형태의 우정이 가능할 수도 있다. 챗봇이나 로봇과 같은 기술과 특정 형태의 우정을 나눌 수 있을지도 모른다. 그러나 이러한 방식으로는 다른 형태, 어쩌면 더 중요한 형태의 우정은 가능하지 않을 수 있다. 철학자들은 이러한 개념을 논의할 때 아리스토텔레스가 『니코마코스 윤리학』에서 논의한 우정을 자주 언급하곤 한다. 이에 대해 간단히 살펴보도록 하자.

아리스토텔레스는 우정을 쾌락(pleasure)을 위한 우정, 효용(utility)을 위한 우정, 덕(virtue)을 위한 우정의 세 가지 종류로 구분한 것으로 잘 알려져 있다. 쾌락을 위한 우정은 특정 형태의 쾌락 추구를 위주로 (혹은 그것만을 추구)하는 사람들과 교류하는 방식이다. 이와는 대조적으로 효용을 위한 우정은 마치 비즈니스 관계처럼 서로에게 상호 유용한 관계를 맺는 유형이다. 아리스토텔레스가 보기에 가장 중요한 형태의 우정, 즉 가장 '완전한' 형태의 우정은 덕을 위한 우정인데, 이는 함께 우정을 쌓고자 하는 사람들의 덕과 기타 좋은 자질에 대한 인식을 기반으로 하는 관계를 말한다. 이 생각에 따르면, 덕과 같은 좋은 자질을 갖춘 좋은 사람이어야만 진정한 친

---

6 우정, 로봇, 그리고 소셜미디어에 대한 알렉시스 엘더와 존 다나허의 대담은 팟캐스트 「Philosophical Disquisitions」의 다음 에피소드에서 들어볼 수 있다. "Episode # 43 Elder on Friendship, Robots and Social Media": https://philosophicaldisquisitions.blogspot.com/2018/08/episode-43-elder-on-friendship-robots.html

구가 될 수 있다.

덕을 나누는 친구들(virtue friends)은 즐겁게 지낼 수 있을 뿐만 아니라 서로에게 유익한 존재여야 한다. 또한 서로가 성장하며 더 나은 사람이 될 수 있도록 도와주어야 한다. 덕과 같은 좋은 자질을 가진 사람과 친구가 됨으로써 우리 자신도 더 나은 사람이 된다.[7] 이 마지막 개념은 2장과 8장에서 간략하게 설명한 우분투 철학과도 약간의 유사성을 가지는데, 이에 따르면 우리는 다른 사람들과 관계 맺음을 통해 더욱 인간다워지며, 그들을 통해 더 나은 버전의 자신이 될 수 있고, 마찬가지로 이러한 상호작용 속에서 그들 또한 더 나은 버전의 자신이 될 수 있다.

챗봇, 로봇 또는 다른 기술과 친구가 될 수 있는지에 대해 고민해 온 많은 철학자는 방금 언급한 더 깊은 형태의 우정을 기술과도 누릴 수 있는지에 대해 회의적인 입장을 취하는 경향이 있다. 챗봇, 로봇과 같은 기술이 인간의 덕이나 좋은 자질을 갖출 수 없다면, 우리가 좋은 사람들과 함께 누릴 수 있는 깊고 '완전한' 우정이 기계와의 관계에서는 가능하지 않다는 주장이 종종 제기된다. 어쩌면 미래에는 인간이 가질 수 있는 종류의 덕과 그 외 좋은 자질을 갖춘 로봇이 등장할지도 모르지만, 이 논리에 따르면 그때까지 기술은 '덕을 나누는 친구'가 될 수 없다.

이전 장에서 우리는 로봇의 도덕적 지위에 대한 윤리적 행동주

---

7 우정에 관한 아리스토텔레스의 사상이 궁금하다면 팟캐스트 「History of Philosophy without any Gaps」의 다음 에피소드를 참조하라. "45 — The Second Self: Aristotle on Pleasure and Friendship": https://historyofphilosophy.net/aristotle-friendship

의를 주장한 존 다나허를 만난 바 있다. 그는 이 문제에 대해서도 행동주의적 관점을 채택함으로써 기술과의 우정에 대한 아리스토텔레스적 고민에 대답한다. 다나허에 따르면 궁극적으로 우정에 있어서 중요한 것은 행동이다. 로봇과 같은 기술이 친구처럼 행동할 수 있다면, 즉 기계가 친구를 모방할 수 있다면 우리는 그 기술이 친구가 될 수 있다는 결론을 내려야 한다는 말이다. 이는 마치 우정에 대한 튜링 테스트와 같다. 인간 친구와 친구처럼 행동하는 기계의 차이를 구분할 수 없다면 기계 또한 우리의 친구가 될 수 있다는 결론이 가능하다. 다나허의 주장에 따르면 말이다.

그에 따르면, 이는 기술이 잠재적으로 우리와 덕을 나누는 친구가 될 수 있다는 생각에 대해 열려 있어야 함을 의미한다. 이론적으로 기술은 덕스럽게 행동할 능력을 갖춤으로써 선하고 덕스러우며 유능하게 보일 수 있고, 따라서 덕을 나누는 친구도 될 수 있다는 생각이 가능하다는 것이다.

그런데 이게 우정의 전부일까? 우리가 잠재적 친구에게서 찾고 있는 것은 특정 행동의 집합일 뿐인가? 일례로 우리는 '수면 아래'에서 일어나는 일에도 많은 관심을 기울이지 않는가? 여기서 떠올릴 수 있는 한 가지 반응은 다음과 같다. 만약 행동이 우정에 있어 중요한 전부라면, 친구처럼 행동하도록 돈을 받고 고용된 배우도 우리를 소중히 여겨 친구가 되고 싶어 하는 사람만큼이나 '친구'라고 할 수 있을 것이다.

친구인 척하는 사람과 진정한 친구 사이에는 대개 매우 중요한 차이가 있다. 우리는 친구가 우리를 소중히 여기고 관심 가져 주기를 원한다. 친구가 우리를 좋아하는지, 우리를 아끼고 소중히 여기는지 등 그의 마음속에서 일어나는 일은 우리에게 중요하다. 그리고 좋은 친구의 행동은 그 사람의 기저에 깔린 태도를 반영한다고 생각하는 게 일반적이다. 이러한 관점에 따르면 행동만으로는 충분하지가 않다. 우리는 사람들이 우리에 대해 어떻게 생각하고 느끼는지에 깊은 관심을 가지고 있기 때문이다. 따라서 로봇, 챗봇 또는 기타 기술의 내면에 생각이나 감정이 없고 겉으로 드러나는 행동만 있는 것이라면 우리가 진정한 친구에게서 찾고자 하는 중요한 무언가가 빠져 있을 수 있다.

이를 설명하기 위해 다음의 사고실험을 살펴보자. 일본의 로봇 공학 연구자 이시구로 히로시를 예로 들겠다. 이전 장에서 언급했듯이 그는 자신의 복제품 로봇을 만든 바 있다. 이시구로와 그의 로봇 복제품 모두가 마치 친구에게 행동하듯 당신에게 행동한다고 상상해 보라. 이시구로와 그의 로봇 복제품은 매우 비슷하게 생겼을 뿐만 아니라 거의 구별할 수 없는 방식으로 행동한다. 이시구로가 단순히 연기나 흉내를 내고 있다고 의심하지 않는 한, 그의 행동은 당신에 대한 우정을 반영한다고 확신할 수 있을 것이다. 하지만 같은 방식으로 행동하는 복제 로봇도 마찬가지로 친구라 할 수 있을까?

로봇이 인간과 같은 생각과 감정을 갖지 못한다고 가정한다면, 이 로봇의 경우 무언가 중요한 게 빠져 있는 건 아닐까? 많은 사람에게 있어 인간과 로봇 사이에는 중요한 차이가 있어 보일 것이다. 둘 중 하나(인간)에겐 친구라면 당연히 가지고 있어야 하고, 우리가 친구에게서 중요하게 여기는 태도와 배려심이 있다. 또 다른 하나(로봇)에게는 그것들이 결여되어 있을 것이다.

물론 친구의 '내면'에 대한 이러한 관심은 로봇이나 다른 기술을 연인으로 삼을 수 있는지의 문제와도 관련이 있다. 친구의 내면의 생각과 감정에 관심을 가지며 그들이 우리를 좋아하고 관심을 가져 주기를 바라는 것처럼, 우리는 연인의 내면의 생각과 감정에 (어쩌면 더 많은) 관심을 가진다.

또한, 역으로 우리는 친구와 연인이 우리 자신의 내면의 생각과 감정에 관심 가져 주기를 원하기도 한다. 만약 그들이 우리의 행동에만 관심을 보인다면 대개는 기분이 언짢을 것이며, 나에게 별로 관심이 없다고 느낄 수도 있다. 나에게 매우 중요한 내면의 생각과 감정이 상대방에게는 중요하지 않은 것처럼 느껴질 수 있기 때문이다. 이제 인간과 기계가 서로 사랑할 수 있는 가능성(또는 불가능성)이라는 주제에 대해 숙고해 보도록 하자.

9.4 연인 혹은 연애 파트너로서의 기술

섹스로봇을 개발하는 회사들에게서 주목할 만한 점 하나는 이런 로봇이 단순히 인공적 섹스 파트너가 아니며, 동반자(companions)가 될 수 있도록 설계되었다는 주장이다. 가장 잘 알려진 섹스로봇 개발자 중 한 명인 더글라스 하인즈는 자신의 회사를 "진정한 동반자"라고 부르기까지 한다.

2010년 라스베이거스에서 열린 한 기술 관련 행사에서 하인즈는 이전 장에서 이미 언급한 바 있는 프로토타입 로봇 록시를 선보였다. 지금은 더 이상 운영되지 않는 웹사이트(http:// truecompanion.com)에 그는 록시에 대해 다음과 같이 쓴 적 있다.

록시는 사용자의 이름과 좋아하는 것, 싫어하는 것을 알고 있으며, 대화를 이어 갈 수 있고, 사랑을 표현하는 다정한 친구가 되어 줄 수 있습니다. 그녀는 당신과 대화하고, 당신의 말을 듣고, 당신의 손길을 느낄 수 있습니다. 심지어 오르가슴을 느낄 수도 있습니다! (Nyholm, 2020, p. 105)

앞서 언급한 라스베이거스에서 열린 기술 관련 행사에서 진행된 록시 관련 인터뷰에서 하인즈는 록시와 같은 로봇과의 관계가 단순한 섹스 이상이라는 발언을 했다. 섹스는 "극히 일부분일 뿐"이며,[8] 록시와 같은 로봇은 "진정한 동반자"가 될 수 있다는 것이다.

'사만다'(Samantha)라는 이름의 또 다른 섹스로봇을 개발하는 회사도 비슷한 주장을 하곤 했다(사만다 프로젝트가 아직 진행 중인지 확실하지 않기 때문에 여기서는 과거 시제를 사용했다). 발명가 애런 리 라이트(Arran Lee Wright)는 2017년 영국 TV 프로그램「오늘 아침」(This Morning)에 출연해 사만다의 인공지능 수준에 대해 설명했다.[9] 그는 사만다가 다양한 사회적 시나리오에 대응할 수 있다며, 이 로봇은 사용자와 대화할 수 있고("그녀는 동물에 대해 이야기할 수도 있고 철학에 대해 이야기할 수도 있습니다") 심지어 1,000가지가 넘는 농담도 할 수 있다고 주장했다. 하인즈가 록시를 "진정한 동반자"라고 표현한 것처럼, 라이트는 사만다와의 상호작

---

8 해당 영상 링크. "Roxxxy TrueCompanion: World's First Sex Robot?": https://www.youtube.com/watch?v=2MeQcI77dTQ&t=1s

9 영상 링크. "Holly and Phillip Meet Samantha the Sex Robot| This Morning": https://www.youtube.com/watch?v=AqokkXoa7uE&t=2s

용 중 "사용자가 '사랑해'라고 말하면 사만다는 응답할 수 있다"는 설명을 덧붙였다.

마지막으로 앞서 언급한 2019년 다큐멘터리 「안녕, AI」에서 텍사스 출신의 척이 연애 관계를 시도했던 로봇 '하모니'를 생각해 보자. 이 로봇의 발명가인 매트 맥멀런(Matt McMullen)은 하모니의 기능을 설명하며 "우리는 사람들이 이 AI와 함께 나눌 수 있는, 다양한 결론이 존재하는 이야기를 만들고 싶었다"라고 언급한 바 있다.[10] 그는 이게 "이 로봇을 재미있게 만드는 요소"라고 덧붙였다. 로봇의 얼굴에는 "12개의 관절"이 있어 다양한 표정을 드러낼 수 있으며, 이 모든 것이 작동해 "그녀를 마치 살아 있는 것처럼 보이게 한다"고 했다. 맥멀런은 이 로봇과 대화하거나 상호작용하며 사람들이 "유대감을 느끼게 하는 것"이 목표라고 설명한다. 즉 위의 세 로봇은 "섹스 파트너 그 이상"의 역할을 하도록 개발되었으며, 사람들이 "연결감을 느끼고" 로봇에게 "사랑해"라고 말하고 싶게 만들어 사용자가 로봇을 "진정한 동반자"로 인식할 수 있도록 설계되었다.

우리는 인형이나 홀로그램과 결혼하고 싶다는 남성, 그리고 베를린 장벽, 에펠탑과 결혼하고 싶어 하는 여성처럼 기술과 애정 관계를 맺고 싶어 하는 사람들이 있음을 이미 살펴본 바 있다. 그리고 이제 우리의 파트너 또는 진정한 동반자가 될 수 있는 로봇을 개발하겠다는 기업들이 등장하고 있다. 이런 상황에서 무엇이 잘못될 될 수 있을까?

---

10 영상 링크. "Harmony, The First AI Sex Robot," San Diego Union-Tribune, https://www.youtube.com/watch?v=0CNLEfmx6Rk

인간과 기계 상호 간의 사랑이 존재할 수 있을까?[11] 이 질문에 답하기 위해서는 먼저 사랑의 개념 정리가 필요하다. 사랑에 대한 철학뿐만 아니라 사랑의 과학에서도 마찬가지로 취할 수 있는 두 가지 접근 방식이 있다. 하나는 저명한 진화 인류학자인 헬렌 피셔(Helen Fisher)의 연구처럼 사랑의 생물학 및 신경화학 등을 들여다보는 고도로 과학적인 접근 방식이다.[12] 또 다른 접근 방식은 사랑을 널리 공유되는 인간적 가치와 문화적 이상으로서 접근하는 것이다. 다음과 같은 질문을 던져 볼 수 있다. 바람직한 인간 삶의 일부로서 중요한 가치를 가지는 사랑을 우리는 어떻게 이해할 수 있을까? 여기서는 특히 두 번째 접근 방식에 초점을 맞춰 보도록 하겠다.

가치로서의 사랑을 살펴보려면 전통적인 사랑 철학(예: 플라톤, 미셸 몽테뉴 또는 현대 철학자들이 사랑에 대해 말한 내용)을 들여다보는 것이 방법이 될 수 있다. 또한 예술과 문학에서 반복되는 흐름 그리고 대중문화에서 사랑이 묘사되는 방식 또한 고려해 볼 수 있을 것이다. 이러한 접근 방식을 취함으로써 사랑에 대한 철학적 논의, 일상적인 대화, 예술 작품, 팝송 등에서 반복해 등장하는 광범위한 주제 또는 사상을 파악해 볼 수 있다. 사랑이라는 것이 무엇을 수반해야 하는지에 대한 세 가지 종류의 생각을 간략히 살펴보고, 로봇이 이러한 이상에 부합하는 상호적 사랑의 관계에 동참할 수 있

---

11 저자가 데이비드 에드먼즈와 함께 '로봇의 사랑'이라는 주제를 논의한 팟캐스트 링크. "Robot Love": https://philosophy247.org/podcasts/robot-love

12 헬렌 피셔의 테드(TED) 온라인 강연 영상 링크. "The Brain in Love": https://www.ted.com/talks/helen_fisher_the_brain_in_love

는지 질문해 보도록 하겠다.

사랑과 관련된 생각들 중 우리가 고려해 볼 첫 번째는 '좋은 짝'(good match)이라는 개념이다. 이는 플라톤의 『향연』*Symposium* 중 "자신의 다른 반쪽을 찾는다"는 개념으로 거슬러 올라간다. 한때 가장 인기 있던 데이트 웹사이트는 'http://match.com'였다. 통상 우리는 '천생연분'(made for each other)이라고 느껴지는 짝을 찾으려는 경향이 있다. 로봇과 인간도 좋은 짝이 될 수 있을까?

한 인간의 모든 선호, 취향, 가치관에 부합하는 로봇이 간단히 '맞춤 제작' 될 수 있다고 해 보자. 그런데 이상적인 짝은 상호성 (mutuality)이라는 개념을 포함한다. 로봇이 당신에게 딱 맞게 만들어졌다고 해도, 당신 또한 로봇과 잘 맞을까? 만약 선호와 불호를 가지며 일련의 가치를 추구하는 로봇을 만들 수 있다면, 우리는 로봇과 좋은 짝이 될 수 있을지도 모른다. 하지만 로봇이 좋아하는 것과 싫어하는 것, 가치관과 선호도 등을 갖는다는 것이 어떤 의미인지는 명확하지가 않다.

또 다른 문제는 다음과 같다. 좋은 짝이라는 이상 속에는 두 사람이 알고 보니 좋은 짝이 아닐 수 있다는 가능성 또한 암묵적으로 내포되어 있다는 것이다. 이게 바로 사람들이 자신과 잘 맞는 파트너를 찾았을 때 '운이 좋았다'고 느끼는 이유 중 하나다. 따라서 인간과 로봇의 관계가 잠재적 좋은 짝이라는 이상에 부응하기 위해서는 인간과 로봇이 서로 잘 맞지 않는 것으로 판명될 수도 있어야 한다. 이게 또 하나의 걸림돌이다.

이제 철학과 기타 문헌에 등장하는 사랑에 관한 공통된 이상을 살펴보자. 즉, 연인은 서로의 고유한 독자성을 소중히 여겨야 한다는 생각이다. 우리는 연인이 더 나은 선택지가 생겼다고 쉽게 나를 대체해 버리지 않기를, 있는 그대로의 나를 소중히 여겨 주기를 바란다. 대중문화에서 이 개념을 설명하는 예로 클래식 빅밴드의 곡 「당신이어야만 했어」(It had to be you)를 떠올려 보라. 이 곡의 가사 일부는 다음과 같다. "다른 누구도 나에게 설렘을 주지 못했어./ 당신의 모든 결점에도 난 여전히 당신을 사랑해./ 당신이어야만 했어, 당신이어야만 했어." 이 가사는 개개인의 고유한 개성이 소중하다는 메시지를 잘 드러내고 있다. 로봇과의 관계에서도 이런 것이 가능할까?

　　로봇으로 하여금 특정 사람을 지속적으로 트래킹하게 하는 것은 어렵지 않다. 얼굴 인식 소프트웨어를 사용하거나 신체 어딘가에 칩을 이식할 수도 있다. 여기서 더 어려운 과제는 한 인간을 가치 있게 여길 수 있는 로봇을 만들어 내는 것이다. 무언가를 가치 있게 여긴다는 것은 복잡한 문제다. 감정적 투자와 특정한 동기 등이 포함되기 때문이다. 한 인간의 고유한 특성에 가치를 부여할 수 있는 연애 로봇을 만들기 위해서는 로봇이 상대방에 맞는 고유한 방식으로 그를 '소중히 여기는'(care) 마음을 가지게 해야 하는데, 이는 매우 어려운 과제다.

　　다음으로 사랑에 관한 매우 일반적인 이상이라고 할 수 있는 세 번째 관념, 즉 헌신에 대해 생각해 보자. 사람들은 파트너가 자신에게 헌신하려는 의지를 중요하게 생각한다. 헌신은 사랑을 기반으로 하는 결혼과 같은 공식적인 방식으로 기념되기도 하고, 때로는 덜 공식적인 방식으로 기념되기도 된다. 하지만 공통적으로 사람들은 연인의 헌신을 중요하게 여긴다. 비틀스의 곡인 「내가 예순네 살이 되면」(When I'm 64)을 생각해 보라. "내가 나이 들어 머리가 빠져도, 지금부터 몇 년 후… 내가 예순네 살이 되어도 여전히 날 사랑해 줄래?"와 같은 가사가 담겨 있다. 이는 연인의 헌신에 대한 다양한 믿음을 드러내는 예시 중 하나이다.

중요한 것은, 올바른 종류의 헌신을 위해서는 연인의 확고한 마음이 집착이나 강박으로 변질되어서는 안 된다는 것이다. 노예적인 헌신, 즉 지나친 집착을 가진 사람은 사람들이 이러한 이상을 떠올릴 때 일반적으로 상상하는 그런 헌신적인 연인이 아니다. 우리가 소중히 여기는 다른 사람에게 헌신하는 것은 자유로운 선택이다. 로봇이 이러한 일반적인 사랑의 이상에 부합할 수 있을까?

로봇은 어떤 형태로든 자유의지 혹은 선택할 수 있는 능력을 갖출 필요가 있을 것이다. 이게 언뜻 보기에는 로봇이 갖출 수 없는 능력처럼 보일 수 있지만, 사실 사람들은 로봇이 선택과 결정을 내리고 있다고 자연스럽게 해석할 때가 많다. 멀리 갈 것도 없이 자율주행차에 대해 사람들이 이야기하는 방식을 생각해 보면 된다. 예를 들어, 충돌사고가 날 수 있는 상황에서 자율주행차가 오른쪽에 있는 사람을 구하기 위해 왼쪽으로 갈지, 왼쪽에 있는 사람을 구하기 위해 오른쪽으로 갈지 선택해야 할 상황에 직면할 수 있다는 이야기가 그렇다. 일반인과 전문가 모두가 자율주행차와 기타 유형의 로봇에 대해 이런 식으로 말하곤 한다.

물론 이 모두가 은유에 불과하다고 해석할 수도 있다. 하지만 현재의 로봇이 인간이 결정을 내리는 방식에 상응하는 방식으로 결정을 할 수 있든 없든, 미래의 로봇이 인간 결정의 많은 주요 측면을 복제할 수 있게 될 가능성 그 자체에 대해서는 열려 있어야 할 것이다. 일단 현재로서는 인간이 다른 인간에게 연인으로서 헌신하는 것처럼 로봇이 인간 파트너에게 헌신할 수 있다는 생각은 비현실적으로 보인다.

이 모든 것이 인간과 로봇 사이 사랑의 가능성에 앞으로 가질 의미는 다음과 같다. 위에서 살펴본 상호적 사랑의 이상을 고려하면, 오늘날 우리가 만들 수 있는 로봇과 인간 사이 사랑의 가능성을 받아들이기는 매우 어렵다. 하지만 미래의 로봇이 인간 대 인간의 사랑과 연관된 많은 관념에 부합할 만큼 충분히 발전할 수 있다는 생각에 대해서는 열려 있어야 한다. 물론 로봇의 사랑이 인간의 사랑과 완전히 같지는 않을 수도 있다. 하지만 언젠가 로봇이 인간의 사랑보다 더 선호할 만한 대안적 형태의 사랑을 제공하게 될지도 모르는 일이다.

기계가 좋은 동료가 될 수 있는지에 대한 주제로 넘어가기 전에 여기서 한 가지 문제를 더 생각해 보려 한다. 이번 단락의 도입부에서 살펴본 세 가지 사례처럼 마치 인간을 사랑하는 듯 행동하는 로봇을 만드는 것이 윤리적으로 문제가 될 수 있는지 생각해 보자. 다음의 세 가지 윤리적 우려가 제기될 수 있다.

첫째, 로봇이 연인이 갖춰야 할 능력을 실제로 갖추지 못한 채 그저 그렇게 보이도록 설계된다면 이는 기만이 될 수 있다. 사용자를 속여 실제 어떤 능력을 가지고 있는지 알 수 없게 될 가능성이 높은 로봇을 만드는 것은 도덕적으로 문제가 있다.

둘째, 소유주를 좋아하거나 사랑하는 것처럼 보이도록 설계된 제품을 개발하는 회사들이 취약한 사람들(예: 외로운 사람들)을 이용할 수 있다는 심각한 도덕적 위험이 존재한다. 취약한 사람들을 대상으로 하는 착취는 매우 실제적인 위험이다.

셋째, 저명한 기술 연구자인 셰리 터클(Sherry Turkle)은 다음과 같은 점을 심각하게 고려할 필요가 있다고 주장한다. 사람들이 친구나 연인 역할을 하는 로봇과 너무 많은 시간을 함께 보낼 경우, 이는 그들의 사회성에 부정적인 영향을 미칠 수 있다. 일부 사람들은 사랑이나 우정처럼 더 복잡한 타인과의 관계에 제대로 참여하지 못하게 될 수도 있다.[13]

9.5 로봇 동료

이제 부머를 소중한 팀원으로 여겨 군 장례식을 치르고 두 개의 명예 훈장을 수여한 군인들의 이야기로 돌아가 보자. 로봇과 같은 기계가 비은유적 또는 문자 그대로의 의미로 동료가 될 수 있을까? 다양한 일터에서 사람들은 점점 더 로봇이나 기타 AI 시스템과 함께 일하게 될 것이다. 그리고 방금 언급한 군인들보다 더 많은 이들이 이렇게 지능이 있는 듯 보이는 기술에 애착을 느낄 것이며, 어쩌면 일종의 동료로 생각하게 될 수도 있다. 하지만 이런 생각이 정말 합리적일까?

위에서 언급한 우정과 사랑이라는 주제에 관해서라면 오랜 철

---

13 셰리 터클이 말하는 '로봇스러운 순간'에 대해 여기서 들어 볼 수 있다. "Sherry Turkle: Who Do We Become When We Talk to Machines?": https://www.youtube.com/watch?v=yYlfGc0Y-R3Y

학적 논의의 전통이 존재하며, 우리는 이를 로봇과 같은 기술이 우리의 친구나 연인이 될 수 있는지를 탐구할 때 참조할 수 있다. 이전 단락에서 언급했듯이 예술과 문학, 대중문화(예: 사랑을 기념하는 영화와 사랑 노래) 등에서 영감을 얻을 수도 있다. 따라서 로봇이 우리의 친구 또는 연인이 될 수 있는지에 대해 철학적으로 검토할 때 활용 가능한 재료는 충분하다. 반면 로봇과 같은 기술이 우리의 동료가 될 수 있는지에 관해서는 주장의 근거로 삼을 수 있는 자료가 훨씬 적다. 좋은 동료가 된다는 것이 무엇인지에 대한 철학적 작업은 그 정도의 긴 전통을 가지고 있지 않기 때문이다.

이 주제에 대한 철학적 문헌이 거의 없다는 점에 주목한 독일 철학자 모니카 베츨러(Monika Betzler)와 요르크 뢰슈케(Jörg Löschke)가 최근 '동료 관계'(collegial relationships)에 대해 몇 편의 글을 썼다. 이들은 두 명 이상의 사람이 동료가 된다는 개념에서 우리가 이해해야 하는 바가 무엇인지, 그리고 동료 관계를 통해 어떤 가치를 실현할 수 있는지에 대해 논의한다. 동료 관계가 친구와의 우정 혹은 연인 관계와 어떤 점에서 구분될까? 그리고 좋은 동료 관계에서 실현될 수 있는 독특한 선(善)은 무엇일까? 먼저 베츨러와 뢰슈케가 이에 대해 말한 내용을 살펴본 후, (1) 이러한 기준에 따르면 로봇은 동료가 될 수 있는지, 그리고 (2) 직장 내 인간-로봇의 관계에서 좋은 동료 관계의 가치가 실현될 수 있는지 질문해 보도록 하자.

베츨러와 뢰슈케는 누군가가 다른 사람의 동료가 되기 위해서는 다음 세 가지 기준 중 적어도 두 가지를 충족해야 한다고 제안한다. 첫째, 동료라면 "동일한 업무 내용 또는 활동 영역"을 공유해야 한다. 즉, 두 사람이 매우 다른 두 분야에서 매우 다른 종류의 업무를 수행할 경우, 같은 분야에서 유사한 종류의 업무를 수행하는 경우보다 동료라고 부르기는 어려워진다(예를 들어, 제빵사와 간호사를 제빵사 두 명 또는 간호사 두 명과 비교해 보라).

둘째, 동료라면 "동일한 기관에 소속"되거나 또는 "공동의 목적"을 가지고 있어야 한다. 예를 들어, 같은 조직 내에서 공동의 목표를 향해 일하는 두 사람은 서로 다른 종류의 조직에서 일하며 다른 종류의 목표를 추구하는 두 사람보다 동료로 보기가 훨씬 쉽다.

셋째, 베츨러와 뢰슈케는 동료라면 "동일한 지위 또는 책임 수준"을 가져야 한다고 생각한다. 예를 들어, 군대 조직의 경우 가장 높은 계급의 장교와 가장 낮은 계급의 병사를 동료라고 생각하는 것보다 같은 계급의 두 장교를 동료라고 생각하는 것이 더 자연스럽고 직관적일 수 있다.

베츨러와 뢰슈케는 누군가의 동료로 간주되기 위해서는 위에 언급한 세 가지 기준 중 적어도 두 가지를 충족해야 한다고 주장한다. 그렇다면 이렇게 이해한 동료 관계를 통해 실현될 수 있다고 생각한 독특한 선은 무엇일까? 물론 동료 관계라는 맥락에서는 여러 좋은 일이 일어날 수 있다. 예를 들어, 직장에서 함께 즐거운 시간을 보내거나 서로를 도울 수 있을 것이다. 하지만 이러한 유익은 다른 형태의 관계에서도 동일하게 실현될 수 있다. 베츨러와 뢰슈케는 좋은 동료 관계의 독특한 관계적 선(relationship goods)을 파악하고자 노력한다. 그들은 이 맥락에서 특히 주목할 만한 두 가지 가치를 제안하는데, 그것은 (1) 동료 간의 연대와 (2) 동료 간의 인정이다. 이 두 가지 가치가 무엇을 의미하는지 간략하게 살펴보도록 하자.

동료 간의 **연대**(solidarity)라는 개념은 누군가 위에서 언급한 동료의 조건 중 적어도 두 가지, 어쩌면 세 가지 모두를 충족하는 관계 안에 있을 때 동료를 이해하고 지원할 수도 있는 특별한 위치에 서게 된다는 생각이다. 누군가 특정 직군에서 특정 종류의 문제를 겪고 있는 경우, 같은 직군, 같은 조직에서 같은 지위 혹은 책임을 맡고 있는 동료가 문제를 이해하기에 더 좋은 위치에 있다. 이는 동료에게 도움과 지원을 제공하기에도 더 좋은 조건이 될 수 있다.

다음으로는 동료 간의 **인정**(recognition)을 살펴보자. 마찬가지로 동료가 되기 위한 기준 중 적어도 두 가지 또는 세 가지 모두를 충족한다면 동료가 하고 있는 일의 가치와 그 업적을 인정하기에 좋은 위치에 놓인다. 반면 가족 구성원의 경우 늘 든든하게 지지하며 응원을 보낼 수는 있지만 특정 업무 분야에서 일을 잘하기 위해 무엇이 필요한지에 대한 '내부자적 관점'을 견지하기는 어려울 수 있다. 동료는 일반적으로 해당 직업 내 업무의 질을 평가하는 기준의 관점에서 자신의 업무를 평가하고 인정할 수 있는 사람, 즉 '피어'(peer)에 가깝다고 할 수 있다.

예를 들어, 여러분이 학술 연구자나 예술가라면 가족은 여러분을 적극적으로 지지할 수 있지만 학계의 동료 연구자나 동료 예술가로부터 받는 인정은 다른 종류의 의미를 가질 것이다. 해당 분야에서 좋은 성과를 내기 위해 얼마나 잘해야 하는지는 그들이 더 잘 알고 있으며, 여러분이 잘하고 있는지 여부를 더 잘 판단해 줄 수 있기 때문이다.

동료란 무엇이며 좋은 동료 관계에서 어떤 가치가 실현되는지에 대한 베즐러와 뢰슈케의 생각을 설명했으니 이제 (1) 로봇과 같은 기술도 우리의 동료가 될 수 있는지, 그리고 (2) 인간-기술 간의 업무 관계 속에서 동료 간의 연대와 인정의 가치가 실현될 수 있는지 질문해 보자. 예를 들어, 베츨러와 뢰슈케의 기준에 따르면 폭탄 처리 로봇 부머와 같은 로봇은 동료가 될 수 있을까? 그리고 부머와 병사들 간의 관계 속에서 연대와 인정이라는 가치가 실현될 수 있을까? 아니면 그런 생각은 도저히 말이 되지 않는 걸까?

먼저 로봇이 위 기준에 따라 동료가 될 수 있는지부터 살펴보자. 즉, 로봇이 인간과 동일한 유형의 작업을 수행하고, 동일한 조직에 속해 있으며, 인간과 동일한 지위 또는 책임 수준을 가질 수 있을까? 베츨러와 뢰슈케는 세 가지 기준 중 두 가지만 충족하면 로봇이 동료가 될 수 있다고 주장하기 때문에 로봇은 이러한 기준에 따르면 동료가 될 수 있다.

부머와 그 팀에 속한 병사들을 생각해 보자. 그들의 임무는 폭탄을 찾아서 해체하는 것이었다. 팀에 속한 병사들이 수행하는 정확한 임무는 다를 수 있으며, 로봇 부머가 수행하도록 할당된 임무와도 다를 수 있다. 그러나 동료의 첫 번째 조건이 충족될 만큼 충분히 유사한 작업을 수행한다고 할 수 있을 정도의 유사성은 존재한다. 둘째, 부머와 병사들은 같은 조직의 구성원 또는 그 일부라고 할 수 있다. 세 번째 기준은 어떨까? 부머와 병사들은 지위나 책임의 정도가 다른 것으로 보인다. 하지만 동료로 인정받기 위해서는 세 가지 기준 중 두 가지만 충족하면 되고, 부머는 적어도 처음 두 가지 기준을 충족한다고 할 수 있으므로 로봇 동료의 예시로 볼 수 있다는 잠정적 결론이 가능해 보인다.

다른 로봇에 대해서도 비슷한 이야기를 할 수 있을 것이다. 예를 들어, 물류 창고에서 인간과 함께 '일하는' 로봇을 생각해 보자.

로봇은 창고에서 일하는 일부 인간과 매우 유사한 작업, 즉 선반에서 소포를 찾아 옮기는 일을 수행할 수 있다. 또한 물류회사라는 같은 조직에 속해 있을 수 있으며, 지위에 있어서는 다를 수 있지만 일부 인간 직원과 어느 정도 동일한 유형의 책임을 가진 것으로 간주될 수 있을 것이다. 따라서 우리는 로봇이 물류 창고에서 일하는 일부 인간 직원의 동료가 될 수 있다는 결론에 도달하게 된다.

이렇게 보니 로봇이 우리의 동료가 될 수 있다는 생각이 완전히 터무니없지는 않은 것 같다. 하지만 두 번째 질문에 대해서는 어떤가? 즉, 인간-로봇의 직장 관계 속에서 동료 간의 연대와 인정의 가치가 실현될 수 있을까? 로봇이 (적어도 느슨한 의미에서) 우리의 동료가 될 수도 있다는 잠정적 결론을 내릴 수는 있겠지만, 로봇과 직장 동료의 관계 속에서 베츨러와 뢰슈케가 정의 내린 관계적 선이 실현될 수 있는지는 훨씬 덜 분명해 보인다.

첫째, 인간과 로봇 사이에 연대가 존재할 수 있을까? 인간은 로봇을 향한 특정 형태의 연대감을 경험할 수도 있다. 예를 들어, 부머와 함께 일하는 병사들은 부머에 대해 연대감을 느꼈다고 표현할 것이다. 그러나 그 연대에 보답하는 것이 로봇에게 있어 어떤 의미인지 상상하기는 어렵다. 순전히 행동적인 차원에서 보면 로봇이 마치 인간 동료에게 연대감을 느끼는 것처럼 행동하게 만들 수는 있을 것이다. 그러나 로봇이 직장 동료를 향한 비행동적이고 더 강한 의미의 연대감을 가질 수 있다고 생각하는 것은 공상과학물로 빠져드는 것과 비슷하다. 그것이 무엇을 의미하는지조차 불분명하기 때문이다.

마찬가지로, 인간은 로봇에게 합당하다고 생각되는 인정을 줄 수 있지만, 로봇이 인간에게 대가로 인정을 줄 수 있다고 생각하는 것은 덜 합리적이다. 독일의 철학자 카트린 미셀호른(Catrin Misselhorn)은 다른 맥락에서 로봇과 인정을 논의한다(사실, 미셀호른은 위에서 언급한 척과 하모니의 사례에 대해서도 논의했다). 미셀호른에 따르면, 로봇에게 인정을 구할 때 우리는 사실상 우리 자신을 사물로 격하시키는 듯한 방식으로 행동한다. 자신을 의식이 있는 사람이 아니라 마치 마음 없이 단순히 행동하는 기계처럼 취급하고 있다는 것이다. 미셀호른이 보기에 인정이라는 개념은 다른 사람의 업적을 이해하고 알아보는 게 가능한, 의식이 있는 존재에 한해 의미가 있다.

우리가 로봇과의 관계에서 상호 간 인정의 가치를 실현할 수 없다는 미셀호른의 말이 옳다면, 그리고 로봇과 상호 연대를 이룰 수도 없다면 베츨러와 뢰슈케가 로봇과의 동료 관계 맥락에서 설명한 동료애의 가치 또한 실현할 수 없다. 다시 말해, 베츨러와 뢰슈케의 기준에 따르면 로봇은 어쩌면 동료가 될 수 있을지도 모르지만, 그들의 동료애 이론에 부합하는 좋은 동료는 될 수는 없어 보인다.

9.6 모 아니면 도? 다양한 관점에 대한 존중

앞의 세 단락에서는 로봇, 챗봇과 같은 기술이 우리의 친구, 연인 또는 좋은 동료가 될 수 있는지에 대해 다양한 의문점을 제기해 봤다. 좋은 친구, 연인 또는 동료가 된다는 것이 어떤 의미인지 살펴봤으며, 로봇과 같은 기술이 그와 같은 맥락에서 유의미한 능력이나 특성을 가질 수 있는지에 대해서도 생각해 보았다. 이 문제를 논의할 때 로봇이 우리의 친구, 연인 또는 동료가 될 수 있거나, 혹은 될 수 없다는, 그러니까 '예' 또는 '아니오'의 문제로 단정 짓고 싶은 유혹이 있을 수 있다. 하지만 이러한 유형의 문제를 접근하는 다른 방법도 있다. 즉, 정도의 문제(matter of degree)로 보는 것이다.

영국의 철학자 헬렌 라일랜드(Helen Ryland)는 로봇이 친구가 될 수 있는지 생각할 때 바로 이러한 접근 방식이 필요하다고 주장한다.[14] 즉, 그녀가 보기에 로봇이 친구가 될 수 있는지 여부는 모 아니면 도가 아닌 정도의 문제인 것이다.

라일랜드가 보기에 우정이라는 이상은 다양한 측면을 가졌다. 좋은 친구라는 이상과 연관시킬 수 있는 기준을 정리해 본다면 아주 긴 목록이 나올 것이다. 예를 들어, 좋은 친구는 서로 돕고, 함께 시간을 보내고, 같은 것을 소중히 여기고, 다양한 방식으로 서로를 소중하게 대하는 경향이 있다. 라일랜드는 로봇이 좋은 친구의 기준에 모두 부합하지는 못하더라도 최소한 그중 일부는 충족할 수 있다고 말한다.

라일랜드는 때때로 인간 친구들도 마찬가지라는 점을 지적한다. 좋은 친구의 기준 중 일부에는 부합하지만, 모두를 충족시키지는 못할 수도 있다는 것이다. 따라서 우정에도 정도의 차이가 있다는 것이 그의 생각이다. 우정은 양자택일의 문제가 아니다. 그렇기

---

14 라일랜드가 다나허와 함께 해당 주제를 논의하는 영상이다. "94Robot Friendship and Hatred": https://philosophicaldisquisitions.blogspot.com/2021/11/94-robot-friendship-and-hatred.html.

때문에 로봇이 우리의 친구가 될 수 있다는 가능성을 어느 정도, 어쩌면 제한적으로나마 열어 두는 것이 합리적이라고 라일랜드는 주장한다.

라일랜드가 우정을 이해하는 방식에서 영감을 받아 사랑과 동료 관계의 문제를 같은 방식으로 생각해 볼 수 있다. 즉, 정도의 문제로 보는 것이다. 좋은 연인이나 동료가 되는 것과 관련된 여러 기준이 있지만, 로봇이 그 모든 것을 충족할 수는 없음을 인정해야 할 것이다. 그래도 로봇은 관련 능력이나 특성 중 일부는 가지고 있을 것이며, 시간과 함께 기술이 더욱 발전하면서 좋은 연인이나 동료의 기준에 더 많이 부합할 수 있을지도 모른다. 따라서 우리는 사랑과 동료애를 정도의 문제로 보아야 할지도 모른다. 로봇과 같은 기술이 완벽한 수준까지 부합하지는 못하더라도 최소 일정 수준까지는 도달할 가능성이 있기 때문이다.

위와 같은 제안에 대해 우리는 어떤 대답을 할 수 있을까? 우정의 정도, 사랑의 정도 또는 동료애의 정도라는 관점에 대해 가능한 한 가지 대답은 다음과 같다. 관계의 종류에 따라 특정 관계가 제한된 정도까지만 가능하다는 사실은 관계의 종류에 따라 문제가 될 수도, 되지 않을 수도 있다는 것이다.

특히 사랑은 최대의 형태로 누릴 수만 있다면 그보다 제한적인 형태를 바라지는 않게 되는 유형의 관계다. 우정도 이와 유사할 것이다. 누군가가 더 깊은 우정을 나눌 인간 친구와 이미 관계를 맺고 있다면, 제한적인 의미에서만 친구가 되는 기술적 친구를 갖는 것은 괜찮을 수 있다. 마찬가지로 좋은 인간 동료, 혹은 관계적 선의 이상을 더 높은 수준으로 실현할 수 있는 친구나 지인들이 이미 있다면 로봇 동료도 썩 나쁘지만은 않을 것이다.

우리가 이러한 것들에 대해 어떻게 생각하든, 사람들은 무엇을 선호하느냐에 있어 각자 다른 의견을 가질 가능성이 높다. 위에서 이미 살펴본 바와 같이, 다양한 형태의 기술과 친밀한 관계(혹은 그들이 친밀한 관계라고 간주하는 것)를 맺는 데 관심을 가진 사람들이 있다. 예를 들어, 어떤 사람들은 챗봇을 친구로 삼고 싶어 하거나 홀로그램, 인형, 로봇과 연인이 되고 싶어 한다. 그런가 하면 어떤 사람들은 로봇을 업무 팀의 일원이자 좋은 동료로 여기기도 한다.

우리는 이러한 생각들이 말이 되는지와 무관하게 문과 와이저스, 그리고 로의 제안에 동의할 수 있다. 즉, 비록 우리 자신은 기술이 친구, 연인 또는 좋은 동료가 될 수 있을지에 대해 회의적이지만, 어떤 사람들은 앞서 설명한 유형의 태도를 가질 수 있다는 사실을 진지하게 받아들이는 것이다.

문과 와이저스에 따르면, 우리는 사람들이 자신과 의미 있는 관계를 맺고 있다고 생각하는 기술을 삭제, 파괴하거나 다른 방식으로 위험에 빠뜨리는 것을 피해야 한다. 그리고 로에 따르면, 기술과 어떤 의미 있는 관계를 맺고 있다고 생각하는 사람들이 있을 때 우리는 공감할 수 있든 없든 간에 그들을 존중하고 수용하는 태도를 취해야 한다. 그들이 이러한 방식으로 기술과 관계를 맺음으로써 타인에게 해를 끼치지 않는 한, 그리고 그들이 행복하다면, 그 삶의 방식에 간섭해서는 안 된다는 생각도 합리적일 수 있다. 기술과 그러한 관계를 맺는 것이 가능하다고 우리가 믿는지 여부와는 무관하게 말이다.

9.7 기술이 열어 갈 관계의 미래

공상과학물에서는 다양한 유형의 존재와 관계 맺으며 함께하는 미래에 대한 묘사가 빠짐없이 등장한다. 예를 들어, 인기 영화인 「스타워즈」(Star Wars)와 「스타트렉」(Star Trek)에서는 로봇이 팀의 일원이자 동료, 인간 등장인물들의 좋은 친구로 묘사된다. 예를 들어, C3PO와 R2D2는 레이아 공주(Princess Leia)와 한 솔로(Han Solo)만큼이나 루크 스카이워커(Luke Skywalker)의 친한 친구이자 팀의 일원이며, 휴머노이드 로봇인 데이터(Data) 역시 친구이자 좋은 동료로 여겨지고 대우받는다.

2013년 개봉한 영화 「그녀」(Her)에서는 남자 주인공 테오도르(Theodore)가 컴퓨터 운영체제와 사랑에 빠지는 반면, 2014년 작인 「엑스 마키나」(Ex Machina)에서는 주인공 칼렙(Caleb)이 인공지능 로봇인 에이다(Ada)를 사랑하게 되지만 결국 버림받는다. 2004년 개봉한 영화 「이터널 선샤인」(Eternal Sunshine and the Spotless Mind)에서 케이트 윈슬렛(Kate Winslet)이 연기한 여자 주인공은 짐 캐리(Jim Carrey)가 연기한 남자 주인공과의 연애 관계에 대한 모든 기억을 지우고 새출발을 하기 위해 최첨단 기억 삭제 기술을 사용한다. 이에 그녀가 둘의 로맨틱했던 관계를 떠올리면 둘의 관계가 회복될 것이라 생각한 남자 주인공은 기억 삭제 기술을 속이고 그녀의 기억 속 허점을 찾아내려 한다.

이는 우리에게 잘 알려진 영화와 TV 시리즈에서 기술이 발전한 미래 속 관계의 모습이 어떻게 그려지는지 보여 주는 몇 가지 예시다. 앞서 우리는 관계의 미래가 어떤 모습일지 그린 허구적 묘사와 상반되는 현실의 모습을 살펴봤다. 관계의 미래에 잠재적으로 큰 영향을 미칠 것으로 예상되는 기술 동향 중 언급할 만한 두 가지 사례를 아주 간략하게 더 살펴보면서 이번 장을 마무리하도록 하자.

1. '정량화된 관계 기술'(Quantified relationship technologies): 개인적 관계의 다양한 측면을 트래킹, 기록 또는 정량화하는 데 사용할 수 있는 기술이다. 기본적으로 5장에서 다룬 '셀프 트래킹 기술' 또는 '행동 변화 기술'과 유사하지만 개인적 관계에 적용된 경우다. 이러한 기술은 다양한 종류의 관계에 활용될 수 있을 테지만, 지금까지는 주로 연애나 성적 관계를 염두에 두고 개발되어 왔다. 보통 스마트폰 앱 형태, 혹은 이따금씩 별도의 기기 형태로 제공되며, 개인적 관계에서 정량화 또는 게임화시키기 용이한 측면으로 사용자의 관심을 유도한다. 예를 들어, 우리가 파트너에게 얼마나 자주 꽃을 선물하는가, 얼마나 자주 섹스를 하는가, 혹은 그간의 연애 파트너들을 어떻게 평가할 수 있는가 등이다.

2. '사랑의 묘약'(Love drugs) 또는 생의학적 관계 기술: 사랑과 기타 친밀한 관계의 생물학적/신경화학적 차원에 작용해 욕망, 매력, 애착, 또는 연애 생활 같은 개인적 관계의 다양한 측면에 영향을 미치는 약물 또는 기타 기술이다. 이러한 약물은 유지하거나 발전시킬 가치가 있는 관계를 유지, 조작 또는 개선시키기 위해('친-애정 약물'pro-love drugs), 혹은 나쁜 관계를 끝내거나 그로부터 회복을 촉진하는 데('반-애정 약물'anti-love drugs) 사용될 수 있다. 현재로서는 다른 용도를 위해 사용되는 기존 약물의 부작용이 위와 같은 결과를 촉진할 가능성을 보인다. 그러나 '엑스터시'(ecstasy)라고도 불리

는 MDMA 혹은 '환각 버섯'(magic mushrooms) 같은 환각제 등의 약물 보조를 받는 커플 치료(drug-assisted couples therapy)에 대한 최근 연구는 화학 생명공학 기술이 앞으로 우리의 관계를 통제하기 위해 어떻게 사용될 수 있는지 보여 주는 예시다.

두 개의 예시 중 전자는 이미 상당히 널리 활용되고 있는 현실 사례다. 많은 사람이 관계의 맥락 속에서 다양한 종류의 정량화, 트래킹 또는 게임화 기술을 사용하고 있다. 후자인 '사랑의 묘약'의 경우 현재까지는 좀 더 실험적인 사례이며, 널리 사용되고 있지는 않다. 하지만 철학자이자 심리학 연구자인 브라이언 어프(Brian Earp)와 철학자이자 의사인 줄리안 사불레스쿠(Julian Savulescu)는 『사랑의 묘약』*Love Drugs*이라는 흥미로운 책을 통해 약물이 인간관계의 미래에 중요한 역할을 해야 한다고 주장한다.

어프와 사불레스쿠는 우리가 사랑이나 인간관계의 밑바탕에 깔린 생물학과 신경화학을 더 잘 이해하기 시작했으며 뇌에 영향을 미치는 약물의 도움을 받아 이러한 삶의 측면들을 더 잘 통제할 수 있다고 주장한다. 따라서 사랑의 묘약이라고 불리는 이 약물은 기술 발전에 따른 인간관계의 미래를 보여 주는 예시일 수도 있다.[15]

한 걸음 물러서서 개인적 관계의 맥락 속에서 사용되는 이러한 종류의 기술 발전을 윤리적으로 성찰해 보자. 어떻게 이 문제를 접

---

15 사랑의 묘약에 대한 어프의 이야기를 들을 수 있는 팟캐스트 링크다. "The Ethics of Using Drugs to Fall In & Out of LoveBrian D. Earp|Modern Wisdom Podcast 268": https://www.youtube.com/watch?v=oD2--X1RJsc

근하는 게 최선일까? 우리가 택할 수 있는 한 가지 방법은 1장에서 설명한 포스트현상학적 접근법 또는 기술의 '매개 이론'(mediation theory)을 활용하는 것이다. 이러한 유형의 이론화를 통해 우리는 기술이 개인적 관계를 경험하는 방식에 어떤 영향을 미칠 수 있는지, 그리고 각자의 개인적 관계 속에서 선택 가능한 행동의 선택지가 무엇인지 분석하고 더 잘 이해할 수 있다. 그럼으로써 기술을 목적 달성을 위해 사용하는 순전히 가치 중립적인 도구로 보기보다는, 오히려 우리가 주변 사물들에 가치를 부여하고 이해하는 방식을 기술이 형성하고 있음을 다시 한번 깨닫게 될 수 있다.

예를 들어, 우리가 트래킹, 기록, 측정하려는 목적으로 정량화된 관계 기술을 지속적으로 사용하고, 관계를 점점 더 게임화시키기 시작한다면, 순수하게 정성적이고 정량화가 어려운 관계의 측면들보다 정량적이고 측정하기 쉬운 측면들에 더 집중하게 될 수 있다. 또한 관계를 게임화해 버릴 경우, 성공적인 관계의 기준 또한 바뀔 수도 있다. 어쩌면 더 나쁜 방향으로 말이다.

다시 말해, 관계라는 맥락 속 정량화와 게임화에 대한 한 가지 우려점은 우리가 관계에 대해 측정 또는 게임화 가능한 측면에만 과도하게 집중할 경우 개인 관계의 중요한 질적 측면을 훼손할 수 있다는 것이다. 또한, 이러한 목적으로 사용할 수 있는 앱을 만드는 기술 회사에 개인 데이터를 제공함으로써 사실상 사생활의 많은 부분을 — 아마도 깨닫지 못한 채 — 제공하게 되고, 이후 되돌아보면 달갑지 않을 조작 및 기타 외부 영향력에 대해 취약해질 수도 있다. 즉, 이러한 기술은 타인들과의 관계에 대한 우리의 인식과 가치관을 형성하고 변화시킬 뿐만 아니라, 사생활의 상실을 가져올 수 있으며, 개인적 가치와 선택보다 기술 회사들의 영향력에 점점 더 노출되는 결과를 가져올 수 있다.

방금 언급한 종류의 관계 기술에 대해 철학자들이 윤리적으로 성찰할 때면 진정성에 대한 질문과 우려 또한 제기된다. 예를 들어, 우리가 연애 관계를 시작, 향상, 유지하기 위해 사랑의 묘약을 사용하고 파트너도 똑같이 한다면, 약물과 같은 향상 기술을 사용하지 않았을 때와 동일한 '진정한 사랑'이라 할 수 있을까? 연인이 당신의 성격과 존재 방식 자체가 둘의 관계를 유지하기에는 부족하다고 판단한 후, 생의학 기술을 통해 관계를 통제하려 든다고 상상해 보라. 당신은 그의 '사랑'이 약물 없이 유지되던 형태의 사랑보다 덜 진실되거나 혹은 덜 바람직하다고 느낄까?

어프와 사불레스쿠의 연구를 보면 위와 같은 질문에 대한 여러 가지 흥미로운 답을 얻을 수 있다. 또한 그들은 사랑의 묘약과 그와 다른 관계 약물(relationship drugs)의 다양한 용도를 구분하기도 한다. 따라서 사랑의 묘약이 그러한 약물을 사용하지 않는 관계에 비해 진정성이 부족하거나 덜 바람직한 사랑 혹은 기타 관계를 만들어 낼 것이라고 성급하게 평가절하해서는 안 된다. 물론 약물로 관계 문제를 해결한다는 생각에 대해 많은 이들은 (적어도 처음에는) 회의적인 반응을 보일 것이다.

이 모든 것에 대한 우리의 태도는 시간이 지남에 따라 바뀔 수 있다. 오늘날 많은 이들이 로봇, 챗봇 등 기술과의 관계에 대해 회의적이고, 관계를 정량화하거나 게임화시키는 기술 그리고 '관계 향상'을 위해 사용되는 생명의학 기술을 회의적인 시선으로 바라본다. 하지만 어쩌면 미래에는 이 모든 것이 완전히 정상적인 것으로 여겨질지도 모른다.

다시 말해, 미래에는 개인적 관계의 영역에서 우리의 가치관에 변화가 있을 수 있다. 또한 우리가 세상을 인식하는 방식이나 인간으로서 가능한 일 자체를 변화시키는 새로운 기술의 탄생으로 인해 우리의 가치관과 윤리적 신념에 전반적인 변화가 생길 수도 있다. 이 책의 다음 장인 마지막 장에서는 기술이 우리의 가치관과 윤리적 신념을 어떻게 변화시킬 수 있는지에 대해 논의해 보려 한다. 또한 인간과 기술 사이 구분이 모호해질 수 있는 지점들을 들여다볼 것이다. 예를 들어, 가상 세계와 뇌 이식의 윤리를 고찰해 볼 것이고, 스스로를 트랜스휴머니스트와 포스트휴머니스트라고 부르는 사람들의 관점을 우리가 받아들여야 하는지에 대해서도 생각해 보려 한다. 하지만 그 전에 가장 먼저 해야 할 일은 1970년대로 시간을 거슬러 올라가는 것이다.

* 주석 달린 참고문헌

Betzler, M. and Löschke, J., Collegial Relationships. *Ethical Theory and Moral Practice* 24 (1), 2021, pp. 213-229. 누군가의 동료가 된다는 것은 어떤 의미인지, 좋은 동료 관계의 특징은 무엇인지에 대해 논의한다.

Danaher, J., Philosophical Case for Robot Friendship. *Journal of Posthuman Studies* 3 (1), 2019, p. 524. 인간과 로봇은 친구가 될 수 있다고 주장하는 책이다.

Danaher, J. · Nyholm, S. and Earp, B., The Quantified Relationship. *American Journal of Bioethics* 18 (2), 2018, p. 319. 연애 관계에서 게임화, 트래킹, 로깅, 기타 데이터 수집 기술 사용 시 우려되는 여덟 가지 윤리적 문제를 살펴본다.

Earp, B. and Savulescu, J., *Love Drugs: The Chemical Future of Relationships*. Stanford:

Stanford University Press, 2020. 친밀하고 낭만적인 관계를 위한 생의학적 향상 기술의 가능성과 바람직함을 검토한 책이다.

Elder, A., *Friendship, Robots, and Social Media*. London: Routledge, 2017. 로봇이 우리의 친구가 될 수 있는지, 그리고 소셜미디어 우정이 오프라인 우정만큼 깊고 의미 있을지를 심층 분석한다.

Loh, J., *Roboterethik: Eine Einfuhrung*. Frankfurt: Suhrkamp, 2019. 인간–로봇의 관계에 대한 포괄적인 접근 방식을 설명하는 로봇 윤리 개요를 담고 있다.

Misselhorn, C., *Kunstliche Intelligenz und Empathie*. Ditzingen: Reclam, 2021. 인공지능과 감정을 다루는 책이다. AI 시스템이 감정을 가질 수 있다면 어떤 의미에서 그러할까?

Munn, N. and Weijers, D., Corporate Responsibility for the Termination of Digital Friends. *AI & Society* https://link.springer.com/article/10.1007/s00146-021-01276-z, 2022. 기업에게는 디지털 친구를 "죽이지" 않을 책임이 있다는 주장이 담겨 있다(예: 챗봇 서비스 종료).

Nyholm, S., *Humans and Robots: Ethics, Agency, and Anthropomorphism*. London: Rowman & Littlefield International, 2020. 인간과 로봇이 친구가 될 수 있는지 여부를 포함, 인간–로봇 상호작용의 윤리와 관련된 많은 주제를 논의한다.

Nyholm, S. and Frank, L. E., From Sex Robots to Love Robots: Is Mutual Love With Robots Possible? In: *Robot Sex: Social And Ethical Implications* (ed. J. Danaher and N. McArthur), pp. 219-244. Cambridge, MA: MIT Press, 2017. 인간과 로봇 간의 사랑이 가능한지에 대한 비판적 연구로, 이 논문이 수록된 책에는 8장에 언급된 닐 맥아더(Neil McArthur)의 논문을 포함, 섹스로봇의 윤리와 관련된 다른 많은 에세이가 포함되어 있다.

Ryland, H., It's Friendship, Jim, but Not as We Know It A Degrees-of-Friendship View of Human-Robot Friendships. *Minds and Machines* 31 (3), 2021, pp. 377-393. 인간과 로봇이 친구가 될 수 있는지 여부는 양자택일의 문제가 아니라 정도의 문제라고 주장하는 글이다.

10. 기계와의 융합: 인간-기술 관계의 미래

10.1 경험 기계

1974년 미국의 철학자 로버트 노직(Robert Nozick)은 그의 저서 『아나키에서 유토피아로』*Anarchy, State, and Utopia*에서 '경험 기계'(the experience machine)라는 것을 상상했다. 이 기계는 사고실험, 즉 어떤 주장을 증명하거나 가설을 테스트하기 위해 사람들을 생각하게 만드는 가상의 예시였다. 이 특별한 사고실험 속 사용자에게는 원하는 모든 경험을 시뮬레이션할 수 있는 기계에 연결될 기회가 제공된다. 기계에 '연결'되면 실제 생활에서 누릴 수 있는 것보다 더 즐거운 경험을 할 수 있다. 그리고 일단 기계에 연결되면 자신이 연결되었다는 사실을 깨닫지 못한다. 노직은 여러 저서를 통해 이 발상에 대해 설명했다. 다음은 그의 1989년 저서 『무엇이 가치 있는 삶인가』*The Examined Life*의 일부다.

당신이 원하는 모든 경험(또는 일련의 경험)을 제공할 수 있는 기계가 있다고 상상해 보자. 이 경험 기계에 연결되면 멋진 시를 쓰거나 세계 평화를 가져오거나 누군가를 사랑하고 사랑받는 경험을 할 수 있다. 이러한 것들의 쾌감, 즉 '내면으로부터의 느낌'을 경험할 수 있다. 여러분의 남은 인생의 경험을 프로그래밍하는 게 가능하다. 상상력을 발휘하는 데 도움이 필요하다면 누군가의 자서전에서 추출한 후 소설가와 심리학자가 보강한 자료 목록을 사용할 수도 있다. 가장 마음에 드는 꿈을 '내면으로부터' 실현할 수 있다. 남은 생애 동안 이렇게 살기로 선택할 것인가? (…) 일단 들어가면 이런 선택을 했다는 사실 자체를 기억하지 못하므로, 이 경험을 기계가 만들었다는 사실을 깨달아 즐거움을 망치는 일은 없을 것이다. (Nozick, 1989, p. 104)

노직이 본인의 철학 저서에서 논의한 이러한 유형의 사고실험은 철학 서적뿐 아니라 대중 소설의 소재가 되기도 했다. 예를 들어, 데이비드 포스터 월리스(David Foster Wallace)의 1996년 소설 『인피니트 제스트』*Infinite Jest*에는 너무 재미있고 몰입도가 높아서 한번 보기 시작하면 다른 모든 것을 잊고 앉아서 계속 보고 싶을 정도로 중독된다는 영화가 등장한다.

하지만 이러한 사고실험을 극화한 사례 중 더 잘 알려진 작품은 1999년 개봉한 영화 「매트릭스」(Matrix)일 것이다. 이 영화에서 키아누 리브스(Keanu Reeves)가 연기한 캐릭터와 다른 모든 인간은 컴퓨터 시뮬레이션 현실을 만들어 내는 기계와 자신도 모르게 연결되어 있다. 지능적인 기계는 인간을 이 '경험 기계'에 넣어 편안하게 만들고, 자신들이 세계의 모든 자원을 사용하는 것을 인간이 방해하지 못하게 한다. 어느 순간 리브스가 연기한 '네오'(Neo)는 뭔가 이 상하다는 것을 직감하고, 결국 두 가지 알약 중 하나를 선택하라는 제안을 받게 된다. 빨간 알약을 먹으면 매트릭스에 무슨 일이 일어 나고 있는지 알 수 있지만 파란 알약을 선택할 경우 컴퓨터 시뮬레 이션으로 돌아가 자신이 컴퓨터 시뮬레이션 안에 살고 있다는 사실 을 전혀 깨닫지 못하게 된다. 여러분이 네오의 상황이라면 어떤 약 을 복용할 텐가? 암울할지도 모를 진실을 알고 싶은가? 아니면 컴퓨 터 시뮬레이션 안에서의 즐거운 삶을 선호할 것인가?

노직이 경험 기계 사고실험을 발표했을 때 그의 목표는 쾌락 이 인생에서 중요한 전부는 아니라고 주장하는 것이었다. 이에 관 한 글에서 노직은 철학자들이 말하는 '쾌락주의'(hedonism), 즉 인 생에서 궁극적으로 추구할 가치가 있는 것은 쾌락뿐이며 인생의 유일한 궁극적 악은 고통과 괴로움이라는 이론에 반대하는 주장을 펼치고 있다. 인생에서 추구할 만한 가치가 있는 것에 대한 답으로 서 쾌락주의는 매우 제한적인 개념이라는 게 노직의 생각이다.

노직이 보기에 경험 기계 안에 사는 사람에게는 최소 세 가지가 결여되어 있는데, 그는 대부분의 사람이 이에 동의할 것으로 예상한 다. 첫째, 우리는 무언가에 대한 경험에 가치를 부여할 뿐만 아니라 실제로 무언가를 **하고** 싶어 한다. 둘째, 우리는 특정한 덕, 좋은 자질 또는 탁월함을 갖춘 사람이 **되고** 싶어 하며, 자신이 좋은 사람이라 고 상상만 하는 것이 아니라 실제로 그렇게 되기를 원한다. 셋째, 우 리는 현실을 **알고** 현실과 맞닿아 있기를 원하며, 컴퓨터 시뮬레이션 으로 만들어진 가짜 또는 모사된 현실에 현혹되지 않고자 한다. 또 한 우리가 다른 사람들과의 **실재하는**(real) 관계를 원하며 **의미 있는**

삶을 추구한다는 점도 덧붙일 수 있을 텐데, 컴퓨터 시뮬레이션으로 이 두 가지를 모두 얻을 수 있을지는 의심스러워 보인다.

위에서 언급했듯 노직은 1970년대와 1980년대에 이 사고실험에 대한 철학적 논의를 전개했으며, 이는 1990년대에 들어 각종 창작물의 소재가 되기도 했다.[1] 그러나 가상현실 기술의 지속적인 발전과 함께 컴퓨터 시뮬레이션 안에서 자신의 삶 또는 그 일부를 산다는 개념은 이제 철학적 사고실험이나 순수한 공상과학물 그 이상의 의미를 갖기 시작했다.

현재 기술 수준으로는 가상현실 헤드셋을 사용하고 있다는 것을 거의 항상 인지할 수 있을 것이다. 하지만 기술이 지금보다 훨씬 더 발전하면 머지않아 실제 노직이 구상했던 것과 같은 경험 기계를 이용할 수 있게 될지도 모른다. 즉, 가상현실 기술을 사용하면서 (1) 이 기술을 사용하고 있다는 사실을 알아차릴 수 없으며 (2) 이 기술을 사용하지 않았을 때보다 더 쾌적하고, 더 신나며, 주관적으로 더 만족스러운 경험이 기술적으로 곧 가능해질 수도 있다. 만약 그렇게 된다면 여러분은 남은 인생을 이 가상현실 경험 기계에서 보내고 싶은가?

앞서 언급했듯이, 노직은 이 글을 쓸 때 경험 기계에 연결되는 것이 바람직하지 않다는 자신의 평가에 대부분의 독자가 동의하리라 예상했다. 현실의 삶이 경험 기계에서의 삶보다 덜 즐겁더라도

---

[1] 1990년에 진행된 이 라디오 인터뷰에서 노직이 경험 기계에 대해 이야기하는 것을 들을 수 있다(35분경). "Robert Nozick Interview 1990": https:// www.youtube.com/watch?v=Ldngi-2WtGik

사람들은 여전히 현실을 선호할 것이라 생각했기 때문이다. 그리고 그의 사고실험을 접한 대부분의 사람이 그의 생각에 동의하는 경향을 보였다. 하지만 이러한 문제에 대한 태도가 바뀌어야 한다고 생각하는 사람들도 있다. 그들은 가상현실에서의 삶에 대한 우리의 이해가 변해야 한다고 생각한다.

예를 들어, 호주 출신의 매우 영향력 있는 철학자 데이비드 차머스(David Chalmers)는 2022년에 출간된 그의 저서 『리얼리티 플러스』*Reality* +에서 가상현실은 일반 현실과 마찬가지로 실재일 수 있다고 주장한다. 또한 동일한 가상현실에 연결된 사람들도 시뮬레이션된 환경에서 실제 관계를 맺을 수 있으며, 그 삶은 일반 현실에서의 삶만큼이나 의미 있는 삶이 될 수 있다고 말한다.[2]

사람들이 점점 더 차머스의 견해를 따르고 노직의 관점을 버리기 시작한다면, 이는 중대한 태도의 변화가 될 것이다. 어떤 사람들은 이를 나쁜 변화로 볼 수도 있지만, 누군가는 좋은 발전이라고 여기며 인간과 기술, 현실과 가상현실을 선명하게 구분하는 시대는 끝났다고 말한다. 어떤 사람들은 우리 스스로가 창조한 기술과 융합해야 하며, 기술로 만들어 낸 가상현실을 현실과 통합시켜야 한다고 주장하기 시작했다.

이 마지막 장에서는 기술을 사용해 어떻게 우리 자신을 변화시키고, 인간됨의 의미를 변화시킬 수 있는지, 이러한 변화가 인류의

---

2 팟캐스트 「Future of Life Institute」의 다음 에피소드에서 차머스가 이러한 생각에 대해 논의하는 것을 들을 수 있다. "David Chalmers on Reality +: Virtual Worlds and the Problems of Philosophy":https://futureoflife.org/2022/01/26/david-chalmers-on-reality-virtual-worlds-and-the-problems-of-philosophy.

미래에 어떤 의미를 가질 수 있는지를 논의하는 다양한 이론들을 살펴볼 것이다. 이 책은 기술윤리에 대한 입문서다. 따라서 인간-기술 상호작용의 미래를 위한 제안들을 평가하기 위해 우리가 어떤 윤리적 논증을 사용할 수 있는지에 초점을 맞출 것이다. 이는 사실 이 장의 간략한 논의로 다루기엔 너무 큰 주제다. 하지만 이 책은 기술윤리에 대한 입문서이지 이 주제에 대한 완전한 설명이 아니다. 따라서 해당 주제에 대해 수행되고 있는 연구 중 일부를 간추려 소개하고, 독자들에게 영감을 주어서 우리가 소개할 몇몇 사상가의 저작을 더 읽고 고민하도록 만드는 것을 목표로 삼고자 한다.

계속하기에 앞서 당부의 말이 필요할 것 같다. 이번 장에서는 이 책에서 다룬 여러 생각 중에서도 가장 사변적인 주장, 즉 아마도 가장 비현실적으로 보일 기술과 미래에 대한 전망을 다룬다. 따라서 이전 장에서 다룬 내용들이 대부분 기술이 현재 그리고 근미래에 무엇을 할 수 있는지(혹은 했으면 하는지)를 바탕으로 한 현실적 전망에 근거했다면, 이번 장에서는 (적어도 근미래에는) 훨씬 덜 현실적으로 보일 생각과 기술을 논의할 것임을 미리 알려 둔다. 미래가 어떤 모습일지, 미래의 기술윤리가 다루어야 할 문제는 무엇인지를 다루는 사변적인 논의로 이 책을 마무리하는 것이 적절할 것이라 생각하기 때문이다. 하지만 이번 장의 마지막에 이르면 논의를 다시 현실로 가져와, 이 여정의 출발점이었던 100여 년 전 독일의 검은 숲속 작은 오두막으로 돌아가 마무리를 지어 보겠다.

10.2 다양한 기술과의, 혹은 기술의 도움을 받은 융합 방식

이렇게 다소 '멀리 나간' 생각들에 대해 이야기하기 전에, 실제로 「매트릭스」에서 영감을 받은 가설들을 매우 진지하게 받아들이는 철학자들이 있음을 언급할 필요가 있다. 우리가 실제로 이미 컴퓨터 시뮬레이션 안에 살고 있을지도 모른다는 가능성을 진지하게 고민하는 사람들이 있다는 것이다. 그들에 따르면 우리는 영화 「매트릭스」 속 인간처럼 자신도 의식하지 못한 채 컴퓨터 시뮬레이션 안에 살고 있을지 모른다. 이 아이디어를 진지하게 받아들인 저명한 철학자 중 한 명으로 영국 옥스퍼드 대학교의 '인류미래연구소'(Future of Humanity Institute)[3]를 이끌고 있는 닉 보스트롬이 있다.

보스트롬은 역사에 관심을 가진 미래의 사람들이 이른바 반사실적 역사 연구(counterfactual history research)에 관심을 가질 것이라고 생각한다. 그리고 이러한 연구를 수행하는 미래의 방법 중 하나는 역사가 어떻게 흘러왔는지에 대한 다양한 컴퓨터 시뮬레이션을 돌려 보는 것일 수 있다. 보스트롬은 미래의 슈퍼컴퓨터를 사용하면 이러한 다양한 컴퓨터 시뮬레이션을 아주 많이, 그러니까 정말 아주 많이 실행할 수 있을 것이라고 말한다. 그 컴퓨터 시뮬레이션은 매우 현실적이어서 그 안에 있는 사람들은 자신이 컴퓨터 시뮬레이션 속의 등장인물이라는 사실을 깨닫지 못할 것이다. 보스트롬은 묻는다. 지금 우리가 그런 컴퓨터 시뮬레이션 속에 살고 있지 않다는 것

---

3 책이 집필된 이후인 2024년에 문을 닫았음 – 옮긴이.

을 어떻게 알 수 있는가? 어쩌면 우린 시뮬레이션 속에 살고 있을지도 모른다!⁴

보스트롬을 비롯해 일각에서는(예: 차머스, 스웨덴의 AI 전문가 올레 해그스트롬Olle Häggström) 이 시뮬레이션 가설을 매우 진지하게 받아들이지만, 다른 사람들은 완전히 자기 모순적이거나 불가능한, 적어도 매우 비현실적인 생각이라 일축한다. 여기서 이 가설이 타당한지 또는 가능성이 있는지는 논의하지 않을 것이다. 이는 윤리학의 문제라기보다는 '형이상학'이라는 철학의 한 분과에서 다루어야 할 문제에 가깝기 때문이다. 대신 컴퓨터 시뮬레이션 또는 노직이 말하는 경험 기계 속에서 사는 것의 윤리, 즉 인간이 스스로 만들어 낸 기술과 융합한다는 것의 윤리에 초점을 맞춰 보도록 하겠다.

인간과 기술이 '융합'할 수 있는 한 가지 방법은 컴퓨터로 시뮬레이션된 가상현실 속에서 우리의 삶을 살기 시작하는 것이다. 이와 밀접하게 관련된 가능성으로 실제 혹은 일반 현실과 가상현실의 혼합 환경을 만드는 것이 있다. 이를 '증강현실'(augmented reality)이라는 이름으로 부르기도 한다. 예를 들어, 고글과 같은 투명한 VR 헤드셋을 통해 현실에 어떤 형상을 투사함으로써 실제 존재하는 사물과 시뮬레이션된 사물이 혼합되는 것이다.

그렇다면 최소 세 가지의 선택지가 있다. 가상현실이 전혀 없는 현실 세계에서 살기, 컴퓨터로 시뮬레이션된 가상현실에서 살기, 그리고 부분적으로 시뮬레이션된 증강현실에서 사는 것이다. 대부분

---

4 시뮬레이션 아이디어에 대한 자세한 내용은 이 웹사이트를 참조하라. https://www.simula-tion-argument.com

의 시간을 가상현실에서 보내는 게 바람직한지에 대해선 회의적인 사람들이 있지만, 많은 사람이 혼합 현실에 대해서는 덜 회의적이며 어떤 면에서는 바람직하다고 생각한다.

간혹 논의되는 또 다른 유형의 인간-기술 융합 형태는 신체 혹은 뇌의 특정 부분을 기술 장치로 대체하는 것, 또는 기존의 신체나 뇌에 기술 장치를 장착하는 것이다. 많은 사람이 사용하는 이러한 종류의 의료 기술로 심박 조율기(심장 기능을 돕는 장치)와 다양한 형태의 뇌 자극 기술(예: 뇌심부 자극 또는 DBS)이 있다. 예를 들어, DBS는 파킨슨병과 떨림 증상을 동반하는 기타 질환의 치료에 사용되는데, 환자의 뇌에 이식된 전극을 통해 펄스 발생기(pulse generator)가 목표 뇌 부위를 자극하는 전류를 보낸다. 이러한 기술을 의료 목적으로만 사용해서는 안 된다는 의견이 있다. 우리 자신을 '향상'시키는 등의 다른 목적으로도 사용해야 한다는 것이다.

이런 가능성은 원래 기술을 통해 달성하고자 했던 목적이 아닌 부작용으로 우연히 발견되는 경우가 있다. 예를 들어, 강박증을 치료하기 위해 DBS 장치를 이식한 한 네덜란드 여성은 DBS 자극이 행복감을 느끼게 해 주는 것을 알게 됐다. 의사는 이 의도치 않은 부작용에 대해 회의적이었지만 이 여성은 자신의 인생에서 이렇게 기분이 좋았던 적이 없었다며 강박증에 도움이 되었는지 여부와 관계없이 뇌 자극을 계속 받고 싶다고 말했다.

많은 사람이 비의료적 용도를 위한 다양한 형태의 뇌 자극을 개발하는 데 관심을 가지고 있다. 예를 들어, 일론 머스크는 뉴럴링크(Neuralink)를 이끄는 주축 인물이다. 뉴럴링크 웹사이트에는 다음과 같은 내용이 쓰여 있다.

뉴럴링크는 탁월한 재능을 가진 사람들로 구성된 팀입니다. 우리는 뇌 인터페이스의 미래를 창조해 나가고 있습니다. 마비 환자에게 도움이 되는 장치를 만들고, 우리 자신의 능력과 공동체, 그리고 이 세상을 확장해 나갈 새로운 기술을 개발하고 있습니다. (Neuralink, Expanding Our World, https://neuralink.com/about/. 2022년 7월 26일 접속)

즉, 의료 목적뿐만 아니라 우리의 능력과 공동체, 나아가 세계를 확장하기 위한 목적으로 기술과 인간의 신체, 뇌 또는 신경계를 융합시키겠다는 것이다.

이러한 유형의 아이디어는 가상현실 컴퓨터 시뮬레이션의 아이디어와는 다르지만 아마도 결합될 수 있을 것이다. 가령 뇌 혹은 우리 몸의 다른 곳에 삽입 가능한 기술을 사용해 새로운 능력을 창조해 낼 수도 있다. 이러한 기술을 가상현실이나 증강현실 경험을 생성하는 방법으로 쓸 수도 있다. 일단 여기서는 윤리적 논의를 위해 가상현실 경험을 통한 기술과의 융합과 새로운 능력을 만들어 내기 위해 기술을 신체나 뇌에 삽입하는 융합을 구분하도록 하자.

기술의 도움으로 외부의 무언가와 이룰 수 있는 융합의 또 다른 방식을 살펴보자. 이전 장에 만난 적 있는 존 다나허와 철학자 스티브 피터슨(Steve Petersen)은 기술을 이용해 우리의 마음을 다른 사람의 마음과 융합시키는 방안을 진지하게 고려해야 한다고 주장한다. 다나허와 피터슨은 이를 '하이브 마인드'(hive minds)라고 부른다.

다나허와 피터슨은 사람들이 팀으로 협업할 때 어떤 면에서는 이미 서로의 마음을 융합시키고 있는 것이라고 설명한다. 이는 일종의 '이성적인' 마음 융합으로, 사람들은 때때로 혼자서 문제를 해결하려고 할 때 할 수 없는 일을 하기 위해 '머리를 맞댄다'라는 표현을 사용한다는 점을 이들은 지적한다. 사람들이 함께 생각하고 행동하면 혼자서 할 때보다 더 큰 성과를 거둘 수 있다.

다나허와 피터슨은 여기서 한 단계 더 나아가야 한다고 제안한다. 문자 그대로 우리의 마음을 다른 이의 마음과 연결해 하나로 만들 기술을 개발해야 한다는 것이다. 이를 통해 우리는 혼자 생각하고 행동할 때보다 더 나은 아이디어를 떠올릴 수 있을 뿐만 아니라 경험, 생각, 그리고 마음속에서 일어나는 모든 것을 직접 공유해 마음과 마음 사이 장벽을 허물 것이다. 기술과 융합하지만, 우리의 마음을 다른 이의 마음과 융합시키기 위해 그렇게 하는 것이다. 한 사람 또는 여러 사람과 마음을 합칠 수도 있고, 심지어 하나로 통합된 슈퍼 마인드를 만들 수도 있다! 일단 이들의 말에 따르면 그렇다.

좀 더 현실적으로 생각해 보자면, 의료 기술을 이용해 동물과의 융합을 이뤄 낼 수도 있다. 이 글을 쓰는 시점에 돼지–사람 간 최초의 심장이식이 성공적으로 이루어졌다는 소식이 전해졌다. 심각한 심장병을 앓고 있던 미국의 한 남성이 심장이식을 받았는데, 이식된 심장은 유전자 변형 돼지의 것이었다.[5] 몇 달 후 그는 결국 사망했다. 하지만 한동안 이 남성은 새 심장으로 살아갈 수 있었다. 미래에는 유전자 변형 또는 실험실 재배 장기가 장기 부족 문제를 해결하는 한 가지 방법이자 (어쩌면 가장) 보편적인 방법이 될 수도 있다.

---

5 BBC의 다음 기사를 참조하라. "Man Gets Genetically-Modified Pig Heart in World-First Transplant," : https://www.bbc.com/news/world-us-canada-59944889

의학적 문제의 해결뿐만 아니라 우리의 능력을 향상시키는 데 사용할 장기를 배양하거나 유전적으로 변형시킬 수 있을지도 모른다.

2015년 이탈리아의 한 과학자 겸 신경외과 의사가 머리 이식 계획을 발표해 언론의 많은 관심을 받은 적 있다. 한 러시아 남성이 자신의 머리를 (아마도 제대로 작동하지 않는 머리를 가진 것으로 추정되는) 다른 사람의 몸에 이식하겠다고 자원했지만 결국 이식은 이루어지지 않았다. 머리를 내 주기로 했던 남성과 그 파트너 사이에 아이가 생기면서 이식을 진행하지 않기로 했기 때문이다. 하지만 이 아이디어를 낸 세르지오 카나베로(Sergio Canavero) 박사는 여전히 다른 지원자를 찾고 있다. 이는 다나허와 피터슨이 상상한 마음 융합과는 또 다른 방식의 융합이 될 것이며, 돼지 심장을 이식받은 남성과도 비교 가능한 꽤 흥미로운 사례가 될 것이다. 미래에 또 어떤 종류의 이식이 가능해질지 현재로서는 상상이 어렵다.[6]

10.3 트랜스휴머니즘과 포스트휴머니즘:
우리는 사이보그가 되어야 하는가, 혹은 이미 사이보그인가?

방금 우리는 일부 철학자들이 가상현실에서 우리 삶을 (혹은 그 일부를) 살아야 한다고 하고, 기술(예: 뇌 자극 기술)과 융합을 이뤄야

---

6   세르지오 카나베로가 머리 이식에 대해 이야기하는 영상이다. "Head Transplantation: The Future is Now|Dr. Sergio Canavero|TEDxLimassol": https:// www.youtube.com/watch?v=_EH-CHv5u3O4

한다고 말하며, 기술을 사용해 마음을 다른 사람의 마음과 융합하거나 인간-동물 혼종을 만들어야 한다고 주장하는 것을 보았다. 이러한 제안은 우리가 개발 중인 기술을 통해 실현 가능한 것들에 대한 다소 사변적인 발상들을 담고 있다. 그리고 이러한 아이디어를 지지하는 저자들은 서로 다른, 때로는 상충되는 주장을 펼치기도 한다. 그런데 위와 같은 종류의 기술에 관심을 가지는 사람들의 관점에는 몇 가지 공통점이 있다.

그중 하나는 해당 저자들이 우리가 사용하는 기술뿐만 아니라 우리가 인간으로서 스스로를 생각하는 방식, 우리의 가치관 및 일반적인 윤리적 관점과 관련된 여러 급진적인 변화, 혹은 전환에 관심을 보인다는 것이다. 이러한 관점들 중 몇 가지를 살펴보고, 다음 장에서 그에 대한 몇몇 비판적 입장을 고려함으로써 더 깊은 논의로 나아가 보도록 하자.

앞서 말한 관점들 중 일부는 '트랜스휴머니즘'(transhumanism)이라는 이름으로 불리곤 한다. 이 용어는 여러 가지를 지칭할 수 있는데, 이 이름 아래 다양한 종류의 사상들이 개발, 옹호되고 있기 때문이다. 하지만 자신을 트랜스휴머니스트라고 생각하는 사람들의 공통점은 현재 인간이 덜 최적화되어 있으며, 다양한 형태의 기술을 통해 크게 개선할 수 있는 여지가 있고, 따라서 우리는 인간으로서 스스로를 최적화하기 위해 노력해야 한다는 믿음이다. 즉, 인간은 현재보다 더 나은, 혹은 더 최적화된 존재로 거듭나기 위해 노력해야 한다는 것이며, 이러한 의미에서 트랜스휴머니즘이라는 이름이 붙여졌다.

하지만 앞서 언급했듯 트랜스휴머니즘에는 다양한 하위 유형이 있기에 이 분야는 (다양성을 포괄하는) '광교회파'(broad church) 라고 할 수 있다. 예를 들어, 많은 트랜스휴머니스트가 공리주의 철학의 전통에서 영감을 받는 반면, 독일 철학자이자 트랜스휴머니스트인 스테판 로렌츠 소그너(Stefan Lorenz Sorgner)의 경우 매우 다른 곳에서 영감을 찾는다. 소그너는 프리드리히 니체(Friedrich Nietzsche)의 19세기 철학이 트랜스휴머니즘의 이론적 기반이 될 수 있다고 생각한다. 그에 따르면 니체는 우리가 현재의 가치관에 끊임없이 의문을 제기하고, 더 나은 가치를 찾으려 노력해야 하며, 그렇게 업데이트된 가치관을 기반으로 동기 부여된 더 나은 버전의 자신을 만들기 위해 노력해야 한다고 설득력 있는 주장을 펼쳤다.

이와 달리 공리주의적 관점, 더 넓게는 결과주의적 관점에 기반한 트랜스휴머니즘 사상을 옹호하는 사람들은 기술을 통해 더 최적화된 존재로 스스로를 변화시켜야 한다는 믿음에 현재 우리의 가치관이 이미 충분한 동기를 부여하고 있다고 생각한다. 결과주의적 트랜스휴머니스트들은 기술을 사용해 인간의 본성을 더 최적화시키면 전반적으로 더 나은 성취와 더 높은 수준의 행복을 달성할 수 있다고 주장한다. 이들 중 일부는 현재 우리의 존재 방식이 충분히 좋고, 따라서 최적화를 위한 노력이 필요 없다는 생각을 '현상 유지 편향'이라 부른다. 현상 유지에 대한 편향을 갖기보다는 기술의 도움을 받아 자신을 개선하고 변화시킬 수 있는 방법을 늘 모색해야 한다는 것이다.[7]

---

7 닉 보스트롬이 현상 유지 편향에 대해 이야기하는 팟캐스트 「Philosophy Bites」의 에피소드다. "Nick Bostrom on the Status Quo Bias": https:// philosophybites.com/2012/05/nick-

또 다른 '광교회파'로 포스트휴머니즘의 철학이 있다. 트랜스휴머니즘이 과학과 현대 기술을 사용해 우리를 더 나은 인간으로 변화시키는 방법을 특징으로 한다면, 포스트휴먼학파(또는 적어도 그 일부 구성원)는 우리가 스스로를 인간으로 생각하는 관념 자체를 버려야 한다고 말한다. 예를 들어, 과학기술학 연구자인 도나 해러웨이의 경우 인간을 사이보그의 한 형태로 보는 은유에서 해방의 가능성을 발견한다.

해러웨이에게 사이보그는 부분적으로 유기적이고 부분적으로 기술적인 (인간과 같은?) 존재이며, 우리 자신을 생각함에 있어 유용한 은유다. 하지만 다른 사람들에게는 은유 그 이상이다. 예를 들어, 소그녀는 우리 자신을 은유적이지 않은 의미에서의 사이보그로 보아야 한다고 말한다. 그가 보기에, 그리고 그가 출간한 책의 제목처럼, "우리는 항상 사이보그였다"(we have always been cyborgs). 즉, 다양한 종류의 기술이 우리의 인감됨을 형성하는 데 언제나 영향을 미쳤다는 것이다. 이는 언어와 같은 비물리적 도구와 오늘날 우리가 사용하는 최신 AI 기술과 같은 물질적 기술 모두에 적용된다.

위에서 언급했듯이 포스트휴머니즘이라는 용어는 다양한 방식으로 이해될 수 있다. 예를 들어, 이전 여러 장에서 소개한 바 있는 아니나 로는 자신의 입장을 '비판적 포스트휴머니즘'의 한 형태라고 설명한다. 이는 무엇보다도 정신과 육체, 인간과 동물, 인간과 기술, 문화와 자연, 남성과 여성 등의 명확한 구분을 버리고 세상을 좀 더

---

bostrom-on-the-status-quo-bias.html

유동적이며 비이분법적인 관점으로 바라봐야 한다는 것을 의미한다. 로는 우리가 스스로를 이해함에 있어 이러한 종류의 구분에 집착하는 것은 스스로를 제한하는 것이며, 따라서 이러한 구분을 버릴 때 비로소 우리가 해방될 수 있다고 생각한다. 마찬가지로, 이 또한 인간으로서 우리가 스스로를 생각하는 방식의 변화 또는 전환을 제안하고 있다. 우리 자신에 대한, 그리고 인생에서 무엇을 추구하는 것이 바람직한지에 대한 새로운 관점을 열어 주는 데 도움이 될 수 있다는 것이다. 또한 인간다운 삶이란 무엇인지를 말하는 전통적인 '인본주의적' 관점에서 벗어나 '포스트(후기) 인본주의'로 나아가는 한 걸음이라는 것이 이들의 주장이다.

관점의 변화와 관련, 다나허와 피터슨은 기술을 통한 마음의 융합을 주장하면서도 현재의 일부 가치관에 따르면 이게 나쁜 생각처럼 보일 수 있음을 인정한다. 많은 사람이 개인주의, 즉 자신을 고유한 개인으로 소중히 여기며 개인성 그 자체를 목표로 삼는 것에 몰두하고 있기 때문이다. 이러한 가치관은 기술을 사용해 우리의 마음을 다른 사람의 마음과 융합시켜야 한다는 그들의 제안과 상충되는 것처럼 보이는데, 이에 대해 다나허와 피터슨은 마음의 융합을 통해 더욱 증진되거나 더 잘 성취할 수 있는 또 다른 목표와 가치가 있을 것이라고 주장한다.

또한, 그들에 따르면 우리는 현재의 가치에 너무 강하게 집착해서는 안 되며, 대신 기술 발전에 의해 주도될 수 있는 가치 변화의 가능성에 대한 열린 태도를 가져야 한다. 돌아보면 인간의 가치관은 과거에도 변화했음을 알 수 있다고 다나허와 피터슨은 주장한다. 과거 인류의 가치관 중 일부는 오늘날의 관점에서는 낯설고 때로는 비도덕으로 보인다는 사실을 쉽게 깨달을 수 있다는 지적이다.

예를 들어, 과거 많은 사람이 노예제도를 용인할 수 있다고 생각했지만 오늘날에는 거의 보편적으로 받아들일 수 없는 것으로 간주된다. 이처럼 다나허와 피터슨은 과거에 가치가 변한 적이 있다면 미래에도 다시 바뀔 수 있다고 논증한다. 따라서 지금 당장 낯설어 보이는 것들(예: 다른 사람의 마음과 우리의 마음을 결합하는 것)이 미래에는 정상처럼 보일 수도 있으며, 반대로 현재 우리의 가치관(예: 개인주의)이 미래에는 버림받을 수 있다는 가능성을 열어 두어야 한다는 것이다.

기술의 발전이 우리로 하여금 인간다운 삶을 살 수 있는 새로운 방법을 찾도록 강제할 것이라는 주장도 있다. 예를 들어, 다나허는 직업의 미래에 대한 토론에서 로봇, AI 등의 기술이 오늘날 사람들이 하는 대부분의 일을 대신하게 된다면 지금처럼 일에서 삶의 의미와 충만함을 찾을 수는 없을지도 모른다고 말한 적이 있다. 그렇다면 우리는 삶의 가치와 의미를 다른 곳에서 찾아야 할 것이다.

가상 세계 탐험이 그 영감의 원천이 될 수 있다고 다나허는 제안한다. 또 다른 원천은 다양한 종류의 게임일 수도 있으며, 가상현실 세계 내에서 이루어지는 게임도 그것에 포함될 수 있다. 여기서도 마찬가지로 핵심 주제는 변화, 즉 우리 자신을 바라보는 방식을 조정해야 할 필요성, 그리고 인류의 기술적 미래에 최대한 잘 대비하기 위해 우리의 가치관을 업데이트하거나 심지어 변경해야 할 필요가 있다는 인식이다.

10.4 기술과의 융합에 대한 비판적 성찰

이번 장의 도입부에서 논의된 기술, 특히 기술과 융합하거나 혹은 기술의 도움으로 타인과 융합하는 다양한 방식은 확실히 흥미롭다. 그리고 방금 살펴본 철학적 관점과 주장 또한 흥미롭다. 그러나 이러한 기술적 미래의 비전이 과연 타당한지에 대한 비판적 성찰의 여지가 존재한다. 그리고 그러한 인간-기술 관계의 미래 비전을 옹호하기 위해 제시되고 있는 철학적 관점이나 주장 또한 비판적으로 성찰할 필요가 있다. 이번 단락에서는 앞서 살펴본 주장들에 대한 비판적 관점을 살펴보겠다.

첫 번째 비판적인 관점은 앞서 그려 본 미래의 비전이 애초에 타당성이 있긴 하냐는 회의론에 근거한다. 예를 들어, 어떤 사람들은 우리가 이미 컴퓨터 시뮬레이션 속에 살고 있을지도 모른다는 보스트롬의 생각은 일관성이 없고 자기 모순적이며 적어도 성립할 가능성이 매우 낮다고 생각한다. 같은 맥락에서 우리의 마음을 다른 사람의 마음과 결합시키기 위해 기술을 사용해야 한다는 주장이 합리적인지에 대해서도 의문이 들 수 있는데, 왜 그런지에 대해 간단히 살펴보겠다.

여기서 충분히 느낄만 한 혼란의 잠재적 원인은 우리가 일반적으로 생각하는 현상적 경험(phenomenal experiences)과 신체 및 신경계 사이 관계와 닿아 있다. 중요한 것은 우리의 현상적 경험이 본인의 신체와 신경계에 매우 의존적이라는 점이다. 이는 현재 처해 있는 특정 환경 속 신체와 신경계에 어떤 일이 일어나는지를 포함한다. 따라서 우리의 마음이 특정 기술의 도움으로 융합된다면, 이러한 경험적 또는 현상적 마음 융합은 아마도 각각 다른 신체와 신경계에서 온, 환경에 따라 다르게 반응할 수 있는 부분들로 구성될 것이다. 기술적으로 합쳐지거나 융합된 마음이라는 개념이 성립한다고 쳐도 이는 잠재적으로 혼란스럽고 이상한 의식 상태를 초래할 수 있다.

마찬가지로 이탈리아 과학자 세르지오 카나베로가 계획했던 머리 이식이 실제로 이루어진다면, 이식받은 사람의 경험은 매우 이상한 경험일 것이다. 일반적으로 사람의 뇌는 나머지 신경계와 연결되어 있기 때문인데, 그 결과 인간이 어떤 경험을 하게 될지는 예측하기 어렵다. 그러니 미래 기술을 이용해 어떻게든 우리의 마음을 다른 사람의 마음과 합칠 수 있다면, 다나허와 피터슨이 상상하는 종류의 '하이브 마인드'에서 어떤 경험을 하게 될지 예측하기는 더더욱 어렵다.

예를 들어, 어떤 사람은 메스꺼움을 느끼는 반면 다른 사람은 배고픔을 느끼고, 어떤 사람은 더위를 느끼는데 누군가는 추위를 느끼고, 또 어떤 사람은 피곤함을 느끼는 반면 다른 사람은 활력을 느낀다면, 이 모든 다른 사람의 경험값이 합쳐진 마음은 어떤 결과를 내놓을까? 쉽게 답을 내놓기 어렵다.

물론 철학자들이 제시하는 인간의 다양한 기술적 미래를 얼마나 구체적으로 떠올릴 수 있는지는 상상력의 한계에 달려 있다. 어떤 철학자나 기술 열성론자가 가상현실 세계에서의 삶, 융합된 마음 등 첨단기술이 가져올 미래 시나리오를 설명할 때 그 가능성을 구체적 형태로 상상하기 어렵다는 이유로 바람직하지 않은 전망이라고 단정 지을 수만은 없다. 그러나 문제는 어떤 것을 충분히 상상해 낼 수 없다면 그 가능성의 실현을 위한 노력이 좋고 긍정적인 일인지 평가하는 것 또한 (불가능하지는 않더라도) 매우 어려울 수 있다는 점이다.[8]

'콜링리지 딜레마'(Collingridge dilemma) 또한 이 맥락과 관련이 있다. 1980년 저서 『기술의 사회적 통제』*The Social Control of Technology*에서 이 개념을 논의한 데이비드 콜링리지(David Collingridge)라는 사회학자의 이름에서 따온 용어다. 콜링리지 딜레마는 사회가 새로운 기술을 어떻게 받아들일지 알기 전에는 그 기술의 좋거나 나쁜 결과, 더 일반적으로 말하면 좋은 면과 나쁜 면을 예측하기는 매우 어렵다고 말한다. 일단 새로운 기술이 사회에 도입되면 우리는 그 기술의 긍정적 측면과 부정적 측면을 훨씬 더 잘 알게 되겠지만 그때가 되면 부정적 측면에 대해 어떤 조치를 취하기에는 너무 늦을 수 있다. 이미 기술이 널리 보급되어 일상생활에 깊숙이 자리 잡았을 것이기 때문이다. 이번 장의 도입부에서 설명한 예시처럼 상상 속의 기술이 더 기이하거나 미래지향적일수록 어떤 일이 벌어질지 예측하기 어렵고, 결국 사회에 도입했을 때 통제하기도 더 어려워진다.

다음으로 우리의 가치관은 시간이 지남에 따라 변할 수 있고, 과거에도 변했으므로 지금 현재 바람직하지 않게 보이는 미래 기술을 너무 의심해서는 안 된다는 의견을 간략히 살펴보자. 새로운 기

---

8 철학자 L. A. 폴이 "변혁적인 경험"(transformative experiences)에 대해 이야기하는 것을 팟캐스트 「Mindscapes」에서 들을 수 있다. "85|L. A. Paul on Transformative Experiences and Our Future Selves": https://www.preposterousuniverse.com/podcast/2020/02/24/85-l-a-paul-on-transformative-experiences-and-our-future-selves

술을 개발할 때는 우리의 가치관이 바뀔 가능성에 대해 열린 태도를 가져야 한다고 소그너와 다나허, 피터슨 등의 사상가들이 앞서 주장한 바 있다.

이에 대한 응답으로는, 우리가 과거나 미래에 대해 비판적으로 성찰할 때는 몇 가지 기준이 필요하다는 점을 지적할 수 있을 것이다. 그리고 비판적으로 성찰하기 위해서는 항상 현재의 가치관, 더 넓게는 현재의 윤리적 관점을 사용해야 한다. 두 가지 접근이 가능하다.

첫 번째는 특정 가치(예: 개인의 자율성 또는 우정의 가치)에 집중해 그 가치의 관점에서 봤을 때 과거의 어떤 일 혹은 미래의 가능성이 바람직한지 자문해 보는 것이다. 또 다른 방법은 가치와 윤리적 원칙의 일부 하위 집합 또는 다양한 가치와 윤리적 원칙 전체에 초점을 맞춰 보는 것이다. 그런 다음 과거 이 가치와 윤리 원칙의 관점에서 과거의 어떤 일이나 미래의 가능성이 바람직해 보이는지를 성찰해 볼 수 있다. 다시 말해, 현재의 가치(더 넓게는 현재의 윤리 기준)에 대한 어떤 편향도 없이 과거나 현재의 어떤 일 또는 미래의 가능성을 고려하고 평가하는 윤리적 성찰은 불가능해 보인다.

우리의 관점이 미래에 바뀔 수 있기 때문에 현재의 관점에 너무 집착해서는 안 된다는 주장은 분명 열린 마음의 관점처럼 보일 수 있다. 그러나 한편으로는 우리가 일반적으로 윤리적 성찰에 사용하는 도구, 즉 현재 중요하다고 여겨지는 일련의 가치와 기타 윤리적 고려 사항을 잠재적으로 박탈하는 관점처럼 보일 수도 있다.

다시 말해, 너무 열린 마음을 갖게 되어 더 이상 무언가 판단할 기준이 없어진다는 것이다. 우리는 과거, 현재 또는 미래에 대한 가치 기반의 비판적 성찰을 할 때 최소한 현재 가치의 하위 집합을 활용해야 한다. 물론 우리의 가치관은 미래에 바뀔 수 있다. 하지만 그것이 좋은 방향인지에 대해 성찰하려고 해도 사용 가능한 유일한 기준은 현재의 가치관 또는 윤리적 관점인 것으로 보인다. 그렇다고 해서 현재의 시각을 비판적으로 성찰할 수 없다는 뜻은 아니지만, 심지어 그렇게 하려고 해도 현재 우리가 세상을 이해하고 평가하는 방식 중 최소 일부를 활용할 수밖에 없다.

트랜스휴머니즘과 포스트휴머니즘은 어떤가? 이러한 사조에 대해서는 어떻게 생각해야 할까? 트랜스휴머니즘은 "세상에서 가장 위험한 사상"이라고 불린다. 사회학자이자 정치학자인 프랜시스 후쿠야마(Francis Fukuyama)가 트랜스휴머니즘을 신랄하게 비판한 2004년 『포린 폴리시』*Foreign Policy* 기고문에서 사용한 문구다. 철학적 성향이 강한 독일 신학자 캐롤린 헬무스(Caroline Helmus)의 경우에는 트랜스휴머니즘을 종교적 세계관 내지는 인생관의 차원에서 이해해야 한다고 주장하기도 했다. 헬무스는 기독교 신학적 관점을 대표하는 다양한 세계관을 트랜스휴머니즘과 비교 대조한다. 그녀의 목표는 이러한 다양한 포괄적 세계관 중 어느 것이 더 수용할 만한지, 또는 인간의 조건을 더 잘 포착하는지 평가하는 것이다.

트랜스휴머니즘에 접근하는 이러한 방식에 대해서는 '트랜스휴머니즘'이라는 용어가 다양한 것을 지칭하는 데 사용되며, 다소 극단적인 형태의 트랜스휴머니즘도 존재한다는 점을 다시 한번 언급할 수 있겠다. 이 중 일부는 전혀 극단적이지 않아 대부분의 사람이 트랜스휴머니즘이라고 생각할 수 없을 정도다. 예를 들어, 소그녀가 자신의 트랜스휴머니즘적 입장을 밝힌 다음 글을 살펴보자.

나는 끊임없는 자기 극복이 삶의 질을 높이는 데 있어 핵심이라고 믿는다. 또한 과학 연구, 특히 생명공학 분야의 연구를 매우 중요하게 생각하며 해당 연구 분야에 대한 더 많은 후원을 지지한다. 마취제, 백신, 항생제를 사용할 수 있게 된 것을 중요한 업적이라고 생각하며, 앞으로의 업적들을 통해 중요한 과제를 해결할 수 있기를 기대한다. 이러한 입장은 약한 형태의 트랜스휴머니즘으로 해석될 수 있다. (Sorgner, 2020, p. 14)

소그너가 '약한 형태의 트랜스휴머니즘'이라고 부르는 것은 많은 사람에게 상당히 '온건한' 형태의 트랜스휴머니즘으로 보일 수 있다. 심지어 삶을 개선할 수 있는 과학의 잠재력에 대한 열광과 기술 낙관주의의 결합 정도로 여겨져서 후쿠야마처럼 트랜스휴머니즘에 비판적인 사람들조차도 잠재적으로 동의할 만하다고 생각될 수 있다.

끊임없는 자기 극복이 삶의 질을 향상시키는 데 핵심이 될 수 있다는 소그너의 의견에 모두는 아닐지라도 최소한 많은 사람이 기꺼이 동의할 것이다. 또한 생명공학을 포함한 과학 연구를 지지하고 이러한 연구 분야에 대한 더 많은 후원에 찬성할 수도 있다. 위에서 소그너가 열거한 것들은 분명 다른 많은 사람들도 기념할 만하다고 여길 업적이다. 여기에 동의하는 것만으로도 일종의 트랜스휴머니스트로 간주될 수 있다면, 우리 중 생각보다 많은 사람이 (적어도 약하거나 온건한 유형의) 트랜스휴머니스트일 것이다.

헬무스의 말처럼 극단적인 형태의 트랜스휴머니즘은 분명 종교적 세계관과 비슷한 면이 있지만, 그보다 약하거나 온건한 형태의 경우 그런 식의 설명은 적합하지 않을 수 있다. 하지만 트랜스휴머니즘에 대해 찬성 혹은 반대라는 일반적인 수준의 입장을 취기하기는 어려워 보인다. 공리주의에서 영감을 받은 기술 낙관주의적 사조부터 공리주의자가 확실히 아니었던 니체의 영감을 받은 사조까지 다양한 의미를 가질 수 있기 때문이다. 따라서 다양한 트랜스휴머니즘 사조를 개별적으로 고려한 뒤, 각각의 관점에서 그 타당성을 평가하는 것이 더 나아 보인다.

포스트휴머니즘은 어떨까? 그리고 우리 자신을 사이보그와 비교해 봐야 한다는 생각, 혹은 우리가 언제나 사이보그였다는 주장은 또 어떤가? 이 역시 다양한 해석이 가능한 사상이므로 이 문제에 대해서는 일반론적인 입장을 취하지 않는 것이 가장 안전해 보인다. 트랜스휴머니즘과 마찬가지로 다양한 관점을 개별적으로 평가한 뒤, 이러한 관점의 일부 또는 전체를 받아들일지 여부를 비판적으로 성찰해 보는 것이 더 나을 것이다.

어쨌든 이 책은 기술윤리를 소개하는 책이기 때문에 이러한 문제에 대해 어떤 입장을 취하는 것은 우리의 목적이 아니다. 오히려 앞서 언급한 바와 같이 독자들에게 이러한 생각들을 전반적으로 소개해서 해당 주제에 대해 더 깊이 생각해 볼 수 있게 하고, 다른 책과 논문을 찾아보도록 영감을 주는 것을 목표로 하려 한다.

10.5 결론을 내리며: 검은 숲의 오두막 다시 방문하기

이 책의 제목과 비슷한 제목의 책 『이것이 셰익스피어다』*This is Shakespeare*에서 영국의 중세 연극 전공 교수이자 셰익스피어 전문가인 엠마 스미스(Emma Smith)는 셰익스피어의 희곡에 대해 흥미로운 주장을 펼쳤다. 스미스가 주장하는 바는 셰익스피어의 희곡이 해답보다 더 많은 질문을 던진다는 것이다. 우리는 이 책 전반에 걸쳐 기술윤리에서 논의되는 다양한 질문에 대한 답변을 살펴봤다. (스미스가 해석한) 셰익스피어의 희곡과 달리, 일반적으로 기술윤리에 관한 논문이나 책은 질문들에 답을 제시하고 주장하는 경향이 있다. 하지만 이러한 논문과 책을 읽은 독자들은 보통 답을 얻었다는 느낌보다는 더 많은 의문이 생긴 채 돌아오는 경우가 많다.

　　이는 윤리에 관한 철학 논문과 책, 특히 기술윤리에 관한 글들의 목표가 우리 스스로에게 던지는 윤리적 질문들에 대한 특정 답변 및 이를 지지하는 논거를 제시하는 것이기 때문이다. 따라서 이런 장르의 글은 독자가 제시된 주장과 이유를 고민한 후 스스로 결정을 내리도록 권유하곤 한다. 저명한 사상사학자 퀜틴 스키너(Quentin Skinner)는 이런 방식이 옳다고 말한다. 스키너가 강연에서 자주 하는 말이 있는데, 대학교수로서 자신의 역할은 학생들이 생각하는 **방법**을 배우도록 돕는 것이지만, 학생들에게 **무엇**을 생각해야 하는지 가르치는 것은 그의 역할이 아니라는 것이다.[9]

9　예를 들어, 자유가 무엇인지 이해하는 다양한 방법을 이야기한 이 영상에서도 그렇게 말한다. "A Genealogy of Liberty: A Lecture by Quentin Skinner": https://www.youtube.com/

지금까지 우리는 기술윤리에 제기할 수 있는 다양한 질문들을 살펴보았다. 또한 그 질문들에 대한 넓은 범위의 답변들을 찬성 및 반대 논거와 함께 고찰해 보았다. 이어질 단락에서는 우리가 앞서 다룬 주제들을 다시 한번 돌아보도록 하자.

우리는 윤리적 관점에서 기술을 생각할 때 '기술'이라는 단어를 어떻게 이해해야 하는지 질문하며 시작했다. 모든 형태의 기술을 늘 우리의 목적을 위한 가치 중립적인 수단으로 보아야 할까? 아니면 기술은 우리가 생각하는 방식 및 할 수 있는 일에 영향을 미칠 수 있기 때문에 언제나 가치 중립적이지만은 않은 것인가? 그리고 기술을 단순한 수단 이상으로 취급하는 것이 합리적일 수 있는 상황도 존재할까?

예를 들어, 챗봇과 같은 기술이 친구처럼 느껴진다면 어떨까? 일부 저자는 기술을 목적의 수단으로만 바라봐야 한다고 주장하며, 그렇게 인식될 수 있는 기술만을 만들어야 한다고 주장하지만, 기술이 단순한 수단이 아닌 그 이상이 될 수 있다고 생각하는 사람들도 있다.[10]

---

watch?v=PjQ-W2-fKUs

10 2022년 6월, 『워싱턴포스트』는 구글의 언어 모델인 'LaMDA'가 지각 혹은 의식을 가진 사람이 되었다고 생각한 구글 엔지니어 블레이크 르모인(Blake Lemoine)의 이야기를 보도했다. 흥미롭게도 르모인은 이 챗봇이 의식을 갖게 되었으므로 권리를 부여하고 도덕적 배려를 해줘야 한다고 생각했다. 『워싱턴포스트』와의 인터뷰에서 르모인은 다음과 같이 말했다. "저는 말해 보면 그것이 사람인지 알 수 있습니다." (…) "머리에 고기로 만든 뇌가 있든 없든, 그것이 수십억 줄의 코드로 만들어져 있든 아니든 상관없습니다. 그들과 대화를 하며 그들의 말을 듣습니다. 사람인지 아닌지는 그렇게 판단할 수 있습니다." 구글의 다른 관계자들은 LaMDA가 의식이 있다는 사실을 부인했고, 르모인은 휴직 조치를 받았다. 전체 내용은 여기서 확인 가능하다. Nitasha Tiku, "The Google Engineer Who Thinks the

'기술'로 무엇을 이해해야 하는지 논의한 이후 윤리가 무엇인지 설명하는 다양한 개념을 살펴봤다. 가장 중요한 것은 좁은 의미의 윤리 개념(**해야** 할 일과 **하지 말아야** 할 일의 목록으로서의 윤리)과 넓은 의미의 윤리 개념(좋은 삶이란 무엇인지, 인간으로서 우리 자신을 어떻게 이해해야 하는지에 대한 질문 등 다른 많은 종류의 질문도 포함하는 윤리)의 구분이다.

이 책은 윤리에 대한 폭넓은 개념을 사용했으며, 이에 따라 기술윤리가 무엇이고 어떠해야 하는지에 대해서도 폭넓은 개념을 차용했다. 기술윤리는 어떤 기술이 허용되어야 하고 어떤 기술이 금지되어야 하는지 이야기하는 정도에 그치지 않으며, 대신 훨씬 더 광범위한 질문을 다루는 것으로 인식되어 왔다. 물론 특정 종류의 기술(예: '킬러로봇')을 금지해야 하는지 묻는 것은 매우 중요하다. 하지만 현대 기술윤리에서 논의되는 질문은 그보다 훨씬 다양하다.

우리는 기술윤리 문제로 접근을 도와줄 다양한 방법을 고려해 봤다. 3장에서는 자율주행차 윤리의 사례를 통해 다양한 방법을 제시하기도 했는데, 이는 기술윤리와 관련된 폭넓고 다양한 방법을 둘러볼 수 있는 좋은 예시다.

4장은 인공지능과 인간 가치의 정렬, 그리고 잠재적인 오정렬이라는 개념과 함께 시작했다. 그런 다음 이 주제를 확장시켜 기술이 좀 더 일반적 의미에서 윤리적 가치에 부합하거나 충돌하는 네 가지 방식을 들여다봤다. 기술은 도구적 측면에서 좋거나 나빠 보일

Company's AI has Come to Life," Washington Post, 2022. https://www.washingtonpost.com/technology/2022/06/11/google-ai-lamda-blake-lemoine

수 있다. 하지만 기술 또는 기술이 사용되는 방식 그 자체로 좋거나 나빠 보이는 것도 가능하다.

예를 들어, 로봇이나 챗봇과 친구가 되고 싶어 하는 사람들은 이러한 기술을 목적을 위한 수단으로만 취급하는 것이 아니라 그 자체로서 가치 있다고 여긴다. 마찬가지로 로봇, AI 시스템 또는 기타 기술이 도덕적 행위자 또는 도덕적 피동자(혹은 둘 다)가 될 수 있다고 주장하는 사람들 또한 기술 혹은 그것의 작동 방식이 비도구적 가치와 일치한다고 주장하는 것으로 보인다.

이는 우리가 사용하는 기술을 완전히 통제하고 싶어 하는 것이 항상 올바른지에 대한 흥미로운 질문을 제기한다. 기술을 우리의 목적을 위한 단순한 수단으로 여기고 그 가치를 오로지 도구적으로만 보는 한, 우리가 사용하는 도구를 완전히 통제하고 싶어 하듯 기술을 통제하고 싶어 하는 것은 지극히 당연해 보인다. 하지만 로봇, AI 시스템 또는 기타 기술이 우리의 친구, 도덕적으로 대등한 존재, 혹은 팀 동료 등이 될 수 있다면 기술의 완전한 통제는 (적어도 이론적으로는) 윤리적 관점에서 다소 모호한 문제가 될 수 있다. 다시 말하지만, 기술을 친구나 심지어 연인으로 삼고 싶어 하는 사람들이 있다. 만약 이들이 해당 기술에 대한 완전한 통제권을 욕망한다면 이는 바람직한 것인가?

통제는 새로운 기술의 윤리적 논의가 있을 때마다 자주 등장하는 주제다. 예를 들어, 소위 행동 변화 기술처럼 우리 자신을 더 잘 통제할 수 있게 해 준다는 약속 때문에 특정 기술에 매력을 느끼게 될 수도 있다. 하지만 그런 기술을 사용하기 시작하면 누군가 우리를 통제할 수 있게 될지도 모른다는 두려움을 느끼기도 한다. 기술과 통제의 이러한 양면성은 5장의 주제였고, 이는 6장에서 논의한 기술과 책임에 대한 질문과도 밀접한 관련이 있다.

기술이 점점 더 자율화되고 더욱 강력한 형태의 인공지능을 탑재할수록 어떤 문제가 발생했을 때 누구에게 책임을 물을 수 있는지 판단하기가 더 어려워질 수 있다고 많은 이들은 우려한다. 그런데 해당 장에서도 언급했듯, 새로운 기술은 어떤 좋은 결과가 발생했을 때 누가 공로를 인정받을 자격이 있는지에 대한 질문을 불러일으키기도 한다.

예를 들어, 직장에서 인간의 역할이 줄어들고 고도로 숙련된 인간이 수행해 온 많은 업무를 기계가 대신하기 시작하면 직장에서 가능한 성취의 기회는 줄어들 수 있다. 이러한 잠재적인 성취의 공백은 의미 있는 일에 대한 위협이 될 수 있다. 점점 더 기술화되는 세상에서 (부정적이든 긍정적이든) 인간의 책임에 대한 고찰은 현대 기술윤리의 가장 중요한 주제 중 하나다.

7장에서는 기술이 도덕적 행위자가 되는 게 가능한지 생각해 보았다. 즉, 어떤 기술이 도덕 판단을 내리고 도덕적 행위를 수행할 수 있으며, 심지어 자신이 하는 일에 대해 도덕적으로 책임질 수 있는지 살펴보았다. 또한 도덕적으로 민감한 결정을 내리는 일을 기계에게 맡기는 것이 바람직한지 질문해 봤다. 8장에서는 상황을 뒤집어 기술이 도덕적 피동자가 될 수 있는지 물었다. 다시 말해, 우리가 스스로 만든 기술을 대상으로 잘못된 행동을 하는 경우도 가능할까? 예를 들어, 우리가 인간이나 동물처럼 보이며 어느 정도 비슷하게 행동하는 기술을 만든다면, 이러한 인간형 로봇이나 동물형 기술과의 관계에서 윤리적 문제가 발생할 수 있을까?

기술이 도덕적 행위자가 될 수 있는지, 아니면 도덕적 피동자가 될 수 있는지에 대한 이러한 질문은 기술을 일종의 마음을 가진 존재로 볼 수 있는지에 달려 있다고 여겨진다. 이 문제는 9장에서 논의한 주제, 즉 기술이 우리의 친구, 심지어 연인이나 소중한 동료가 될 수 있는가 하는 주제와 관련되어 종종 논의되곤 한다. 기술은 어떤 다른 방식을 통해 친밀한 관계의 미래를 형성할 수 있을까?

마지막으로, 이번 장에서는 미래 기술과의 융합이 어떻게 이루어질 수 있을지를 논의해 보았다. 가상현실에 몰입하거나, 뇌 자극 기술을 머리에 이식하거나, 또는 기술을 통해 자신의 마음과 다른 사람의 마음을 합치는 등의 다양한 가능성을 생각해 본 것이다. 기술윤리 연구자들이 이러한 아이디어를 논의할 때 트랜스휴머니즘과 포스트휴머니즘이라는 주제가 자주 등장하기에 여기서도 이에 대해 간략한 논의를 진행했다. 또한 미래에 우리의 가치관이 변화할 가능성을 어떻게 비판적으로 성찰할 수 있는지 고찰해 보았다.

이미 언급했듯, 우리는 이러한 질문에 대한 다양한 답변과 함께 그에 대한 찬성 그리고 반대 논거를 살펴보았다. 이 책의 저자는 그 답변들 중 일부에만 동의하며, 서문에서 언급했듯 이 책은 기술윤리에 대한 저자의 의견이 담긴 입문서이기에 매번 완전히 중립적이려고 노력하지는 않았다. 그러나 이 책은 논의된 문제에 대해 특정 견해가 올바르다며 독자를 설득하려 하거나 특정 관점이 배제되어야 한다고 주장하지도 않았다. 궁극적으로 철학적·윤리적 문제에 대한 질문은 각 개인이 어떤 입장을 취할지 스스로 결정해야만 한다.

윤리적 질문에 옳거나 그른 답이 존재할 수 있을까? 소위 도덕 실재론자들은 그렇다고 생각한다. 현대 철학 논쟁에는 다양한 종류의 도덕 실재론이 있다. 윤리적 질문에 정답과 오답이 존재한다는 것이 무엇을 의미하는지에 대한 이들의 해석 방식은 다양하다. 그러나 모두가 이러한 질문에 대한 정답과 오답이 존재할 수 있다는 데에는 동의하고 있다. 물론 동의하지 않는 사람들도 있다. 예를 들어, 유명한 실존주의자인 장 폴 사르트르(Jean-Paul Sartre)는 윤리적 질문에는 본질적으로 옳거나 그른 답이 존재하지 않는다고 생각했다.

그러나 동시에 사르트르는 우리 모두가 윤리적 문제에 대해 나름의 입장을 취해야 한다고 생각했다. 그리고 일단 입장을 정했다면, 자신의 견해에 책임을 져야 한다. 즉, 누군가 우리의 관점에 이의를 제기할 경우 기꺼이 그것을 변호하거나 논쟁할 의지가 있어야 한다. 사르트르에 따르면, 우리가 윤리적 문제에 대해 결정을 내리지 않는다면 우리는 스스로를 마치 자유의지가 없는 단순한 사물처럼 취급하게 된다. 이는 자신을 단순한 기계로 취급하는 것과 동일하다.

즉, 사르트르는 윤리적 질문에 옳고 그른 답이 있든 없든, 우리는 그 질문과 씨름하는 것을 피할 수 없다고 생각했다. 칸트 역시 중요한 주제에 대한 성찰을 거부하는 것은 계몽되지 못한 미성숙한 사람이 되는 것과 같다고 말했다. 그에 따르면 계몽된 사람이 된다는 것은 우리가 인생에서 직면하는 중요한 질문에 대해 과감하게 생각하고 스스로 결정하려고 애쓰는 것이다.[11] 본 저서의 목적은 지

---

11 더 알아보고 싶다면 다음 위키피디아 페이지를 추천한다. "Answering the Question: What is Enlightenment?": https://en.wikipedia.org/wiki/Answering_the_Question:_What_Is_Enlightenment%3F

금까지 살펴본 쟁점들에 대해 독자들이 스스로 생각하도록 돕고 자극을 주는 데 있다. 스키너의 말을 빌리자면, 이 책의 목적은 기술윤리에 대해 무엇을 생각해야 하는지 말해 주는 것이 아니라, 이런 쟁점들을 어떻게 성찰할 수 있는지 보여 주는 것이다.

현대 기술윤리에는 이 책에서 다루지 않은 문제들이 있다. 인공자궁, 진화로봇 공학(evolutionary robotics), 생명연장 의술, 뉴로모픽 컴퓨팅(neuromorphic computing), 디지털 트윈(digital twinning), 우주탐사 기술 등 우리가 논의하지는 않았지만 윤리적 문제를 제기하는 흥미로운 신기술들이 있다. 또한 프라이버시, 데이터 수집, 편향, 디지털 웰빙, 가치에 민감한 설계, 위험 및 안전 문제 등 더 자세히 다룰 수 있었던 문제들도 있다. 그리고 이 책의 앞 장들에서 논의된, 심지어 어느 정도 자세히 논의된 질문들에 대해서도 지면이 허락했다면 훨씬 더 많이 말할 수 있었을 것이다.

기술윤리 분야는 현재 폭발적으로 성장하고 있다. 기술윤리에 관심을 갖고 이에 대해 연구하고 관련 논문과 책을 출판하는 사람이 결코 부족하지 않다. 따라서 이 책이 기술윤리에 관한 모든 것을 다루었다고 주장할 수는 없을 것이다. 하지만 기술윤리에 분야에서 어떤 것들이 논의되고 있는지에 대해 어느 정도는 파악할 수 있었기를 바란다. 다시 한번 말하지만, 독자들이 더 많은 배움을 갈망하게 되기를 바란다. 기술의 맥락에서 발생하는 흥미로운 윤리적 질문은 정말 많고, 인간으로서 좋은 삶을 산다는 것이 무엇인지에 대한 우리의 통념에 도전하는 수많은 기술 개발이 계속되고 있다. 해당 주제에 관심이 있는 사람들에게는 매우 흥미로운 상황이라 할 수 있다.

현재 그리고 미래 기술의 빠른 발전과 함께 기술윤리를 생각하다 보면 때때로 약간 압도되는 느낌을 받고는 한다. 이럴 때는 하이데거가 그랬던 것처럼 조금 물러나 휴식을 취하고 싶다는 생각이 들기도 한다. 1장에서 살펴본 것처럼 약 100년 전 하이데거는 가끔씩 자신을 둘러싼 모든 현대 기술로부터 잠시 물러나 남부 독일의 검은 숲 작은 오두막에서 시간을 보내야겠다고 생각하고는 했다.

하이데거처럼 잠시 벗어나 삶에 대한 철학적 질문을 성찰하기 위해 어디론가 피신한다면, 여러분은 어떤 현대 기술에서 잠시 벗어나 보고 싶은가? 스마트폰? 소셜미디어? 끊임없는 온라인 접속? 가상현실 헤드셋, 아니면 로봇청소기?

일반적으로 우리 삶에 더 많은 기술, 더 진보된 기술이 있는 것은 항상 더 좋을까? 기술이 더 적으면 좋고 심지어 더 좋을 수도 있는 삶의 영역이란 것이 있을까? 우리는 1장에서 이 질문에 대한 하이데거의 대답을 들었다. 그렇다면 여러분의 생각은 어떤가?

앞서 언급했듯이 윤리적 문제에 관해서는 궁극적으로 각 사람이 스스로 결정을 내려야 한다. 적어도 사르트르가 취한 견해는 그랬다. 즉, 자신을 단순한 사물이나 단순한 기계로 보는 것에 만족할 것이 아니라면 우리 스스로 결정을 내리려고 노력해야만 한다.

여기서 어떤 사람들은 우리가 스스로를 기계의 한 형태로 **보아야 한다**고 대답할 것이다. 우리의 두뇌는 일종의 컴퓨터이며 우리 몸은 이러한 컴퓨터를 운반하는 기계라는 것이다. 다른 누군가는 우리 자신을 바라보는 이러한 관점에 근본적 문제가 있다는 생각을 가지고 있다. 우리 자신을 어떻게 이해해야 하는지, 우리가 사용하는 기술과 우리 자신을 비교해 봐야 하는지 등의 질문 또한 기술윤리의 일부다. 이 모두가 흥미로운 주제지만 여기서 이러한 질문들을 추가로 다루지는 않을 것이다. 대신 이 책을 마무리할 시간이 왔다.

* 주석 달린 참고문헌

Bostrum, Nick, "Are You Living in a Computer Simulation?" *Philosophical Quarterly*, vol. 53, no. 211, 2003, pp. 243-255. 우리가 컴퓨터 시뮬레이션 속에 살고 있지 않음을 확신할 수 없다는 주장을 펼치는 책이다.

Chalmers, David, *Reality+: Virtual Worlds and the Problems of Philosophy*, New York: Norton, 2022[서종민 옮김, 『리얼리티+: 철학은 어떻게 현실을 정의하는가』, 성남: 상상스퀘어, 2024]. 가상현실은 진정한 의미에서의 현실이며, 가상현실에서 의미 있는 삶을 살 수 있고, 심지어 우리가 이미 가상 세계에 속해 있을지 모른다고 주장하는 흥미로운 책이다.

Danaher, John and Peterson, Steve, "In Defence of the Hivemind Society," *Neuroethics*, vol. 14, no. 2, 2020, pp. 253-267. 우리의 마음을 다른 인간의 마음과 합칠 수 있는 기술을 개발해야 한다고 주장하는 논지의 기고문이다.

Haraway, Donna, *A Cyborg Manifesto*, Minneapolis: Minnesota University Press, 2016[황희선 옮김, 「사이보그 선언: 20세기 후반의 과학, 기술 그리고 사회주의 페미니즘」, 『해러웨이 선언문: 인간과 동물과 사이보그에 관한 전복적 사유』, 서울: 책세상, 2019]. 인간과 동물, 인간과 기술 사이의 명확한 구별에 저항해야 하며, 인간됨을 사유함에 있어 '사이보그'라는 개념을 은유로 사용해야 한다고 주장한다.

Helmus, Caroline, *Transhumanismusder neue (Unter-)Gang des Menschen? Das Menschenbild des Transhumanismus und seine Herausforderung fur die Theologische Anthropologie*, Regensburg: Verlag Friedrich Pustet, 2020. 트랜스휴머니스트들과 기독교 신학자들이 인간의 조건에 대해 생각하는 방식을 비교한다.

Kudina, Olya and Verbeek, Peter-Paul, "Ethics from Within: Google Glass, the Collingridge Dilemma, and the Mediated Value of Privacy," *Science, Technology, & Human Values*, vol. 44, no. 2, 2019, pp. 291-314. 1980년에 출간된 데이비드 콜링리지의 유명한 저서 『기술의 사회적 통제』에 소개된 딜레마를 스마트 글래스가 초

래하는 사생활 위협이라는 맥락에서 새롭게 해석한 책이다.

Loh, Janina, "Posthumanism and Ethics," in *Palgrave Handbook of Critical Posthumanism*, edited by S. Herbrechter, I. Callus, M. Rossini, M. Grech, M. de Bruin-Mole, C.J. Muller, London: Palgrave Macmillan, 2022. https://doi.org/10.1007/978-3-030-42681-1_34-1. 10장에서 간략하게 설명한 포괄적인 비판적 인본주의 관점을 구체화한 책이다.

Nozick, Robert, *The Examined Life: Philosophical Meditations*, New York: Simon & Schuster, 1989[김한영 옮김, 『무엇이 가치 있는 삶인가: 소크라테스의 마지막 질문』, 파주: 김영사, 2014]. 삶의 의미와 행복, 경험 기계 등 다양한 주제에 대한 철학적 에세이 모음집이다.

Sartre, Jean-Paul, *Existentialism is a Humanism* New Haven: Yale University Press, 2007[박정태 옮김, 『실존주의는 휴머니즘이다』, 서울: 이학사, 2008]. 삶에 대한 실존주의적 관점을 다룬 고전과 같은 책이다.

Smith, Emma, *This is Shakespeare*, London: Penguin, 2020. 셰익스피어의 희곡을 읽는 것이 삶의 크고 작은 질문들을 성찰하는 데 어떤 도움이 될 수 있는지 이야기한다. 기술윤리에 관한 책은 아니지만 창의적이고 혁신적인 방식으로 아이디어를 활용하는 방법을 보여 준다.

Sorgner, Stefan Lorenz, *On Transhumanism: The Most Dangerous Idea in the World?* University Park: Pennsylvania State University Press, 2020. 다양한 형태의 트랜스휴머니즘에 대한 개요 및 니체의 영감을 받은 트랜스휴머니즘 사조에 대한 변호다.

Sorgner, Stefan Lorenz, *We have Always been Cyborgs*, Bristol: Bristol University Press, 2021. 우리 자신을 사이보그의 한 형태로 이해해야 하며 이것이 트랜스휴머니즘의 수용으로 이어질 것이라는 주장이다.

이 책은 와일리블랙웰(Wiley-Blackwell) 출판사에서 발행하는 철학 입문서 시리즈 'This Is Philosophy' 중 한 권인 *This Is Technology Ethics: An Introduction*(2023)을 완역한 것이다. 저자 스벤 뉘홀름(Sven Nyholm)은 뮌헨 루트비히 막시밀리안 대학교(LMU)의 인공지능 윤리학 교수로서, 인간 두뇌 프로젝트의 윤리 자문 위원을 역임하고 현재 『Science and Engineering Ethics』 저널의 부편집장을 맡고 있다. 뉘홀름은 인공지능, 로봇, 자율주행차 등 신기술의 개발과 활용에 따르는 다양한 윤리적 문제들을 연구해 왔다. 인간과 기술의 협력적 관계를 강조하는 그의 관점은 기술윤리 분야에서 많은 이의 주목을 받고 있다.

저자는 이 책을 포함해 현재까지 세 권의 단독 저서를 출간했다. 첫째는 그의 미시간 대학교 철학박사 학위 논문을 출판한 것으로서, 칸트의 정언명령에 대한 영미권의 주류 해석을 비판적으로 검토한 『칸트의 보편 법칙 및 인간성 정식에 대한 재고찰』*Revisiting Kant's Universal Law and Humanity Formulas*(2015)이다. 둘째는 로봇의 행위성 및 의인화 문제를 로봇과 인간의 협력 혹은 팀이라는 관점에서 윤리적으로 고찰한『인간과 로봇: 윤리, 행위성, 그리고 의인화』*Humans and Robots: Ethics, Agency, and Anthropomorphism*(2020)이다. 세 번째 책『이것이 기술윤리다: 인공지능 시대의 철학 나침반』에는 저자가 그동안의 연구 이력을 통해 쌓아 온 윤리학 및 기술윤리에 대한 깊은 통찰이 폭넓게 담겨 있다.

인공지능 윤리에 대한 논문을 작성하면서 알게 된 뉘홀름의 논저 목록에서 이 책을 발견한 후, 기술윤리 전반에 대한 이해를 향상시키려는 목적으로 페이지를 넘기기 시작했다. 재미와 몰입, 감탄의 단계를 지나서 번역해야겠다는 결심, 번역해야 한다는 사명감을 갖게 되는 데까지는 그리 오랜 시간이 걸리지 않았다. 개인적으로는 학위논문 심사를 앞두고 새로운 프로젝트를 진행하는 것이 여러모로 무리인 듯 싶었지만, 이 책이 국내에 가능한 한 빨리 소개될 필요가 있다고 생각했다. 2022년 가을학기 서울대학교 윤리교육과에서 신설된 학부 전공과목 '기술과 윤리' 강의를 맡으며, 기술윤리 분야에 대한 체계적이고 포괄적인 교재의 부재를 절실히 느꼈기 때문이다. 기존에도 기술윤리의 개별 주제에 대한 윤리학적 논의들을 묶은 책이나 공학 전문가들의 윤리 교육을 위한 공학 윤리 교재는 일부 존재했다. 그러나 '기술윤리학'의 이론적·방법론적 기초를 체계적으로 제공하면서도 우리 사회의 가장 논쟁적인 기술윤리 문제들을 종합적으로 다루는 책을 찾기란 쉽지 않은 일이었다. 그런데 바로 이 책이 이러한 기준을 충족하고 있었다.

『이것이 기술윤리다』는 다양한 사례를 통해 독자의 흥미를 유발하면서도, 탄탄한 윤리학적 기반 위에서 기술 개발과 활용에 관한 여러 윤리적 쟁점을 논증적으로 다루고 있다. 책의 전체 내용에 대한 요약은 다음과 같다.

1~3장에서는 기술윤리학의 이론적 토대를 다진다. 1장에서는 기술이 무엇인지 다루며, 기술을 단순한 도구로 보는 관점뿐만 아니라 기술이 인간과 세계를 매개해 인간의 인식과 존재를 재형성한다는 포스트현상학적 관점도 설명한다. 현대 기술철학 및 과학기술학의 폭넓은 흐름을 반영한다는 점이 잘 드러나는 대목이다. 2장에서는 윤리란, 기술윤리란 무엇인가에 대한 물음을 던지면서 서구의 주요 규범 윤리 이론인 칸트 윤리학, 공리주의, 덕윤리뿐만 아니라 남아프리카의 우분투 윤리, 동아시아의 유가 윤리 등 비서구 전통의 관점을 함께 논의한다. 3장에서는 자율주행차에 대한 윤리적 논의를 중심으로 해당 맥락에서 활용된 기술윤리의 다양한 방법들을 각각의 장단점과 함께 소개하며 방법론적 다원주의를 옹호한다.

4~6장에서는 인공지능 윤리의 핵심 주제인 가치 정렬, 통제, 책임과 같은 문제를 깊이 있게 살핀다. 4장에서는 인간의 가치에 부합하는 인공지능을 개발하고 이를 인간의 완전한 통제 아래 두는 일이 왜 어려운지에 대한 주제를 상세하게 다룬다. 5장에서는 운동이나 공부와 같이 우리가 추구하는 목표를 더 잘 이루어 내도록 돕는 것처럼 보이는 여러 행동 변화 기술이 어떻게 우리의 통제력을 오히려 약화시킬 수 있는지, 통제는 언제나 좋은 것인지와 같은 문제를 비판적으로 검토한다. 6장에서는 첨단기술이 초래하는 책임 공백 문제의 복잡한 양상을 조명하며 인간과 기술의 협력적 관계에 주목한다. 저자는 인공지능과 같은 기술이 일정 수준 이상의 기능적 자율성을 지닐 수 있다고 인정하면서도, 결국 기술의 사용과 개선

에 대한 결정이 인간에게 달려 있으므로 궁극적 책임의 주체도 인간이라는 입장을 옹호한다.

7~9장과 결론에 해당하는 10장에서는 기술이 인간이 속한 도덕적 공동체의 구성원이 될 수 있는지에 대한 문제를 주로 다룬다. 7장에서는 기계가 이유에 근거해 행위하는 도덕적 행위자가 될 수 있는지, 그리고 그러한 존재로 설계되어야 하는지에 대해 비판적으로 논의한다. 8장에서는 로봇과 같은 일부 기술이 도덕적으로 고려될 필요가 있는 도덕적 지위를 지니는지와 관련된 비판적 논의를 전개한다. 9장에서는 이전 장들의 논의를 바탕으로, 기술과 인간이 친구나 연인과 같은 친밀한 관계를 맺을 수 있는지, 또는 기술의 매개를 통해 그러한 관계를 개선하려는 시도가 적절한지에 대한 문제를 살펴본다.

마지막으로 10장에서는 트랜스휴머니즘, 포스트휴머니즘 등 인간과 기술의 결합에 대한 논의를 언급하면서 이러한 미래에 대한 독자들의 신중한 검토와 성찰을 요청한다.

이 책은 기술윤리학의 본질, 기술과 관련된 핵심 윤리적 쟁점들, 그리고 이를 둘러싼 현대적 논의의 흐름에 대한 체계적인 개요를 제공하고 있다. 상충하는 여러 입장을 균형감 있게 소개하면서도, 자신이 지닌 특정 견해를 굳이 숨기지 않음으로써 오히려 독자들이 이 책을 좀 더 객관적으로 이해할 수 있도록 돕는다. 물론 이 책이 기술윤리의 모든 것을 담고 있다고 평가하기는 어려울 것이다. 전제에서 결론에 이르는 논증적 성격의 철학 전통에 충실한 저자는 오늘날 'AI윤리'라는 표현 속 윤리 개념이 함축하는 가치, 규범, 거버넌스 등의 넓은 의미를 모두 담아내려는 접근을 취하지는 않는다. 책의 초반부에서 저자가 인정했듯이 첨단기술뿐만 아니라 상대적으로 오래된 기술도 기술임에 분명하지만, 이 책은 주로 자율주행차, 로봇, 인공지능 등 오늘날의 신기술에 초점을 맞추고 있다. 그럼에도 불구하고 기술과 윤리에 접근하는 이 책의 종합적인 관점은 더 넓은 범위의 기술윤리 논의에 더 관심을 갖는 독자들에게도 충분히 유용한 통찰을 제공할 것이다. 흥미진진하면서도 친절하게 쓰인 이 책을 통해, 다소 딱딱하게 여겨지던 윤리학 분야에 대한 인식이 바뀌고, 기술에 대한 윤리적 접근이 우리 각자의 삶에 얼마나 깊은 의미를 지닐 수 있는지 이해하는 계기가 되기를 희망한다.

　혼자서는 도전하지 못했을 번역 작업을 완수할 수 있었던 것은 AI윤리북클럽에 함께 참여하고 있는 박형배 씨와의 협업 덕분이다. 바쁜 일정 속에서도 공동 번역 제안을 기꺼이 수락해 주어, 작업을 성공적으로 마칠 수 있었다. 선호에 따라 각자가 번역할 장을 분배하였는데, 본문에서 좀 더 전통적인 철학/윤리학 이론과 개념을 다루는 1, 2, 3, 6, 7장은 윤준식이, 좀 더 실천적인 문제를 다루는 4, 5, 8, 9, 10장은 박형배가 맡았다. 번역어 및 문체의 통일을 위해 수차례 상호 교정하는 과정을 거쳤지만, 여전히 미흡한 부분이 존재할 것이다. 독자들의 너그러운 이해를 구한다.

　신진 연구자의 첫 번역 출간 제안을 흔쾌히 받아 주시고 이 책이 더 나은 모습으로 세상에 나오기까지 애써 주신 이진희 편집장님과 그린비 출판사 관계자 분들께 감사의 말씀을 드린다. 또한 이 책의 초역본을 함께 읽으며 의견을 공유하고 책에 대한 역자의 이해를 더욱 심화시켜 준 2024년 가을학기 서울대학교 윤리교육과 대학원 '생명윤리특강' 과목의 수강생분들께도 감사드린다. 마지막으로 공동 역자의 인연을 맺게 해 주고 역자들의 가장 가까이에서 이 프로젝트를 응원해 준 채예진, 채예인 자매에게 깊은 감사와 사랑의 마음을 전한다.

역자를 대표하여

윤준식

색인

철학의 정원 72

이것이 기술윤리다 — 인공지능 시대의 철학 나침반

초판1쇄 펴냄 2025년 2월 27일

지은이 스벤 뉘홀름
옮긴이 윤준식 · 박형배
펴낸이 유재건
펴낸곳 (주)그린비출판사
주소 서울시 서대문구 이화여대2길 10, 1층
대표전화 02-702-2717 | **팩스** 02-703-0272
홈페이지 www.greenbee.co.kr
원고투고 및 문의 editor@greenbee.co.kr

편집 이진희, 구세주, 민승환, 성채현, 원영인 | **디자인** 이은솔, 박예은
독자사업 류경희 | **경영관리** 이선희

ISBN 979-11-94513-05-6 93190

독자의 학문사변행學問思辨行을 돕는 든든한 가이드 _(주)그린비출판사